本书获"中央高校基本科研业务费专项资金资助",是中山大学青年教师重点培育项目"制度、结构与主体视野中的地方政府参与式治理创新研究"(项目编号：18wkzd19) 的最终成果

## 中山大学政治学丛书编辑委员会

**学术顾问：** 夏书章　王乐夫

**编辑委员会成员**（以汉语拼音为序）：

郭巍青　郭小聪　郭忠华　何包钢
　　　　　　　　　　　　（澳大利亚）

何高潮　何俊志　黄冬娅　黎汉基　李连江
　　　　　　　　　　　　　　　　（香港）

马　骏　任剑涛　谭安奎　王　清

王绍光　肖　滨　徐俊忠　徐忠明
（香港）

张海清　张紧跟　郑永年　朱亚鹏
　　　　　　　　（新加坡）

张紧跟/著

# 地方政府参与式治理创新研究

Local Participatory Governance Innovation in China

中山大学政治学丛书

中央编译出版社
Central Compilation & Translation Press

图书在版编目（CIP）数据

地方政府参与式治理创新研究 / 张紧跟著. —北京：中央编译出版社，2020.10
ISBN 978-7-5117-3869-1

Ⅰ.①地… Ⅱ.①张… Ⅲ.①地方政府 - 行政管理 - 研究 - 中国 Ⅳ.①D625

中国版本图书馆 CIP 数据核字（2020）第 175115 号

## 地方政府参与式治理创新研究

| 责任编辑 | 李南男 |
| --- | --- |
| 责任印制 | 刘　慧 |
| 出版发行 | 中央编译出版社 |
| 地　　址 | 北京西城区车公庄大街乙5号鸿儒大厦B座（100044） |
| 电　　话 | （010）52612345（总编室）　　（010）52612341（编辑室） |
| | （010）52612316（发行）　　　（010）52612369（网站） |
| 传　　真 | （010）66515838 |
| 经　　销 | 全国新华书店 |
| 印　　刷 | 北京中兴印刷有限公司 |
| 开　　本 | 710 毫米×1000 毫米　1/16 |
| 字　　数 | 341 千字 |
| 印　　张 | 25.5 |
| 版　　次 | 2020 年 10 月第 1 版 |
| 印　　次 | 2020 年 10 月第 1 次印刷 |
| 定　　价 | 118.00 元 |

新浪微博：@中央编译出版社　　　微　信：中央编译出版社（ID：cctphome）
淘宝店铺：中央编译出版社直销店（http://shop108367160.taobao.com）　（010）52612322

本社常年法律顾问：北京市吴栾赵阎律师事务所律师　闫军　梁勤
凡有印装质量问题，本社负责调换，电话：（010）52612322

# 前　言

　　国家治理创新的一个关键环节就是理顺公众与政府的关系。具体而言，包括：（1）保障和提升公众权利；（2）国家治理需要"知情的公众"、"沟通协商的公众"以及"参与的公众"来协助公共政策的制定、执行与公共事务治理，并鼓励公众积极地实现公众权利和自我管理；（3）国家治理有义务促进积极的公众精神的形成和发展。因此，未来国家治理需要的不仅仅是人性化的管理施政，更重要的是通过政府开放治理过程，吸纳公众参与。面对日益增长的公众参与诉求，对于作为国家治理核心主体的政府而言，是否有能力激发、培养公众的社会责任感，是否能够给公众提供自我管理和参与治理的机会，是否改变自我优越感、自我中心意识，已经成为现代国家治理创新的关键议题。因此，参与式治理作为由地方政府培育的旨在通过向普通公众开放公共政策过程以解决实际公共管理问题的制度和过程的总和，正在成为一种不断扩散的国家治理创新机制。

　　改革开放以来，地方政府创新在推动当代中国持续高速发展进程中扮演了非常重要的角色，被认为是过去40多年中国创造发展奇迹的关键性动力。但是，由于缺乏公众参与，不仅使得地方政府创新难以持续和扩散，而且使得民众不能充分共享创新发展的成果，于是与经济持续高速增长相伴生的社会矛盾与冲突也日益增多，许多地方政府陷入了"强发展、弱治理"的局部治理困境。在当代中国特定的体制背景下，国家在相当程度上塑造了公众参与，但国家在力图将公众参与导向特定议题与特定方式时，公众也会创造性地予以应对，因此国家在塑造公众参与的同时也在回应和适应公众参与。近年来，一些地方政府为了应对社会问题或回应社会需求，创新性地向公众开放公共政策过程并建构各种公众参与地方政府主导的治理过程的路径。尽管这种地方政府参与式治理创新的直接目的是更好地实现政府意图，但其不容忽视的副产品是赋权于公众参与地方政府治理过程，不仅提高了治理绩效而且增强了治理合法性，赢得了广泛赞誉。习近平总书记强调："要把鼓励基层改革创新、大胆探索作为抓改革落地的重要方法，坚持问题导向，着力解决好改革方案同实际相结合的问题、利益调整中的阻力问题、推动改革落实的责任担当问题，把改革落准落细落实，使改革更加精准地对接发展所需、基层所盼、民心所向，更好造福群众。"① 因此，如何继续激发地方政府的创新活力，尤其是激发地方政府在创新中吸纳公众有序参与的动力，使地方政府参与式治理创新实现可持续发展，是全面深化改革和推进国家治理体系现代化必须关注的重大议题。本书采用案例研究和比较研究方法，力图在梳理地方政府参与式治理创新背景的基础上，通过对地方政府参与式治理创新实践与成效及其面临问题的剖析，厘清制约地方政府参与式治理创新的相关因素，在此基础上提出深化地方政府参与式治理创新的思路。

本书的大致框架是：

导论部分从当代中国地方政府创新实践入手，提出了本书的研究问题，梳理和归纳了国内外关于参与式治理的研究成果和研究方向，提出了本书的研究内容和研究方法。

第二章剖析了当代中国地方政府参与式治理创新的背景，回答为什

---

① 新华网：《习近平：鼓励基层改革创新大胆探索 推动改革落地生根造福群众》，http://www.xinhuanet.com//politics/2015-10/13/c_1116811413.htm（访问时间：2020年8月4日）。

么会有地方政府参与式治理创新。分别从公众日益增长的参与诉求、党和政府的积极回应、社会主义民主法治建设为参与式治理奠定了制度基础、网络社会使参与式治理更为便捷、部分地方政府面临治理挑战等五个方面剖析了当代中国地方政府参与式治理创新发展的背景。

第三章描述了当代中国地方政府参与式治理创新的基本实践，回答了地方政府如何实现参与式治理创新。本章分别从参与式决策、参与式预算、参与式环境治理、参与式政府绩效评估等方面展现了近年来地方政府如何在创新实践中通过探索参与式治理来吸纳和回应公众日益增长的参与诉求。

第四章总结了当代中国地方政府参与式治理创新的绩效及其面临的挑战，回答了地方政府参与式治理创新取得了什么成效以及依然面临什么问题。本章分别从促进公众有序参与、改善地方政府治理绩效、提高地方政府治理公信力和合法性、缓解地方政府维稳压力、构建地方政府与公众协同治理等方面总结其成效，并从选择性运用、部分创新效力不高、内在条件缺失可能导致的治理风险、难以持续和扩散等角度剖析了当代中国地方政府参与式治理创新面临的挑战。

第五章思考了走向可持续发展的地方政府参与式治理，回答了如何完善地方政府参与式治理创新。本章尝试着引入交易费用理论的基本分析框架，分别从制度环境、治理制度和治理主体三个层面梳理了影响地方政府参与式治理发展的限制性因素，并提出了促进地方政府参与式治理可持续发展的基本思路。

最后是结论和讨论部分。本章在总结全部内容的基础上，力图去展开延伸性讨论，思考地方政府参与式治理创新对于当代中国政治文明建设的重要意义。

# 目　录

第一章　导论 ················································· 1
 第一节　问题的提出与研究意义 ····························· 1
  一、问题的提出 ········································· 1
  二、核心概念界定 ······································· 4
  三、研究意义 ·········································· 17
 第二节　文献综述 ········································· 25
  一、既有相关研究的基本概况 ···························· 25
  二、对已有研究的评论 ·································· 38
 第三节　研究方法与研究思路 ······························ 45
  一、案例研究方法 ······································ 45
  二、研究思路 ·········································· 48
第二章　地方政府参与式治理创新的背景 ······················ 50
 第一节　公众日益增长的参与诉求 ·························· 51
  一、改革开放为公民意识成长提供了现实条件 ·············· 53
  二、市场经济发展促进了公民意识的成长 ·················· 60
  三、市场经济发展促进了公众参与 ························ 64
 第二节　党和政府的积极回应 ······························ 66
  一、发展有序的公众政治参与 ···························· 66
  二、深化行政体制改革以推进公众参与公共决策 ············ 72

## 第三节 社会主义民主法治建设为参与式治理奠定了制度基础 … 88
一、参与式治理 … 88
二、社会主义民主政治建设为参与式治理提供了广阔的发展空间 … 94
三、社会主义法治建设为参与式治理提供了制度化保障 … 98

## 第四节 网络社会使参与式治理更为便捷 … 107
一、网络社会的来临 … 107
二、网络赋权于公众 … 112
三、网络社会促进了地方政府参与式治理创新 … 117

## 第五节 部分地方政府治理面临挑战 … 124
一、地方政府治理创新面临挑战 … 124
二、地方政府亟须提高公共治理能力 … 127
三、部分地方政府呈现出被动的反应式治理 … 130

# 第三章 地方政府参与式治理创新的实践 … 135

## 第一节 参与式决策 … 136
一、公共决策科学化与民主化的融合遭遇挑战 … 136
二、地方政府的参与式决策创新 … 142

## 第二节 参与式预算 … 163
一、参与式预算的含义 … 163
二、当代中国参与式预算的发展 … 166
三、相关典型案例 … 174

## 第三节 参与式环境治理 … 184
一、背景 … 184
二、地方政府的参与式环境治理创新 … 192

## 第四节 参与式绩效评估 … 206
一、地方政府绩效评估的重要性 … 206
二、现行地方政府绩效评估成效及其不足 … 209

三、以人民为中心是地方政府绩效评估的新型价值取向 ……… 212
　　四、创新实践 …………………………………………………… 215

## 第四章　地方政府参与式治理创新的绩效及存在的问题 ……… 236
### 第一节　地方政府参与式治理创新的绩效 ……………………… 237
　　一、促进了公众有序参与 ……………………………………… 237
　　二、促进了地方政府与公众协作共治 ………………………… 243
　　三、改善了地方政府治理绩效 ………………………………… 247
　　四、缓和了社会矛盾 …………………………………………… 253
　　五、增强了地方政府的合法性与公信力 ……………………… 258
### 第二节　地方政府参与式治理创新存在的主要问题 …………… 262
　　一、选择性运用 ………………………………………………… 263
　　二、部分参与式治理创新作用不明显 ………………………… 268
　　三、创新效力不足 ……………………………………………… 268
　　四、内在条件缺失的风险较大 ………………………………… 273
　　五、既难以持续又难以扩散 …………………………………… 282

## 第五章　走向未来的地方政府参与式治理 ……………………… 286
### 第一节　制度环境因素 …………………………………………… 288
　　一、制度环境下地方政府面临的风险与激励 ………………… 288
　　二、相关法律制度供给情况 …………………………………… 292
　　三、参与式治理中公众的组织性 ……………………………… 296
### 第二节　治理机制中的限制性因素 ……………………………… 300
　　一、地方政府与公众的非对称性 ……………………………… 300
　　二、缺乏健全的参与式治理机制 ……………………………… 303
### 第三节　治理主体层面的限制性因素 …………………………… 310
　　一、公众参与意识和能力不足 ………………………………… 310
　　二、地方政府在参与式治理中具有高度的自主性 …………… 313

第四节　深化地方政府参与式治理创新的思考 …………… 317
　　　一、完善相关制度环境 ……………………………………… 318
　　　二、健全治理机制 …………………………………………… 331
　　　三、调适治理主体 …………………………………………… 337
第六章　结论与讨论 ………………………………………………… 343
　　　一、基本结论 ………………………………………………… 343
　　　二、讨论：认真对待地方政府参与式治理创新 …………… 352

参考文献 ……………………………………………………………… 371
后　　记 ……………………………………………………………… 396

# 第一章 导论

## 第一节 问题的提出与研究意义

### 一、问题的提出

改革开放以来，地方政府创新在推动当代中国持续高速发展进程中扮演了非常重要的角色，被认为是过去 40 多年中国创造发展奇迹的关键性动力。在此过程中，地方政府通过推动政治改革、行政改革、公共服务与社会治理创新，既破解了一些传统体制弊端又孕育了制度创新。地方政府创新成为推动社会善治与政治文明建设的重要动力源和突破口，是中国改革开放进程中一道亮丽的风景线。在应对分权化、市场化、全球化的各种挑战中，地方政府创新既为其他地区提供了参考和学习的榜样，也对各种新型治理工具在全国推广的可行性进行了检验，为中央决策者提供了比较充分的决策依据，从而有助于降低当代中国集中治理的风险。基于此，有学者认为，中国地方政府创新及其"以点带面"的创新扩散，是成就当代中国治理的重要原因①，也是中国提升应

---

① Heilmann Sebastian, "From Local Experiments to National Policy: The Origins of China's Distinctive Policy Process", *The China Journal*, 2008, 59: 1-30.

对不断变化的复杂环境的适应能力的关键环节①。

但是，由于公众参与不足，不仅地方政府创新的持续和扩散面临挑战，而且民众不能充分共享创新发展的成果，于是与经济持续高速增长相伴生的社会矛盾与冲突也有所增多，一些地方政府陷入了"强发展、弱治理"的局部治理困境。尽管研究者注意到专家智囊、媒体、NGO（非政府组织）和普通民众等开始对地方政府治理过程开始有了一定影响②，但总体上地方政府治理过程还有待进一步向公众开放，才能促进地方政府创新的可持续发展。目前，一些汲取性有余而包容性不足的地方政府治理要么排斥公众参与，要么无法制度化地吸纳公众参与，往往驱使公众选择非制度化的利益诉求机制，使得地方政府治理面临诸多挑战。既有研究发现：基于制度结构与行动者的互动关系，相对封闭的行政决策体制、对政策议程的垄断、媒体的情绪化传播以及地方政府的不当回应为公众采取非制度化方式表达利益诉求提供了政治机会，共同引发了地方政府治理中公众非制度化利益表达的发生。③ 于是，一方面，改革开放以来持续快速的经济社会发展以及法治国家建设的不断深化，使得公众对社会治理与生活质量不断提出了更高需求，人们越来越关注与自身息息相关的社会和民生问题。另一方面，缺乏公众有效参与的地方政府治理在局部区域暴露出的治理不力、治理不合法会触发社会冲突和民生纠纷，如暴力拆迁事件、环境污染整治、社会应急管理、公共安全事件等，暴露出一些缺乏包容性的地方政府治理的弊端。因此，如何

---

① Shaoguang Wang, "Adapting by Learning: The Evolution of China's Rural Health Care Financing", *Modern China*, 2009, 35 (4): 370-404.

② 参见王绍光：《中国公共政策议程设置的模式》，载《中国社会科学》，2006年第5期；Mertha A., "Fragmented Authoritarianism 2.0: Political Pluralization in the Chinese Policy Process", *The China Quarterly*, 2009, 200: 1-18；朱旭峰：《中国社会政策变迁中的专家参与模式研究》，载《社会学研究》，2011年第2期。

③ 马胜强、吴群芳：《政治机会结构视域下公众非制度化利益表达的发生机理——基于环境群体性事件的案例分析》，载《天津行政学院学报》，2019年第2期。

通过地方政府治理创新有效吸纳公众日益增长的参与诉求，是当下中国地方政府必须认真对待的重大治理议题。

在当代中国特定的体制背景下，国家在相当程度上塑造了公众参与，但国家在力图将公众参与导向特定议题与特定方式时，公众也会创造性地予以应对，因此国家在塑造公众参与的同时也在回应和适应公众参与。一方面，在地方政府间竞争发展中，地方政府想要实现它在优化区域发展环境、加快地方经济发展、保持社会稳定等方面的效用目标，必须对公众日益增长的参与诉求作出积极回应，推进地方政府治理创新。另一方面，党的群众路线也要求不断完善公众需求表达、协商和参与状况，为公众提供越来越多的需求表达、协商和参与的机会和渠道。于是，近年来一些地方政府为了应对社会问题或回应社会需求，创新性地向公众开放公共政策过程并建构各种公众参与地方政府主导的治理过程的路径。如浙江杭州的"开放式决策"、广州在城市生活垃圾治理中持续的政民互动、广州城市重大公共决策中的"公众监督咨询委员会"制度、广东顺德在区街两级设立的"决策咨询委员会"、江苏南京的城市治理委员会创新、浙江温岭的"民主恳谈会"制度、浙江嘉兴的"参与式环境治理"创新以及近年来不断扩展的地方参与式预算与参与式绩效评估等。这些地方政府参与式治理创新不仅提高了治理绩效而且增强了治理合法性，赢得了广泛赞誉。[①] 因此，遵循"四个全面"的战略布局，在当代中国政府改革发展引入现代治理理念和方法，就是要推进公共参与，实行公共治理，让广大人民群众能够以当家作主的身份有效参与到政府治理中来，把老百姓的事办好，把国家的事办好，把大家的事办好。[②] 只有这样，才能使全面深化改革更加精准对接发展所需、民心

---

① 参见王锡锌、章永乐：《我国行政决策模式之转型：从管理主义模式到参与式治理》，载《法商研究》，2011年第4期；赵光勇：《政府改革：制度创新与参与式治理——地方政府治道变革的杭州经验研究》，浙江大学出版社2013年版。

② 万鹏：《"四个全面"对政府改革创新提新要求》，载《中国日报》，2015年6月3日。

所向，更好地造福于民。实践证明：参与式治理机制越完善，公众的需求表达、协商、参与机制越顺畅，地方政府创新的韧性也越强。① 尽管地方政府参与式治理创新获益群体广泛、治理效果非常明显，不乏学术界和公共舆论的赞誉，类似浙江温岭的"民主恳谈会"、浙江义乌工会的社会化维权甚至还得到了国家领导人的肯定，但是，实践中的地方政府参与式治理创新依然面临许多限制性因素，使得其近年来的创新扩散和可持续发展都遇到了一些障碍。因此，为了回应人民群众日益增长的对美好生活的向往，有必要深入研究如何使地方政府参与式治理创新实现可持续发展。

## 二、核心概念界定

### (一) 地方政府创新

从字面意思看，"innovation"有两层意思：一是新观念、新方法、新发明的"导入"（the introduction of new ideas, methods or inventions），二是观念、方法、发明本身。② 著名经济学家熊彼特（Schumpeter）在其成名经典《经济发展理论》中首先提出了"创新理论"（Innovation Theory），并对"innovation"进行了明确完整的定义。熊彼特认为，"innovation"是一个经济概念而不是技术概念，是经济生活中生产要素和生产条件的重新组合，是将技术等要素引入生产体系使其技术体系发生变革的过程，是对现存生产要素进行的创造性破坏，是指改变一种生产函数，或者建立一种新的生产函数。③ 按照熊彼特的定义，"innovation"

---

① 吴侗：《是什么让中国地方政府创新具有可持续性?》，载《北京日报》，2018年7月3日。
② Addison Wesley Longman Limited, *Longman Dictionary of American English*, New York: Pearson Education, 2000, p. 410.
③ ［美］熊彼特：《经济发展理论》，邹建平译，中国社会科学出版社2009年版。

最准确的汉语翻译应该是"发明成果的商品化、产业化"。熊彼特这一理论创建对后世影响很大，弗里曼（Chris Freeman）教授曾深刻地指出，熊彼特的最大贡献是把"创新"与"发明"区别开来。①

政治学与公共管理领域对于创新的关注相对较晚。20世纪六七十年代以来，由于政府治理面临信任危机和前所未有的挑战，一些学者和公共管理者开始探索如何引入私人部门的创新成功经验来改造政府，新公共管理浪潮席卷全球。从"创新"概念的发展历程来看，政府创新与企业创新的核心观点一脉相承，都强调产品和服务创新（政府提供公共产品和公共服务）、流程创新、组织结构创新和理念创新等。研究者认为创新不仅是企业推动组织变革的重要动力，也是政府提升效率、优化治理的重要途径，是将新的元素（包括知识、组织、管理和技能）引入公共服务中去。②他们认为政府创新包括：（1）政府创新是一个执行想法的过程或针对特定组织制作一种新工艺的过程；（2）成功的政府创新更依赖于政治觉悟和执行技巧；（3）政府创新是改善政府组织绩效的一种工具；（4）政府创新是公共管理者工作的固有组成部分，目的在于提高政策效率和改进政策。③还有研究者将政府创新归纳为"系统化思考、多样化服务供给、组织之间的合作关系、新技术运用、过程改进、组织的重新设计、用授权激励代替规制、用预防替代整治、发挥私人部门作用来实现公共目的"④。2017年2月，经济合作与发展组织发布报告《政府创新的全球趋势》指出，"政府创新是指寻找新的途径来改善公众

---

① ［英］克利斯·弗里曼、罗克·苏特：《工业创新经济学》，华红勋、华宏慈译，北京大学出版社2004年版。

② Stephen P. Osborne, Kerry Brown, *Managing Change and Innovation in Public Service Organizations*, New York: Routledge, 2005, pp. 5–6.

③ Alan A. Altshuler, Robert D. Behn (eds.), *Innovation in American Government: Challenges, Opportunities, and Dilemmas*, Washington, D. C.: Brookings Institution Press, 2007, p. 108.

④ Stanford Borins, *Innovation and Integrity: How local Heroes are Transformating American Government*, Washington, D. C.: Georgetown University Press, 1998, p. 35.

生活,并把公众当作合作伙伴,调动他们的积极性来共同塑造未来,包括克服旧的结构和思维模式,引入新的技术与创意"①。

20世纪90年代以来,政府创新日渐成为当代中国政治学与公共管理研究的重点领域。对于当代中国发展而言,政府创新一直是各项改革中的重要内容。21世纪以来,随着决策者对创新重要性的强调以及对政府改革的重视,政府创新成为改革的重中之重。2002年,在党的十六大上"创新"作为一种价值理念甚至被提升到了国家发展核心意识形态的高度。党的十八大以来,创新驱动逐渐成为新型发展理念,创新是历史进步的动力、时代发展的关键,位居今日中国"五大发展理念"之首。习近平总书记强调:"我们必须把创新作为引领发展的第一动力,把人才作为支撑发展的第一资源,把创新摆在国家发展全局的核心位置,不断推进理论创新、制度创新、科技创新、文化创新等各方面创新,让创新贯穿党和国家一切工作,让创新在全社会蔚然成风。"② 在当代中国的创新驱动发展战略中,政府本身是改革创新的"试验田",需要不断推进自身变革,以适应经济社会发展要求;同时,更应成为创新的"推进器",为创新提供制度保障、有利环境。

俞可平将政府创新界定为"公共权力机关为了提高行政效率和增进公共利益而进行的创造性改革"③。杨雪冬将政府创新界定为"政府部门所进行的、以有效地解决社会经济政治等问题,完善自身运行,提高治理能力为目的的创造性活动"④。刘景江提出了政府创新的两个向度:一

---

① OECD: *Embracing Innovation in Government-Global Trends*, http://www.oecd.org/gov/innovative-government/embracing-innovation-in-government(访问时间:2020年6月30日)。
② 习近平:《在党的十八届五中全会第二次全体会议上的讲话(节选)》,载《求是》,2016年第1期。
③ 俞可平:《论政府创新的若干基本问题》,载《文史哲》,2005年第4期。
④ 杨雪冬:《简论中国地方政府创新研究的十个问题》,载《公共管理学报》,2008年第1期。

是政府自身的变革，二是政府提供公共产品和服务上的创新。①

由于地方政府处在与民众的日常生活更为息息相关的地位，其创新就具有更重要的地位和作用。改革开放以来，中国地方政府一直处在深刻的社会变革之中，特别是20世纪90年代以来，地方政府更是积极主动地寻求创新变革，并且取得了举世瞩目的发展成就。随着地方政府创新日益已经成为中国经济与社会持续高速发展的重要动力源，中国学术界也兴起了地方政府创新研究的热潮。不仅如此，地方政府创新还得到了党和政府的高度重视，并逐渐成为推进国家建构、满足差异化治理需求的重要路径，取得了显著成效。② 既有研究要么将地方政府创新视为中央政府在地方的"设计试验"，要么将地方政府创新看作是地方政府在治理实践中的自主探索。研究者将中国地方政府创新的内容概括为：理念创新（有限政府理念、效能政府理念、服务型政府理念）、政府管理制度创新（转变政府职能、改革审批制度、完善决策机制）以及管理方式创新（加强电子政务建设、公共物品和服务外包、引入私营部门的管理方法）。③ 因此，可以将地方政府创新界定为：在中央政府的总体创新战略驱动下，通过地方政府自身创新及其所提供的公共产品和服务创新来促进地方治理现代化并提升地方政府治理能力，实现公共利益最大化，为公众持续不断地提供新的公共产品和服务的过程。

### （二）参与式治理

20世纪90年代以来，许多发展中国家如巴西、印度、秘鲁、南非、印度尼西亚等的地方政府纷纷引入参与式治理来改善问责、培养积极公

---

① 刘景江：《地方政府创新：概念框架和两个向度》，载《浙江大学学报（人文社会科学版）》，2009年第4期。
② 郁建兴、黄飚：《当代中国地方政府创新的新进展——兼论纵向政府间关系的重构》，载《政治学研究》，2017年第5期。
③ 王智辉：《政府管理创新探究—基于新公共管理视角》，载《长白学刊》，2010年第2期。

民，为社会公正创造条件。具体而言，参与式治理不仅包括公众参与关于公共资金在不同社区进行分配的决策以及公共政策的设计与规划，而且还包括公众参与对地方政府财政支出的监督。一方面，参与式治理通过增进公共服务供给与受益者之间的匹配性，可以提高公共服务的效益和可持续性①；另一方面，参与式治理通过将公众吸纳进入公共政策过程也有助于促进公共协商②。为此，不同形式的参与式治理机制在广大发展中国家进行试验，如印度和菲律宾的公开听证会、玻利维亚和菲律宾的公民陪审团、巴西等国的参与式预算、玻利维亚等国关于公共服务供给的参与式规划与决策论坛等。

对于参与式治理的含义，国外研究者主要从四个不同角度进行了界定：

### 1. 民主化分权

正是基于分权化改革强化了地方政府公共管理能力，研究者希望通过参与式治理来增强地方政府对公众及社会的回应性、责任感以及提高公众和社会的参与程度来加强管理的成效。这是因为分权化改革中将责任、资源和权力委托给地方政府，使其更可能达到预期目标时，也会导致相应的自由裁量权成为地方政府特殊利益集团等的战利品。诚如波塞特（Thomas J. Bossert）等所言，"在很多情况下，地方代理人可以被简化地看成是一个个的'黑箱'；资源被转移到了他们手中，权力实施需要通过他们，但是到底是什么因素影响了他们的选择，我们并不十分清楚"③。

---

① Ackerman J., "Co-Governance for Accountability: Beyond 'Exit and Voice'", *World Development*, 2004, 32 (3): 447-463.

② Avritzer L., *Democracy and the Public Space in Latin America*, Princeton: Princeton University Press, 2002.

③ Thomas J. Bossert and Jorl C. Beauvais, "Decentralization of Health Systems in Ghana, Zambia, Uganda and the Philippines: A Comparative Analysis of Decision Space", *Health Policy and Planning*, 2002, 17 (1): 14-31.

而参与式治理就是通过分权来对这种自由裁量权施加必要的限制，因为参与式治理是增进地方政府问责性与回应性的关键。① 研究者基于对亚洲和非洲国家分权化改革实践的研究，认为参与式治理能修正发展中国家分权化改革后在地方层面上出现的精英俘获和裙带主义的政策制定问题②，从而增进地方政府合法性并阻止公共服务的社会排斥。分权涉及公众参与、对公众需求的积极回应，同时地方政府需要在国家社会关系重构中扮演重要角色。研究者列举了参与式治理因为促进分权治理而产生的潜在结果：使地方政府更具有参与性和责任性、产生了社会资本、增强了地方集体行动的能力、改善服务受益人的目标定位、使提供的服务更符合受益人的期望、增强了提供服务的能力。③

### 2. 协商民主

米勒（David Miller）等人把协商民主理解成一种民主的决策体制或理性的决策形式，在这种体制中，每个公民都能够平等地参与公共政策的制定过程，自由地表达意见，愿意倾听并考虑不同的观点，在理性讨论和协商中作出具有集体约束力的决策。④ 因此，参与式治理是自由和平等的公众在公共利益导向下，通过对话、商谈和讨论等形式达成共识并最终形成具有约束力的公共政策的过程，是更接近于协商民主理想的一种实践运行机制。因此，参与式治理就是多元化的利益相关者通过对话、协商和妥协达成平衡和整合的治理过程。研究者基于在巴西等国家参与式预算的实验，强调发生在参与式治理中的竞争与商议有助于获得

---

① Blair H., "Participation and Accountability at the Periphery: Democratic Local Governance in Six Countries", *World Development*, 2000, 61 (1): 14 - 29.
② Crook R. C., "Decentralization and Poverty Reduction in Africa: the Politics of Local-Central Relations", *Public Administration and Development*, 2003, 23 (1): 77 - 88.
③ Sue Goss, *Making Local Governance Work: Network, Relationships, and Management of Change*, New York: Palgrave, 2001.
④ ［南非］毛里西奥·登特里维斯：《作为公共协商的民主：新的视角》，王英津等译，中央编译出版社 2006 年版。

更好的政策结果并使国家决策更加透明、平等。① 在参与式预算中，预算不再仅仅由地方政府有关部门决定税收征收和公共财政开支，公众也通过参与讨论、协商的程序来决定收入和支出数量、投资地点、时间、方向、优先顺序，以及由政府开展的计划和行动等。在学理上，参与式预算强调预算决议的合法性应该建立在公众对公共预算普遍参与和广泛讨论协商的程序基础之上，而通过民主协商和参与预算过程，既保护了民众的政策知情权、参与权、决定权和监督权，又有效约束了地方政府行为，促进了政府与民众的良性互动，提高了地方预算的合法性。在实践中，巴西阿雷格里港的参与式预算取得了令人瞩目的成就，借助公众的参与式预算，形成了对腐败的强有力制约，节约了预算资金，当地拥有巴西最好的公共交通服务，99.5% 的人能享受到高质量的饮用淡水等。② 对此，哈拉尔（William E. Halal）认为，"我们每个人都有一部分真理，当我们彼此交换意见时，我们都设想别人是如何看待这部分真理的。制订计划的人都注意到，制定战略的过程必然天生是有争议的，以便消除变革的障碍，所以参与是必需的，以便研究差异和为成功地解决问题达成一致意见"③。

### 3. 赋权于穷人

研究者强调，参与式治理改革的终极目标是赋权于穷人，旨在加强那些长期处于公共决策之外的个人或群体参与制定与他们日常生活密切相关的政策的能力。参与式治理的关键是赋权于穷人，使他们获得能力与自信，能够分析身处的现状，达成共识，作出决策和采取行动以改善其处境，从而最终实现善治和社会公平的可持续发展。20 世纪 90 年代末期以来，许多研究者注意到参与式治理机制在增进人类能力和赋权于

---

① Bishop P. and Davis G., Mapping Public Participation in Policy Choices, *Australian Journal of Public Administration*, 2002, 61（1）: 14 – 29.

② Iain Bruce, *The Porto Alegre Alternative: Direct Democracy in Action*, London: Pluto Press, 2004.

③ ［美］哈拉尔：《新资本主义》，冯韵文、黄育馥译，社会科学文献出版社 1999 年版。

穷人以克服既有社会和政治权力结构弊端中的潜在效用①，他们倾向于认为参与式治理只有在挑战了既有制度与结构并因此而克服了不发展的结构性条件后才会在改善穷人生活中获得成功。在《深化民主：赋权参与式治理中的制度创新》一书中，研究者认为参与式治理的基本特征在于"深化、拓宽了普通公众有效参与和影响那些与他们直接相关的政策的途径"②，因此参与式治理也是赋权于民。基于这一视角，参与式治理不仅要赋权于民，要让长期被排斥在公共政策过程之外的普通民众有能力认识自己的真实处境，而且还要使他们能采取行动来改善自己的处境。

### 4. 自治

在巴伯（Benjamin Barber）看来，公众参与"激励着我们自己认真对待公民身份。我们不仅仅是选民，当然也不能仅仅把自己看作是政府的顾客或者保卫者。公众是管理者，也就是自治者、共治者与自己命运的主宰者"③。这是因为，参与式治理就是要让公众在公共服务日常规则的制定与执行中发挥影响力，从而引向自治——由公众自己管理和控制地方社区的事务是地方自治概念的中心。④ 基于此，研究者倾向于将参与式治理看作是集体决策的基本原则，因为参与式治理能使公共服务的提供者与使用者发展出适应地方环境变迁的治理思路。鉴于社会中蕴含着解决社会问题的无穷潜力、专业知识、技能与经验，为构造全面和可持续发展的基础，地方政府应致力于培养公众的自治能力，正如人们期

---

① Mohan G. and Stoke K., "Participatory Development and Empowerment: the Dangers of Localism", *Third World Quarterly*, 2000, 21（2）: 247-268.

② Archon Fung and Erik Olin Wright, *Deepening Democracy: Institutional Innovations in Empowered Participatory Governance*, London: Verso, 2005.

③ ［美］本杰明·巴伯：《强势民主》，彭斌等译，吉林人民出版社2006年版。

④ ［美］德莱·奥罗乌：《地方组织与发展》，见迈克尔·麦金尼斯著：《多中心治道与发展》，王文章、毛寿龙等译，上海生活·读书·新知三联书店2000年版。

待政府为市场经济顺利运转提供稳固的法律基础那样。埃利诺·奥斯特罗姆（Elinor Ostrom）通过对大量案例的实证分析证明了一群相互依赖的当事人在管理公共池塘资源时的确可以建构自己的网络，"把自己组织起来，进行自主治理，从而能够在所有人都面对搭便车、规避责任或其他机会主义行为诱惑的情况下，取得持久的共同收益"①。因此，参与式治理是绝对必要的，不仅在动员地方民众和资源以用于发展方面，而且在最初外部的或政府的帮助撤出以后，保证计划成功和可持续性方面也是如此。②

尽管研究者从不同的理论视角来理解参与式治理，但是就参与式治理对增进地方政府回应性、改善公共服务质量等的积极影响，他们是有共识的，即参与式治理有助于克服委托代理困境：一方面，参与式治理会促进公众偏好的信息从民众向政府的流动以及政府决策与行动的信息从政府向公众的流动，以缓解信息不对称的压力；另一方面，公众被吸纳进入决策过程有助于减少地方政府在选择中的自由裁量权。最终，当民众有效地参与公共政策过程时，地方政府的可问责性被强化了，因为民众可以要求地方政府不断采取正确行动。更为重要的是，参与式治理一方面有助于培养积极公民、培育社会资本、增进治理的合法性，另一方面则通过将利益相关者纳入公共服务供给过程而增进了治理的有效性。③ 还有研究者将参与式治理的功能归纳为：一是教育功能，参与式

---

① [美]埃利诺·奥斯特罗姆：《公共事务的治理之道》，毛寿龙译，上海生活·读书·新知三联书店 2000 年版。

② Cemea Michael M., "Farmer Organizations and Institution Building for Sustainable Development", *Regional Development Dialogue*, 1987, 8 (2): 1-19.

③ Bovaird T. Beyond, "Engagement and Participation: User and Community Coproduction of Public Services", *Public Administration Review*, 2007, 67 (5): 846-860; Lelieveldt H., K. Dekker, B. Valker, and R. Torenvlied, "Civic Organizations as Political Actors: Mapping and Predicting the Involvement of Civic Organizations in Neighborhood Problem-solving and Coproduction", *Urban Affairs Review*, 2009, 45 (1): 3-24.

治理有助于增进公民技巧并使他们在参与公共决策中变得更加胜任；二是整合功能，参与式治理有助于发展公共价值，使公众成为具有公共性的人以及增进对共同体的情感。结果，他们也会对公共决策更负责任；三是合法化功能，参与式治理有助于使决策产生更大合法性。① 参与式治理是一种与公众和其他政党建立紧密关系的制度设计，它的积极作用主要体现在以下几个方面：第一，创新的体制为公共政策过程创造更广阔的参与机会，既提高了公众参与的水平，也有助于政府掌握公众的诉求和倾向。第二，通过协商产生超越个别利益的政策结果。第三，提高社会资本，建设具有政治效能感的政府。② 进入21世纪以来，参与式治理也开始引起国内学者的关注。赵光勇认为，参与式治理是"参与式"方法在治理领域的运用，是协商民主的应用与实践。陈剩勇等在总结国外学界主要观点的基础上，认为"参与式治理是指与政策有利害关系的公众、团体和政府一起参与公共决策、分配资源、合作治理的过程"③。王锡锌从行政决策的角度来界定参与式治理，侧重公众对政府公共政策的参与，认为其"是一个'有序参与'的方案"④。李波等从地方治道变革的角度，将参与式治理视为一种在全球范围内广泛兴起的新型治理模式，认为参与式治理的关键在于公众赋权以确立公众参与主体资格，核心在于民主协商以保障公众在场表达利益，基础在于自主治理以建构公众主体性社会。⑤

---

① AnK Michels, "Innovations in Democratic Governance: How Does Citizen Participation Contribution to a Better Democracy?", *International Review of Administrative Science*, 2011, 77 (2): 275-293.
② Archon Fung, Wright Olin Eric, Deepening Democracy: Innovations in Empowered Participatory Governance, *Politics and Society*, 2001, 29 (1): 5-41.
③ 陈剩勇、赵光勇:《参与式治理研究述评》, 载《教学与研究》, 2009年第8期。
④ 王锡锌等:《我国行政决策模式之转型——从管理主义模式到参与式治理模式》, 载《法商研究》, 2010年第5期。
⑤ 李波、于水:《参与式治理：一种新的治理模式》, 载《理论与改革》, 2016年第6期。

在当代中国的国情背景下，需要诉诸地方政府在治理过程中主动向公众开放政策过程，通过制度化途径从公众和利害相关的个人或组织获取信息，并通过反馈互动对公共政策过程和治理行为产生影响。① 换言之，在地方政府主导的治理过程中，参与式治理有赖于地方政府赋权。因此，本书认为"参与式治理是指由地方政府培育的旨在通过向普通公众开放公共政策过程以解决实际公共管理问题的制度和过程的总和"②。

(三) 公众参与

公众参与作为现代政治学与公共管理研究的一个重要范畴，已被讨论了半个多世纪，至今仍是研究者与公共部门实践者讨论的热点。从根本上来说，这是由后现代社会面临的诸多治理危机所决定的。而实质性的和深思熟虑的公众参与则是解决这些危机的一条希望之路，在现代西方颇有影响的若干政治思潮中，无论是各种民主理论如参与民主理论、精英民主理论和多元民主理论，还是有关政治发展的理论都不可避免地要涉及对公众参与的一般性理论分析和对公众参与现状的具体考察。亨廷顿（Samuel Huntington）在研究政治发展的过程及其影响政治发展的相关因素时，就把公众参与视为影响政治发展的重要变量，并把公众参与的程度和规模作为衡量社会政治现代化程度的一个重要尺度。③ 罗伯特·达尔（Robert Dahl）在论述什么是"民主"时，提出了民主的五项标准，其中第一项标准就是"有效的参与"④。20世纪60年代以来，参与民主理论、公民身份理论和协商民主理论等在批判代议制民主轻视公

---

① 蔡定剑:《民主是一种现代生活》，社会科学文献出版社2010年版。
② A. Fung and E. O. Wright (eds.), *Deepening Democracy: Institution Innovations in Empowered Participatory Governance*, New York: Verso, 2005, pp. 23–25.
③ [美] 塞缪尔·亨廷顿:《变化社会中的政治秩序》，王冠华等译，北京生活·读书·新知三联书店1999年版。
④ [美] 罗伯特·达尔:《论民主》，李柏光、林猛译，商务印书馆1999年版。

众参与弊端的同时，推动了公众参与在理论上的发展。半个多世纪以来，西方公共管理中的公众参与行动涉及环境治理、城市规划、公共交通、社区发展、公共预算等不同领域，围绕公众参与动力、公共机构回应、公众参与范围、公众参与路径等形成了不同的参与模型，指导着现实公众参与的具体行动。

公众参与在英文文献中有 Political Participation、Public（或 Citizen）Participation、Public（或 Citizen）Involvement、Public（或 Citizen）Engagement 等多种表达方式。其中，Political Participation 是一个包容广泛的概念，研究者将其界定为：（1）是影响或试图影响公益分配的行为；（2）是旨在影响国家或地方政府的行动或有组织的平民的行动；（3）是个人或个人组成的集体有意或无意地支持或反对、改变或维护一个政府或团体的某些特征的一切行动和不行动；（4）是在政治体制的各个层次中，意图直接或间接影响政治抉择的个别公民的一切自愿行动。[①] 公众参与理论的先驱谢里·阿斯汀（Sherry R. Arnstein）认为"公众参与是一种公众权力的运用，是一种权力的再分配，使目前在政治、经济等活动中，无法掌握权力的民众，其意见在未来能有计划地被列入考虑"[②]；《布莱克维尔政治学百科全书》中认为公众参与是"参与制定、通过或贯彻公共政策的行动"[③]；克莱顿·托马斯（John Clayton Thomas）依据公众参与及影响力程度的不同创设了五种公共决策参与模式：独裁或自主式管理决策、改良的自主管理决策、分散式的公众协商、整体式的公

---

[①] 以上四种看法分别是布斯和斯莱格森、纳尔逊、孔奇、维巴和奈伊等人的论述，均见[美] 帕特里克·J. 孔奇：《政治参与概念如何形成定义》，王胜明、范云萍译，载《国外政治学》，1989 年第 4 期。

[②] Sherry R. Arnstein, "A Ladder of Citizen Participation", *Journal of American Institute of Planners*, 1969, 35 (4): 216–224.

[③] 参见 [英] 戴维·米勒等：《布莱克维尔政治学百科全书》，邓正来译，中国政法大学出版社 1993 年版。

众协商、公共决策。①

20世纪90年代以来，公众参与理论进入中国，逐渐成为政治学与公共行政学界广受关注的研究主题。在中文语境中，公众参与与公民参与是两个比较相近的概念。相对而言，"公民参与"更多地强调参与者的公民资格，"公众参与"则更多关注参与者的组织性，包含群众个体、社会组织等非政府组织和机构。②总体来说，国内学者对"公众参与"概念的内涵提出了以下几种看法：

其一，从与政治权力关系的角度来理解公众参与。比较有代表性的观点有：王浦劬认为"政治参与是指普通公众通过各种合法方式参与政治生活，并影响政治体系的构成、运行方式、行动规则和政策过程的行为。它是政治关系中政治权利得以实现的重要方式，反映着公众在社会政治生活中地位、作用和选择范围，体现着政治关系的本质"③；王邦佐认为"政治参与就是公众或公众团体影响政府活动的行为"④。在这种视角下，公众参与等同于政治参与，参与的主体是公众，核心是公众围绕政治权力而展开的政治活动或政治行为。

其二，从公共政策角度来理解公众参与。比较有代表性的观点有：杨光斌认为"政治参与是普通公众通过一定的方式直接或间接地影响政府决定或政府活动相关的公共政治生活的政治行为"⑤；俞可平认为"公众参与通常又称为公共参与，就是公众试图影响公共政策和公共生活的一切活动"⑥。王锡锌认为公众参与是"在行政立法和决策过程中，政府相关主体通过允许、鼓励利害关系人和一般社会公众，就立法和决策所

---

① [美]约翰·克莱顿·托马斯：《公共决策中的公民参与》，孙柏瑛等译，中国人民大学出版社2010年版。
② 蔡定剑：《中国公众参与的问题与前景》，载《民主与法治》，2010年第5期。
③ 王浦劬：《政治学基础》，北京大学出版社1995年版。
④ 王邦佐等：《新政治学概要》，复旦大学出版社1998年版。
⑤ 杨光斌：《政治学导论》，中国人民大学出版社2004年版。
⑥ 俞可平：《公民参与的几个理论问题》，载《学习时报》，2006年第12期。

涉及的与利益相关或者涉及公共利益的重大问题,以提供信息、表达意见、发表评论、阐述利益诉求等方式参与立法和决策过程,并进而提升行政立法和决策公正性、正当性和合理性的一系列制度和机制"①。在这种视角下,公众参与被狭义地限定在公共政策范畴下,是公众试图直接决定或影响公共政策的制定、执行和评估的过程。

以上各种关于公众参与内涵的认识,虽然表达方式不同,但实际上都是认同公众参与作为一种政治现象,包含参与主体、参与客体及参与途径三个基本要素。首先,公众参与的主体既包括有参与需求的个体公民,也包括由个体公众组成的各种公众组织。其次,参与客体是指存在于社会公共领域之内体现公共利益与公共理性的所有事务,其中包括政府政策的制定、执行与评估。最后,参与途径是指公众可资利用以决定或影响公共政策与公共事务的各种方式、渠道,既包括合法的制度化途径也包括非制度途径。

在本书中,主要关注的是地方政府参与式治理创新中的公众参与,因此作为一种制度化的公众参与,应当是指"公共权力在作出立法、制定公共政策、决定公共事务或进行公共治理时,由公共权力机构通过开放的途径从公众和利害相关的个人或组织获取信息,听取意见,并通过反馈互动对公共决策和治理行为产生影响的各种行为"②。

## 三、研究意义

研究当代中国地方政府参与式治理创新具有重要的理论意义与实践价值。

---

① 王锡锌:《行政过程中公众参与的制度实践》,中国法制出版社2008年版。
② 蔡定剑:《公众参与:风险社会的制度建设》,法律出版社2009年版。

## （一）理论意义

**1. 有助于丰富和深化公众参与研究**

20 世纪 70 年代以来，"公众参与作为核心论题已经成为国际发展话语的主流"①，"公众参与的兴起已经成为当代中国公共生活领域越来越重要的社会事实"②。作为一个初露端倪的"新公共运动"，公众参与正逐渐成为中国政府决策制定的重要环节③，公众参与的主体日益多元化、参与领域越来越广泛、参与方式日益多样化④。既有公众参与研究围绕着公众参与的动力系统、公共机构的反应、公众参与的政策领域、公众参与的路径、形式与效果四个主题展开。⑤ 研究者不仅注意到立法、环境保护、政策制定、城市规划、公共预算、基层治理等诸多公共治理领域中蓬勃发展的公众参与⑥，而且还梳理出座谈会和论证、公民会议、公众调查、公开征集意见和建议、咨询委员会、关键公众接触、听证会、由公众发起的接触等精彩纷呈的公众参与机制⑦。综合而言，既有的公众参与研究更多的是建立在"社会中心论"视角基础之上，关注的是谁参与、参与什么以及如何参与等议题。但是，在地方政府主导的治理过程中，公众参与在相当程度上是地方政府赋权的产物。要深化公众参与研究，应该关注地方政府如何回应公众参与诉求以及如何通过制度创新来吸纳公众参与。

---

① 李图强：《现代公共行政中的公民参与》，经济管理出版社 2004 年版。
② 王锡锌：《公众参与和中国新公共运动的兴起》，中国法制出版社 2008 年版。
③ 王锡锌：《公众参与：参与式民主的理论想象及制度实践》，载《政治与法律》，2008 年第 6 期。
④ 郭小聪、代凯：《近十年国内公民参与研究述评》，载《学术研究》，2013 年第 6 期。
⑤ 朱德米：《回顾公民参与研究》，载《同济大学学报（社会科学版）》，2009 年第 6 期。
⑥ 蔡定剑：《公众参与：风险社会的制度建设》，法律出版社 2009 年版。
⑦ 杨成虎：《政策过程中的公民参与》，天津人民出版社 2015 年版。

**2. 有助于深化地方政府创新研究**

从既有地方政府创新研究来看，研究者主要聚焦于探讨地方政府创新的理论、持续力、制度化等①，并强调地方政府创新应该从提高规划性、改进协调性、增强针对性和重视可持续性四个方面实现转型升级②。不仅如此，研究者还梳理出创新的成本与收益、区域经济发展水平、创新主体的能力、权力中心的稳定性、创新的制度环境、创新项目的可扩散性、公众与社会组织的有序参与等因素在推动地方政府创新持续发展上具有关键性的作用。③ 在当代中国经济、社会发生巨变的背景下，如何整合社会利益、弥补传统地方政府管理模式在回应民意上的不足，重塑国家—社会关系是地方政府创新致力于解决的关键问题。而其中，公众参与热情的高与低、参与渠道的通与堵、参与机制的顺与阻，直接关系到地方政府治理创新及其可持续发展。何显明基于浙江的考察认为，创新政府管理模式、增强公共管理的民主参与机制，把各种新生的体制外资源（包括市场资源、社会资源）纳入国家治理体系，是地方政府切实提高社会治理有效性的重要途径。④ 闫健的研究亦表明，地方政府创新项目的受益者始终被排除在政策过程之外，以"沉默的受益者"角色出现。⑤ 现有研究尽管较好地识别了地方政府创新的目标、特征和动力来源，指出公众理应是地方政府创新的根本动力和最终服务对象，

---

① 陈国权：《地方政府创新研究的热点主题与理论前瞻》，载《浙江大学学报（人文社会科学版）》，2010年第3期。
② 杨雪冬：《地方政府创新治理提升绩效的四个突破点》，载《人民论坛》，2014年10月（上）。
③ 胡宁生、杨志：《中国地方政府社会治理创新的持续性：影响因素与政策优化》，载《江苏社会科学》，2015年第3期。
④ 何显明：《地方政府创新的生成机制与运行机理——基于浙江现象的考察》，载《中国行政管理》，2009年第8期。
⑤ 闫健：《"父爱式政府创新"：现象、特征与本质——以岚皋县"新农合镇办卫生院住院起付线外全报销制度"为例》，载《公共管理学报》，2014年第3期。

也强调了公众参与程度是评价创新项目的重要指标①，但显然对既有地方政府创新中的参与式治理缺乏应有的关注，对公众参与如何促进地方政府创新的可持续发展也缺乏应有的关注。因此，本书的研究有利于深化既有地方政府创新研究。

**3. 有助于推进国家治理现代化研究**

党的十八届三中全会通过的《中共中央关于全面深化改革若干重大问题的决定》提出："全面深化改革的总目标是完善和发展中国特色社会主义制度，推进国家治理体系和治理能力现代化。"学术界对此展开了广泛的研究和热烈的讨论，主要聚焦于基本概念、结构要素、建构原则、基本特征、衡量标准、治理方式、实现途径等几个方面②，研究者认为其本质上是国家治理体系与其面临的公共问题性质与特征之间不断契合的过程③，实现国家治理的合法性、有效性、包容性、回应性、可问责性④。由于治理就是"各种公共的或私人的个人或机构管理其共同事务的诸种方法之总和"⑤，因此实现国家治理体系现代化的核心路径，就是政府与公众对公共生活的协同治理。而在参与式治理实践中，公众不仅能有序表达利益诉求，而且能得到地方政府的有效回应，还与公众代表和地方政府官员实现互动，最终通过协商来达成有效的集体行动。所有这些不仅有助于培养公民，而且也有助于提高地方公共事务治理的合法性与有效性。因此，研究当代中国地方政府创新中的参与式治理，

---

① 杨雪冬：《简论中国地方政府创新研究的十个问题》，载《公共管理学报》，2008 年第 1 期。

② 刘志丹：《国家治理体系和治理能力现代化：一个文献综述》，载《重庆社会科学》，2014 年第 7 期。

③ 杨冠琼、刘雯雯：《公共问题与治理体系：国家治理体系与能力现代化的问题基础》，载《中国行政管理》，2014 年第 1 期。

④ 唐皇凤：《中国特色现代国家治理体系的建构》，载《中国社会科学报》，2013 年 12 月 6 日。

⑤ 联合国全球治理委员会：《我们的全球伙伴关系》，1995 年。

有助于推进国家治理体系现代化研究。

(二) 实践价值

**1. 有利于改善地方政府治理绩效**

在参与式治理中,地方政府治理过程向公众开放,使地方政府组织行为发生相应改变,有助于使地方政府管理向地方政府治理转型,从而实现地方政府和公众、社会组织等的合作治理。首先,参与式治理有利于优化公共决策并提高地方政府的决策质量。主体多元、程序透明,既是公共决策科学化的重要标志,也是公共决策获得社会认同、降低失误风险的重要保证。伴随着中国经济社会的持续快速发展,公众的价值观念、权利意识和利益表达需求等都普遍增强,人们再也不仅仅满足于作为公共政策的客体而存在,被动地认可和接受政府的决策方案,不仅强烈要求向公共决策系统表达自己的意愿,而且还越来越要求能够参与公共决策的全过程,使公共决策能够更充分地代表自己的利益。地方政府公共决策事项大都是关系到公众实际利益的具体问题,这就要求决策必须要听取公众意见、反映公众利益,决策过程中的公众参与是必要的。因此,参与式治理创新既能适应公众多元化的利益需求、降低单方面决策可能隐含的风险,又能够适应和满足公众日益增长的参与诉求。不仅如此,参与式治理创新为地方政府公共决策带来了更多有效信息,能够确保地方政府及时有效地获取和把握公众的需求导向,自下而上,作出科学、合理的供给安排,提升政府公共决策的科学性、准确性和有效性。其次,参与式治理有助于提高地方政府治理效率。一方面,参与式治理使地方政府向公众开放治理过程,通过各种形式的参与、协商、对话广泛听取公众意向,通过科学的程序、方法和机制进行决策活动,防止了公权力被滥用,还能通过实现公权力与私权利之间的良性互动,确立公共决策的权威和公信力,从而有助于公共决策的实施,不仅增强了决策的可执行性而且提高了执行效率。另一方面,参与式治理强调社会组织和公众参与地方政府的治理过程,发展政府、企业、社会组织及公众各主体间的多元参与、合作、协商和伙伴关系,形成政府与社会协同合作、资源互补的参与型公共治理模式,有利于提升地方政府治理效率。最后,参与式治理有助于强化对地方政府的监督。公众可以通过各种方式对地方政府行为进行监督,可进一步促进法治政府的建立,促使政府部门转变自身职责和功能,以更好地增强对公众的回应性和责任性,提高治理效率。一方面,使地方政府权力运行受到监督,防止公权力滥用。参与式治理虽不能解决初始层面的权力分配问题,但能有效监督公权力行使的全过程,纠正其在行使中可能存在的滥用行为。另一方面,参与式治理使地方政府行为公开透明,保障公众权利。参与式治理要求地方政府决策、管理、结果等各项流程全部公开,减少了地方政府违反行政程序的风险,增强了地方政府行为结果的科学性。

### 2. 有助于改善地方政府与公众的关系

在规范的政治话语中,地方政府和公众是一种委托代理机制下相互信任的契约关系。公众让渡部分权利,地方政府为公众提供所需的公共产品和安定的社会秩序,双方是一种相互协商的关系。为此,地方政府应该坚持把"权为民所用、情为民所系、利为民所谋"作为执政价值追求。但是,在实践中,一些地方政府的施政闭门造车、我行我素,排斥或无视公众诉求,很容易跟公众产生分歧,并不得不面对来自社会舆论、维稳考量甚至上级机关的压力。公众还往往因为对决策缺乏预知性、透明度而对地方政府产生不信任感,地方政府话语体系与舆论表达诉求出现了断裂,地方政府与公众之间的相互信任陷入重重危机,地方政府治理在局部呈现出"公信力危机"。①

---

① 参见郭巍青、陈晓运:《风险社会的环境异议——以广州市民反对垃圾焚烧厂建设为例》,载《公共行政评论》,2011年第3期;陶鹏、童星:《邻避型群体性事件及其治理》,载《南京社会科学》,2010年第8期。

诚如习近平总书记在河南兰考县委常委扩大会上谈及政府公信力"塔西佗陷阱"的危害性时所言:"当公权力失去公信力时,无论发表什么言论、无论做什么事,社会都会给以负面评价","我们当然没有走到这一步,但存在的问题也不可谓不严重","如果真的到了那一天,就会危及党执政基础和执政地位"①。而参与式治理可以"保证公共服务更适合公众的需求,促进一个更开放、更具回应性的公共官员体系形成,以及建立对地方政府和公众自身更加积极和正面的认识与情感"②。通过公众参与,增进地方政府与公众间的信息沟通与良性互动,提高公众对地方政府的信任程度。③ 米歇尔(Mitchell A. Seligson)很早就认识到参与可以提高社会公众对政府系统的满意度,政府信任随之升高。④ 因为公众参与地方政府事务越多,掌握的政府信息就越多,对政府部门的监督就会越多,政府部门的行为会更多地符合他们的期望和利益,其对地方政府信任的水平就会越高。参与式治理的过程实质上是政府与公众互动的过程,公众参与公共治理,可以反映公众的需求与偏好,使地方政府的政策与行为能满足社会中大多数公众的需求;公众参与可以提高地方政府的代表力和回应力,使公共管理者知晓公众公共管理组织绩效的评估意见;公众参与向公众提供了信息,这些信息有助于公众作出判断;可以参与促使政府的改善,增强公众对政府的信心、认同和支持。因此,在推行"公众参与、专家论证、政府决策"以实现"依法决策、科学决策、民主决策"开始成为我国政府对公共决策机制和行政决策程序

---

① 新华网:《习近平在兰考县委常委扩大会上的讲话》,http://www.xinhuanet.com/politics/2015-09/08/c_128206459.htm(访问时间:2020年8月4日)。
② [美] 约翰·克莱顿·托马斯:《公共政策中的公民参与》,孙柏瑛等译,中国人民大学出版社2005年版。
③ 同上。
④ Seligson Mitchell A., "Trust, Efficacy and Modes of Political Participation: A study of Costa Rican peasants", *British Journal of Political Science*, 1980, 10 (1): 75-98.

的方向性共识①基础上，增强公众与地方政府之间的沟通，推动公众参与的制度化建设是当代地方政府与公众信任关系构建的必然选择。

**3. 有助于提升地方政府治理的合法性**

长期以来，一些地方政府习惯于管理主体单一化，在管理过程中单打独斗，缺乏应对主体多元治理的理论准备和实践探索，公众参与地方治理度非常低。一些地方政府，求稳怕乱，"不出事"的治理逻辑大有市场，限制社会活力的解放和增强，影响了国家与社会或政府与公众之间良好合作的形成。个别地方政府将本地方本部门甚至个人利益固化，人为地堵塞公众知情权、参与权、表达权和监督权的通道。这些做法与市场化、法治化下公民主体意识显著增强等客观事实是相违背的，从而加大了地方政府治理的难度。公众通过对国家治理活动的参与，可以直接地反映他们的诉求以实现他们的利益。国家机关在决策及其执行的过程中，应通过提供多种多样的参与、对话渠道或方式引导公众有序参与，以主动听取公众在重大决策及其相关问题上的意见或建议。公众参与的决策结果更能为公众接受，公众参与同样也有助于推动决策的实施。科学的方式和方法、民主的程序和机制，既可以防止公共权力被滥用，又可以实现公共权力与公众权利之间的良性互动，从而有助于维护和增强国家机关的公信力和国家权力的权威性。有效的政府治理，意味着政府不再是对政府事务进行"单打独斗"的唯一主体，行业协会、自治团体等也成为对政府事务进行广泛参与、密切合作和共同担当的主体。同时，有效的政府治理，虽然并不否认政府的主导作用，但也意味

---

① 代表性的宣示如，十届人大二次会议上的《政府工作报告》指出："坚持科学民主决策。要进一步完善公众参与、专家论证和政府决策相结合的决策机制……"。类似地，国务院发布的《全面推进依法行政实施纲要》第十一条规定，"建立健全公众参与、专家论证和政府决定相结合的行政决策机制。实行依法决策、科学决策、民主决策"。《重大行政决策程序暂行条例》把公众参与、专家论证、风险评估、合法性审查、集体讨论决定作为重点，逐一明确、细化了这五大法定程序的具体要求。

着政府作为多元主体中的一方,不应再是一方独大、一方独尊、一方独赢的组织体系,而应该按照精简、统一、效能的原则进行瘦身优化;作为多元主体中的非政府组织、非营利组织和公众组织等,则不能再瘦弱不堪、弱不禁风,必须大力培育、发展,使其不断壮大,成为具有实力和独立性的主体。有效政府治理的源头是科学民主决策。目前一些地方在政府决策的科学性、民主性方面,仍然存在民意基础薄弱、脆弱的问题,听取和回应民众和社会各方面的意见往往流于形式,决策上的地区、部门"本位主义"色彩浓厚,经济、社会、文化、生态各领域决策不平衡,系统性、整体性、协同性差,与民争利等"非公共性"苗头时隐时现。缺乏群众满意度和民意支持率的政府决策,引发了许多社会矛盾和纠纷,弱化了政府治理合法性、可行性的社会基础。参与式治理可以吸纳社会各利益群体的声音,有利于地方政府听到社会各方特别是弱势群体的利益呼声、充分考虑到政策相对人的态度和利益得失,定纷止争,从而制定出更符合民意、更科学的公共政策,实现公共利益。通过参与式治理,可以集中公众智慧,吸收不同领域的知识,并为公共政策过程提供及时、丰富的信息,这不仅保障了决策的科学性,而且增强了公众的共识感和责任感。因此,有效的政府治理,需要参与式治理以有效约束"长官意志",不断增强和夯实政府治理的民意基础。

## 第二节　文献综述

### 一、既有相关研究的基本概况

在有关发展的理论和政策文献中,参与式治理正日益成为一个备受关注的焦点议题。在大部分时间里,发展政策的理论与实践主要聚焦于参与式治理有助于将地方性知识吸纳进入发展项目的规划、执行和监督之中。20世纪90年代以来，研究者越来越强调参与式治理能使地方政府更负责、更具有合法性和回应性。[①] 近年来，一些面临着"强发展、弱治理"困境的中国地方政府探索性开展参与式治理的创新也开始被研究者关注。概括而言，既有相关研究文献主要聚焦于以下几方面。

## （一）参与式治理何以重要？

从国外相关研究来看，研究者认为参与式治理兴起的背景在于：一是因为集中供给公共服务的失败以及传统问责体制的缺陷日益显现，以至研究者日益强调要建立正确的治理结构与制度以使国家更有效[②]；二是参与式治理已经成为加强纵向问责的最流行机制而成为善治议程的组成要素。因此，既有相关研究文献主要是从两个角度强调了参与式治理的重要性：

一方面，参与式治理有助于改善政府的回应性、服务质量与福利。研究者基于委托代理理论的研究视角，认为参与式治理有助于克服选民和当选的代表之间的代理困境，因为：（1）参与式治理能改善有关公众偏好信息向政府的流动以及政府决策、行动、公共服务供给结果的信息向公众的流动；（2）在参与式治理中，公众被吸纳进入公共决策过程，有助于约束地方政府的自由裁量权；（3）在参与式治理中，当公众有效参与到服务供给之中时，因公众能要求政府采取正确行动，从而强化了对政府的

---

① Gaventa J., Towards Participation Governance: Assessing the Transformative Possibilities, In S. Hickey and G. Mohan (eds.), *Participation: from Tyranny to Transformation? Exploring New Approaches to Participation in Development*, London and New York: Zed Books, 2004, pp. 25–41.
② Prichet L. and Woolcock M., "Solutions When the Solution is the Problem: Arraying the Disarray in Development", *World Development*, 2004, 32 (2): 191–212.

可问责性。① 在经验层面上，也可以找到相关证据。如巴西的参与式预算改善了教育、卫生等，印度的参与式预算则增加了符合穷人需求的政府投入。② 为何参与式治理能产生积极影响，有研究者认为是因为公众参与对项目执行的监督，从而提高了公共服务供给的效率和服务质量，公众参与有关公共资源的公共决策被认为有利于改善穷人的公共服务和福利。③

另一方面，参与式治理有助于弥补代议制民主之不足。参与式治理缘起于现代政府管理所面临的复杂性：一是政府所面对的公共事务的复杂性，需要政府开辟新的领域，建立新的关系；二是政府需要解决以往自由主义所造成的社会分隔。公众参与式治理是一种与公众和其他政党建立紧密关系的制度设计，它的积极作用主要体现在以下几个方面：第一，创新的体制为公共政策过程创造更广阔的参与机会，既提高了公众参与的水平，也有助于政府掌握公众的诉求和倾向。第二，通过协商产生超越个别利益的政策结果。第三，提高社会资本，建设具有政治效能感的政府。

还有研究者将参与式治理的功能归纳为：一是教育功能，参与式治理有助于增进公众技巧并使他们在参与公共决策中变得更加胜任。二是整合功能，参与式治理有助于发展公共价值、使公众成为具有公共性的人以及增进对共同体的情感。结果，他们也会对公共决策更负责任。三是合法化功能，参与式治理有助于使决策产生更大合法性。④

---

① Ackerman J., "Co-Governance for Accountability: Beyond 'Exit and Voice'", *World Development*, 2004, 32 (3): 447–463; Besley, T. and Burgess R., "The Political Economy of Government Responsiveness: Theory and Evidence from India", *Quarterly Journal of Economy*, 2002, 117 (4): 1415–1451.

② Heller P., "Moving the State: The Politics of Democratic Decentralization in Kerala, South Afcrica, and Porto Alegre", *Politics and Society*, 2001, 29 (1): 131–163.

③ Shah A. (ed.), *Participatory Budgeting*, Washington, D. C.: World Bank, 2007.

④ AnK Michels, "Innovations in Democratic Governance: How Does Citizen Participation Contribution to a Better Democracy?", *International Review of Administrative Science*, 2011, 77 (2): 275–293.

而从基于中国经验的相关研究文献来看，研究者分别从社区治理、城市管理变革、行政法、预算等视阈强调了地方政府参与式治理创新的重要意义。王敬尧的研究发现参与式治理既减轻了政府压力，也规范了政府行为，为社区自治的有效性和政府管理的有效性奠定了"双赢"的基础。① 而研究者基于中国地方政府参与式预算创新的观察发现，参与式预算有利于优化公共资源配置、有利于政府赢取公众的支持、有利于基层民主的发展、有利于防止腐败问题的发生。② 赵光勇基于浙江杭州的实践，发现参与式治理通过在决策过程中引入"利益相关者"，改善了决策中的"输入"，从而提高了决策质量；通过参与将公众吸纳进入政府治理过程，搭建政府与社会、官方与民间的沟通桥梁，在地方政府层面建立一套民主化的、制度化的机制安排；通过公众直接参

---

① 王敬尧：《参与式治理：中国社区建设实证研究》，中国社会科学出版社2006年版。
② 陈家刚：《参与式预算的理论与实践》，载《经济社会体制比较》，2007年第2期；陈家刚、陈奕敏：《地方治理中的参与式预算——关于浙江温岭市新河镇改革的案例研究》，载《公共管理学报》，2007年第3期；周红云：《公共预算中的公民制度化参与——以浙江温岭市新河模式为例》，载《北京行政学院学报》，2008年第5期；陈朋、李文琴：《参与式预算：使乡镇人大运转起来——浙江温岭新河镇的案例启示》，载《理论视野》，2009年第1期；徐珣、陈剩勇：《参与式预算与地方治理：浙江温岭的经验》，载《浙江社会科学》，2009年第11期；卢剑锋：《参与式民主的地方实践及战略意义——浙江温岭"民主恳谈"十年回顾》，载《政治与法律》，2009年第11期；王雍君：《参与式预算逻辑基础与前景展望》，载《经济社会体制比较》，2010年第3期；何包钢：《近年中国地方政府参与式预算试验评析》，载《贵州社会科学》，2011年第6期；He B. G., "Civic Engagement Through Participatory Budget in China: Three Different Logics at Work", *Public Administration and Development*, 2011, 31 (2): 122 – 133; Yan Wu and Wen Wang, "Does Participatory Budgeting Improve the Legitimacy of the Local Government? A Comparative Case Study of Two Cities in China", *Australian Journal of Public Administration*, 2012, 71 (2): 122 – 135; 张学明：《参与式预算——协商民主的生动实践》，载《人大研究》，2013年第3期；赵早早、杨晖：《构建公开透明的地方政府预算制度研究——以无锡、温岭和焦作参与式预算实践为例》，载《北京行政学院学报》，2014年第4期；Yan X. and Xin G., "Participatory policy making under authoritarianism: The pathways of local budgetary reform in the People's Republic of China", *Policy and Politics*, 2016, 44 (2): 215 – 234.

与治理过程，探讨政府角色和职能的合适定位，重塑政府，并使政府和其他行为主体一起，共同实现对公共事务的治理，从而实现传统政府向现代服务型、责任型、法治型和有限型政府的转变。① 王锡锌等基于行政法视角，强调了参与式治理的重要意义：第一，通过扩大公众参与，避免长久以来公共政策的过度倾斜，疏导社会矛盾，提升决策质量；第二，通过日常化的参与实践，提升公众的政治认知能力和政治行动能力；第三，治疗社会疏离感和压抑感，培育社会信任和主人翁精神；第四，作为一个"有序参与"的方案，为中国的政治和行政改革提供稳健的引导。② 方世荣等还从参与式行政这一核心概念出发，强调了构建参与式行政法制模式的实践意义在于有助于推动我国行政民主的发展、有助于改善行政机关与公众的关系、有助于行政管理创新并确立约束原则、有助于提升行政效率、有助于建设法治政府。③ 此外，有研究者基于基层参与式治理实践的观察发现，践行参与式治理可以进一步激发社会活力，提升广大人民群众的参与意识，促进当地社会和经济的协调发展。④ 何显明基于治理民主的视角认为参与式治理的重要意义在于开辟了另外一条更具有持续性的利益表达、政策沟通的渠道，即通过公众与决策主体经常性的互动交流，特别是公众直接参与公共事务的治理，来促使政策决策和实施主体更加积极、主动地回应公众的诉求。⑤

---

① 赵光勇：《政府改革：制度创新与参与式治理》，浙江大学出版社 2013 年版。
② 王锡锌等：《我国行政决策模式之转型——从管理主义模式到参与式治理模式》，载《法商研究》，2010 年第 5 期。
③ 莫于川：《公众参与潮流和参与式行政法制模式》，载《国家检察官学院学报》，2011 年第 4 期；方世荣等：《"参与式行政"的政府与公众关系》，北京大学出版社 2013 年版。
④ 吴华钦、韩月香：《居民参与式基层社会治理——基于广东广宁县的经验研究》，载《广东社会科学》，2015 年第 2 期。
⑤ 何显明：《治理民主：中国民主成长的可能方式》，中国社会科学出版社 2015 年版。

## (二) 参与式治理有效运行的条件

与关注参与式治理的效应相比,研究者更为关注使参与式治理有效运转的基本条件。国外研究者基于参与式治理在玻利维亚、乌干达、秘鲁等国家的实践来展开研究,发现"虽然完善的法制框架是参与式治理的有利因素,但这并不足以保障参与式治理的有效运作"①。尽管这些研究来自不同学科并使用了不同的概念,但他们都认为参与式治理的有效运作必须具备两个基本条件,即市民社会要件和政治经济要件。②

除了这两个主要要件外,还有研究者注意到参与式治理的制度设计、选举制度、政治分权的程度以及辖区规模也是影响参与式治理在不同国家产生不同效应的潜在因素。③

从国内相关研究来看,研究者认为参与式治理作为一种地方政府主导的治理创新,其成功运作必须具备一系列前提条件。王锡锌等认为参与式治理模式的制度要素包括三部分:第一,是"基础性制度",即对于参与式治理具有基础性意义的制度,其中至关重要的是政府信息公开与利益组织化;第二,是"支持性制度",即从不同方面对于参与式治理具有支持作用的制度,包括立法机关对于行政的控制和监督、政协的辅助、智库及专家咨询制度、媒体的支持;第三,是核心程序技术的设置,包括明确公众参与的事项范围、分享议程设置权力、要求行政机关在充分收集信息的前提下制定政策草案、提供公开公平信息充分的参与

---

① McGee R., Bazaara N., Gaventa J., Nierras R., Rai M., Rocamora, J. et al., *Legal Frameworks for Citizen Participation*: *Synthesis Report*, Learning Initiative on Citizen Participation and Local Governance, Sao Paulo, 2003, p. 3.

② Evans P., "Development as Institutional Change: The Pitfalls of Monocropping and the Potentials of Deliberation", *Studies in Comparative International Development*, 2004, 38 (4): 30 - 52.

③ Goldfrank B., "The Politics of Deepening Local Democracy: Decentralization, Party Institutionalization, and Participation", *Comparative Politics*, 2007, 39 (2): 147 - 168.

渠道和沟通平台、公众参与应当发生一定的法律后果、政策反馈机制。①赵光勇认为参与式治理在实施过程中,必须协调好参与与主导、地方知识与专业知识、外部力量和内部力量的关系,即参与式治理必须明确参与过程中"谁来主导"、要协调集体行动中地方知识与专业知识的平衡、通过何种途径或措施协调诸多价值之间的冲突。②吴华钦、韩月香则强调参与式治理的核心是政府的角色定位与能力提升,政府应该从公共事务的执行者和控制者角色转化为辅助和帮助公众参与公共事务的帮助者、服务者和合作者角色,要抬高政府的制度建设能力、网络管理能力和政府人员的能力。③陈剩勇等认为参与式治理的关键是公众参与,而公众参与的核心环节是政府与社会的双轨互动,足够的政府赋权才会有充分有效的公众参与,公众参与必须是在一个由政府赋权所致的政府治理化与开放程度高低与社会公众行动的自主性与积极性程度所共同决定的行动结构中展开。④

(三) 参与式治理存在的问题

从国外相关研究文献来看,使参与式治理有效运转起来在许多发展中国家面临着尖锐的挑战。对玻利维亚、秘鲁和乌干达等国家的案例研究发现在被正式采纳的参与式治理规则与最终的实践功能之间存在着明显差距。有研究者认为参与式治理的成功运行面临三大挑战:缺乏有条不紊的领导、缺乏对公众直接参与的共识以及参与式创新的有限空间和

---

① 王锡锌等:《我国行政决策模式之转型——从管理主义模式到参与式治理模式》,载《法商研究》,2010年第5期。
② 赵光勇:《政府改革:制度创新与参与式治理》,浙江大学出版社2013年版。
③ 吴华钦、韩月香:《居民参与式基层社会治理——基于广东广宁县的经验研究》,载《广东社会科学》,2015年第2期。
④ 陈剩勇等:《参与式治理:社会管理创新的一种可行性路径——基于杭州社区管理与服务创新经验的研究》,载《浙江社会科学》,2013年第2期。

影响力。①

参与式治理作为地方政府与公众的双向互动，公众还有赖于地方政府官员必须愿意将公众吸纳进入公共政策过程。尤其是在发展中国家，参与式治理极大地倚赖于地方政府官员的行为与态度。② 这就意味着地方政府与民众必须实现双向转型，地方政府要从无所不能的专家转变成为有所为、有所不为的授权者，民众则要从被动的旁观者转变成为主动的参与者。③ 但是在许多发展中国家，地方政府官员要么会抵制放弃自己的领导地位④，要么对参与式治理的认可仅限于向民众通告其发展规划，要么因担心丧失权力而将地方民众排除在公共政策过程之外⑤。最终，一些研究者发现参与式治理在改变基本的国家与社会关系中影响甚微。在这些案例中，扈从主义依然存在而且在参与式治理中依然运行良好，尤其是当地方政府官员运用其控制的资源拉拢收买市民社会组织的领袖时。⑥ 新的制度环境并未改变基本行为但允许扈从主义嵌入到新的政策过程。因此，法律赋予普通公众的权利并未被激活，只是地方政府将市民众社会组织的领袖吸纳进入国家主导的管理过程，在那里地方政

---

① Archon Fung, "Putting the Public Back into Governance: The Challenges of Citizen Participation and Its Future", *Public Administration Review*, 2015, 75 (4): 513 – 522.
② Aminuzzaman S. M., "Governance and development: An overview", *Governance and Development: Bangladesh and Regional Experiences*, Dhaka, Bangladesh: Shrabon Prokashani, 2006, pp. 11 – 32.
③ Evans K. G., "Into the Woods: A Cautionary Tale for Governance", *Administration & Society*, 2010, 42 (7): 859 – 883.
④ Fox J., "The Difficult Transition From Clientelism to Citizenship: Lessons from Mexico", *World Politics*, 1994, 46 (2): 151 – 184.
⑤ Waheduzzaman and Charles H. B. Mphande, "Gaps in Pursuing Participatory Good Governance: Bangladesh Context", *Administration & Society*, 2012, 46 (1): 1 – 33.
⑥ Navarro Z., "'O' Oramento Participativo" de Porto Alegre (1989 – 2002): um conciso comentário crítico'", in L. Avritzer and Z. Navarro (eds.), *A Inova o Democratica no Brasil*, S. o Paulo: Cortez, 2003, pp. 89 – 128.

府官员的利益目标取代了市民社会的利益诉求。

在许多发展中国家,除了享誉已久的参与式预算之外,参与式治理还被广泛应用于城市治理与社区治理的实践,这也引发了诸多研究者的批评。

在社区参与式治理中,许多研究者相信参与式治理能使普通民众围绕社区居民偏好与街区实际等与管理者进行交流,这种功能在那些服务供给可能未能反映地方需求与偏好的大城市地区尤其重要,街区层次的反馈在提高城市服务分配满意度方面具有潜在意义。[1] 但是,批评者强调经济社会发展的不平衡可能会给予富裕街区不成比例的能力去组织与行动。在这些批评者看来,参与式治理可能仅仅会加剧地方治理中已经根深蒂固的不平等。其他批评者则强调了参与式治理在面对由城市整体利益下的土地使用而引发的邻避行动时的脆弱性。[2] 在这些批评者看来,参与式治理会成为一些强势利益集团主宰公共物品的保护伞。[3] 因为在参与式治理中,那些具有强大的资源和组织能力的群体既有时间、金钱又知道如何去参与,从而能确保他们的偏好被考虑;相反,普通民众的参与会被形式化甚至不参与。此外,在地方政治中被普遍承认的一个危险是参与中的社会经济偏见将导致决策过程优先考虑富人的关怀而不是充分考虑利益相关者的多样性。这种现象最典型的就是地方化的邻避主义阻止可能对更大共同体有益的服务设施的兴建。[4] 虽然邻避行动并不必然发生在富人区,但它实际上常常会因强调保护财产而阻止公平结果

---

[1] Kelly J. M., and D. Swindell, "Service Quality Variation Across Urban Space: First Steps Toward a Model of Citizen Satisfaction", *Journal of Urban Affairs*, 2002, 24 (3): 271–88.

[2] Fontan J. M., P. Hamel, R. Morin, and E. Shragge, "Community Organizations and Local Governance in a Metropolitan Region", *Urban Affairs Review*, 2009, 44 (6): 832–57.

[3] Raymond L., "Localism in Environmental Policy, New Sights from an Old Case", *Policy Sciences*, 2002, 34 (5–6): 179–201.

[4] Dear M., "Understanding and Overcoming the NIMBY Syndrome", *Journal of the American Planning Association*, 1992, 58 (3): 288–300.

的获得（如富人社区反对建设经济适用房）。而在城市治理中，居民因种族和阶级的隔离而导致不同社区的参与能力存在很大差异，在这种情况下，参与式治理可能会恶化经济社会的不平等。最终，参与式治理只是赋权于富裕和中产街区去反对不需要的土地使用而驱使贫困街区抗争性地表达自身利益需求。① 最终，批评者认为地方参与式治理具有狭隘性和代表性偏见，可能会加剧城市政策中的阶级偏见。珀塞尔（M. Purcell）认为地方参与式治理的研究文献陷入了"地方主义的陷阱"，缺乏理论与经验数据来支撑其假设，他认为基于特定辖区的参与式治理可能会恶化而不是改善权力不平等。②

国外研究者概括了对参与式治理实践的批评：（1）如果在参与式治理中，民众屈从于地方当局与专家的联盟，那么地方民主的民主特征就被侵蚀了；如果地方当局和专家完全服从民意，公众对于具体问题的过分关注可能不利于他们的长远和整体利益。（2）外部机构可能会限制公众参与的规模和控制议题的设置，例如只参加一些适合他们的议题或设置一些适合他们的议题；（3）参与也可能被利益集团俘获，从而不可避免地导致寻租；（4）参与式治理的权力转移特征可能会实际削弱参与式治理的有效性，出现无中心、无人负责的局面；（5）参与式治理中可能会出现不现实的希望，而如果不能被满足，公众参与的热情会消退，从而形成政治冷漠；（6）任何实验会在某一时刻获得成功，但也会在稍后失败。如何保障参与式治理的稳定性和可持续发展，依然是一个未能解决的问题。③

---

① Meyer M. and C. Hyde, "Too Much of a "Good" Thing? Insular Neighborhood Associations, Non-reciprocal Civility, and the Promotion of Civic Health", *Nonprofit and Voluntary Sector Quarterly*, 2004, 33 (3): 77–96.

② Purcell M., "Neighborhood Activism Among Homeowners as a Politics of Space", *Professional Geographer*, 2001, 53 (2): 178–94.

③ Archon Fung and Erik Olin Wright, *Deepening Democracy: Institutional Innovations in Empowered Participatory Governance*, London: Verso, 2005.

基于中国参与式治理创新的经验研究也发现了参与式治理存在的诸多问题。赵光勇认为杭州市"民主促民生"的参与式治理模式存在着制度化程度低、政府作用过分突出和公众参与不足的问题。① 方世荣等发现当代中国的参与式行政存在的问题有：(1) 在参与主体上，"开放式"征求意见的参与主体具有广泛性，而公众与政府直面交涉与博弈的听证会、座谈会、论证会等的参与主体范围较窄；(2) 在参与事项上，整体看来比较广泛，但具体事项限制较多；(3) 在参与形式上，制度化参与与运动式参与并存；(4) 在参与方式上，个体参与多而组织性参与不够；(5) 参与制度以自由裁量模式为主，羁束模式为辅，但呈现从裁量模式到羁束模式的发展趋势；(6) 在参与机制上，目前主要是政府主导和支配型，公众的主动性和能动性较弱。② 李卫华详细梳理了公众参与行政的现实困境：行政主体"欲迎还拒"的摇摆态度、社会大众"搭便车"的消极心理、"枪打出头鸟"的体制尴尬、参与者"挟公济私"的矛盾动机。③ 方卫华等发现当前的基层参与式治理突出存在两个问题：一是"少数人积极，多数人冷漠"的参与困境，二是"表达型赋权充分，决策型赋权不足"的赋权困境。④ 而研究者基于一些地方政府所做的通过代表小组调查民众的政策倾向实验、咨询委员会、听证会参与式预算等⑤发现，在中国式咨询和协商中，大多数活动都包含着政府对议

---

① 赵光勇：《政府改革：制度创新与参与式治理》，浙江大学出版社 2013 年版。
② 方世荣等：《"参与式行政"的政府与公众关系》，北京大学出版社 2013 年版。
③ 李卫华：《公众参与对行政法的挑战和影响》，上海人民出版社 2014 年版。
④ 方卫华、绪宗刚：《基层参与式治理的双重困境及其消解》，载《新视野》，2015 年第 6 期。
⑤ For example, Ethan J. Leib, and Baogang He (eds.), *The Search for Deliberative Democracy in China*, New York: Palgrave MacMillan, 2006; Ceren Ergenc, "Political Efficacy through Deliberative Participation in Urban China: A Case Study on Public Hearings", *Journal of Chinese Political Science*, 2014, 19 (2): 191–213; Yan Wu and Wen Wang, "Does Participatory Budgeting Improve the Legitimacy of the Local Government? A Comparative Study of Two Cities in China", *The Australian Journal of Public Administration*, 2012, 71 (2): 122–135.

程的控制①。任勇等基于浙江温岭的参与式预算观察发现参与式预算作为一种"舶来品",存在着理论上的限度:"共识"的达成充满难度、政府只愿在很小范围和程度上与公众分享决策权、行政逻辑主导下的参与式预算几乎不可能由公众主导发起。②邓佑文从行政法视角剖析了公众行政参与实践的困境,包括:(1)公众能否进入行政活动不确定,基本取决于行政官员的旨趣与喜好;(2)即使能够参加行政活动的公众也难以自主表达政见(行政意见与利益诉求);(3)即使公众能够进入行政过程并表达真实的政见,但能否获得行政机关的及时回应并不确定;(4)即使行政机关对公众政见有所反馈,但可能是敷衍的应付,而非实质的与负责任的回应;(5)行政机关不履行满足公众参与的各种义务,公众也难以通过监督手段追究其法律责任。③朱谦的研究发现:近些年来,我国公众参与环境行政决策活动的开展取得了很大的成就,但是,在实践中也暴露出诸多的现实问题,诸如公众环境行政参与能力不足、公众环境行政参与的信息匮乏以及公众环境行政参与的效力低下等问题尤其突出。④苏伟业基于参与式政府绩效评估的实践研究发现参与式绩效评估并不能对市民认为不合格或者不满意的官员构成实质性的惩罚,没有改变市民仍然被排除在决策过程之外的情况。⑤

---

① Baogang He and Mark E. Warren, "Authoritarian Deliberation: The Deliberative Turn in Chinese Political Development", *Perspectives on Politics*, 2011, 9 (2): 269 – 289.

② 任勇、许琼华:《基层协商民主中的参与式预算:困境与出路》,载《公共管理与政策评论》,2015 年第 3 期。

③ 邓佑文:《行政参与的权利化:内涵、困境及其突破》,载《政治与法律》,2014 年第 11 期。

④ 朱谦:《公众环境行政参与的现实困境及其出路》,载《上海交通大学学报(哲学社会科学版)》,2012 年第 1 期。

⑤ Bennis Wai Yip So, "Civic Engagement in the Performance Evaluation of the Public Sector in China: Building Horizontal Accountability to Enhance Vertical Accountability", *Public Management Review*, 2014 (3): 341 – 357.

## (四) 完善参与式治理的对策

从国内既有研究来看,研究者主要强调了完善公众参与的重要性并提出了相应对策。赵光勇基于杭州实践提出了三个方面的改进对策:(1) 完善公众参与机制的规范化、制度化建设,实现"民主促民生"模式的长效发展;(2) 加大对市民公众社会的培育,发挥其他社会组织的作用;(3) 培育和塑造政治参与型公众,通过利益关系的调整和公共精神的提升,增强公众参与的积极性。① 方世荣等基于行政法视角认为参与式行政的核心是行政参与权,因此保障参与式行政法律关系的稳定性及有效实现,其重点是保障行政参与权,包括权利的赋予配置保障、权利行使的运用保障和权利受到侵害后的救济保障。② 石佑启等基于开放式决策的研究提出为了保障开放型决策中公众的实质性参与,需要完善公众参与制度,包括明确公众的范围,明晰公众参与的决策事项范围,完善公众参与的方式,明确对政府回应的要求等,以增强行政决策的民主性、科学性和可接受性。③ 朱谦基于公众参与环境治理的研究提出当务之急是需要通过组织化的公众参与来克服公众个体参与的无序性,配置公众参与过程中的信息供给制度以夯实公众参与之基础,确立公众参与的政府回应与司法救济机制以提升公众参与的有效性。④ 方卫华等基于基层参与式治理的研究提出要消解基层参与式治理中的双重困境,需要从短期、中期、长期三个时间维度综合施策,包括相关制度的调整、激励机制的构建以及公众社会的培育等。⑤ 肖建华提出参与式治理视角

---

① 赵光勇:《政府改革:制度创新与参与式治理》,浙江大学出版社2013年版。
② 方世荣等:《"参与式行政"的政府与公众关系》,北京大学出版社2013年版。
③ 石佑启、陈咏梅:《论开放型决策模式下公众参与制度的完善》,载《江苏社会科学》,2013年第1期。
④ 朱谦:《公众环境行政参与的现实困境及其出路》,载《上海交通大学学报(哲学社会科学版)》,2012年第1期。
⑤ 方卫华、绪宗刚:《基层参与式治理的双重困境及其消解》,载《新视野》,2015年第6期。

下推进地方政府环境管理创新要求地方政府环境管理的角色及功能转型、进一步增强社区组织和环境非政府组织的动员参与能力、促进公众能富有意义地参与环境决策、完善环境治理的协商合作机制。[①]

## 二、对已有研究的评论

### (一) 既有研究深化了治理研究

诚如习近平总书记在庆祝中国人民政治协商会议成立65周年大会上的讲话所言,"人民只有投票的权利而没有广泛参与的权利,人民只有在投票时被唤醒、投票后就进入休眠期,这样的民主是形式主义的","人民是否享有民主权利,要看人民是否在选举时有投票的权利,也要看人民在日常政治生活中是否有持续参与的权利"[②]。在党的十九大报告中,习近平总书记再次强调要"形成完整的制度程序和参与实践,保证人民在日常政治生活中有广泛持续深入参与的权利"[③]。由于地方政府直接面对民众,地方公共事务与公众福祉息息相关,民众对地方政府施政行为成败得失具有最直接的敏感度,因此地方政府过程自然就成为公众参与的最主要舞台。更重要的是,进入中国特色社会主义新时代以来,面临着人民日益增长的美好生活需要和不平衡不充分的发展之间的矛盾,一些地方政府在日常治理实践中陷入了"强发展、弱治理"的困境。在这个公众参与需求日益增长的新时代,通过调适地方政府治理,

---

① 肖建华:《参与式治理视角下地方政府环境管理创新》,载《中国行政管理》,2012年第5期。
② 习近平:《在庆祝中国人民政治协商会议成立65周年大会上的讲话》,载《人民日报》,2014年9月22日。
③ 习近平:《高举中国特色社会主义伟大旗帜,决胜全面建成小康社会,夺取新时代中国特色社会主义伟大胜利——在中国共产党第十九次全国代表大会上的报告》,载《人民日报》,2017年10月28日。

推动参与式治理发展，不仅有利于促进地方政府治理科学化与民主化，增强地方政府治理合法性并改善其治理绩效，而且可以更好地促进国家实施对公众的教育，推进政治社会化进程，促进政治文化发展，维护社会稳定。同时，当前地方政府正致力于转变政府职能，建设服务型和高效型政府，参与式治理对创新政府治理模式具有重要推动作用。对于公众而言，参与式治理丰富民主形式，拓宽了政治参与渠道，保证自身参与权、知情权、监督权、表达权等权利得以实现。相信在"国家—社会—公众"三维模式下推进参与式治理的发展，可以更好地实现国家富强、社会和谐、人民幸福的中国梦。因此，地方政府创新中的参与式治理正在日渐成为当代中国学术研究的热点议题。

从既有实践经验和理论研究来看，治理的兴起是对"市场失灵"和"国家失败"的反思和替代。在20世纪70年代，治理的主要问题是重新界定政府与市场的关系，倡导公共服务市场化与民营化；在20世纪80年代，治理普遍关注科层组织运行机制的有效性，提出了"政府再造"和"重塑政府"的口号；在20世纪90年代，治理则重新探索国家和社会对于公共事务的管理模式，打出了"治理"与"善治"的旗号。[1] 在20世纪30年代之前的自由竞争市场经济阶段，占主导地位的是亚当·斯密（Adam Smith）关于"看不见的手"足以自动协调市场供给和市场需求以实现一个国家资源最佳配置的思想，信奉"管得最少的政府就是最好的政府"，但是1929—1933年的世界经济危机宣告了市场失灵的到来。诺贝尔经济学奖获得者约瑟夫·斯蒂格利茨（Joseph E. Stiglitz）就将市场失灵的主要根源阐释为竞争缺陷、市场残缺、信息不对称、公共物品供给不足、失业膨胀、收入分配不均、外部性效应的影响等七个方面。[2] 20世纪30年代以来，西方国家政府开始采纳凯恩斯主

---

[1] 陈潭：《第三方治理：理论范式与实践逻辑》，载《政治学研究》，2017年第1期。
[2] ［美］斯蒂格利茨：《经济学（上册）》，姚开建等译，中国人民大学出版社1997年版。

义，实行政府对经济活动的全面干预和调节。但是，政府干预又导致了"政府失败"。由于长期采取凯恩斯主义的政策，政府在一定范围内替代市场成为资源配置的主体，政府干预带来的弊端日见暴露：财政危机加剧，社会福利政策难以为继，政府机构日益臃肿庞大、效率低下等。为此，西方各国力图通过精简机构、削减政府职能、调整福利政策等，调适和修补官僚体制以解决政府干预并弥补市场失灵问题，但收效甚微。于是，从20世纪90年代开始，面对市场失效和政府失效，"愈来愈多的人热衷于以治理机制应对市场或国家政府协调的失败；出现了重要的经济及社会新情况和与之相伴随的问题，这些问题再也不能简单地借助自上而下的国家计划或凭借市场中介的无为而治方式寻求解决了。这种长期性变化反映了社会复杂性的极度加剧，而社会复杂性又来自一个日益全球化的社会里种种机构序列功能的不断分化——这又反过来导致不同系统跨越社会、空间和时间的距离而更加相互依存"①。在这里，治理在本质上是为了补充市场交换和政府自上而下调控之不足。作为一种替代机制的治理观念，事实上起源于对西方福利国家治理困境的反思，强调要对传统国家、政府角色进行重新定位和调整。因此，既有治理研究主要聚焦于有效性，治理有效性一度制造了一个"治理神话"。

而参与式治理是在应对既有公共事务治理模式无法适应后现代社会深刻变革的诸多挑战中兴起的。正如有学者指出，"治理革命是近代民主革命以后，人类所经历的又一次影响最广泛和深刻的社会变革。从自反性现代化视角观察，致力于摆脱作为社会治理模式的代议制民主的困境，建构与后民族国家相适应的治理模式和运作框架……成为'治理革命'的使命"②。因此，参与式治理话语带来了对民主和治理的全新理

---

① [英]鲍勃·杰索普：《治理的兴起及其失败的风险：以经济发展为例的论述》，载《国际社会科学（中文版）》，1999年第2期。
② 孔繁斌：《多中心治理诠释——基于承认政治的视角》，载《南京大学学报》，2007年第6期。

解，更重要的是，建立在参与基础上的治理，已经初步在理论上建构起了一种更具有治理绩效优势的治理结构，从微观机制和宏观制度架构两个方面突破了传统民主思维和民主体制的局限。① 在参与式治理框架下，公众可以通过平等基础上的协商参与到日常公共事务的管理过程中去。

因此，与既有的公众参与研究相比，参与式治理研究是对民主政治有效性和治理绩效深度反思的结果。

### (二) 当代中国的参与式治理研究还有待深化

综上所述，参与式治理作为一种发轫于西方的政治理论与治理模式，国外学者对参与式治理的研究已经非常深入，已经形成了一些富有解释力的分析框架，但简单地用西方舶来的参与式治理话语剪裁中国的具体实践很容易"食洋不化"。因此，如何立足于中国实践，建构中国的参与式治理依然需要深入研究。

首先，对于国内学者而言，虽然研究者已经注意到中国地方政府创新实践中出现的参与式治理趋向，但更多地依然停留在事实描述阶段而缺乏对中国参与式治理创新实践的理论建构。现有研究无疑具有很强的理论和现实洞察力，研究者基于相关典型案例的实证研究，不仅描述了精彩纷呈的创新故事，而且提供了极具启发性的理论解释。这既为我们全面认识这一现象提供了知识增量，也为继续深化理论研究奠定了坚实的基础。该领域描述性与解释性研究已经相对丰富，但是建立在实证研究基础上的探索性研究还相对不足。研究者虽然已经意识到既有地方政府参与式治理机制的缺陷，但显然对这一表象背后的制度与结构缺乏深入研究。更重要的是，无论是强调完善参与机制还是培养参与型公众，都只是单向度地讨论地方政府参与式治理创新，实际上参与式治理创新是一场国家、社会、公众从着眼于对立对抗到侧重于交互联动，再到致

---

① 何显明：《治理民主：一种可能的复合民主范式》，载《社会科学战线》，2012年第10期。

力于合作共赢善治的思想革新。因此，应该从制度（国家）、结构（社会）与主体（公众）三维互动的视角来研究地方政府参与式治理创新。

其次，对于国外相关研究而言，地方政府参与式治理创新的大量实践要求我们重塑当代中国的公众参与研究。早期有关研究往往认为公众参与是受到严格限制的。[1] 国外有研究者普遍认为：在20世纪80年代之前，中国的公众参与是处于执政地位的共产党发起的群众动员和政治运动。[2] 党和国家之外的群体被认为对政策影响甚微，政策制定完全被官员或领导人主宰。[3] 即使在20世纪80年代，有关中国政策过程的研究依然认为是官方行动者主导着议程设置和政策规划。[4] 值得注意的是，已故著名学者史天健在20世纪80年代在北京市的田野调查中发现中国公众通常在地方或工厂层次上能够以新的方式参与政治生活，如在村庄和单位领导选举、地方人大选举中投票，在地方性选举中帮助候选人竞选；这与西方民主国家政策过程中的公众参与不同，仅仅限于政策执行阶段而且通常采取个体而非群体参与。但是，在史天健的研究中，中国公众已经在采取诸如直接求助于其工厂领导、向报纸的编辑写信或投诉等为了影响政策执行的新型参与方式；公众还采取了一些不被官方认可的或不完全被官方认可的集体参与方式，例如组织或参与罢工、抗议——目的在于纠正来自被执行后的政策中出现的不公

---

[1] Brooker P., "Authoritarian Regimes", In D. Caramani (ed.), *Comparative Politics*, Oxford: Oxford University Press, 2011, pp. 102 – 117.

[2] Townsend J., *Political Participation in Communist China*, Berkeley: University of California Press, 1967.

[3] Barnett A. D., *Cadres, Bureaucracy and Political Power in China*, New York: Columbia University Press, 1967.

[4] Lieberthal K., "Introduction: the 'Fragmented Authoritarianism' Model and Its Limitations", In K. Lieberthal and D. M. Lampton (eds.), *Bureaucracy, Politics and Decision Making in Post-Mao China*, Berkeley: University of California Press, 1992.

正现象。① 20世纪80年代晚期以来，中国政治的研究者已经意识到中国的公众参与发生了进一步的转变。第一，他们已经发现公众经常能够影响对村（居）民委员会主任的选举②；村民选举的实践已经大为改善以至对候选人有多种选择，而且这种选举已经扩展到城市居民委员会选举以及一些乡镇人大选举③。第二，研究者已经努力在追踪和解释诸如抗议和示威、游行和罢工等参与方式与普通公众的上访行为一样在增长。④ 第三，大量研究者聚焦于中国公众如何在20世纪90年代去发起和参与非政府组织，以及这些非政府组织如何与智库、企业和媒体一起影响公共政策。⑤ 第四，最近的既有研究已经开始显示出公众参与转向在线作为网民通过网络聊天室和微博中的观点表达来影响政策议程和

---

① Shi T., *Political Participation in Beijing*, Harvard: Harvard University Press, 1997, pp. 9 – 10.
② Schubert G. and Ahlers A. L., *Participation and Empowerment at the Grassroots: Chinese Village Elections in Perspective*, Lanham: Lexington, 2012.
③ Manion M. F., "Chinese Democratization in Perspective: Electorates and Selectorates at the Town Level", *China Quarterly*, 2000, 63 (9): 764 – 782; O'Brien K. J. and Han R., "Path to Democracy? Assessing Village Elections in China", *Journal of Contemporary China*, 2009, 18 (60): 359 – 378; He J., "Independent Candidates in China's Local People's Congresses: a Typology", *Journal of Contemporary China*, 2010, 19 (64): 111 – 133.
④ Cai Y., "Power Structure and Regime Resilience: Contentious Politics in China" *British Journal of Political Science*, 2008, 38 (3): 411 – 432; O'Brien, K. J., (ed.) *Popular Protest in China*, Cambridge: Harvard University Press, 2008; Paik W., "Economic Development and Mass Political Participation in Contemporary China: Determinants of Provincial Petition (Xinfang) Activism 1994 – 2002", *International Political Science Review*, 2011, 33 (1): 99 – 120; Li L., Liu M. and O'Brien K. J., "Petitioning Beijing: The High Tide of 2003 – 2006", *China Quarterly*, 2012, 210 (6): 313 – 334.
⑤ Kennedy S., *The Business of Lobbying in China*, Harvard: Harvard University Press, 2005; Guo, "Organizational involvement and political participation in China", *Comparative Political Studies*, 2007, 40 (4): 457 – 482; Mertha A., "Fragmented Authoritarianism 2.0: Political Pluralization in the Chinese Policy Process", *China Quarterly*, 2009, 200: 995 – 1101; Zhu X., "Government Advisors or Public Advocates: Roles of Think Tanks in China from the Perspective of Regional Variations", *The China Quarterly*, 2011, 207 (9): 668—686.

决策。① 尽管也有研究者注意到在一些地方性试验中，地方政府利用行政或立法听证会以及工作坊、在线对法律、行政法规和部门规章的起草进行公开咨询，由此公众可以在决策之前表达自己的观点。② 还有研究者注意到通过随机抽样产生的代表性群体在协商式民意测验中可以进行观点表达并从地方性基础设施方案中进行选择。③ 显然，尽管近年来地方政府参与式治理创新在不断扩展，但主流的国际研究依然聚焦于地方性选举、不被官方认可的参与行动以及互联网技术产生的新型参与机会，而没有注意到地方政府如何通过创新政策过程来吸纳公众参与。

再次，研究者远未意识到参与式治理对促进地方政府创新持续发展的重要意义。既有地方政府创新研究或者将地方政府创新更多地视为一种自下而上的地方政府的自主创新行为，主要是为了有效解决地方政府治理实践中面临的具体问题；或者将地方政府创新视为自上而下的一种由中央政府主导和发送的试点创新，主要是为解决普遍性问题而进行的试点探索；或者将地方政府创新视为由地方政府提出而由上级乃至中央政府批准的创新行为。不管如何界定，既有的地方政府创新难以持续等是公认的基本事实。其实，内在的根本问题在于地方政府创新缺乏足够的激励机制和推动力量。而参与式治理是通过制度化的地方政府创新有序吸纳公众参与，可为地方政府创新注入新的持续性的推动力量。

---

① Yang G., "*The Power of the Internet in China: Citizen Activism Online*", New York: Columbia University Press, 2011.
② Zhong L. J., and Mol A. P. J., "Participatory Environmental Governance in China: Public Hearings on Urban Water Tariff Setting", *Journal of Environmental Management*, 2008, 88 (4): 899 – 913.
③ Fishkin J. S., He B., Luskin R. C., and Siu A., "Deliberative Democracy in an Unlikely Place: Deliberative Polling in China", *British Journal of Political Science*, 2010, 40 (2): 1 – 14; He B. and Thøgersen S., "Giving the People a Voice? Experiments with Consultative Authoritarian Institutions in China", *Journal of Contemporary China*, 2010, 19 (66): 675 – 692.

最后，既有研究提供了诸多地方政府参与式治理创新的单一面向，如参与式预算、开放式决策以及来自基层的民主恳谈等，但缺乏从整体上对当代中国地方政府参与式创新的把握，难以呈现当代中国地方政府参与式创新的丰富画面，也在相当程度上遮蔽了对地方政府参与式治理的深度考察。只有通过对当代中国地方政府参与式治理创新的全面观察与思考，才有可能揭示出其运作背后的深层逻辑，才有可能找到其共同的制约因素，并在此基础上探寻出走向可持续良性发展的道路。

## 第三节 研究方法与研究思路

### 一、案例研究方法

在日益强调实证取向的社会科学研究中，主张通过建立理论假设和演绎推断出不同变量间可能存在的因果关联，以外在客观的经验事实来验证假设，进而揭示共相背后的逻辑机理。但是，这种因果关联并非源自人的直观经验观察，而是研究者合乎理性与逻辑的主观推断。故而，所有实证研究的理论假设（变量关系）形成过程本身，就是一个理论思辨的过程，也是一个由概念抽象化到具体可操作化的演绎过程。[①] 或者说，评估、检验和发展理论是开展社会科学研究的重要使命，因而社会科学研究的过程是一个在理论与经验之间进行对话的过程。尽管研究者都清楚并没有纯粹"非经验的"理论研究，任何理论都必然来自经验和感悟；也不存在毫无理论预设的实证研究，即使只是对现象进行描述，也需要观察视角或分析框架，这两者都来自一定的社会科学理论。但

---

① 阎光才：《关于教育中的实证与经验研究》，载《中国高教研究》，2016年第1期。

是，现实的另一个层面是，理论思辨和实证研究之间确实存在着巨大的鸿沟。如果选择理论思辨，研究者往往无须投入任何实地调查和数据分析，文本阅读和分析便构成研究工作的全部；如果选择实证研究，只需翻阅相关的著作和论文，总结出需要进一步研究的问题，并在实证研究中进行验证或提出新的解释。对于当代中国地方政府参与式治理创新这样一个处于急剧变化中的问题，研究很容易陷入理论与现实的相互脱节：一方面，我们面临着如何将西方学术话语与中国本土实践"嫁接"的内在紧张性；另一方面，我们面临着日新月异的经验世界与相对静止的理论思辨之间的内在紧张性。

许多研究者认为，由于现代社会科学是作为观照和反映近现代西方国家急速社会变迁过程中形成的理论解释，不是一种"放之四海而皆准"的公理或准则，因此源自西方的现代社会科学理论不能够也不应该直接被搬用到中国建设与发展实践之中。但是，在走向经济与社会发展的现代化进程中，中国并不是一个完全的"例外"，虽然当代中国的发展用几十年的时间"浓缩"了发达国家数百年的发展历程，但是当代中国在经济社会发展中所遇到的许多问题与西方世界曾经遇到的问题在性质上相似，在程度上可能更为严峻。因此，"他山之石，可以攻玉"，西方发达国家在现代化进程中形成的社会科学理论以及具体的应对和解决方式，对中国处理类似的问题具有借鉴意义[①]，但西方理论与中国经验之间存在着巨大的磨合空间。基于此，本书将参与式治理理论引入中国实践的理论思考是有研究空间的。

至于不断变化的实践与相对静止的理论之间的关系问题，我们并不强求理论与实践之间的完全吻合，而应该是理论对实践的超越。所谓理论，就是脱离个别事物的一般化，脱离具体事例的抽象。诚如伽达默尔

---

① 周晓虹：《社会建设：西方理论与中国经验》，载《学术月刊》，2012年第9期。

（Hans-Georg Gadamer）所言："一切理论的最终含义就是超越实践本身。"① 而实践活动作为追求自己的目的的人类历史过程，人类的历史发展过程也就是实践活动的自我超越，既历史地否定已有的实践方式、实践经验和实践成果，又历史地创造新的实践方式、实践经验和实践成果。在实践自我超越的历史过程中，理论首先是作为实践活动中的新的世界图景、思维方式、价值观念和目的性要求而构成实践活动的内在否定性，因此，源于实践的理论，并不仅仅是对实践经验的概括和总结，更重要的是对实践活动、实践经验和实践成果的批判性反思、规范性矫正和理想性引导。这种内在否定性就是理论对实践的理想性引导。正因如此，伽达默尔又说，"理论就是实践的反义词"②。诚如黄宗智先生所言，理论是清晰的、抽象的和符合逻辑的，其目标是跨时空和普适的，而实践则常是模糊的、具体的和不符合逻辑的，是在某一特定时空中的特殊行为；两者之间充满张力和矛盾。虽然如此，在人们的认知过程中，抽象概念/理论和具体经验/实践明显都是不可或缺的一个方面。因此，我们需要集中研究的不是两者之间的任何单一方面，而是两者之间的如何连接问题，即从经验中得出概念和理论，在理论中看到经验和实践。③ 为此，本书尝试着"通过对社会现实迫切问题的思考或解决，结合到中国的社会实践中，并围绕着中国现代化的实际进程和实际需要而向前推进"④。

地方政府的参与式治理创新，属于"如何以及为什么"的问题类型，研究者对这一治理模式没有控制能力，最为合适的研究方法是案例研究方法。诚如应国瑞所言，案例研究方法在三类研究中具有优势：

---

① ［德］伽达默尔：《赞美理论》，夏镇平译，上海生活·读书·新知三联书店1988年版。
② 同上。
③ 黄宗智：《实践与理论：中国社会、经济与法律的历史与现实研究》，法律出版社2016年版。
④ 杨建华：《经验与启示：中国社会学的百年反思》，载《天津社会科学》，2000年第6期。

(1) 研究问题是关于如何以及为什么；(2) 研究者对真实行为事件无法控制；(3) 侧重于当代事件。① 因此，本书主要采用案例研究方法，选取一些中国地方政府参与式治理创新的实践材料，在具体的案例中分析地方政府为何以及如何展开参与式治理创新，最终思考这一类地方政府参与式治理创新蕴含的意义。在研究过程中，本书的数据收集方法具体包括：(1) 一手调查资料，来自田野调查，如对利益相关者的访谈、对具体事件的参与式观察记录；(2) 二手文献资料，如地方政府的政策性文件、媒体报道与讨论、学术研究文献。

## 二、研究思路

本书从地方政府参与式治理创新的背景入手，通过比较案例展示当代中国地方政府参与式治理的基本实践，剖析其发展面临的挑战及其原因，思考其未来的发展思路。在本书的最后，对地方政府参与式治理创新进行深层次的理论探讨，思考地方政府参与式治理创新对于当代中国政治文明建设的意义。本书的大致框架是：

导论部分从当代中国地方政府创新实践入手，提出了本书的研究问题，梳理和归纳了国内外关于参与式治理的研究成果和研究方向，提出了本书的研究内容和研究方法。

第二章剖析了当代中国地方政府参与式治理创新的背景，回答为什么会有地方政府参与式治理创新。本章分别从公众日益增长的参与诉求、党和政府的积极回应、社会主义民主法治建设为参与式治理奠定了制度基础、网络社会使参与式治理更为便捷、部分地方政府面临治理挑战等五个方面剖析了当代中国地方政府参与式治理创新发展的背景。

第三章描述了当代中国地方政府参与式治理创新的基本实践，回答

---

① ［美］应国瑞：《案例学习研究——设计与方法》，张梦中译，中山大学出版社 2003 年版。

了地方政府如何实现参与式治理创新。本章分别从参与式决策、参与式预算、参与式环境治理、参与式政府绩效评估等方面展现了近年来地方政府如何在创新实践中通过探索参与式治理来吸纳和回应公众日益增长的参与诉求。

第四章总结了当代中国地方政府参与式治理创新的绩效及其面临的挑战,回答了地方政府参与式治理创新取得了什么成效以及依然面临什么问题。本章分别从促进公众有序参与、改善地方政府治理绩效、提高地方政府治理公信力和合法性、缓解地方政府维稳压力、构建地方政府与公众协同治理等方面总结了其成效,并从选择性运用、部分创新效力不高、内在条件缺失可能导致的治理风险、难以持续和扩散等角度剖析了当代中国地方政府参与式治理创新面临的挑战。

第五章思考了走向可持续发展的地方政府参与式治理,回答了如何完善地方政府参与式治理创新。本章尝试着引入交易费用理论的基本分析框架,分别从制度环境、治理制度和治理主体三个层面梳理了影响地方政府参与式治理发展的限制性因素,并提出了促进地方政府参与式治理可持续发展的基本思路。

最后是结论和讨论部分。本章在总结全部内容的基础上,力图去展开延伸性讨论,思考地方政府参与式治理创新对于当代中国政治文明建设的重要意义。

# 第二章　地方政府参与式治理创新的背景

20世纪90年代以来，一些地方政府开始探索性地进行参与式治理创新。进入21世纪，这种创新不断扩展。从基层治理中的民主恳谈起步，逐步扩展到参与式决策、参与式预算、参与式环境治理以及参与式政府绩效评估，参与式治理创新正在成为地方政府创新实践中富有生命力和发展活力的领域。地方政府参与式治理创新兴起的动因何在？从既有研究来看，研究者主要将其视为结构化变迁的必然产物。如方世荣等认为参与式行政在中国兴起与中国社会发展带来的社会结构变迁和政府转型所形成的行政民主化浪潮密不可分，其中，社会主义民主政治的发展为参与式行政的兴起创造了所需的政治条件，社会主义市场经济的确立和发展提升了公众的主体地位，法治建设的推进为参与式行政提供了平等、公开的法治理念和正当程序基础，行政管理体制改革为参与式行政的兴起和发展创造了行政生态条件，网络信息技术的发展为参与式行政发展提供了物质条件和技术手段。[①] 参与式治理作为公众与地方政府之间良性互动的产物，可以视为公众获得了地方政府开放的进入公共管理过程的各种渠道，是公众参与的机会结构在特定政治体系中的聚合。诚如安东尼·吉登斯（Anthony Giddens）所言，人类的行为既在构建、

---

① 方世荣等：《"参与式行政"的政府与公众关系》，北京大学出版社2013年版。

塑造着我们周围的社会世界，同时又在被社会世界所构建、塑造；一方面，行动者在社会结构中行动，受制于结构；另一方面，行动者又再生产了结构。①因此，本书将地方政府参与式治理创新的背景归纳为以下五个方面。

## 第一节　公众日益增长的参与诉求

改革开放以来，伴随着中国现代化和市场化、民主法治的日益完善以及法治教育和媒体宣传，中国公众的参与诉求在不断增加。

改革开放伊始，党和政府意识到中国社会的主要矛盾是落后的社会生产力和人民群众日益增长的物质文化需要之间的矛盾。因此，确立了以经济建设为中心的发展路线。改革开放形成的持续制度创新为中国持续的经济高速增长提供了制度保障，到 1990 年，中国城乡居民已基本解决了生活温饱问题，实现了邓小平在 1987 年提出的"三步走"战略的第一步发展目标；20 世纪 90 年代以来，随着社会主义市场经济的进一步发展，国民经济保持快速增长，有效供给能力显著增强，社会商品供给极大丰富，由"卖方市场"进入了"买方市场"，国民经济发展过程中曾长期存在的短缺状态宣告结束，中国经济发展进入了一个全新的阶段。2000—2010 年是中国经济年均增速最高的 10 年，GDP 年均增速达到了 10.54%，扣除价格因素，2010 年 GDP 规模比 2000 年增长了 2.72 倍，超额完成了全面建成小康社会第一步发展目标所要求的 2010 年 GDP 比 2000 年翻一番的规划目标，人均 GDP 达到 30876 元人民币、4560.51 美元，超过 2010 年世界中等收入国家人均 GDP 平均水平

---

① ［英］安东尼·吉登斯：《社会的构成》，李康等译，北京生活·读书·新知三联书店 1998 年版。

(3916.76美元),步入中等收入国家行列。① 21世纪以来,党和政府坚持以人为本的科学发展观,不断推进民生建设,在相当程度上满足了人民日益增长的物质文化需要。尤其是党的十八大以来,以习近平同志为核心的党中央始终强调"以人民为中心的发展思想",坚持在发展中保障和改善民生,全面推进幼有所育、学有所教、劳有所得、病有所医、老有所养、住有所居、弱有所扶,不断增进人民福祉。以基本养老、基本医疗、最低生活保障制度为支柱,以养老、医疗、失业、工伤、生育五大保险为框架,以社会福利、社会救助、住房保障为辅助,已经建成世界上最宏大的覆盖城乡居民的社会保障安全网。② 统计数据显示:2017年,全国居民人均可支配收入25974元,扣除价格因素,比1978年实际增长22.8倍,年均实际增长8.5%。全国居民人均消费支出18322元,扣除价格因素,比1978年实际增长18.0倍,年均实际增长7.8%,城乡居民生活向全面小康社会更加扎实地迈进。2017年,城镇居民人均医疗保健支出1777元,1979—2017年年均增长16.7%;人均医疗保健支出占比为7.3%,比1978年提高5.9个百分点。2017年,农村居民人均医疗保健支出1059元,1986—2017年年均增长16.7%;人均医疗保健支出占比为9.7%,比1985年提高7.3个百分点。③

伴随着中国经济社会的持续快速发展,告别"物质短缺"而逐步进入"物质丰裕"时代的广大人民群众开始追求更加美好的生活。与之相应公众的利益表达能力、公共政策判断能力和行动能力也在不断增强,越来越多的人懂得运用法律武器和社会舆论来捍卫其合法权益,要求党和政府给予更多权利保护。公众参与越来越主动、公众维权意识日益觉醒、公众强烈要求并熟练运用自由表达权、民众监督权力的

---

① 李建伟:《中国经济增长四十年回顾与展望》,载《管理世界》,2018年第10期。
② 李培林:《推动我国民生建设迈上新台阶》,载《求是》,2017年第17期。
③ 国家统计局:《居民生活水平不断提高 消费质量明显改善——改革开放40年经济社会发展成就系列报告之四》,2018年8月31日。

意识日益强烈。①

于是，满足了基本物质文化需求的普通民众开始有了日益增长的政治参与诉求。有调查显示：中国公众的公民意识得到了增强，公众的权利与责任意识得到了强化，公众开始关注并参与政治。② 具体而言，主要表现在两个方面：一方面，公众在经济、文化和其他社会生活中企盼有更多的选择自由，要求机会均等、平等竞争并在法律面前能受到平等对待和保护的呼声日益强烈；另一方面，公众对于社会公共事务，特别是与自身偏好有关的公共事务，要求享有充分的知情权、表达权、参与权和监督权的政治参与意识日益增强。③

## 一、改革开放为公民意识成长提供了现实条件

何谓公民意识？从法学角度而言，公民意识指公民个体从公民的法律资格、法律地位出发，对个人同国家、社会和其他公民相互间的法律关系，即对公民法定的权利义务关系，以及对法制原则等的知识、认识、观念和心理活动的总和。④ 而在政治学视野中，公民意识是当公民要思考身为政治人、社会人的地位和角色时，就个体对公民地位以及由这种地位所决定的思想观念、态度和行为准则的认识。⑤

公民意识从产生到发展，从初始的原始混沌状态发展到成熟状态，都是社会存在发展变化的结果。公民意识是市民社会和政治国家二元化

---

① 卢文超：《公众导向：中国政府公共服务标准化的新理念》，载《陕西行政学院学报》，2015年第1期。
② 人民论坛问卷调查中心：《中国公众的政治参与观念调查报告（2016）》，载《国家治理》，2016年7月6日。
③ 周光辉：《推进国家治理现代化的有效路径：决策民主化》，载《理论探讨》，2014年第5期。
④ 黄稻：《社会主义公民意识》，辽宁教育出版社1987年版。
⑤ 张秀雄：《审议民主与公民意识》，载《学术研究》，2009年第8期。

进程中的政治解放和人的解放的产物。① 在这里，公民意识有两层含义，当民众直接面对政府权力运作时，它是民众对于这一权力公共性质的认可及监督；当民众侧身面对公共领域时，它是对公共利益的自身维护和积极参与。②

1978 年，党的十一届三中全会开启了中国改革开放的历史新时期。作为决定当代中国命运的关键，改革开放为公民意识成长提供了比较充分的现实条件。

**1. 思想条件**

改革开放前期开展的"真理标准大讨论"，彻底冲破了"两个凡是"的思想桎梏。1978 年召开的十一届三中全会不但重新确立了党的"解放思想、实事求是"的思想路线，而且掀开了中国社会主义政治发展新的一页。1992 年春天，邓小平的"南方讲话"为姓"资"还是姓"社"的争论画上了句号，改革开放大步推进。这两次思想解放，极大地促进人们的思想自主性、多样性，激活了我国的公民意识。进入 21 世纪以来，党坚持以人为本的科学发展观，全面深化改革，全方位推进开放；转变执政理念，着力建设服务政府、责任政府、法治政府、廉洁政府；重视民意、尊重人权、集中民智、改善民生的执政思想，有力促进了公民意识的成长，并转化成公众参与、监督、尽责、守法的具体行动。党的十八大以来，以习近平同志为核心的党中央以坚定的理想信念坚守初心，以真挚的人民情怀滋养初心，以牢固的公仆意识践行初心，践行党的根本宗旨，贯彻党的群众路线，尊重人民主体地位，尊重人民群众在实践活动中所表达的意愿、所创造的经验、所拥有的权利、所发挥的作用，充分激发蕴藏在人民群众中的创造力，带领人民创造美好生活。习近平总书记强调："为人民谋幸福，是中国共产党人的初心。我们要时

---

① 马长山：《公民意识：中国法治进程的内驱力》，载《法学研究》，1996 年第 6 期。
② 朱学勤：《书斋里的革命》，长春出版社 1999 年版。

刻不忘这个初心,永远把人民对美好生活的向往作为奋斗目标","要健全民主制度、拓宽民主渠道、丰富民主形式、完善法治保障,确保人民依法享有广泛充分、真实具体、有效管用的民主权利"。① 在新时代,党坚持以人民为中心的发展思想,不断保障和改善民生、增进人民福祉,走共同富裕道路,人民依法享有更多的自由和权利,公民意识不断增强。而民主制度建设的日益深化,形成了完整的制度程序和参与实践,保证了人民在日常政治生活中有广泛持续深入参与的权利。

**2. 法治条件**

1982年以来,我国对宪法作了多次修改,用宪法明确公民的法律身份,规定公民的权利和义务,"私有财产保护"和"人权保护"入宪。与之相应,改革开放40多年来,党带领人民不断适应改革开放和时代发展的变化,将中国特色社会主义法治推向前进,实现了从"法律体系形成"到"法律体系进一步完善",从"以法治国"到"依法治国"再到"全面依法治国"的伟大飞跃。党的十一届三中全会开启改革开放时,邓小平同志指出:"为了保障人民民主,必须加强法制。必须使民主制度化、法律化,使这种制度和法律不因领导人的改变而改变,不因领导人的看法和注意力的改变而改变。"② 党不断探索和深化对法治的认识,研究新情况、解决新问题,实现了从要人治还是要法治的争论到要靠法制的重大转变。随着社会主义市场经济体制改革的推进,党的十四大提出依法治国基本方略,实现了由"法制"向"法治"的重大转变,党的十四届三中全会第一次提出建立和完善社会主义市场经济法律体系,党的十五大提出"依法治国,建设社会主义法治国家",党的十六大形成依法执政思想并在之后提出社会主义法治理念。党的十八大以来,以习近平同志为核心的党中央坚持问题导向,把依法治国纳入"四

---

① 新华网:《习近平:在庆祝改革开放40周年大会上的讲话》,http://www.xinhuanet.com/politics/leaders/2018-12/18/c_1123872025.htm(访问时间:2020年8月4日)。
② 《邓小平文选》第二卷,人民出版社1994年版。

个全面"战略布局协调推进，中国民主法治建设迈出重大步伐，夯实了法治精神、法治思维和法治方式在治国理政中的重要地位，使社会主义民主政治展现出旺盛生命力，成为激发改革开放活力和创造力的强大引擎。改革开放40多年来，在党的领导下，中国特色社会主义法治道路行稳致远。法治领域发生历史性变革、取得历史性成就，科学立法、严格执法、公正司法、全民守法深入推进，法治国家、法治政府、法治社会建设相互促进，中国特色社会主义法治体系日益完善，深化司法体制改革全面展开，国家治理体系和治理能力现代化征程蹄疾步稳，全社会法治观念明显增强，中国特色社会主义法治道路更加自信。① 法制体系的建立，法治环境的形成，为我国公民意识的成长提供了可靠的保证。

**3. 经济条件**

改革开放以来，我国从实行计划经济体制，到全面建设社会主义市场经济体制，不断创造经济增长的"中国奇迹"。从数量规模上看，1978年改革开放伊始，中国的经济规模仅有3679亿元人民币；而到2019年我国国内生产总值990865亿元，接近100万亿元，按照年平均汇率折算达到14.4万亿美元，稳居世界第二。中国经济总量占世界经济的比重由1978年的1.8%上升到2019年的16%，中国经济增长对世界经济增长的贡献率预计达到30%左右，已经成为世界经济发展动力最足的火车头。从人均GDP水平的角度看，1978年中国人均国内生产总值为381元人民币，仅为同期印度人均国内生产总值的三分之二，是当时世界上典型的低收入国家；按年平均汇率折算，2019年中国人均GDP突破1万美元大关，达到10276美元，稳居世界上中等收入国家行列，人文发展指数地位也进一步上升。② 改革开放40多年来，中国前后共计有7亿多人脱贫。中国经济持续的快速增长，不仅使广大民众生活质量

---

① 张文显：《改革开放以来我国法治建设的宝贵经验》，载《人民日报》，2018年12月11日。
② 倪铭娅：《2019年GDP接近100万亿元》，载《证券日报》，2020年1月19日。

大幅提高，而且使人们有能力自由选择财富的支配方式，这为公众参与公共事务提供了必要的经济保障。而经济上的自主，生活上的小康和富足，为我国公民意识的成长提供了基础和前提。

**4. 政治条件**

改革开放以来，我国坚持中国特色社会主义政治发展道路，大力发展社会主义民主，积极推进公众有序政治参与，使我国公众政治参与取得巨大进展，人民民主权利得到有效保障，这无疑为公民意识的成长提供了适宜的政治条件。一方面，不断完善的制度建设为实现公众有序政治参与开辟了广阔而通畅的制度化渠道。我们党紧紧依靠人民，坚持人民主体地位，健全和完善人民代表大会制度、中国共产党领导的多党合作和政治协商制度、民族区域自治制度以及基层群众自治制度，不断充实民主内容，丰富民主形式，拓宽人民有序政治参与渠道，积极推进政治体制改革，社会主义民主政治建设取得重要成就，极大地调动了人民群众进行社会主义现代化建设的积极性、主动性和创造性，增强了党和国家的政治活力。① 党的十八大以来，我国不断发展更加广泛、更加充分、更加健全的人民民主，从各层次各领域扩大公众有序参与，使广大人民群众反映意愿的制度更加健全、形式更加多样、渠道更加通畅。另一方面，公众有序政治参与的活力不断释放。具体而言，体现在：一是公众政治参与的权利得到有效保障。改革开放以来，通过政治体制改革，人民真正享有了宪法规定的各种权利，如选举权、被选举权，对国家机关和国家工作人员的批评权、建议权、罢免权、申诉权、控告权、检举权等。知情权也随之扩大，人民的监督权也因监察制度的完善而得到了增强。二是公众政治参与意识不断增强。改革开放以来，随着民主政治的发展和市场经济体制的建立，公众的民主意识、主体意识、平等意识和权益意识不断增强；同时，社会政治资源由高层向低层、由政府

---

① 张金才：《新中国民主政治建设的成就与经验》，载《团结报》，2019年5月23日。

向社会流动，公众政治参与的效能感有所增强，有力地推动了自主型政治参与的发展。三是公众政治参与规模显著扩大。人大代表直选从乡镇一级扩大到了县区一级，公众参与人数增加，从而直接扩大了公众政治参与的规模。协商民主经历了从国家宏观政治层面的确立与发展向基层社会领域逐步拓展、再到制度化与体系化全面发展的历史演进过程，确立了完善的协商民主制度体系、创新了协商民主的实现方式、形成了完备的协商民主运行体系、实现了协商民主与选举民主的有机结合①，丰富了民主的形式、拓展了民主的渠道、加深了民主的内涵，彰显了人民民主的真谛。而以村民委员会为组织形态的农村村民自治、以社区居民委员会为组织形态的城市居民自治和以职工代表大会为组织依托的企事业单位的职工自治所构成的基层民主建设"是人民当家作主最有效、最广泛的途径"。四是公众政治参与的形式不断丰富。改革开放以来，中国建立和完善了公众政治参与的具体制度，如投票制度、选举制度、信访制度、听证制度、旁听制度、测评制度、公示制度、信息公开制度、民意调查制度等，这些制度的建立健全和贯彻落实，使得公众政治参与的形式逐渐丰富。

### 5. 社会条件

改革开放以来，随着市场经济发展和工业化的推进，社会流动性不断加快，国家与社会的互动日渐频繁。在经济市场化、产权多元化和生活世俗化的浪潮中，原有高度一体化的社会逐渐走向分化，社会赢得了一定的自主空间，国家与市场、社会的关系面临深刻调整，各类社会组织的功能面临重新定位。在此背景下，社会组织如雨后春笋般迅速发展。1978 年恢复成立的社会组织共 78 家，1979 年达 249 家。② 根据民政部公布的统计数据，在民政部门登记注册的社会组织数量从 1988 年

---

① 王永香、陆卫明：《中国协商民主建设 70 年的历史成就与基本经验》，载《教学与研究》，2019 年第 8 期。

② 王名：《社会组织论纲》，社会科学文献出版社 2013 年版。

的4446个增长为2018年的81.7万个①。在整个20世纪80年代，社会团体的数量增长呈现出空前的势头。进入20世纪90年代，中国政府明确了建立和发展社会主义市场经济体制的改革目标，经济体制的转轨和政府职能的转变为社会组织的发展提供了较为广阔的空间。在经过一段时间的调整以后，社会团体的发展在20世纪90年代中期出现了一个新的高潮，民办非企业单位也迅速崛起。21世纪以来，我国政府转型和职能转变逐步在服务型政府和有限政府的概念框架中展开，这为社会组织的发展壮大和功能发挥提供了有利条件，各类社会组织发展快速，社会组织介入社会活动的领域不断扩展，业务范围涉及科技研究、教育、文化、卫生、体育、生态环境、法律、宗教、工商服务业、社会服务、农业及农村发展、职业及从业服务等诸多领域。社会组织的发展不仅有助于实现政府治理和社会调节、（村）居民自治良性互动，而且有利于培养公众的民主意识、法治意识、公德和责任意识。

总之，改革开放以来，中国公民意识所产生的巨大力量不断显现，公民主体意识和参与意识日益增强，公共事务管理和慈善事业等都不再是政府部门的专利，处处显现着越来越多公众参与的身影。2003年抗击"非典"中政府与公众的良性互动，成功遏制了疫情；2008年"5·12汶川大地震"，受灾民众奋起自救、舍身互救，成千上万的志愿者自费奔赴抗震救灾第一线，大量的企业、社会组织和公众的捐款汇集灾区，收养灾区孤儿、帮助恢复重建，用公众的力量、用爱心的力量弥合了受灾群众的伤口。而2008年北京奥运会，又一次把中国的公民意识展示在世人面前。在北京城炎热的8月里，一百七十万志愿者挥洒汗水，折射出公众对国家民族的责任与自我担当意识。党的十八大以来，社会各界积极参与，志愿者队伍持续壮大，志愿服务活动蓬勃开展，呈现积极健康向上的发展态势。近年来，公众参与生态建设热情更加高涨。截至

---

① 民政部：《2018年民政事业发展统计公报》。

2017年6月,中国绿化基金会劝募到账已超过3000万元,全国基金会总数为5932家,社会生态公益参与达1亿人次。① 2020年在新冠病毒引起的疫情危机治理中,大量社会慈善组织、社会团体和公民都自发或自觉地行动起来,许多救急物资通过社会组织得以发放,许多健康知识通过社区志愿者得以普及②,在抗击疫情中谱写了新的篇章。

## 二、市场经济发展促进了公民意识的成长

改革开放以来,随着市场经济体制改革的不断推进,人们的自主、竞争、效率、民主、法制和创新等意识得到了增强,现代公民意识逐渐得到人们的认同,推动中国特色社会主义民主政治建设成为当代中国人强烈的政治呼声。

### (一)市场经济发展塑造了公民主体意识

从法学与政治学角度而言,公民主体意识是指公众对自身权利、在国家社会中的地位以及公众对国家和社会应担负的一种责任和义务的觉醒和认识。③ 即作为一个有独立意识和独立地位的政治权利主体加入社会政治关系和政治程序中。诚如马克思所言,"物质生活的生产方式制约着整个社会生活、政治生活和精神生活的过程。不是人们的意识决定人们的存在,相反,是人们的社会存在决定人们的意识"④。社会主义市场经济的确立,极大地唤醒和提升了公民主体意识。市场经济赋予公众自主自决和平等交易的权利,从而使得市场经济主体的主体性地位得以确认。自主参与、平等交易、公平竞争的市场经济活动,必然会形塑出

---

① 刘泽英:《公众参与生态建设热情高涨》,载《中国绿色时报》,2017年9月6日。
② 孙应帅:《透过疫情看新时代"公众道德"的培育》,载《人民论坛》,2020年第10期。
③ 伍华军:《公民意识:对公民政治参与的促进与形塑》,载《法学评论》,2014年第4期。
④ 《马克思恩格斯选集》第二卷,人民出版社1995年版。

公众的主体意识。马克思指出："如果说经济形式、交换，确立了主体之间的全面平等，那么内容，即促使人们去进行交换的个人材料和物质材料则确立了自由。可见，平等和自由不仅在以交换价值为基础的交换中受到尊重，而且交换价值的交换是一切平等和自由的生产的、现实的基础。作为纯粹观念，平等和自由仅仅是交换价值的交换的一种理想化的再现；作为在法律的、政治的、社会的关系上发展了的东西，平等和自由不过是另一次方的这种基础而已。"① 因此，社会主义市场经济的发展有助于培养公众的主体意识。具体而言，从本质上说，市场经济是立基于财产自主、行为自愿和契约自由之上的平等交换的经济体制，使包括公众在内的所有市场主体真正成为了自己事务的主人。在参与经济活动时，每个市场主体都要独立、冷静地分析市场行情、预测市场走向，并自主地进行判断、自由地进行选择、平等地进行交易，其行为不允许他人强迫和挟制，选择的后果则自我负责和承担。不言而喻，市场所形成的自由平等原则，导致了先前人们之间的人身依附关系的解体，人们变成了具有自主意志和独立人格的自治主体，从而作为一个社会存在产生了人之为人的价值感和尊严感。这样，市场主体的自主性品格，最终塑造了公众的独立人格和理性自律的精神。公民主体意识使公民意识到自己是社会政治生活和公共生活的主体，而不是无足轻重的客体；是国家治理的实践者，而不仅是国家治理的对象。因此，公民主体意识要求每一个人作为具有独立意识和独立地位的政治权利主体参与社会政治关系和政治程序，要求我们自觉参与到国家治理过程之中。

### （二）市场经济发展激活了公众权利意识

从法学视角看，权利就是受到法律保护的一种利益。简而言之，权利就是处于社会关系之中的公众个体所应当享受的普惠利益与价值回

---

① 《马克思恩格斯全集》第四十六卷（上），人民出版社1979年版。

报，比如公众有劳动以及按劳取酬、人身安全不受侵犯、思想言论自由等权利。所谓权利意识，是"特定的社会成员对自我的利益和自由的认知、主张和要求，以及对他人认知、主张和要求的社会评价"①。权利意识不仅包括对自我权利的意识，同时还包括对于他人权利的认同和充分的尊重。也就是说，形成整个社会良好的公众权利意识氛围，不仅需要公众具有实现自我权利的意识，同时还必须承认和尊重其他人的合法权利，每一个公众自身权利的实现均必须以对他人的承认和尊重作为基础。在自然经济条件下，个体只能直接从属于社会共同体，社会历史越往前，个体就显得越不独立，越从属于一个更大的整体，诸如家族、村落和国家等。在传统的计划经济体制下，社会上缺少流动，也缺少竞争，个人对组织和公权力有很强的依附性，并不具备支撑人民的权利和意志得到充分尊重的那种经济基础。而在市场经济条件下，资源主要依靠市场机制的调节作用来进行配置，它要求市场主体能够以自己的意志、平等自由地按照市场规律进行商品生产和交换。同时，在所有资源中，人力资源是最重要的。要使人力资源得到合理配置，必须使他们拥有充分的权利和自由，平等地参与市场竞争。现代市场经济主体的多元化，要求保障人的基本权利和自由，反对特权，以实现资源合理化配置。因此，市场经济不仅解放和发展了生产力，而且促进了公众权利意识的觉醒。毫无疑问，这是一个走向权利的时代。市场经济发展带来的自由平等意识、网络媒体勃兴提供的多元表达平台、民主政治进步造就的个体意识启蒙，所有这一切，成为人们权利意识的萌发、表达和伸张的"时代注脚"。②

### (三) 市场经济发展培育了公众规则意识

现代社会由于利益关系日趋复杂，各种竞争不断加剧，所以整个社

---

① 夏勇：《中国公民权利发展研究——走向权利的时代》，社会科学文献出版社2007年版。
② 本报评论部：《有"权利意识"，也要有"法治观念"》，载《人民日报》，2013年5月21日。

会越来越依靠各种社会规范来规范和约束人的行为，以确保每个人在追求自身利益的同时不至于侵犯他人的合法权益，从而维护社会的公平与秩序。因此，规则意识是公民意识的基石，遵守各种基本规则是公众的神圣义务。对此，习近平总书记强调指出，"注重培育人们的法律信仰、法治观念、规则意识，引导人们自觉履行法定义务、社会责任、家庭责任，营造全社会都讲法治、守法治的文化环境"①。规则意识可以有广义和狭义的理解。广义的规则意识是公众对各种社会规则（规范）诸如法律、道德、宗教、风俗习惯等规则的认同、自觉服从与遵守，所形成的自主自律意识。狭义的规则意识是指公众在法治状态下通过对法律规范内在价值的认同，进而把法律有效地内化为其自觉的价值尺度和行为准则，形成一种自觉的程序规则意识和自觉服从与遵守法律的自主自律意识。众所周知，市场经济有利于通过竞争实现优胜劣汰，达到合理配置资源的目的。但是，缺乏规则的市场经济会妨碍市场竞争的正常进行，使市场活动陷入混乱无序状态。只有实行法治，才能形成公平竞争的规则和秩序，才能维护市场交换中的合同和信用关系，保障市场经济活动正常进行。诚如恩格斯所言："在社会发展某个很早的阶段，产生了这样的一种需要：把每天重复着的生产、分配和交换产品的行为用一个共同规则概括起来，设法使个人服从生产和交换的一般条件。这个规则首先表现为习惯，后来便成了法律。"② 由此可见，法治与规则意识是市场经济发展的内在要求，只有让规则意识成为我们的道德标尺，诚信成为我们经济行为的准则，才能彻底建立起符合市场经济要求的社会经济秩序。社会主义市场经济在本质上是法治经济，要坚持"保护产权、维护契约、统一市场、平等交换、公平竞争、有效监管"的基本导向，不断强化规则意识，倡导契约精神。经过 40 多年的市场化改革，维护契约

---

① 新华社：《习近平：坚持依法治国和以德治国相结合》，http://www.xinhuanet.com/politics/2016-12/10/c_1120093133.htm（访问时间：2020 年 8 月 4 日）。

② 《马克思恩格斯选集》第三卷，人民出版社 1995 年版。

自由、公平竞争的规则意识已经逐渐深入人心。

### 三、市场经济发展促进了公众参与

首先，市场经济发展促进了公众的参与愿望。社会主义市场经济的发展促进了我国公众权利意识的觉醒，利益原则得到社会的普遍认同。为了追求利益最大化，人们希望通过参与政府治理来表达自身利益的要求和愿望，并试图影响政府的治理过程。同时，市场经济的发展也使得社会利益出现多元化，产生了大量新的利益群体，出现了诸如民营科技企业的创业人员和技术人员、受聘于外资企业的管理技术人员、个体工商户、私营企业主等一大批新的独立的利益群体。这些新兴利益群体已经逐步认识到参与公共政策过程对于他们利益分配和利益实现的重要作用。因而迫切地要求参与到政府治理过程尤其是与他们自身利益密切的公共政策过程中来。而政府治理要使其公共政策代表更广大人民群众的根本利益，促进公共政策科学化和民主化，就必须不断扩大这些利益群体对政府治理过程的参与，以便充分吸纳这些多元化的合理利益要求。因此，对于日益发展起来的公众参与政府治理过程的意愿和行为进行规范化引导和管理，使其纳入到有序化轨道，显得非常必要和重要。

其次，市场经济发展激发了公众参与意识。市场经济的引入不仅意味着经济体制的巨大转换，更意味着思想认识上的革新。公民主体意识在现代市场经济条件下，人们独立、平等的主体意识得到培育和强化，尤其是个人或组织的可支配物质财富的增加更增添了人们的自信、负责和自主的心理倾向，从而为个人或组织的政治参与奠定基础。市场经济体制的有效运行打破了原有的社会利益格局和社会利益平均化的状态，引起了整个社会利益和社会结构的分化与重组，它给公众普遍带来利益的同时，也造成了公众间的利益差距。为了维护和获取更多的利益，人们参与国家治理的意识和行为将越来越强，对关乎自己切身利益的每项政策都有心理上的参与冲动。公众参与的内在动力和最终目的是为了实现特定利益需求。公众不同利益群体和社会成员为实现自己的利益要求，迫切希望将自己的意志纳入政治系统。公众在争取自己的利益的过程中，必然要求过问和参与与自己利益关系密切的公共政策过程，甚至就某些利益关系重大的问题向政府施加压力。于是，随着市场经济的确立和发展，公众的参与意识觉醒，要求自主、积极、广泛、深入地参与国家治理，以此实现获取利益和维护利益的目的。

再次，市场经济为公众参与提供了物质保障。市场经济的发展不仅唤起了公众参与意识和愿望，而且以其对经济发展的巨大推动为公众参与提供了物质条件。这首先表现在对公众生活水平的提高上。"严重贫困的群众，根本无法获知参加公共事务的足够的信息，对公众事务进行有效的讨论。"[1] 同时，市场经济在改善公众生活过程中推动了信息传播和接受手段的普及和发展，使得人们获取政治资源的能力和数量及真实性大大增加，这为公众形成共同利益基础上的共知与共识创造了条件。

最后，市场经济的建立和发展为公众参与确立了现实基础与逻辑前提。市场经济作为社会化大生产的商品经济，不仅是资源配置的基本手段，也对公众参与提出了相应要求。随着市场经济的确立和发展，公众参与的积极性不断提高，要求自主、积极、广泛、深入地参与政治生活，以此实现获取利益和维护利益的目的。然而，健康和稳定的市场经济必然建立在法治的基础之上，公众作为自主性利益主体，在突出关注自身利益、积极实现自身权利的过程中，不仅可能干扰市场经济的正常运行，而且可能以非法的利益诉求和无序参与危害社会生活。

---

[1] ［美］科恩：《论民主》，聂崇信、朱秀贤译，商务印书馆1979年版。

## 第二节 党和政府的积极回应

公众通过有序参与影响公共政策和公共生活，已是现代国家治理不可缺少的组成要素。面对日益增长的公众参与诉求，党和政府作出了积极回应。

### 一、发展有序的公众政治参与

一方面，党始终坚持人民民主是社会主义的生命。

在经典作家那里，民主与社会主义的共生关系已经被明确。马克思早在1843年3月写的《黑格尔法哲学批判》中就提出："人民是否有权来为自己建立新的国家制度呢？对这个问题的回答应该是绝对肯定的，因为国家制度如果不再真正表现人民的意志，那它就变成有名无实的东西了。"[1] 显然，在马克思看来，真正的民主，应该是人民主权、人民意志的实现，就是人民自己创造、自己建立、自己规定国家制度，以及运用这种国家制度决定自己的事情。简言之，民主的实质就是"人民当家作主"。对于巴黎公社这个人类历史上第一个无产阶级政权，马克思指出"它是由人民自己当自己的家"[2]。列宁强调："没有民主，就不可能有社会主义，这包括两个意思：（1）无产阶级如果不通过争取民主的斗争为社会主义革命做好准备，它就不能实现这个革命；（2）胜利了的社会主义如果不实行充分的民主，就不能保持它所取得的胜利，并且引导人类走向国家的消亡。"[3]

---

[1] 《马克思恩格斯全集》第一卷，人民出版社1995年版。
[2] 《马克思恩格斯全集》第十七卷，人民出版社1995年版。
[3] 《列宁全集》第二十八卷，人民出版社1990年版。

中国共产党自成立起就以实现和发展人民民主为己任,在革命斗争中创造性地提出了"工农民主""人民民主"等民主概念,党在延安创建的民主政权被称为中国民主的摇篮。早在延安时期,毛泽东就指出,"我们已经找到新路,我们能够跳出周期率。这条新路就是民主。只有让人民来监督政府,政府才不敢松懈。只有人人起来负责,才不会人亡政息"①。中华人民共和国成立后,党始终把巩固和发展人民民主放在突出位置,建立起人民代表大会制度、中国共产党领导的多党合作和政治协商制度、民族区域自治制度以及基层群众自治制度,创造了适合中国国情、能够充分保证人民当家作主的民主政治实现形式。这些民主制度植根于中国大地,反映了广大人民的意愿,得到了广大人民的拥护,具有强大的生命力。中国共产党在执政过程中也逐步认识到,发展社会主义民主关系到社会主义优越性的发挥和社会主义的前途,是社会主义现代化建设的基本内容。改革开放以来,党在总结发展社会主义民主的正反两方面经验的基础上,明确指出人民当家作主是社会主义民主政治的本质和核心。邓小平在1979年发表的《坚持四项基本原则》讲话中,针对"文化大革命"的经验教训,明确提出:"没有民主就没有社会主义,就没有社会主义的现代化。"② 民主政治的发展保护了人民群众的民主权利,调动了广大人民群众的积极性,解放和激活了生产力。人民当家作主的民主权利日益丰富,人民有序参与不断扩大。决策民主化的体制和机制不断健全,深入了解民情、充分反映民意、广泛集中民智、切实珍惜民力的决策机制,保证了决策符合人民利益和愿望。在干部人事工作上,贯彻民主化、制度化和科学化的改革原则,逐步提高选人用人的公信度。进入21世纪以来,中国共产党坚持科学执政、民主执政、依法执政,不断完善党的领导方式和执政方式。党不断推进权力运行公

---

① 黄炎培:《延安归来》,见《八十年来》,文史资料出版社1982年版。
② 《邓小平文选》第二卷,人民出版社1994年版。

开化、规范化，健全党务公开、政务公开、司法公开和各领域办事公开制度，加强党内监督、民主监督、法律监督、舆论监督，推动公共权力在阳光下运行。经济建设、社会建设、文化建设和生态文明建设的显著成就极大地得益于人民民主制度的发展和进步。

为此，党一再旗帜鲜明地强调发展民主政治是其始终不渝的追求。党的十一届三中全会明确提出了加强社会主义民主和法制建设的任务；党的十二大将"努力建设高度的社会主义民主"作为新时期的根本任务之一确定下来；党的十三大提出"进行政治体制改革，就是要兴利除弊，建设有中国特色的社会主义民主政治"；党的十四大强调"人民民主是社会主义的本质要求和内在属性。没有民主和法制就没有社会主义，就没有社会主义的现代化"；党的十五大进一步指出："发展社会主义民主政治，是我们党始终不渝的奋斗目标"；党的十六大则更加明确指出："我们党历来以实现和发展人民民主为己任"；党的十六届四中全会再次重申，执政党要"不断提高发展社会主义民主政治的能力"；党的十七大紧扣社会脉搏，顺应人民政治参与积极性不断提高的新情况，提出"人民当家作主是社会主义民主政治的本质和核心"，要"扩大社会主义民主，更好保障人民权益和社会公平正义"；党的十八大提出，"人民民主是我们党始终高扬的光辉旗帜"，"人民民主是社会主义的生命"，"必须坚持党的领导、人民当家作主、依法治国有机统一"，要"发展更加广泛、更加充分、更加健全的人民民主"；党的十八大以来，习近平总书记指出："人民当家作主是社会主义民主政治的本质和核心，人民民主是社会主义的生命，没有民主就没有社会主义，就没有社会主义的现代化，就没有中华民族伟大复兴"。因此，"要扩大人民民主，健全民主制度，丰富民主形式，拓宽民主渠道，从各层次各领域扩大公民有序政治参与，发展更加广泛、更加充分、更加健全的人民民主。国家各项工作都要贯彻党的群众路线，密切同人民群众的联系，倾听人民呼声，回应人民期待，不断解决好人民最关心最直接最现实的利益问题，凝聚起最广大人民智慧和力量"。① 党的十九大强调,"要长期坚持、不断发展我国社会主义民主政治,积极稳妥推进政治体制改革,推进社会主义民主政治制度化、规范化、程序化,保证人民依法通过各种途径和形式管理国家事务,管理经济文化事业,管理社会事务,巩固和发展生动活泼、安定团结的政治局面"。党的十九届四中全会通过的《中共中央关于坚持和完善中国特色社会主义制度 推进国家治理体系和治理能力现代化若干重大问题的决定》指出:"必须坚持人民主体地位,坚定不移走中国特色社会主义政治发展道路,健全民主制度,丰富民主形式,拓宽民主渠道,依法实行民主选举、民主协商、民主决策、民主管理、民主监督,使各方面制度和国家治理更好体现人民意志、保障人民权益、激发人民创造,确保人民依法通过各种途径和形式管理国家事务,管理经济文化事业,管理社会事务。"

另一方面,扩大公众有序政治参与。

首先,公众有序参与是实现人民当家作主的重要方式。《中华人民共和国宪法》明确规定:"中华人民共和国的一切权力属于人民。人民行使国家权力的机关是全国人民代表大会和地方各级人民代表大会。"依照宪法规定,人民通过选举产生各级人大代表、代表人民管理国家和社会事务,从而实现当家作主。同时,正确行使国家权力,维护人民利益,还必须有人民群众的广泛参与。离开民意的充分表达和各种形式参与的决策,很难代表人民意志;离开人民群众监督,就很难保证权为民所用,容易滋生权力腐败。因此,"我们要随时随刻倾听人民呼声、回应人民期待,保证人民平等参与、平等发展权利"②。其次,扩大公众有序参与是我国经济发展的客观要求。经济越发展,政治参与度就越高。

---

① 中共中央文献研究室:《习近平:在庆祝全国人民代表大会成立六十周年大会上的讲话》,见《十八大以来重要文献选编(中)》,中央文献出版社2016年版。
② 中共中央文献研究室:《习近平:在第十二届全国人民代表大会第一次会议上的讲话》,见《十八大以来重要文献选编(上)》,中央文献出版社2014年版。

因为，经济发展加速了社会分化，各利益主体为谋求和维护自身利益，就会去积极参与政治；经济发展促进了政治参与主体的全面素质的提高，当公众感到自己的利益越来越与政府的活动相关时，就会越来越努力去参与政府的决策。再次，公众有序参与有利于解决复杂的社会问题、推动社会进步。在实践中，扩大公众有序参与，对于政府了解民意、集思广益、科学决策、正确解决社会问题，推动社会健康发展，都具有极为重要的意义。在各地诸如环境保护、拆迁补偿、住房、医疗、教育、福利、腐败等关系到公众切身利益的许多问题上，有的就是通过公众各种形式的政治参与，使问题引起政府的重视，得到及时发现和有效的解决，从而有利于社会进步。最后，扩大公众有序参与有助于维护社会稳定。一方面，政治参与对公众具有表达要求和愿望、提出意见和建议的功能，公众可以通过正常、合法和多样的渠道表达愿望，维护自身合法利益公众。扩展公众有序参与可以使政府了解社会问题的状况和程度，从而代表公众利益作出相应的决策，解决社会矛盾，缓和社会压力，维护和保证社会稳定。另一方面，公众有序参与也是现代国家权力合法性获得的重要因素。一个国家的宪法和法律是否规定充分的民主权利，政府行政过程是否切实兑现公众的民主权利，直接影响公众对国家政权的认同和忠诚。只有不断扩大公众有序参与，广泛听取人民群众的意愿和呼声，真正做到权为民所用、情为民所系、利为民所谋，才能不断提高党和政府在人民群众中的威信，党的执政地位也才能不断地得到巩固和加强。

改革开放以来，随着人民生活水平的日益提高，公众已经不简单满足于衣食住行等基本的生活需求，公众的权利意识逐渐觉醒，维护自身各项权益的需求逐渐增强。随着公民意识的增强，在关乎切身利益的问题上，越来越多的人意识到通过一定形式的公众参与对于维护自身利益的重要性。改革开放以来，公众有序参与的基本制度体系已初步建立，公众也开始注重在正式制度的框架下用理性的合法的手段来表达和维护个人权益，公众政治参与的制度化程度在逐渐提高。但是，由于民主法治建设和相关制度保障还在逐步完善过程之中，公众的有序参与机制仍然还不健全，导致公众以非制度化无序参与的方式增多。公众加之个别地方政府危机公关能力不足，对可能遇到的问题缺乏前瞻性和预见性，对群众合理的参与诉求缺乏及时、有效回应，公众的知情权和参与权得不到满足，会引发局部地区公众对地方政府施政的不满意。最终，制度内的有序参与无法吸纳其参与诉求时，制度外的无序参与就会发生。所谓非制度化无序参与，是指在制度化政治参与的条件受到限制或按照常规途径无法实现预期的参与目的时，或公众不愿、不会和不能利用常态的参与途径和形式时，通过非常规和非制度的方式参与政治生活和公共事务，故而这种参与从根本上来说是无序的，不仅对社会秩序具有破坏性，对公众自身也会带来很多负面影响。

所以，面对公众参与热情的不断提高，为了保证社会有序健康地发展，在社会主义民主政治建设过程中，要努力扩大公众的有序参与。党的十六大报告提出，"扩大公众有序的政治参与，保证人民依法实行民主选举、民主决策、民主管理和民主监督，享有广泛的权利和自由，尊重和保障人权"。党的十七大报告强调，"坚持国家一切权力属于人民，从各个层次、各个领域扩大公众有序政治参与"，"推进决策科学化、民主化，完善决策信息和智力支持系统，增强决策透明度和公众参与度，制定与群众利益密切相关的法律法规和公共政策原则上要公开听取意见"，"人民依法直接行使民主权利，管理基层公共事务和公益事业，实行自我管理、自我服务、自我教育、自我监督，对干部实行民主监督，是人民当家作主最有效、最广泛的途径，必须作为发展社会主义民主政治的基础性工程重点推进"。其中特别提到"保障人民的知情权、参与权、表达权和监督权"。党的十八大报告更是提出，"必须坚持人民主体地位。中国特色社会主义是亿万人民自己的事业。要发挥人民主人翁精神，坚持依法治国这个党领导人民治理国家的基本方略，最广泛地动员和组织人民依法管理国家事务和社会事务、管理经济和文化事业、积极投身社会主义现代化建设,更好保证人民当家作主"。党的十九大强调"我国社会主义民主是维护人民根本利益的最广泛、最真实、最管用的民主,发展社会主义民主政治就是要体现人民意志、保障人民权益、激发人民创造活力,用制度体系保证人民当家作主";要"扩大人民有序政治参与,保证人民依法实行民主选举、民主协商、民主决策、民主管理、民主监督","加强协商民主制度建设,形成完整的制度程序和参与实践,保证人民在日常政治生活中有广泛持续深入参与的权利"。党的十九届四中全会还提出"加强和创新社会治理,完善党委领导、政府负责、民主协商、社会协同、公众参与、法治保障、科技支撑的社会治理体系",公众参与成为加强和创新社会治理的重要手段。

## 二、深化行政体制改革以推进公众参与公共决策

改革开放以来,国家为了适应尊重公众知情权、表达权、参政权和监督权的需要,逐渐加快了决策开放的进程,决策开放的形式也日益多样化,决策的方式日益从封闭决策向开放的自主参与决策转变。

### (一)不断推进政务公开制度建设

改革开放以来,中国日益重视发展社会主义民主,把公开、公正、透明原则作为保障公众实现民主权利的重要手段和途径,政务公开逐渐成为国家行政体制改革的重要内容之一。

我国政务公开起步于1987年推行的全国农村基层组织的村务公开制度。1987年党的十三大报告中第一次明确提出:"提高领导机关活动的开放程度,重大情况让人民知道,重大问题经人民讨论","要通过各种现代化的新闻和宣传工具,增加政务和党务活动的报道,发挥舆论监督的作用"。由此,奠定了实行政务公开与建立政府信息公开制度的思

想和政策基础。① 1987 年,《村民委员会组织法(试行)》第一次从法律上对村务公开进行规范。在十三大精神推动下,为促进廉政建设的"两公开一监督",即公开办事制度、公开办事结果、接受群众监督,在 20 世纪 80 年代后期开展。1989 年 3 月,时任国务院总理李鹏在政府工作报告中明确提出:"处理同广大人民群众利害相关的事情,要积极推行公开的办事制度,公开办事结果,要增加政府活动的透明性,强化各种制约机制,使各级政府权力的行使都严格置于法规制度的规范约束和广大群众的监督之下。"

20 世纪 90 年代初,中国农村一些地区自发开展的村务公开活动成为政务公开的催化剂。从严格意义上讲,村务公开并不属于政务公开的范畴,但村务公开活动的开展对政务公开建设的理论研究与实践探索起到了推动作用。1997 年国务院在部署反腐败和廉政建设的任务时,时任国务院总理朱镕基提出:"地方各级政府特别是乡镇、基层站所及'窗口'行业,办理与群众利益密切相关的事项,除属于国家保密的事项之外,都应当采取适当方式向群众和社会公开,以接受群众监督。"1997 年,党的十五大报告中充分肯定了这一做法,并要求"城乡基层政权机关和基层群众性自治组织都要健全民主选举制度,实行政务公开和财务公开,让群众参与讨论和决定基层公共事务和公益事业,对干部实行民主监督"。十五大后,村务公开和乡镇政务公开迅速在全国各地推广开来。1998 年 11 月全国人大常委会通过了新修订的《村民委员会组织法》,为进一步推进农村基层民主建设提供了有力的法律保障。以村务公开为核心的农村基层民主建设推动了全国政务公开建设的进行。1998 年后,中国从中央到地方各级政府相继开始政务公开建设的实践。1998 年,最高人民检察院提出要实行检务公开。1999 年,公安部也发文要求

---

① 赵正群:《中国的知情权保障与信息公开制度的发展进程》,载《南开学报(哲学社会科学版)》,2011 年第 2 期。

各地公安机关推行警务公开。检察院、法院、公安、海关、监狱等司法和行政执法机关亦开始相继推行了审判公开、警务公开、海关关务公开和狱务公开等措施。如国家公安部制定了警务公开的具体内容，包括公开执法依据、制度和程序；公开刑事执法；公开行政执法的范围和职权，如办理户口、居民身份证、车辆牌证和机动车驾驶证、边境通行证和出入境证件等。随着计算机网络技术的迅猛发展，我国政府为了适应时代潮流，也于1998年开始策划政府上网工程，并于1999年初把它作为一项国家工程大规模展开。

21世纪以来，政务公开建设进程加快。2000年12月中共中央办公厅、国务院办公厅印发了《关于在全国乡镇机关全面推行政务公开制度的通知》，要求在推行乡镇政务公开的同时，"县（市）级以上政权机关也要积极探索实行政务公开的有效途径，逐步推行政务公开制度"。2002年党的十六大报告中明确提出，"要认真推行政务公开制度，加强组织监督和民主监督，发挥舆论监督的作用"。党的十六届四中全会明确提出"建立和完善党内情况通报制度、情况反映制度、重大决策征求意见制度，逐步推进党务公开，增强党组织工作的透明度"。这是在中国共产党历史决议中第一次提出推行党务公开，标志着党内民主迈出了重要的一步。2003年，新闻发言人制度全面建立。新闻发言人作为国家和政府法定的政务公开的制度之一，为新闻传播环境更公开、更透明提供了制度保证，具有广泛的现实意义。① 2003年6月，中央成立了由中纪委、监察部、国务院办公厅、中组部、全国总工会、民政部、财政部、人事部、国务院信息化工作办公室等9个单位负责人组成的全国政务公开领导小组，加强对政务公开工作的领导和协调。2004年3月，国务院印发《全面推进依法行政实施纲要》，把行政决策、行政管理和政

---

① 叶丹：《政府信息公开下新闻发言人制度的现实意义》，载《大众日报》，2015年11月3日。

府信息公开作为推进依法行政的重要内容。2005年1月,中共中央印发《建立健全教育、制度、监督并重的惩治和预防腐败体系实施纲要》,提出"健全政务公开、厂务公开、村务公开制度"。迈入21世纪以来,国务院各部门和地方各级政府都不同程度地开展了电子政务建设。2006年1月1日零时,中国政府网(www.gov.cn)正式开通,它标志着中国电子政府建设迈出了重要一步。该网站成为国务院和各部委以及各省市自治区人民政府在国际互联网上发布政务信息和提供在线服务的综合平台,只要登录此网站,任何人都可以找到政府的政策法规、办事程序等内容。截至2007年1月,拥有".gov.cn"域名的政府网站总数已达28575个,县级以上政府机构的网站平均拥有率达到80%以上,初步形成了中央、省、市、县、乡五个层级的政府网站体系。[①] 政府网站是各级人民政府及其部门在互联网上发布政务信息、提供在线服务、与公众互动交流的重要平台,有利于促进各级人民政府及其部门依法行政,提高社会管理和公共服务水平,保障公众知情权、参与权和监督权。

2008年,《中华人民共和国政府信息公开条例》正式颁布实施,标志着中国政务公开制度的正式确立。这个条例的实施,对于保障公民、法人和其他组织依法获取政府信息,提高政府工作的透明度有了切实有效的法律保障。该条例实施以来,公开透明成为法治政府建设和依法行政的基本准则。政府信息公开制度不断完善,不仅促进了政府治理能力的全面提高,也为公众更好地行使知情权、参与权、表达权、监督权提供了制度保障。[②] 自该条例发布实施以来,越来越多的行政机关在政府网站公开财政预算、公共资源配置、重大建设项目批准和实施、社会公益事业建设等领域的政府信息,各级政府在"公开是常态,不公开为例外"原则的指导下,高度重视政府门户网站建设,围绕政府网站的"信

---

① 杨冰之:《政府网站发展趋势:走向"服务型"》,载《人民论坛》,2007年第14期。
② 马怀德:《政府信息公开制度的发展和完善》,载《中国行政管理》,2018年第5期。

息公开、在线办事和公众参与"三大主体功能,充分发挥政府网站作为政府信息公开第一网络平台的作用。① 同时,国家加快了政务公开制度建设,形式日益多样化,如广泛推行新闻发布制度、重大事项社会公示制度和社会听证制度,大力推行电子政务,构建政务公开网络化平台等。党的十七大明确规定,"推进决策科学化、民主化,完善决策信息和智力支持系统,增强决策透明度和公众参与度,制定与群众利益密切相关的法律法规和公共政策原则上要公开听取意见"。2008年3月,"推进政务公开"写进《国务院工作规则》。党的十八大报告要求,"推进权力运行公开化、规范化,完善党务公开、政务公开、司法公开和各领域办事公开制度,健全质询、问责、经济责任审计、引咎辞职、罢免等制度,加强党内监督、民主监督、法律监督、舆论监督,让人民监督权力,让权力在阳光下运行"。2010年,《国务院关于加强法治政府建设的意见》提出,"重点推进财政预算、公共资源配置、重大建设项目批准和实施、社会公益事业建设等领域的政府信息公开"。

党的十八大以来,党中央、国务院高度重视并继续推进政务公开工作。党的十八届三中全会提出,"完善党务、政务和各领域办事公开制度,推进决策公开、管理公开、服务公开、结果公开"。根据党中央、国务院统一部署,各地区、各部门大力推进政务公开工作,将行政审批、财政预算决算、"三公"经费、保障性住房、食品药品安全、环境保护、安全生产、价格和收费、征地拆迁等重大事项列为公开重点,征询社会意见,接受公众监督。2014年3月,国务院60个部门的1235项行政审批事项清单全部向社会公开。各地区、各部门依法开展依申请公开工作,2013年共办理申请34.86万件,其中按规定公开信息26.16万件,占申请总量的75%。② 党的十八届四中全会提出,"全面推进政务

---

① 《〈电子政务蓝皮书〉:"互联网+政务服务"逐渐成为政府治理模式创新应用》,载《光明日报》,2016年8月4日。
② 高虎城:《全面推进政务公开》,载《人民日报》,2014年12月4日。

公开。坚持以公开为常态、不公开为例外原则,推进决策公开、执行公开、管理公开、服务公开、结果公开"。2015年政府工作报告也作出承诺,要全面实行政务公开,推广电子政务和网上办事。2016年2月17日,中共中央办公厅、国务院办公厅印发《关于全面推进政务公开工作的意见》,要求"进一步推进决策、执行、管理、服务、结果公开,加强政策解读、回应社会关切、公开平台建设等工作,持续推动简政放权、放管结合、优化服务改革"。2016年10月31日,国务院总理李克强主持召开国务院常务会议,会议指出,一是将决策、执行、管理、服务、结果"五公开"的要求稳步有序纳入政务活动各环节;二是强化政策解读;三是积极回应社会关切;四是加强政府网站等平台建设,扩大政务信息覆盖面和影响力;五是拓宽公众参与政策制定、执行和监督的渠道。国务院办公厅最新印发的《2017年政务公开工作要点》,提出以政务公开助力稳增长、促改革、调结构等六部分内容,对比以往,不少领域首次被纳入公开范围。例如,2017年强调推进"放管服"改革、国资国企、农业供给侧结构性改革、财税体制改革等方面的信息公开。2017年11月《中国共产党党务公开条例(试行)》公布实施,标志着我国党务公开全面走向制度化、规范化和程序化轨道。2018年3月,修订后的《国务院工作规则》中继续将"推进政务公开"作为专门一章,把公开透明作为政府工作的基本制度,并对政策发布解读、回应社会关切等提出明确要求。各级行政机关积极践行"以公开为常态、不公开为例外",作出的决策、出台的政策,第一时间对外发布,以召开新闻发布会、吹风会等方式进行专门解读,积极释放"正能量"。2019年,《中华人民共和国政府信息公开条例》实施11年后首次修订完善,法定主动公开内容更加优化,依申请公开程序更加完备,行政机关责任约束更加刚性。2019年5月,坚持重大情况让人民知道、重大问题经人民讨论,把政务公开、公众参与作为行政决策的法定程序,写入《重大行政决策程序暂行条例》并认真执行,有效提升了行政决策科学性和透明度。在互联网时代,"互联网+政务服务"将政务服务与互联网这一载体有机结合,通过统一规范服务标准、优化服务流程和网上办理、开展网上咨询和网上监督、提供智能化人性化的创新服务、拓展服务渠道等方式,构建起一整套公开透明、高效便捷的政务服务体系。① 党的十八大以来,各地区各部门认真贯彻党中央、国务院部署,深入推进"互联网+政务服务",加快建设政务服务平台,目前全国30个省(自治区、直辖市)和新疆生产建设兵团已建成省级政务服务平台,30多个国务院部门建设开通了部门政务服务平台。其中,20个地区构建了省市县三级以上网上政务服务体系,浙江、广东、贵州等地区构建了省市县乡村五级网上政务服务体系。

总之,政务公开是当代公共行政改革的趋势,也是我国发展实践的必然要求。要建设人民满意的公共服务型政府,树立政府公信权威形象,就必须通过政务公开建立政府与公众之间的沟通渠道。

### (二)日益深化的行政决策制度改革为发展参与式治理创造了条件

公共行政被认为是建立在民主参与的基础上才能更加有效地调动、整合各种社会力量和社会资源参与政府的管理活动,从而更加有利于提高政府管理的质量。早在1986年,时任国务院副总理万里就提出"政治体制改革的一个极为重要的方面,就是要充分发挥社会主义民主,真正实行决策的民主化和科学化"②。1987年,党的十三大报告中明确提出"党的决策的民主化和科学化"。这是中国共产党历史上第一次在党的代表大会的政治报告中表达这一主张,这也意味着促进决策的民主化和科学化已成为全党意志。党的十四大报告指出:"决策的科学化、民

---

① 孟庆国:《发挥"互联网+政务服务"作用 让人民更有获得感》,载《光明日报》,2016年10月11日。

② 万里:《决策民主化和科学化是政治体制改革的一个重要课题》,载《人民日报》,1986年8月15日。

主化是实行民主集中制的重要环节,是社会主义民主政治建设的重要任务。领导机关和领导干部要认真听取群众意见,充分发挥各类专家和研究咨询机构的作用,加速建立一套民主的科学的决策制度。"党的十五大报告强调:"逐步形成深入了解民情、充分反映民意、广泛集中民智的决策机制,推进决策科学化、民主化,提高决策水平和工作效率。"党的十六大报告指出:"健全民主制度,丰富民主形式,扩大公民有序的政治参与,保证人民依法行使民主选举、民主决策、民主管理和民主监督,享有广泛的权利和自由,尊重和保障人权。"2004年,时任国务院总理温家宝在十届人大第二次会议上所作的《政府工作报告》中指出:"坚持科学民主决策。要进一步完善公众参与、专家论证和政府决策相结合的决策机制,保证决策的科学性和正确性。加快建立和完善重大问题集体决策制度、专家咨询制度、社会公示和社会听证制度、决策责任制度。所有重大决策,都要在深入调查研究、广泛听取意见、进行充分论证的基础上,由集体讨论决定。这要作为政府的一项基本工作制度,长期坚持下去。"2004年9月,《中共中央关于加强党的执政能力建设的决定》提出了"对同群众利益密切相关的重大事项,要实行公示、听证等制度,扩大人民群众的参与度"。党的十七大报告指出:"增强决策透明度和公众参与度,制定与群众利益密切相关的法律法规和公共政策原则上要公开听取意见。"党的十七届二中全会又审议通过了《关于深化行政管理体制改革的意见》,进一步强调要规范行政决策行为,完善科学民主决策机制。党的十七届四中全会强调要"坚持问政于民、问需于民、问计于民,作决策、定政策充分考虑群众利益和承受能力,统筹协调各方面利益关系,切实办好顺民意、解民忧、惠民生的实事,让人民共享改革发展成果","健全党和政府主导的维护群众权益机制,认真解决群众反映强烈的教育医疗、环境保护、安全生产、食品药品安全、企业改制、征地拆迁、涉农利益、涉法涉诉等方面的突出问题。完善矛盾纠纷排查化解机制,引导群众依法表达合理诉求,切实维护群众权益"。为了规范重大行政决策,保障决策中的公众参与,2008年国务院在《关于加强市县政府依法行政的决定》中提出要完善重大行政决策听取意见制度,增强行政决策透明度和公众参与度,要求各级政府在制定与群众切身利益密切相关的公共政策时,要向社会公开征求意见,推行重大行政决策听证制度。2010年《国务院关于加强法治政府建设的意见》则进一步强调,健全重大行政决策规则,推进行政决策的科学化、民主化、法治化,就"要把公众参与、专家论证、风险评估、合法性审查和集体讨论决定作为重大决策的必经程序"。党的十八大报告指出:"坚持科学决策、民主决策、依法决策,健全决策机制和程序,发挥思想库作用,建立健全决策问责和纠错制度。凡是涉及群众切身利益的决策都要充分听取群众意见,凡是损害群众利益的做法都要坚决防止和纠正。"党的十八届四中全会更是明确提出,"要健全依法决策机制,把公众参与、专家论证、风险评估、合法性审查、集体讨论决定,确定为重大行政决策的法定程序……建立行政机关内部重大决策合法性审查机制……建立重大决策终身责任追究制度及责任倒查机制"。2019年5月8日国务院发布的《重大行政决策程序暂行条例》,集中体现了公众参与、专家论证、风险评估、合法性审查、集体讨论决定的程序要求。

我国行政决策中的公众参与正在从最初主要通过听证会的形式实现日益走向多元化。在现有的多部地方性重大行政决策程序规定中,主要规定了听证会、座谈会、问卷调查、书面征求意见、实地走访等不同的参与方式。如2019年4月1日起正式实施的《南京市重大行政决策公众参与工作规则(试行)》,规定南京市重大行政决策中的公众参与方式包括但不限于民意调查、开放式听取意见、专题调研、专题座谈、公开征求公众意见、举行听证会、列席会议等。[①] 从地方政府治理实践来看,公众参与公共决策过程的具体路径主要有四种:

---

① 薛玲:《市民七种方式可参与重大行政决策》,载《扬子晚报》,2019年3月28日。

一是征求意见。征求意见是指地方政府为了解决某项公共问题、协商各方利益而向公众咨询。如《安徽省人民政府重大行政决策公众参与程序规定》提出，重大行政决策草案（或征求意见稿）形成后，决策承办单位应根据对公众影响的范围和程度，采取座谈讨论、咨询协商、听证、公开征求社会意见、民意调查等方式，听取各方合理化意见和建议。通过座谈讨论、咨询协商方式征求意见的，决策承办单位应邀请省人大代表、省政协委员、省政府参事、行业专家学者以及有利害关系的公民、法人或者其他组织代表参加；以民意调查方式征求公众意见的，决策承办单位可委托独立调查研究机构进行；通过向社会公开草案（征求意见稿）方式公开征求意见的，法规规章草案征求意见期限不少于30日，其他重大行政决策草案不少于10日。①《秦皇岛市重大行政决策公开征求意见制度》将公开征求意见作为重大行政决策拟制过程中的一项必要程序，其中规定：除决策事项因涉密、不可抗力、情况紧急需即时决定等原因并经市政府批准外，均应当公开征求意见。同时，设定了公示、听证、座谈、专家咨询论证、问卷调查五种征求意见的形式，确保了重大行政决策拟制过程中公众的知情权和参与权。

二是决策听证。行政听证制度是指行政主体在作出影响行政相对人合法权益的决定前，由行政主体告知决定理由和听证权利，行政相对人随之向行政主体表达意见、提供证据，以及行政主体听取意见、接纳其证据的程序所构成的一种法律制度。1998年施行的《中华人民共和国价格法》将听证制度引入我国行政决策领域。该法第二十三条规定："制定关系群众切身利益的公用事业价格、公益性服务价格、自然垄断经营的商品价格等政府指导价、政府定价，应当建立听证制度……"，这一规定被认为是"开创了我国行政决策领域引入听证程序的先河，是我国

---

① 汪国梁：《重大行政决策公众参与程序规定征求意见》，载《安徽日报》，2017年1月8日。

政府政务公开和民主决策进程的一个重要标志"①。近年来,越来越多的地方政府实行了行政决策听证会制度,在对本地重大政务进行决策的过程中举行听证会,各界群众要么被邀请参加听证会,要么自觉主动地参加听证会。如《重庆市行政决策听证暂行办法》(重庆市人民政府令第171号)、《广东省重大行政决策听证规定》(粤府令第183号)、《江西省重大行政决策事项听证办法》(赣府厅发〔2014〕39号)等;广东省梅州市就烟草零售点合理布局"十二五"规划举行听证会;湖南株洲近两年举行过大大小小100多次听证会,致力于做到"把话筒给有话说的人";江西省政府2011年出台新政策要求政府重大行政决策要听证。公众通过参与听证会、论证会等方式切实参与政府有关决策行为,对促进行政权规范运行起到了重要作用。②

三是民主恳谈会。民主恳谈是指地方政府在公共决策中秉持协商民主理念,将公众参与纳入决策过程,听取其对公共议题的意见,这是基层公众参与行政常采用的方式。在民主恳谈形式中,公众是参与的主体,而政府主要是扮演倾听者角色,它发端于浙江温岭的基层民主探索,是一种非正式协商形式。2002年,温岭市政府的章程明确规定"各乡镇要把民主恳谈作为重大公共事务决策的必经程序"。至今,决策民主恳谈已经成为浙江温岭市的镇街项目决策的常规方式。③

四是社会稳定风险评估。进入21世纪以来,越来越多的地方政府探索建立健全行政决策社会稳定风险评估制度(简称"稳评"),在决策和政策出台前,充分运用问卷调查、民意测验、听证会、访谈等多种公众参与的形式,对公众利益预期进行评估,提高公众对政府的认可度和

---

① 万学忠:《价格听证:关系群众切身利益 百姓参与政府决策》,载《法制日报》,2002年1月7日。
② 柴春元:《十七大以来法治政府建设取得新成效》,载《检察日报》,2012年11月12日。
③ 柳文岳:《历经20年深化发展,这是温岭首创的民主恳谈》,载《温岭日报》,2018年9月28日。

信任度,从而在源头上防范社会风险。如四川省遂宁市把尊重民意、维护民利、改善民生作为社会稳定风险评估工作的出发点和落脚点,评估范围紧扣民生、评估过程保障民权、评估标准尊重民意、评估结果维护民利,推动了评估方法从"袖手旁观"向"主动参与"转变,切实保障了公众知情权、参与权和监督权,充分体现了决策民主。①

(三) 重大决策稳定风险评估制度建设为参与式治理开辟了新的渠道

党的十九大报告指出,"中国特色社会主义进入新时代,我国社会主要矛盾已经转化为人民日益增长的美好生活需要和不平衡不充分的发展之间的矛盾"。公众随着我国改革步入"深水区",进一步发展难度持续加大,人民群众对党和政府工作的期望、要求越来越高,主体意识、权利意识、利益诉求越来越强烈,这使得一些重大事项的推进实施也愈加承载巨大社会风险。因此,21世纪以来,因推进重大事项而引发群体性事件尤其是重大群体性事件已成为影响社会稳定的突出问题。而其发生、发展的主要诱因,多与土地征用、房屋拆迁、环境污染和企业改制过程中等违背群众意愿、损害群众利益的决策和行为有关。因此,以科学的方法和手段,对重大事项的风险概率、影响程度和风险等级进行评估,为各级党委和政府决策提供重要的参考和依据,以最大限度地预防和减少因决策不当而引发的矛盾和纠纷,对于维护和谐稳定发展大局有重大意义。为此,国家"十二五"规划纲要提出要"建立重大工程项目建设和重大政策制定的社会稳定风险评估机制"。党的十八大报告指出:"建立健全重大决策社会稳定风险决策机制,正确处理人民内部矛盾,把各种不稳定因素化解在基层和萌芽状态。"党的十八届三中全会通过的《中共中央关于全面深化改革若干重大问题的决定》提出要"健全重

---

① 马利民:《8%重大事项列为一级预警不准实施 解析社会稳定风险评估之遂宁经验》,载《法制日报》,2010年8月9日。

大决策社会稳定风险决策机制"。党的十八届四中全会通过的《中共中央关于全面推进依法治国若干重大问题的决定》又提出:"把公众参与、专家论证、风险评估、合法性审查、集体讨论决定确定为重大行政决策法定程序,确保决策制度科学、程序正当、过程公开、责任明确。"

  在顶层设计指引下,一些地方政府在社会治理中逐渐探索出一些具有显著社会效果的社会稳定风险评估"地方模式"。推行稳评工作,就是提前对重大事项实施过程中有可能引发群体性事件的风险进行过滤,从而提前做好配套措施和优化方案,消除隐患。在发展可能触发社会风险的背景下,社会稳定风险评估作为一项具有政治前瞻性的国家风险管理的制度安排,是立足国家发展实际,基于民众利益期盼,回应社会实践要求的重大制度性创新。四川遂宁率先开启"稳评"机制的建立和完善,2004年在总结经验教训的基础上,于2005年初进行重大工程领域稳定风险评估工作试点,2006年建立《遂宁市重大事项社会稳定风险评估机制》,2007年经原中央维护稳定工作领导小组向全国推广。截至目前,遂宁市建立了由5个大项、14个子项组成的较为完善的社会稳定风险评价指标体系,并将"稳评"纳入政府向社会组织购买服务项目目录。在"稳评"探索上,还有江苏"淮安模式"、浙江"平阳模式"等,因地制宜探索出一条适合区域发展的"稳评"道路,为地方稳定与和谐发展创造了条件。根据相关数据,2009年以来,辽宁省对重大决策和项目建设进行稳定风险评估,其中15%的项目被叫停或者暂缓;2010年以来,通过风险评估,河南省先后否决了105个群众不支持的项目,占整个评估项目的11%。2010年上半年,群众对定政策、做决策、上项目不满而引发的群体性事件,同比下降了11.2%。①

  社会稳定风险评估制度的全面推进始于2009年,其标志性规章是

---

① 李光敏、李光:《内地拟推重大政策社会风险评估机制维稳》,载《凤凰周刊》,2011年5月5日。

《中共中央办公厅、国务院办公厅转发〈中央政法委员会、中央维护稳定工作领导小组关于深入推进社会矛盾化解、社会管理创新、公正廉洁执法的意见〉的通知》（中办发〔2009〕46号），中央政府从制度层面开始推进建立和完善社会稳定风险评估机制。随后，地方各级政府也开始出台相应的政府规章。各地在探索社会稳定风险评估制度建设过程中，将建章立制作为制度建设的第一步，以地方党委文件或政府规章形式颁发一系列评估办法或规范，明确重大事项评估的范围、程序、原则及其责任。2010年，国务院发布的《关于加强法治政府建设的意见》中提出要"完善行政决策风险评估机制"；十七届五中全会进一步提出要"建立重大工程项目建设和重大政策制定的社会稳定风险评估机制"，2011年，国务院在《中华人民共和国国民经济和社会发展第十二个五年规划纲要》中明确把建立"稳评"机制作为"五年规划"的重点建设内容。2011年，习近平在中央党校开学典礼上强调，涉及群众切身利益的重要政策措施出台，要采取听证会、论证会等形式，广泛听取群众意见。"要在建立、完善落实重大项目、重大决策风险评估机制上取得实质性进展，使我们的各项工作真正赢得群众的理解和支持，从源头上预防矛盾纠纷的发生。"[①] 2012年初，中央办公厅、国务院办公厅印发《关于建立健全重大决策社会稳定风险评估机制的指导意见（试行）》，要求凡是与人民群众切身利益密切相关、影响面广、容易引发社会不稳定问题的重大决策事项，都要进行社会稳定风险评估；并明确了社会稳定风险评估的内容为合法性、合理性、可行性、安全性和可控性评估。党的十八大明确指出将"建立健全重大决策社会稳定风险评估机制"作为"加强和创新社会管理"的重要内容。2012年11月15日，习近平在《关于全面贯彻落实党的十八大精神要突出抓好六个方面工作》的讲话

---

① 刘星星：《让公共参与在重大行政决策中发挥应有作用》，http://yuqing.people.com.cn/n1/2019/0614/c209043-31137621.html（人民网，访问时间：2020年8月4日）。

中明确要求，"对涉及群众切身利益的重大决策，要认真进行社会稳定风险评估，充分听取群众意见和建议，充分考虑群众的承受能力，把可能影响群众利益和社会稳定的问题和矛盾解决在决策之前"。党的十八届三中全会通过的《中共中央关于全面深化改革若干重大问题的决定》中指出，"创新有效预防和化解社会矛盾体制。健全重大决策社会稳定风险评估机制"；党的十八届四中全会提出"全面推进依法治国"的重大战略举措，实际上为"稳评"未来发展路径指明了方向。2019年1月，习近平总书记在省部级主要领导干部坚持底线思维着力防范化解重大风险专题研讨班开班式上发表重要讲话时再次强调，"深刻认识和准确把握外部环境的深刻变化和我国改革发展稳定面临的新情况新问题新挑战，坚持底线思维，增强忧患意识，提高防控能力，着力防范化解重大风险，保持经济持续健康发展和社会大局稳定，为决胜全面建成小康社会、夺取新时代中国特色社会主义伟大胜利、实现中华民族伟大复兴的中国梦提供坚强保障"。2019年5月，国务院制定的《重大行政决策程序暂行条例》将风险评估列为公共决策的必经法定程序。

建立、健全重大决策社会稳定风险评估机制，是加强和创新社会管理，促进社会健康、协调、可持续发展的一项重要制度性措施，是党和政府主导的维护群众权益机制的重要内容，对于促进科学决策、民主决策、依法决策，从源头上预防和化解社会矛盾具有重大意义。从制度设计来看，社会稳定风险评估制度探索将"维稳关口"前移，力图通过与民众的沟通与协商、听取民众和社会组织的意见、平衡各利益主体之间的利益，从源头预防和化解突出矛盾和重大群体性事件隐患。一方面，在评估过程中征求民意，通过问卷调查、座谈会、访谈等多种形式来确保公众"在场"，而且还要推进利益相关方发出"声音"参与博弈；另一方面，评估出来的风险点、风险值等通过政府、利益相关方采取积极行动来降低风险程度。因此，社会稳定风险评估的实质是力图把公众从对立转变到中立或支持立场上，或者降低对抗的激烈程度。具体而言，体现在①：首先，重大事项社会稳定风险评估机制是在党委和政府的引导下，在公共政策制定和重大决策出台过程中为各利益主体创造公开、平等表达利益的渠道和平台，最终达成多种利益平衡的过程，从而缓解社会利益结构日益分化和固化产生的治理风险。其次，重大事项社会稳定风险评估是在决策和政策出台前，充分运用问卷调查、民意测验、听证会、访谈等多种公众参与的形式，对公众利益预期进行评估，提高公众对政府的认可度和信任度，从而在源头上防范社会风险。再次，重大事项社会稳定风险评估是在决策前了解各方需求，对存在的风险点进行科学识别和测量，有利于地方党委和政府在社会舆情的传播中掌握主动权。最后，社会稳定风险评估有助于实现从少数人决策到科学、民主决策的重要转变，对制度上构建社会稳定的基础具有重要的现实意义。显然，一系列重大项目建设引发的维稳压力产生了"倒逼"效应，从而使越来越多的地方政府意识到通过社会稳定风险评估制度建设可以起到以"维权"促进"维稳"的效果。诚如朱正威所言，社会稳定风险评估制度旨在以风险评估的手段促进政府重大事项决策与实施真正体现以人为本、以民为先的根本要求，归根结底是检验政府重大事项决策是否坚持了习近平总书记强调的"不断实现好、维护好、发展好最广大人民根本利益，使发展成果更多更公平惠及全体人民，在经济社会不断发展的基础上，朝着共同富裕方向稳步前进"。②

从既有地方实践来看，尽管形式迥异，但社会稳定风险评估都力图在公共决策之前或决策过程中能够推动公众积极参与，从而减少公众集体抗议行动的数量和对抗的激烈程度。从既有实践来看，对经济社会发展中的重大事项进行"稳评"，是实现社会善治的有力举措，不仅有利于加强与公众的沟通增强互信，还有利于对涉及损害民众利益的源头性

---

① 蒋俊杰：《我国重大事项社会稳定风险评估机制：现状、难点与对策》，载《上海行政学院学报》，2014年第2期。
② 朱正威：《健全社会稳定风险评估机制》，载《光明日报》，2013年10月8日。

问题进行提前防治。① 对此，朱德米认为，开展和推进稳评，就是要从事后灭火变成事前评估，让政府决策和社会多元民意表达之间建立畅通、有效的互动渠道，这既有利于强化科学决策和民主决策，也有利于实现社会矛盾的源头治理。② 在"稳评"过程中，一方面，将社会力量导入到公共决策过程中，从而实现政府决策对社会一定程度的开放；另一方面，国家力量也进入社会系统，运用国家力量来疏导社会发展过程累积的社会稳定风险，最终实现国家与社会的强有力合作。因此，社会风险评估成为构建开放式决策的重要机制。通过深化改革政府决策模式，以有效的制度建设推动公众参与公共决策中的稳定风险评估，使得公众诉求和利益被纳入公共决策过程中并被考虑，有助于弥合多元主体间的风险感知差异和政策分歧、切实增强政策可接受度，进而达成某种一致认可即形成政策共识。不仅如此，在社会稳定风险评估中，公众利益在决策内容上得以表达，不仅有助于决策科学化，也有助于帮助公众提高对决策的认知和认同，为决策取得预期成效创造良好条件，还有助于培养公众参与公共管理的能力，有利于民主政治发展。

## 第三节　社会主义民主法治建设为参与式治理奠定了制度基础

### 一、参与式治理

参与式治理是中国特色社会主义民主政治的内在要求，中国特色社

---

① 杨丹、宋英华：《转型期中国社会稳定风险评估的法治化：挑战与回应》，载《国家行政学院学报》，2016年第5期。
② 王丽等：《稳评：让民意进入重大决策》，载《半月谈》，2013年4月26日。

会主义民主政治始终坚持以马克思主义基本原理与中国实际相结合的基本原则，在传承中华优秀传统文化和制度文明中的民主性因素基础上，借鉴吸收了人类政治文明的有益成果，具有鲜明品格和巨大优势。与西方式民主相比，坚持人民当家作主既是中国特色社会主义民主的内在本质，又是中国特色社会主义民主无可比拟的理论和实践优势。

首先，人民至上思想是历史唯物主义的理论基石和马克思主义的本质要求。历史唯物主义认为人民群众是历史的创造者、是社会活动的主体、是社会发展的决定因素。早在19世纪40年代，马克思和恩格斯就在《神圣家族》一书中明确指出，"历史活动是群众的事业"，决定历史发展的是"行动着的群众"①，从而确立了人民群众创造历史的主体地位，实现了历史观上的伟大变革。列宁在领导苏联社会主义革命和建设的过程中，坚持和发展了马克思主义人民群众创造历史的观点。列宁指出，"资产者忘记了微不足道的人物，忘记了人民，忘记了千千万万的工人和农民，可这些工人和农民却用自己的劳动为资产阶级创造了全部财富"②。作为无产阶级和中华民族的先锋队的中国共产党，自成立之日起，就把坚持人民立场、始终代表人民利益、坚持人民主体地位、始终贯彻全心全意为人民服务写在了旗帜上、铭刻在使命中。从早期毛泽东同志对全心全意为人民服务这一党的宗旨的一再论述，到邓小平同志强调要把人民利益作为中国共产党人的最高准绳，从江泽民同志指出中国共产党要始终代表中国最广大人民根本利益，到胡锦涛同志提出以人为本的科学发展观，无不昭示着我们党坚持人民至上的初心与决心。人民观是毛泽东思想的本质，是毛泽东领导中国革命和建设走向成功的最重要的法宝。毛泽东鲜明地提出"人民只有人民才是创造历史的动力"③。在长期领导革命、建设和改革的过程中，邓小平将马克思主义关于人民

---

① 《马克思恩格斯全集》第二卷，人民出版社2006年版。
② 《列宁全集》第十一卷，人民出版社1987年版。
③ 《毛泽东选集》第三卷，人民出版社1991年版。

是历史创造者的基本原理与中国具体实际、不同时代特征和人民群众意愿相结合，创造性地运用和发展了人民主体思想。邓小平始终坚持人民是历史创造者的基本观点和实现人民利益的最高准则，人民主体思想是邓小平理论的重要内容和实质核心。① 党的十八大以来，以习近平同志为核心的党中央将新时代"人民观"的核心要义凝练为"以人民为中心"，并以此统领治国理政的各个方面。党的十九大报告指出，"人民是历史的创造者，是决定党和国家前途命运的根本力量"。习近平总书记强调："波澜壮阔的中华民族发展史是中国人民书写的！博大精深的中华文明是中国人民创造的！历久弥新的中华民族精神是中国人民培育的！中华民族迎来了从站起来、富起来到强起来的伟大飞跃是中国人民奋斗出来的。"② 因此，党和国家"始终把人民立场作为根本立场，把为人民谋幸福作为根本使命，坚持全心全意为人民服务的根本宗旨"③。

其次，人民至上决定了社会主义民主的本质是人民当家作主。作为社会主义生命的民主，在本质上要求人民当家作主，既需要相应国家制度的设计，又离不开人民民主权利的实施。众所周知，巴黎公社为社会主义国家治理提供了有益的尝试。在短暂的 72 天试验中，巴黎公社的运作体现了人民拥有民主选举、民主决策、民主管理和民主监督的参与权利，以比较完善全面的选举、监督和罢免撤换制度构建了人民参与治理的制度平台。对此，马克思认为："它所采取的各项具体措施，只能显示出走向属于人民、由人民掌权的政府的趋势。"④ 列宁在领导苏联社会主义政权建设的过程中，认为无产阶级专政的核心内容就是人民当家

---

① 罗文东：《坚持和发展邓小平的人民主体思想》，载《中国社会科学报》，2014 年 9 月 28 日。
② 习近平：《在第十三届全国人民代表大会第一次会议上的讲话》，载《求是》，2018 年第 10 期。
③ 习近平：《在纪念马克思诞辰 200 周年大会上的讲话》，人民出版社 2018 年版。
④ 《马克思恩格斯选集》第三卷，人民出版社 2012 年版。

作主，人民享有国家的一切权利。因为"只有让工人参加国家的整个管理工作，我们才能在这样难以置信的困难条件下坚持下去，只有走这条道路，我们才会得到完全的胜利"①。中国共产党自成立起，就以实现和发展人民民主为己任。中国共产党领导中国人民进行反帝、反封建革命斗争的根本目的，就是要建立一个由中国人民当家作主的新国家、新社会。早在延安时期，毛泽东就认为："只有让人民来监督政府，政府才不敢松懈；只有人人起来负责，才不会人亡政息。"人民参与国家管理是毛泽东思想的重要组成部分。中华人民共和国成立后，毛泽东强调"劳动者管理国家，管理军队，管理各种企业，管理文化教育的权利，实际上，这是社会主义制度下劳动者最大的权利，最根本的权利"②。邓小平在党的十一届三中全会后逐步提出了系统的政治体制改革思想，强调"进行政治体制改革的目的，总的来说是要消除官僚主义，发展社会主义民主，调动人民和基层单位的积极性"③。党的十八大以来，习近平总书记多次强调要依靠人民，尊重人民主体地位，充分激发调动人民群众的自主性、积极性和创造性。他强调"坚持人民主体地位，支持和保证人民通过人民代表大会行使国家权力。要扩大人民民主，健全民主制度，丰富民主形式，拓宽民主渠道，从各层次各领域扩大公众有序政治参与，发展更加广泛、更加充分、更加健全的人民民主"④。总之，一方面，中国共产党在领导人民进行社会主义国家政权建设中设计并实施了人民代表大会制度、中国共产党领导的多党合作和政治协商制度、民族区域自治制度、基层群众自治制度等，在民主实体上保障了人民民主权利的实施。另一方面，中国共产党在领导人民进行社会主义国家治理实

---

① 《列宁全集》第三十七卷，人民出版社1986年版。
② 《毛泽东年谱》第四卷，中央文献出版社2013年版。
③ 《邓小平文选》第三卷，人民出版社1993年版。
④ 中共中央文献研究室：《习近平：在庆祝全国人民代表大会成立六十周年大会上的讲话》，见《十八大以来重要文献选编（中）》，中央文献出版社2016年版。

践中依法保障人民民主选举、民主决策、民主管理、民主监督的权利，在民主程序上也保障了人民民主权利的实现。

最后，参与式治理是实现人民当家作主的内在要求。人民当家作主，是指人民群众在党的领导下，掌握国家政权、行使民主权利，管理国家和社会事务，管理经济和文化事业。为此，推进当代中国特色民主政治建设，就是要坚持形式民主与实质民主、程序民主与实体民主相统一，使党和国家各项方针政策、法律法规和各方面工作做到充分反映人民意愿、充分实现人民权利、充分保障人民权益。基于此，随着我国社会主义民主政治建设的不断深入，以及公众对国家和社会政治生活的参与意识逐步增强，扩大公众有序政治参与，不仅是密切政府与群众联系、增进相互理解与沟通、维护社会安定和谐的重要渠道，而且使改革与发展获得了广泛而深厚的群众基础。党的十六大报告指出："健全民主制度，丰富民主形式，扩大公众有序的政治参与，保证人民依法行使民主选举、民主决策、民主管理和民主监督，享有广泛的权利和自由，尊重和保障人权。"党的十七大报告指出："增强决策透明度和公众参与度，制定与群众利益密切相关的法律法规和公共政策原则上要公开听取意见"。党的十八大报告指出："加快推进社会主义民主政治制度化、规范化、程序化，从各层次各领域扩大公众有序政治参与。"党的十九大强调："发展社会主义民主政治就是要体现人民意志、保障人民权益、激发人民创造活力，用制度体系保证人民当家作主"，"要改进党的领导方式和执政方式，保证党领导人民有效治理国家；扩大人民有序政治参与，保证人民依法实行民主选举、民主协商、民主决策、民主管理、民主监督；维护国家法制统一、尊严、权威，加强人权法治保障，保证人民依法享有广泛权利和自由"。显然，参与式治理通过政府有序开放公共政策过程，使利益相关者能够有序参与公共事务治理过程，实现公众、社会组织与政府在公共事务中的合作共治，既有助于实现监督权力和平衡利益，又有助于促进社会政治秩序稳定。① 具体而言，参与式治理对于中国特色社会主义民主政治发展具有三重意义：首先，参与式治理有助于增强政治合法性。通过发展参与式治理，国家可以通过公众参与的渠道汲取来自社会的各个层面、各种群体的利益诉求和政治主张，加强民众对国家的信任感和归属感，国家也便收获了其成员的心理认同和群体忠诚，最终获得政治合法性。其次，公众可以通过参与式治理将自身利益诉求表达给国家，使国家的决策真正建立在充分回应民意诉求的基础上。因此，"民主的政治参与可以在国家和社会之间稳妥地矫正政府的行动与公众意愿和选择之间的矛盾"②。同时，公众借助于参与式治理使公众参与常态化、规范化和制度化，公众的政治素质在一次次的演练过程中得到提高，民主意识大大增加；公众"变得关心政治，增加对政治的信赖感，并感到自己是社会的一员，正在发挥着正确的政治作用，从而得到一种满足感"③。最后，参与式治理有助于矫正国家治理的缺陷，提升国家治理效率与效益。在实践中，公众通过参与式治理监督和约束国家权力是社会主义民主政治建设的重要内容。具体而言，包括：一是要监督国家公职人员尤其是政治领导者是否遵循相应的行为规则行使权力，二是要监督权力行使机关的运行，监督政府政策的制定和实施是否正确，对于国家权力的滥用以及运行偏差进行及时有效的纠正。习近平总书记强调"人民是否享有民主权利，要看人民是否在选举时有投票的权利，也要看人民在日常政治生活中是否有持续参与的权利；要看人民有没有进行民主选举的权利，也要看人民有没有进行民主决策、民主管理、民主监督的权利。社会主义民主不仅需要完整的制度程序，而且需要完整的参与实践"④。

---

① 张紧跟：《参与式治理：地方政府治理体系创新的趋向》，载《中国人民大学学报》，2014年第6期。

② [日]蒲岛郁夫：《政治参与》，经济日报出版社1989年版。

③ 同上。

④ 习近平：《民主不是装饰品 不是用来做摆设的》，载《人民日报》，2014年9月22日。

## 二、社会主义民主政治建设为参与式治理提供了广阔的发展空间

改革开放以来,中国社会主义民主政治建设也取得了明显的进展,民主制度不断健全,民主形式日益丰富。人民代表大会制度、中国共产党领导的多党合作和政治协商制度、民族区域自治制度等国家民主制度不断完善和发展,城乡基层民主不断扩大,民主的制度化、规范化和程序化建设不断加强,以宪法为核心的法律体系初步形成,国家政治、经济、文化、社会生活的主要方面基本做到了有法可依。中国已初步建立了一套引导与规范公众参与的制度体系,包括选举制度、听证制度、公众参与立法制度、公众批评制度、建议制度、对公职人员评价制度、陪审制度等。党对新兴社会阶层精英的吸纳、人大和政协制度的不断完善、基层民主自治的发展等,无疑为参与式治理提供了广阔的发展空间。

一方面,日益扩展的政务信息公开赋予公众更充分的知情权。如果事先没有充分的政府信息公开,公众参与治理就只能是盲人摸象,而政府开放公共政策过程就会沦为走过场的"政治仪式"。在管制式治理模式下,政府运作带有较大的神秘性和封闭性,缺乏透明度,如决策过程和决策信息不公开使公众缺乏必要的信息参与公共决策,制约了参与能力提高。在政策执行过程中,由于公众不知道公共政策的执行程序和标准,也就难以为执法主体提供清楚可靠的执法所需要的信息,难以对执法过程进行有效的监督。因此,公共决策向公众参与开放是公众参与公共政策过程的前提,而政府信息公开是公众有效参与公共政策过程的基础。20世纪80年代末,按照中央要求,一些地方开展了政务公开工作试点,进行了有益探索。在总结经验的基础上,党的十五大明确提出:"城乡基层政权机关和基层群众性自治组织,都要健全民主选举制度,

实行政务和财务公开，让群众参与讨论和决定基层公共事务和公益事业，对干部实行民主监督。"2000年12月，中共中央办公厅、国务院办公厅印发《关于在全国乡镇政权机关全面推行政务公开制度的通知》，对乡（镇）政务公开作出部署，对县（市）级以上政务公开提出了要求。2004年3月，国务院印发《全面推进依法行政实施纲要》，把行政决策、行政管理和政府信息公开作为推进依法行政的重要内容。为政府信息公开立法，地方先行一步。2002年，广州出台《政府信息公开规定》，由此成为中国第一个对政府信息公开进行立法的城市。该规定在总则中不仅明确规定立法目的是"保障个人和组织的知情权"，而且明确规定政府信息"以公开为原则，不公开为例外"。2004年，《全面推进依法行政实施纲要》提出，"除涉及国家秘密和依法受到保护的商业秘密、个人隐私的事项外，行政机关应当公开政府信息"。2005年，《中共中央办公厅 国务院办公厅关于进一步推行政务公开的意见》也提出，"对各类行政管理和公共服务事项，除涉及国家秘密和依法受到保护的商业秘密、个人隐私之外，都要如实公开"。党的十七大报告提出，"保障人民的知情权、参与权、表达权、监督权"，推进行政决策公众参与，以及推进政府信息公开，则被认为是"保障人民的知情权、参与权、表达权、监督权"的重要举措。2007年，国务院颁布《中华人民共和国政府信息公开条例》，这是中国政府信息公开法制建设取得的重大历史突破。《中华人民共和国政府信息公开条例》最大的亮点，是将信息公开变成了政府的法定义务。2008年3月，"推进政务公开"写进《国务院工作规则》。此后，中央又不断强调政务信息公开的重要性。《关于加强法治政府建设的意见》明确提出，"坚持以公开为原则、不公开为例外，凡是不涉及国家秘密、商业秘密和个人隐私的政府信息，都要向社会公开"；同样，《关于深化政务公开加强政务服务的意见》也明确提出，"按照公开为原则、不公开为例外的要求，及时、准确、全面公开群众普遍关心、涉及群众切身利益的政府信息"。党的十八届三中全会提出,"完善党务、政务和各领域办事公开制度,推进决策公开、管理公开、服务公开、结果公开"。根据党中央、国务院统一部署,各地区、各部门大力推进政务公开工作,将行政审批、财政预算决算、"三公"经费、保障性住房、食品药品安全、环境保护、安全生产、价格和收费、征地拆迁等重大事项列为公开重点,征询社会意见,接受公众监督。2014年3月,国务院60个部门的1235项行政审批事项清单全部向社会公开。各地区、各部门依法开展依申请公开工作,2013年共办理申请34.86万件,其中按规定公开信息26.16万件,占申请总量的75%。[①]党的十八届四中全会更是明确提出"坚持以公开为常态、不公开为例外原则,推进决策公开、执行公开、管理公开、服务公开、结果公开"。目前,中央各部委、31个省级政府均已建立政府信息公开的管理制度。一些具体制度也在不断落实中,例如:我国已经初步建立了较为全面的法律、法规公告体系,新闻发布和发言人制度,重大事项听证制度等。政务公开,就是要以有效的制度安排,保障人民群众对政府行使权力的内容、程序和过程享有知情权、参与权、表达权、监督权。当前,社会开放度显著提高,公众对政府工作知情、参与和监督意识不断增强。全面推进政务公开,有利于让公众更主动、更有效、更方便地参与政府工作,实现人民依法行使民主选举、民主决策、民主管理和民主监督权利,加快社会主义民主政治建设进程。

另一方面,社会主义民主政治的发展实践为公众参与国家治理提供了制度化路径。概括而言,当代中国社会主义民主政治的发展为参与式治理提供了八类制度化参与路径:选举参与,基层自治组织中的政治参与,通过人大代表、政协委员参政议政,通过听证会等征求意见制度进行政治参与,通过信访进行政治参与,通过申请行政诉讼和行政复议进

---

[①] 高虎城:《全面推进政务公开(学习贯彻党的十八届四中全会精神)》,载《人民日报》,2014年12月4日。

行政治参与，通过组建社团组织进行政治参与，通过大众传媒、网络参与政治。① 在这些制度化参与路径中，选举和投票作为经典的政治参与形式，主要覆盖县乡两级人大代表选举和基层群众自治组织（居委会、村委会）的选举，这一层面的选举活动也已趋于制度化、法制化。政治协商制度作为中国特有的政治制度，一定程度上反映了不同公众群体的利益需求，使部分民意能够得到决策机构的关注。重要法律、政策形成之前的征求意见制度，包括公示制度、各种听证会、论证会、讨论会、专家咨询会等，也是公众政治参与的重要途径。近年来，公共产品如铁路客票价格、天然气价格、自来水价格的变化都举办过听证会。公众通过信访向上级公共机构表达利益要求和意见的信访制度，建立之初主要目的是信息沟通，但随着时代的发展，信访制度逐步发展为具有中国特色的政治参与和纠纷解决机制。信访制度的不断发展主要承载了三大功能：社情民意上达、普通群众进行政治参与、普通群众获得权利救济。其中，群众在通过信访活动解决自身问题的同时，也促成局部利益表达，通过问题解决强化了政府的合法性。行政诉讼和行政复议，是公众通过法律手段、维护自身利益的制度化参与途径。同其他政治参与路径相比，行政诉讼、行政复议是一种司法程序，具有相对完整的程序和实效性，具有明确的约束力。社会组织作为政府与市场之外的"第三部门"，是将公共领域与私人领域联系起来的桥梁。在实践中，社会组织在诸如环境保护、维护弱势群体权利方面发挥积极作用，它们的活动推动了社会治理结构的变迁，拓展了公众参与的渠道与领域，调动了公众参与的积极性。最后，在现代社会中，大众传媒是人们了解政治过程和参与公共事务的重要途径。通过大众媒体关注问题、表达意愿、影响决策，是当前最常见的公众参与形式之一。

总体而言，现有制度体系初步满足了当代中国公众参与的基本诉

---

① 房宁等：《中国政治发展报告（2013）》，社会科学文献出版社2013年版。

求,中国公众也愿意在正式制度框架下用理性和合法手段来表达与维护个人权益。例如公众按照行政诉讼法的规定可以状告国家机关和政府部门;或者要求行政复议来维护自身的利益和影响决策的参与行为,运用舆论力量来反映意见、表达利益诉求和影响决策。近年来,党和政府日益重视政治民主的发展:扩展政务信息公开,赋予公众广泛的知情权;重视公众的利益表达和诉求,尊重公众表达的自由;促进社会组织的发展,以增强公众参与的能力;促进多元利益主体的沟通,以解决冲突和矛盾等。因此,党和政府通过自觉引导与主动合作,不断完善相关制度安排以吸纳公众日益增长的政治参与诉求,有效推动了中国特色的公众参与与民主治理,为当代中国在高速推进现代化的进程中保持政治稳定奠定了坚实的基础。总之,社会主义民主政治的发展促进了公众参与国家治理,为其创造了政治条件。

### 三、社会主义法治建设为参与式治理提供了制度化保障

改革开放以来,社会主义法治建设取得了长足进展,体现在:奠定中国特色社会主义法治根基的中国特色社会主义法律体系已经形成、法治政府建设稳步推进、司法体制不断完善、全社会法治理念明显增强[1],这无疑为公众实现参与治理国家奠定了坚实的制度基础。十八大以来,法治中国建设更加凸显公民的法治主体地位和法治的内生动力,强化公民权利质量保障构成了法治中国建设的一项重要内容。[2]

首先,公众法治意识的增强为参与式治理奠定了雄厚的法律文化基础。"法治的实现依赖于社会成员的观念。"[3] 也就是说,实现法治必须以社会成员具有法治意识作为基础和前提。经过近30年的普法宣传和

---

[1] 乔晓阳:《社会主义法治建设取得的历史性成就》,载《人民日报》,2014年11月19日。
[2] 任瑞兴:《法治中国建设中的公民权利质量》,载《中国社会科学报》,2018年4月24日。
[3] 刘海年:《依法治国 建设社会主义法治国家》,中国法制出版社1996年版。

教育，人们大多形成了"宪法是根本法，要把宪法和法律作为我们的根本行为准则和基本行为规则"的观念。《中国公众的责任与规则意识调查报告（2016）》显示：公众的法治意识得分为 66.1 分，可以说，我国公众已经具有一定的法治意识。其中，责任意识最强（72.4 分），权利意识次之（66.2 分），规则意识还具有较大的提升空间（55.2 分）。[①]广泛而深入的法治教育与普及法律知识不仅让公众能知法尊法守法，更重要的是让他们学会了运用法律武器维护自身合法权益。这表明：经过普法教育，公民宪法观念和法律意识得到普遍提高，尤其是表现出越来越强烈的权利意识，普通百姓开始自觉用法律武器保护自己的合法权利，"权利为法的内核，法以护卫权利为其天然使命；当民众认真看待自身权利时，必然会认真关注法律"[②]，也必然会认真关注和依法参与有关自身权利的各项公共事业，监督各级官员的公务行为。一个具备民主和法治意识的民众，参与意识、监督意识、责任意识和规则意识更强，能够在有序参与政治生活的法治实践过程中，对国家权力的运行保持一种自下而上的经常性的影响力，自觉加强对权力运行的监督，推进我国的民主化进程。

其次，法治国家建设为公众参与国家治理提供了权利保障。对公众参与权的法律确认，可以溯源到我国 1982 年宪法第二条，"中华人民共和国的一切权力属于人民。人民依照法律规定，通过各种途径和形式，管理国家事务，管理经济和文化事业，管理社会事务"。这构成了公众参与管理国家事务，管理社会事务的宪法渊源。此外，我国还颁布了许多有公众参与方面的实体法和程序法，如《中华人民共和国全国人民代表大会和地方各级人民代表大会选举法》《中华人民共和国各级人民代表大会常务委员会监督法》《中华人民共和国全国人民代表大会组织法》

---

[①] 石晶：《中国公众的责任与规则意识调查报告（2016）》，载《国家治理》，2016 年第 15 期。
[②] 占柏美：《论尚法精神》，载《法制与社会发展》，1999 年第 3 期。

《中华人民共和国集会游行示威法》《中华人民共和国城市居民委员会组织法》《中华人民共和国村民委员会组织法》《中华人民共和国立法法》等，明确规定了公众参与的实体上和程序上的权利义务，为公众参与提供了法律依据。《中华人民共和国立法法》第五条规定："立法应当体现人民的意志，发扬社会主义民主，坚持立法公开，保障人民通过多种途径参与立法活动。"第六十七条规定："行政法规在起草过程中，应当广泛听取有关机关、组织、人民代表大会代表和社会公众的意见。听取意见可以采取座谈会、论证会、听证会等多种形式。"《中华人民共和国人民陪审员法》第二条规定："公众有依法担任人民陪审员的权利和义务。"另外我国的许多行政性法律法规，也有设定公众参与权行使和保障的规定，如《中华人民共和国价格法》第二十三条规定："制定关系群众切身利益的公用事业价格、公益性服务价格、自然垄断经营的商品价格等政府指导价、政府定价，应当建立听证会制度，由政府价格主管部门主持，征求消费者、经营者和有关方面的意见，论证其必要性、可行性。"这些规定就行政决策的必要性与可行性赋予了公众参与行政决策的权利。《中华人民共和国城乡规划法》第二十六条规定："城乡规划报送审批前，组织编制机关应当依法将城乡规划草案予以公告，并采取论证会、听证会或者其他方式征求专家和公众的意见。公告的时间不得少于三十日。组织编制机关应当充分考虑专家和公众的意见，并在报送审批的材料中附具意见采纳情况及理由。"第二十七条规定："省域城镇体系规划、城市总体规划、镇总体规划批准前，审批机关应当组织专家和有关部门进行审查。"第四十六条规定："省域城镇体系规划、城市总体规划、镇总体规划的组织编制机关，应当组织有关部门和专家定期对规划实施情况进行评估，并采取论证会、听证会或者其他方式征求公众意见。"规划法对规划报送批准前、实施后的立法参与和法规运行绩效赋予公众一定的参与权。

再次，公众参与是法治国家建设的应有之义。党的十八届四中全会通过的《中共中央关于全面推进依法治国若干重大问题的决定》指出："必须坚持法治建设为了人民、依靠人民、造福人民、保护人民,以保障人民根本权益为出发点和落脚点,保证人民依法享有广泛的权利和自由"。由此可见,建设法治中国与公众参与有着内在的逻辑联系和要求,公众参与是全面推进依法治国的必然选择。法律是制度化的利益表达,"良法"代表了社会不同利益主体在制度之内的有效妥协。这就要求良法的产生必须是民主的;法律的服从来自法律的权威和责任,以及相互制约的权利(力)机制。换言之,立法不能搞一言堂,执法不可随意。而公众参与,是指公众有权通过一定的程序或途径参与一切与自己或者公共利益相关的活动,有权参与社会管理并对有关部门以及单位、个人的行为进行监督的一种公众行为或公众活动。公众参与的过程,本质上就是民主的过程。因此,公众参与内含于依法治国之中,公众参与本身就是建设法治中国的有机构成部分。如果说依法治国是一个追求民主的过程,那么,实现这个过程的工具,必然是公众参与机制。就立法而言,大多数相关利益主体依照特定的程序,都公平地参与到法律的制定中,就能充分反映多数人的利益诉求,在协商和对话中达成一致,从而避免更大的社会冲突。就依法行政而言,公众参与构成一种有效的政府执法行为约束机制。政府是公共利益的维护者,但是即使是一个良好的政府,也无法绝对避免自己的意志偏离社会公共利益。因此,公众参与对政府的决策构成了一种约束。当然,公众参与也可以为政府所用,政府可以借公众的力量形成新的执法基础与后盾。

最后,法治政府建设促进了公众参与。法治政府的核心,就是最大限度地保障和促进公众权利的行使和实现。因此,法治政府是公众参与决策、参与管理、参与监督的民主政府。公众参与权作为公众的一项基本人权,是法治政府推动社会公共事务发展不可缺少的要素。在法治政府构建的实践中,公众参与水平愈高,政府治理就会越发民主和高效。因此,保障公众的参与权,既是体现人民民主的重要手段,也是法治政府建设的必然要求。通过加强法治来保障和实现公众的民主权利,在法治的轨道上扩大公众有序参与,有效落实公众知情权、参与权、表达权和监督权,是法治政府建设的必由之路。

具体而言,体现在:

第一,信息公开保障了公众的知情权。2008年5月1日,《中华人民共和国政府信息公开条例》正式施行,对我国法治政府建设具有里程碑意义:(1)使行政公开有了全国性的较高位阶的法律依据;(2)为公众的知情权提供了法律保障;(3)为构建阳光政府提供了重要基础。该条例开宗明义地指出:制定这个条例,是"为了保障公众、法人和其他组织依法获取政府信息,提高政府工作的透明度,促进依法行政,充分发挥政府信息对人民群众生产、生活和经济社会活动的服务作用"。2019年5月15日,修订后的《中华人民共和国政府信息公开条例》正式实施,除了明确十五类信息各级行政机关应当主动公开外,还规定了不公开政府信息的具体情形,意味着今后滥用信息公开"例外"原则将得到有力遏制。此后,政府信息公开力度不断加大,政府信息公开数量实现大幅增长,政务公开信息化、集中化水平大幅提高。[①] 持续扩大的政务公开使国家权力在阳光下运行,保证了人民赋予的权力始终用来为人民谋利益;而不断提高的政府工作透明度,无疑也为人民更有效地监督政府创造了有利条件。

第二,公众充分参与立法行政司法过程。中国法治建设40余年来,公众参与范围逐步扩大,形成立法、行政和司法的全方位参与,极大地推动了法治政府建设。改革开放之初,开门立法处于探索阶段,一般是人大常委会把法律草案全文在报刊等媒体上公布,广泛征求意见,有关工作机构加以整理并据此对法律草案进行修改,然后再提交立法机关审

---

[①] 邹伟、罗沙、丁小溪:《开启全面依法治国新时代——党的十八大以来全面依法治国新成就述评》,http://xinhuanet.com/2018-09/06/c_1123391495.htm(新华网,访问时间:2020年8月3日)。

议通过。2000年通过的《中华人民共和国立法法》将听证会规定为听取意见的形式之一，规定在制定法律法规时，"听取意见可以采取座谈会、论证会、听证会等多种形式"。2005年7月，《中华人民共和国物权法（草案）》全文公布并向社会广泛征求意见，公众借助新媒体对草案提出了11543条建议并引发了广泛的社会讨论，形成了空前的公众参与立法局面。从2006年8月十届全国人大常委会二十三次会议审议《中华人民共和国物权法（草案）》（五次审议稿），到2007年3月十届全国人大五次会议第八次审议并通过，公众参与立法逐渐从激情回归理性，并在国家立法机关的引导下，对不同建议和诉求进行理性对话和平衡，最终形成了第八次审议稿，并获得高票通过。[1] 此后，公众参与立法日益常态化。党的十八大报告提出，"完善中国特色社会主义法律体系，加强重点领域立法，拓展人民有序参与立法途径"。其中，"拓展人民有序参与立法途径"是第一次出现在党的代表大会报告之中。党的十八届四中全会明确提出，"拓宽公众有序参与立法途径，健全法律法规规章草案公开征求意见和公众意见采纳情况反馈机制"。习近平总书记曾提出："要完善立法工作机制和程序，扩大公众有序参与，充分听取各方面意见，使法律准确反映经济社会发展要求，更好协调利益关系，发挥立法的引领和推动作用。"[2] 近年来，包括全国人大在内的地方各级立法机关将公众参与作为民主立法的基本原则和重要途径。目前，立法机关扩大公众参与立法的主要形式有：面向社会公开征集立法项目建议或法律法规草案稿，开展立法调研，召开有群众参加的立法座谈会、论证会和听证会，向社会公布法律法规草案广泛征求意见等。[3] 公众参与立法有助于完善立法流程，提高立法的合理性及民主性。公众参与行政则体现在事前、事中和事后三个阶段。在事前阶段，公众可以参与行政立

---

[1] 马长山：《新媒体时代的公民立法参与》，载《师大法学》，2017年第一辑。
[2] 中共中央文献研究室：《习近平关于全面依法治国论述摘编》，中央文献出版社2015年版。
[3] 刘金祥：《扩大公民参与 提高立法公信力》，载《中国城市报》，2018年1月8日。

法、行政决策的协商过程。在事中阶段，公众可以直接参与行政决定的作出或行政执法的实施过程。在事后阶段，公众可以参与行政监督、行政救济的过程。事实证明，在行政决策过程中，公众的参与无论对于保护自身权利，还是对于监督政府行为，都起到了重要作用。① 公众参与司法，是指现代国家的普通公众有权直接参与国家审判机关对诉讼案件的审理与裁判活动。② 从现行刑事诉讼法的条文规定来看，公众参与司法在刑事侦查、起诉、审判的各个具体环节上也都有相应体现，比如公众报案、举报、扭送犯罪嫌疑人，现场勘查见证人，刑事审判中的人民陪审员等都是公众参与司法的体现。目前，我国公众参与司法的主要形式是人民陪审员制度和人民监督员制度，以及运行多年的行风监督员、专家咨询委员等。具体而言，公众参与司法包括：直接参与，即指公民作为司法（人民陪审员、人民调解员及提供裁判意见的所谓"陪审团"成员等）或诉讼活动（代理人、证人、鉴定人、翻译人等）的主体直接参与人民法院的司法或诉讼活动，其言行直接影响到司法或诉讼活动的结果；间接参与，即公众不作为司法或司法活动的主体参与人民法院的司法或诉讼活动，而只是作为旁听者、旁观者、监督者，身处司法或诉讼活动的现场，旁听、旁观、监督人民法院的司法或诉讼活动，有时可以作为人民法院邀请的代表在司法或诉讼活动之后发表旁听、旁观、监督意见。③ 如陕西省三级法院积极探索扩大公众对司法的有序参与，大力推动司法民主化，开展了审判工作"进农村、进社区、进企业、进学校、进军营"和征询旁听庭审公众对案件裁判意见和建议活动，选择典型案件，就地巡回审判，广泛邀请公众代表旁听庭审，并对案件裁判发表意见，吸纳群众意见和建议，受到公众欢迎，提升了司法

---

① 王心禾：《鼓励公民参与行政过程》，载《检察日报》，2014年4月10日。
② 顾永忠：《关于公民参与司法的若干问题》，见陈卫东：《公民参与司法研究》，中国法制出版社2011年版。
③ 夏敏：《公民参与司法的社会治理效应》，载《行政管理改革》，2016年第2期。

公信力。① 在广州的法治政府建设实践中，市民不服行政决定，可提请行政复议和行政诉讼，即通常说的"民告官"。2013 年，广州全市共收到行政复议申请 3884 件，结案 3655 件，结案率 94.1%，结案数量占全省 1/3，全国的 1/10，"广州的行政复议已成为'民告官'最为高效、公正、便捷的救济方式"。②

第三，公众的民主表达渠道不断畅通。伴随着法治政府建设的展开，政府、民众、媒体、网络和日益增长的民主意识、法治意识都推动了民意表达与善政的良性互动。近年来，各地涌现出诸如民主恳谈、价格听证、决策前的民意调查、人民意见征集、市民评议政府等公众参与和诉求表达新渠道。除了积极参与公共决策，主动进入政府体制内或要求基层自治权、决策权的尝试也开始出现，如参选人大代表、业委会的建立健全等。网络问政、微博问政、公开征求意见……越来越多的地方政府开始探索保持民意的畅通表达、接受公众监督的渠道和方法。就其体制架构而言，目前已经建立了保障民意表达的基本制度体系，同时初步探索了一些制度与技术融合的民意表达新途径，如引导网络表达、媒体表达和 NGO 的民意表达等。公众的民主表达方式除了公众投票、借助传统媒体渠道以外，政务微博、微信公众号、网上论坛、公众论坛等都是能够发挥积极作用的方式。近年来，一些地方人民代表大会在促进民意表达方面不断创新③：一是信息公开。如公布人大办公室人员的电话，公布人大代表的姓名、单位、职务和联系方式，建立人大代表与民众的沟通渠道，收集民情民意，定期整理，集中解决。二是完善密切联

---

① 安东：《公民有序参与是促进司法公正的重要保障》，载《民主与法制》，2012 年 10 月 23 日。
② 魏丽娜：《法治政府评估 广州在较大城市中排名第一》，载《广州日报》，2014 年 10 月 20 日。
③ 吴太胜、陈睿：《民意表达与地方政府的公共决策》，载《行政管理改革》，2013 年第 7 期。

系选民制度。聘用社情民意联络员,发放社情民意联系卡;人大代表联系社情民意联络员,拓宽工作阵地,延伸工作手臂。三是创新民意聚集方式。人大代表通过"民意恳谈会""社情民意站"等深入社区群众,汇集选民意见,通过议案、批评或建议等形式,反映给地方政府,为政府决策提供信息参考。日益畅通的民意表达渠道,不但可以有效地促进公众解决矛盾,还可以聚民智、集民力,这对于一个把执政为民作为治国理念的现代执政党来说,不仅是一种执政智慧、一种善治能力,也是当前构建服务型政府、加快推进和谐社会建设的基本要求。[1]

第四,公众监督日益加强。法治政府建设不能仅靠政府自身自觉来推动,法治建设的核心动力来自民众的监督、民众的参与。没有公众监督,政府权力就得不到有效制约,大量的法律也就不可能得到高度自觉的遵守,违法现象在所难免。作为对国家机关及其公务员监督的重要形式和手段,公众监督是推进反腐倡廉工作的重要手段,也是监察机关的得力助手和可靠参谋,具有鞭策、警钟和镜子的作用,是密切政府与公众关系的"黏合剂",是发现、揭露和解决消极腐败问题的"防腐剂"。习近平总书记指出:"权力不论大小,只要不受制约和监督,都可能被滥用。"[2] 建设法治政府,就要强化对行政权力的制约和监督,确保其在法治的轨道上运行。40余年来,正是在日益强化的公众监督推动下,《中华人民共和国行政诉讼法》《中华人民共和国行政处罚法》《中华人民共和国国家赔偿法》《中华人民共和国行政复议法》《中华人民共和国行政许可法》《中华人民共和国行政强制法》等规范和约束行政权力的行政领域法律相继颁布实施。从公众不敢告、不会告,到民告官逐渐成为常态,法院受理的行政诉讼案件连年上升,行政诉讼的类型也不断拓展、延伸,从环境保护、历史文化保护到平等就业权保护、受教育权保

---

[1] 周建军:《民意何以顺畅表达》,载《人大研究》,2016年第1期。
[2] 中共中央文献研究室:《习近平关于全面从严治党论述摘编》,中央文献出版社2016年版。

护等，公众的权利意识日益凸显。与此同时，行政官员出庭应诉率越来越高，各地"一把手"出庭应诉已不再是新闻，从怕当被告、怕出庭应诉、怕败诉，到官民平等对话、论事说理，行政诉讼成为促进依法行政的一个契机，法治政府建设正在公众监督的砥砺中稳步前行。① 随着网络信息传播的海量化和公众监督渠道的不断拓宽，近年来，我国公众监督权的行使日渐呈现出即时化、立体化、有效化的发展趋势。② 网络反腐越来越成为信息时代公众监督的有效实现方式和使官员"不敢腐"的威慑力量。

## 第四节　网络社会使参与式治理更为便捷

### 一、网络社会的来临

20世纪70年代以来，数字化、信息化、网络化革命推动人类社会进入信息时代。工业革命以能源为动力，改变的是世界的物质结构，信息革命则以计算机和互联网为核心，重构出一个崭新的信息空间。工业革命利用机器延伸和扩大了人的手脚功能，强化了人的体力；电子计算机技术的广泛应用，则扩大和延伸了人的思维、神经和感官的功能，取代了人的部分脑力劳动，它使人们可以用更多精力进行知识创新，从事更富有创造性的劳动。从信息技术来看，数字计算机的出现，标志现代信息技术的诞生，特别是20世纪七八十年代微处理器和芯片技术的发展，使信息技术很快变成一门通用技术，其衡量的三个指标，即计算能力、存储量、网络带宽都得到了长足的发展。信息技术的飞速发展和无

---

① 李成慧：《对法治政府建设的思考》，载《光明日报》，2016年12月29日。
② 柴春元：《十七大以来法治政府建设取得新成效》，载《检察日报》，2012年11月12日。

处不在的应用,引起人类生产体系的组织结构和经济结构产生了新的飞跃,导致了信息革命的发生。信息革命引发了全球的信息化进程。正像当年工业革命发生在英国,工业化将英国的工业革命推向全世界。而信息革命发生在美国,信息化将信息革命推向全球。从信息社会来看,工业革命和工业化把人类由农业社会带向工业社会;信息革命和信息化必将把人类由工业社会带向网络社会。而网络社会的重要特征,就是数字化、网络化和智能化。

诚如曼纽尔·卡斯特(Manuel Castells)所言,人类社会正经历着一场革命,这就是信息技术革命。在这场革命中,信息技术就像工业革命时期的能源一样重要,它重组着社会的方方面面。而根植于信息技术的网络,已成为现代社会的普遍技术范式,它使社会再结构化,改变着社会形态。伴随数字化革命和网络化革命,电脑、电子微处理器、电子传感器、智能手机等智能化电子产品在当代社会迅速普及,并广泛应用于社会生活的方方面面。电子计算机几乎占领了办公室、工厂、学校、医院、社区及人们的整个社会生活。人类正在进入一个新的时代,这就是信息时代,或者说网络时代。曼纽尔·卡斯特在其1997年出版的《认同的力量》一书中认为,信息技术革命已催生出一种新的社会模式,即网络社会。从现实的情况看,这种社会模式表现为经济行为的全球化、组织形式的网络化、工作方式的灵活化、职业结构的两极化。① "作为一种社会历史趋势,信息时代占支配地位的功能和过程均是围绕网络逐渐构成的","网络构成了我们社会新的社会形态"。②

所谓网络社会,是指基于互联网(Internet)技术的发展而产生的网络空间中人们的互动关系发生的社会形式。③ 从技术维度讲,将网络社会界定为由于互联网技术连接而创造的虚拟数字社会;从社会维度来

---

① Castells M., *The Power of Identity*, Oxford: Blackwell, 1997, p.354.
② Castells M., *The Rise of the Network Society*, Oxford: Blackwell, 1996, p.469.
③ 郑中玉、何明升:《"网络社会"的概念辨析》,载《社会学研究》,2004年第1期。

讲,将网络社会界定为以网络为核心生产与生活方式的整个人类社会新的形态。① 诚如曼纽尔·卡斯特所言,信息技术范式为网络化逻辑扩散至整个社会结构提供物质基础,知识和信息是网络社会生产力的原料,并且在网络逐渐占据支配性结构的过程中起到主要作用。② 随着网络社会不断呈现出越来越多的社会属性和在整个人类社会各个层面所发挥的作用,网络社会的社会属性越来越被研究者所认同,乃至于趋向认为,网络社会是整合了人类的虚拟数字存在与现实存在,以网络为核心生产、交易、生活方式的人类社会现实与虚拟存在的连续统一体。③

在理解网络社会这一概念时,实际我们可以将其归纳为两大类:一是作为现实空间的新社会结构形态的网络社会实体网络社会,一是基于互联网架构的电脑网络空间的网络社会虚拟网络社会。④ 即作为新社会结构形态的"网络社会"和基于互联网架构的电脑网络空间的"网络社会"。⑤ 前者是由于信息网络技术的广泛使用,沟通方式的变化,使传统的社会及其组织之间的沟通方式发生了历史性变化;后者则是通过信息网络技术在虚拟空间中复制了一个与现实社会相近的网络社会。一般人所说的网络社会主要指后者。两种网络社会之所以能够形成,是与信息技术引发的信息革命密切相联的。实际上从1946年美国IBM公司制造出世界上第一台数字计算机后,全球信息化的进程可以用三句话来概括:信息技术的产生演变成一场全球性的信息革命;信息革命被推向全

---

① Dijk V. J., *The Network Society* (3ededition), SAGE Publications Ltd., 2012, pp.22 – 43;郑中玉、何明升:《"网络社会"的概念辨析》,载《社会学研究》,2004年第1期。
② [西班牙]曼纽尔·卡斯特:《网络社会的崛起》,夏铸九等译,社会科学文献出版社2003年版。
③ 何哲:《网络社会的基本特性及其公共治理策略》,载《甘肃行政学院学报》,2014年第3期。
④ 汪玉凯:《网络社会与公民参与》,载《学习时报》,2012年4月3日。
⑤ 郑中玉、何明升:《"网络社会"的概念辨析》,载《社会学研究》,2004年第1期。

世界，就演变成全球的信息化浪潮；信息化的结果，将使人类社会进入网络社会。

网络社会的基本属性首先来自网络信息技术本身，其基本特性体现为以下几点：交流的超时空性、交流主体的隐匿性、交流主体之间的对等性、社会的强连接性。网络社会本质上是一个异常复杂的巨系统，复杂巨系统的特征很多，与网络社会治理高度相关的特征主要包括：非中心性、协同性、自组织性、不确定性、突发性等。[①] 就政治生态的变化而言，传统社会是有权威、有中心、有领袖、有组织，而网络社会则是无权威、无中心、无领袖、无组织。这些新特征的出现使得网络社会治理显得非常复杂，并且难以把握。

1994年4月20日，中国通过64K国际专线，全功能接入国际互联网，由此开启了中国互联网时代，互联网成为亿万人工作生活不可或缺的一部分。随着"互联网+"行动计划的深入推进，我国正在加速实现从工业社会向网络社会的转型跨越。2018年8月20日，中国互联网络信息中心（CNNIC）在京发布第42次《中国互联网络发展状况统计报告》。该报告显示，截至2018年6月，中国网民规模达到8.02亿，互联网普及率为57.7%；在线政务服务用户规模达到4.70亿，占总体网民的58.6%，有42.1%的网民通过支付宝或微信城市服务平台获得政务服务。[②] 从早期的通过互联网发送邮件、发布及查询信息，逐渐发展到运用QQ、微信等进行社交聊天，运用网络购物、网络地图导航等，互联网渗透到民众生活的各个领域。互联网的普惠、便捷、共享特性，渗透到公共服务领域，加快推进社会化应用，创新社会治理方式，提升公共服务水平，促进民生改善与社会和谐。《2017中国信息社会发展报告》显示，中国信息社会

---

① 何哲：《网络社会的基本特性及其公共治理策略》，载《甘肃行政学院学报》，2014年第3期。
② 中国互联网络信息中心：第42次《中国互联网络发展状况统计报告》，2018年8月20日。

发展指数为 0.4749，在全球排名第 81 位，信息社会发展速度达到 4.61%，全国有 38 个城市进入信息社会，这些城市主要分布在东部沿海地区。①

  互联网已经深度融入中国经济社会发展的众多领域，深刻改变着广大人民群众的生产生活方式。互联网改变的不仅仅是人们的学习、工作与生活，从根本上来说，互联网的出现革新了人与人之间的连接方式。网络社会具有与传统社会截然不同的特性，而这些特性直接导致了原先依托于传统社会的社会组织结构和行为都将产生重大的变化。在不涉及对社会文化及基本行为逻辑再造的前提下，网络社会对于传统熟人社会运行的作用表现为一种双向作用机制，在提供平等、开放、独立的同时，也造成了局部更为紧密的凝结、封闭，以及依存。② 在工业社会中，政府管理以"政府自身需求"为出发点，主张政府各部门、各层级"独立"办事。而在网络社会中，政府治理则要求政府以"公众需求"为出发点，强调不同层级政府和同一层级的不同政府部门之间形成"整体性"运作，协同为社会公众提供公共产品和公共服务，并力求产品和服务的精准化和优质化。因此，网络社会所具有的信息开放性、交流互动性等典型特征，深刻影响着政府与公众之间的关系。在网络社会，政府要将这些进步与革新充分运用到公共服务中，充分利用互联网推进公众的网络参与，更好地服务于公众，更好地回应公众需求，更好地培育公众的自治能力。③

---

① 国家信息中心信息社会研究课题组：《2017 年全球和中国信息社会发展报告》，2017 年 12 月 26 日。
② 陈曦、李钢、贺景：《网络社会对中国传统社会关系的重构》，载《北京邮电大学学报（社会科学版）》，2016 年第 5 期。
③ 王涛：《网络社会背景下政府治理面临的挑战与对策选择》，载《行政科学论坛》，2017 年第 9 期。

## 二、网络赋权于公众

### （一）网络技术促进了政务公开

互联网是 21 世纪的时代标志，网络作为政府信息的新型载体与依托，给政府的信息公开提供了更加多元化与便利化的公开方式选择，开辟了公众参与的新路径，同时也给中国的公众参与带来了新鲜的气息。

在网络社会中，同传统的信息传播途径相比，网络作为新兴的信息处理与信息传播途径，以其"开放性、共享性、交互性、动态性和传递数据快、覆盖面广等特征"① 逐渐成为公众与政府日常工作与生活不可或缺的信息武器。与此同时，政府也顺应着社会网络化与信息化的潮流，逐步推进电子政务建设，"互联网＋政务服务"已经蔚然成风。近年来，政府网站、政务微博、政务微信公众号、政务 APP（手机软件）等已经成为新时期政府向公众提供公共服务的新工具和新平台。到 2017 年第一季度，全国正在运行的政府网站一共有 43143 家，其中国务院部门及其内设、垂直管理机构政府网站 2229 家，省级政府门户网站 32 家，省级政府部门网站 2591 家，市级政府门户网站 496 家，市级政府部门网站 17211 家，县级政府门户网站 2773 家，县级以下政府网站 17811 家。② 除了及时公布本级政府新出台的政策措施文件、工作动态之外，还要第一时间联动发布上级政府、国务院的重要政策。这是政府网站的最主要工作，也可以说是对政府网站最起码的要求。2017 年 1 月 19 日在广州举办的 2017 政务 V 影响力峰会发布的《2016 政务指数·微博影响力报告》显示，截至 2016 年底，已开通认证的政务微博 164522 个。其中，

---

① 李步云：《信息公开制度研究》，湖南大学出版社 2002 年版。
② 李晓喻：《揭秘：中国政府网站是如何运作的》，http：//www.gov.cn/zhengce/2017－05/24/content_5196623.htm（中华人民共和国中央人民政府网，访问时间：2020 年 8 月 4 日）。

政务机构官方微博有 125098 个，比 2015 年增长 9%，公务人员微博 39424 个，比 2015 年增长 5%。2016 年政务微博共发博 7469 万多条，总阅读量超过 2605 亿次，阅读量超过 100 万的有 1.2 万多条。① 政务微博以传递政务信息、提供服务性资讯为宗旨，在此宗旨指导下，目前发布内容多以政务信息和民生资讯为主。政务微博打破了我国政府信息公开处于公开渠道少和发布方式单一的困境，为政府信息的发布提供了新的方式，促进了政府信息发布的经常性机制的建立。随着建设公共服务型政府的推进，政务微博在注重政府信息公开的同时，越发重视民生资讯的发布，通过发布贴近民众生活的信息树立以人为本的服务型政府形象，完善政府机构的服务职能。

在网络社会中，互联网为政府信息公开提供便捷、有效的技术支撑；对属于《政务信息公开条例》第九、十、十一和十二条所规定的政府主动公开的政府信息范围，在采用传统的政府公报、报刊、电视、广播等方式外，使用网络的方式公开该类政府信息也使得政府信息公开更加便捷、覆盖面广且持续时间久远（只要相关网站存在且未遭破坏，相关的政府信息就会存续持久。网络社会中政府公报、报刊的辐射力逐渐减弱，电视、广播更加注重政府信息公开的即时性报道，持续性影响力不足）；对属于《政务信息公开条例》第十三条所规定的依申请公开的政府信息范围，除电话、信件等传统方式申请外，相对人使用电子邮件等网络方式申请政府信息公开也更加经济与便捷，网络为相对人申请政府信息公开提供了多元化及便捷的选择；还有一个现实的公众参与实践中广泛存在的难题是，许多民众不知晓获取相关政府部门政府信息的具体途径，如联系电话、通信地址、电子信箱等，网络也为这种难题提供了便捷、有效的解决方式，例如现实生活中流行的"有问题百度一下"，通过互联网中的百度等网络搜索网站即可方便获取相关政府信息公开的

---

① 军英:《全国政务微博总数达 16 万》，载《人民日报海外版》，2017 年 1 月 21 日。

具体途径。

总之,网络社会的来临,让政府行为相对透明,使政府信息公开向纵深发展,从以前的结果公开,到现在的过程公开,使政府行为更加透明清晰,便于人民监督。据不完全统计,目前我国约有三分之一的省份政府设置了数据开放,或者应用大数据、云平台等技术向民众开放政务,使人民参与其中,并利用新媒体开放公众平台,使政府信息、办事流程,包括行政权力的行使更加清晰透明。① 政府信息的公开为民情民意的表达提供了平台,充分保障了公众的知情权和言论自由权利。

## (二) 互联网重新塑造了公民意识

中国互联网的发展促进了社会公共领域的建构,也唤醒了沉寂已久的公民意识。② 互联网不仅从技术层面打破了信息垄断的局面,实现了信息在社会各阶层之间的自由流通,更与政治、经济、文化因素相互作用,重塑了现代社会的生活场景。互联网作为公共舆论的主要载体和传播渠道为哈贝马斯(Jürgen Habermas)所描述的公共领域在中国的建构与形成提供了空间与场域,越来越多的公众开始并习惯于通过互联网实现观点的交流和意见的流通。通过互联网,公众被塑造成具有理性、自主性、主动性、开放性的现代政治人格。一方面,互联网为公众提供了学习公众文化的渠道和平台;另一方面,互联网对政治文化进行教化和传播,通过传播公共事务信息和政治意识形态,使公众接受参与公共事务管理的思维模式和政治行为。公众对政治文化的学习和政治文化通过互联网在公众之间得以传播的过程就是政治社会化的过程,也是公众个体政治人格向着现代社会政治发展的重要促进因素。具体而言,体现在:

---

① 曹莹:《政务公开如何用好"互联网+"》,载《人民论坛》,2017 年第 33 期。
② 黄丽娜、盛兰:《互联网使用、社会资本与公民意识——基于 CGSS 2013 数据的实证研究》,载《新闻界》,2017 年第 7 期。

**1. 互联网有利于培育公众的平等意识**

互联网对传统社会结构形态进行了重组,使不同阶层沟通的模式发生了根本变化,特别是通过微博等工具,通过"关注"等方式,可以便捷地实现社会不同阶层之间的沟通。① 例如国家领导人可以通过互联网与全国网民进行在线实时交流。显然,随着网络社会的崛起,普通民众不管社会身份存在多大差异,也都有可能获取相对平等的网络参与权利。"尤其是前网络时代往往被排除在公共领域之外的女性和低收入者等弱势人群,获得了打破沉默、表达个体诉求的新渠道"。② 网络将处于不同时空的人们重新组织起来,构成了新的虚拟的人和人交往的关系。网络信息的高度共享使网民突破时间、地域的限制进行交流探讨。因此,互联网为人与人之间的交流提供了平台,将网民这一巨大的群体集结在虚拟的互联网世界,以无中心的平行性、散发性网络构架,实现网民之间交流平等、不同民族和不同文化之间的交流平等、授众与受众之间地位平等,让公众从对权威的盲从中走出来,甚至随时都可以对权威表示质疑和批判。最终,信息网络的自组、自治的模式,将有利于打破依赖型价值观,培育独立与平等的价值观。③

**2. 互联网有助于激活公众的权利意识**

在互联网时代,公众不再是被动的"接受者"或"聆听者",他们希望在公共事务中自由表达和参与行动。互联网对于自由、多元的公共空间的构建,为人们重新审视、讨论个体与共同体之间的关系提供了机会,成为个人参与公共议题讨论、表达利益主张的重要渠道。公众的权利意识与互联网发展形成了密切的互动关系,一方面,互联网的自由表达、平等对话、理性批判等精神促进了公众权利意识的觉醒,有利于市

---

① 李强、刘强、陈宇琳:《互联网对社会的影响及其建设思路》,载《北京社会科学》,2013年第1期。
② 刘津:《博客传播》,清华大学出版社2008年版。
③ 李莉、马启明:《网络传播下的大学精神培育》,载《光明日报》,2007年6月7日。

民社会和公众人格的培育；另一方面，互联网赋予公众更多的话语权，在一些维权行动中，网络舆论在推动事件解决和权利落实中显现了巨大的威力，促进了公众权利的实现和现实问题的解决。

**3. 互联网有助于激发公众的参与热情**

随着人类进入信息时代，以计算机技术、现代通信技术为支撑的网络创造了崭新的网络公共领域，网络公共领域所具有的开放性和信息的共享性扩大了公众参与的路径和内容。互联网作为新兴的交流沟通工具，给公众参与带来了更加多元化的方式选择，除了传统的面对面、书信式的交流外，互联网上的电子邮件、网络论坛等"中介式互动"①方式也成了公众参与的新兴方式。② 一方面，公众借助网络，充分表达自己的意志和诉求，社情民意直接呈现在网络公共平台上，能够"直达"各级政府。另一方面，公众基于自身利益借助于网络公共领域提出的建议或者批评后，会使各级政府快速及时地作出回应。借助于网络，公众参与的效能感提升会使公众参与的积极性随之提高，参与意识得以强化。由于网络参与具有不受时空限制、传播成本低廉、传输速度快捷等特点，无论身在何地，只要能够上网，就能发表言论，从而大大激发了公众参与的兴趣，也使公众参与成为可能，正像阿尔温·托夫勒（Alvin Toffler）早就预测的，网络"将会增加而不是减少参加社会、经济、政治方面的决策人数"③。因此，网络因其虚拟性、双向性、独立性、及时性、开放性、平等性等特质不仅极大地拓展了人们的生存与发展空间，更重要的是激发了人们对公共事务、公共生活的参与热情与批判意识，对公权力的监督意识，表征着公众主体

---

① ［英］安东尼·吉登斯：《社会学（第4版）》，赵旭东等译，北京大学出版社2003年版。
② 林华：《因参与、透明而进步：互联网时代下的公众参与和政府信息公开》，载《行政法学研究》，2009年第2期。
③ ［美］阿尔温·托夫勒：《托夫勒著作选》，辽宁科学技术出版社1984年版。

权利意识的逐渐觉醒。①

## 三、网络社会促进了地方政府参与式治理创新

### (一) 互联网促进了公众参与

网络社会的来临,不仅改变和重塑了人类社会的生产方式、组织方式、沟通方式、生活方式和行为方式,引发社会结构的变革与转型,而且已越来越成为公众进行表达、理性沟通和参与的公共平台。由于互联网不仅能够推动民意聚合为公众实现有序参与形成动力来源,而且还能够通过政治社会化过程对公众赋权使能,为公众有序参与孕育了能力质素所需的多种核心要素。② 因此,一方面,网络凭借其便捷性、公开性、平等性、自发性和互动性等优势,日益成为公众参与的重要渠道。2010年6月8日,国务院新闻办公室发布的《中国互联网状况》白皮书显示:"中国现有上百万个论坛,2.2亿个博客用户,据抽样统计,每天人们通过论坛、新闻评论、博客等渠道发表的言论达300多万条,超过66%的中国网民经常在网上发表言论,就各种话题进行讨论,充分表达思想观点和利益诉求。③ 截至2018年6月,我国在线政务服务用户规模达到4.70亿,占总体网民的58.6%,有42.1%的网民通过支付宝或微信城市服务平台获得政务服务。④ 另一方面,党和政府也在日益重视为公众进行网络政治参与提供平台。国家行政学院电子政务研究中心2014年4月8日在北京发布的《2013年中国政务微博客评估报告》显示:截

---

① 张忠:《网络空间作为一种公共领域的可能性分析》,载《北京邮电大学学报(社会科学版)》,2014年第5期。
② 张宇:《网络媒体:公民政策参与有序性增量的新载体》,载《党政研究》,2015年第6期。
③ 中华人民共和国国务院新闻办公室:《中国互联网状况》,2010年6月8日。
④ 中国互联网络信息中心:第42次《中国互联网络发展状况统计报告》,2018年8月20日。

至2013年12月31日，新浪网、腾讯网、人民网、新华网4家微博客网站共有政务微博客账号25.8737万个，与2012年相比，增长率为46.42%。其中，党政机构微博客账号18.3232万个，增长率61.61%；党政干部微博客账号7.5万余个，增长率19.22%。① 显然，政府门户网站已然成为政府与公众之间互动的重要平台；政府和公众之间通过政务论坛、政府邮箱、在线咨询、民意征集、网上信访等形式，进行互动交流。数据表明，互联网正在成为公众获取政治信息、追求话语权、实现利益诉求的重要途径，互联网具有的开放性、及时性以及匿名性的特性，使公众能够利用网络便捷地参与社会治理。

**1. 互联网有助于催化公众表达**

与知情权一样，表达权也是我国宪法赋予的公众基本权利。《中华人民共和国宪法》第三十五条规定：中华人民共和国公众有言论、出版、集会、结社、游行、示威的自由。在现代社会中，公众的言论自由很多都是通过报纸、杂志等大众媒介来传播和表达的。因此，传播媒介既是公众表达权实现的重要载体和渠道，也是推动公众表达权向更高层次发展的重要工具。传统媒体因其自身媒介特性的限制，向公众开放和为公众使用的程度不高，社会成员的"媒介接近权"实现范围小。而建立在互联网基础上的网络媒介的出现及在现实社会生活中的普及一方面为公众表达方式的变化带来了里程碑式的变革，另一方面网络媒介舆论又激发了公众自由表达的欲望和自信心，从而成为公众在公共政策决策中行使表达权的强有力工具和催化剂。② 区别于传统纸媒和PC门户的"编辑分发"模式，新闻客户端借助于新的算法技术主动探求用户的兴趣和偏好，通过"零时差"的推送机制实现新闻资讯的分众精准化推送。互联网时代的到来，是公众"媒介权"广泛实现最具突破意义的标

---

① 国家行政学院电子政务研究中心：《2013年中国政务微博客评估报告》，2014年4月。
② 周宇豪：《公共政策决策中的网络媒介与公众表达权探析》，载《郑州大学学报》，2014年第3期。

志。网络使用的低门槛和低成本，为社会成员大范围的参与和使用提供了可能。任何一位社会成员，只要具备使用网络的可能，就可以通过电子邮件、网络日志、网络论坛、网络博客等获取信息和表达自己的看法、思想及评论。因此，互联网在社会现实生活中的广泛普及和应用，不仅丰富了公众表达的内容，而且为公众思想、意见和观点的表达及传播搭建了方便、快捷的舞台，推动并影响了公众参与社会政治生活和与公共事务管理相关的公共政策决策的自主性、积极性和创造性。

**2. 互联网有助于保障公众知情权**

在民主和法治已经成为国家治理现代化主要内容的今天，公众知情权利的保护和实现显得更为重要，而知情权的实现是促进公众有效参与的基础。在传统媒体的环境下，政府的信息公开受到一定程度的限制。伴随着互联网技术的更新换代，移动互联技术凭借其技术优势突破了传媒资源的瓶颈制约，使得信息传播方式发生革命性变化而逐渐成为新时期公众信息获取和意见表达的重要渠道。① 在网络环境下，信息的传播方式突破了时间和空间的两个维度，也增加了知情权的实现途径的多样化：电子政务、信息公开、新闻搜索等网络应用形式多样，使得知情权的行使更加方便高效，使得公共参与积极性进一步提高。总之，"人人都有麦克风""人人都是通讯社"，互联网加快了信息流动的速度，丰富了信息流动的路径，改变了舆论的生成规则和运行规律，同时缓解了公众与政府之间的信息不对称，拓宽了民主渠道，为公众知悉、讨论、监督和参与公共治理提供了信息资源的充分保证。

**3. 互联网有助于降低公众参与成本**

在前互联网时代，公众参与的成本高昂主要是体现在时间成本和交通成本上。中国地域广博，公众有时会因为时间和地域问题而产生"有参与之心而无参与之力"的现象，而公众个人声音在现实社会中的响应

---

① 周汉华：《论互联网法》，载《中国法学》，2015年第3期。

力度也极具局限性，而互联网时代的到来则有效地解决了以上问题。①互联网或移动网络终端已经逐渐普及，只要打开电脑或者智能手机连入互联网络，不用出家门就可以收集各种公众参与资讯，随时随地进入政治协商的公共空间，使公众的政见表达更加便捷。随着互联网的发展，地方政府与公众沟通的方式越来越多样化，通过政府政务工作网站、政务工作平台微信公众号、官方微博等方式，都可以实现与政府单位的沟通。电子政务平台为政府和社会公众搭建了沟通的桥梁，电子民意调查、电子公众选举、网络听证会等方式，公众随时可以将自己的意见反馈给政府或者有关单位，为政府的决策提供参考。同时，互联网有利于社会公众对政府工作进行监督。随着互联网的普及，国家不断完善网络基础设施，为电子政务平台的搭建打下了良好的基础，这样极大地降低了政府与公众沟通协商的成本。

基于互联网强大的技术开发平台，搜索引擎、电子投票、网络论坛、APP 等网络应用逐渐进入公众的视野，这些网络应用的便捷性和灵活性为公众开辟了新的参与途径。网民不再受到时间、空间局限，可以实时通过政府网站获得相关信息，可以采取论坛、微博、网站投票或者留言建议征集等多种方式参与政府治理。总之，互联网为公众参与公共治理提供了更丰富的信息源、更广泛的社会网络、更均等化的参与途径和更具影响力的参与机制，推动着协商民主、参与民主实践，网络参与日益多样化，网络信息的获取、围观式参与、行动式参与、社交平台参与、问政平台参与多种方式并存②。互联网在越来越多的公共事件中扮演着舆论平台的作用，听取民意，传递民声，凝聚共识，无所不在的信息潮流将权力的运行置于阳光之下，保障着普通公众的知情权、表达

---

① 林华：《因参与、透明而进步：互联网时代下的公众参与和政府信息公开》，载《行政法学研究》，2009 年第 2 期。

② 孟天广、宁晶：《中国公众的网络政治参与》，见房宁、周庆智：《中国政治参与报告（2018）》，社会科学文献出版社 2018 年版。

权、参与权和监督权。具体而言，体现在：一方面，网络新闻信息和资料的获取，为线下公众参与提供了部分信息的来源，提高了公众的政治社会化程度，加强了公众参与意识；另一方面，网络信息搜寻行为、网络社交活动行为、网络娱乐消遣行为均对线上公众参与产生积极影响。①

## （二）互联网促进了地方政府治理转型

互联网正在深刻地改变着中国社会的方方面面，也必然影响到地方政府治理转型：一方面，互联网形成了有力的公共领域，营造了有力的公众舆论，有助于加快地方政府治理转型；另一方面，互联网"连接一切"的作用，给公众参与地方政府治理提供了可能性，促使地方政府加快责任政府、服务型政府和法治政府的步伐。因此，随着网络社会的崛起，借助互联网思维先进理念，利用互联网的技术平台和优势，促进互联网与地方政府关键要素职能的深度融合，借此提高公共服务质量，创新社会治理方式，改进政府决策，促进政务服务智能化应用，将是推动地方政府治理转型的重要支撑。

**1. 促进地方政府治理理念创新**

在工业化时代，传统地方政府管理是以"政府自身需求"为出发点，主张政府各部门、各层级"独立"办事。而互联网具有平等、开放、协作和分享等基本特点，"互联网+"下的思维方式更是一整套强调"客户至上"和"服务极致化"的理念体系。在这一思维方式推动下，"互动、开放、协同和共享"等基本价值日益受到重视，通过互联网再造政府决策、管理和服务的模式，进而提供让居民和企业满意的公共服务质量、效率及供给模式的创新。因此，网络化社会的地方政府治理要求政府以"公众需求"为出发点，强调不同层级政府和同一层级的

---

① 王润：《促进还是抑制？互联网使用对公众参与的影响——基于中国社会状况综合调查（CSS）2013数据的实证分析》，载《西南民族大学学报（人文社科版）》，2017年第7期。

不同政府部门之间形成"整体性"运作,协同为公众提供公共产品和公共服务,并力求公共产品和服务的精准化和优质化。

**2. 促进地方政府治理过程创新**

一是促进了地方政府决策民主化。在实践运作中,公众借助于信息技术和网络技术,不断作用于地方政府公共决策过程。[①] 具体而言,在利益表达和资源输入端,大数据拓宽了公众介入和信息共享的通道,导致公共政策问题的触发更为迅捷;在政策议程平台,大数据促进了信息在地方政府、专家与公众间更具包容性和平等性的互动交融,使参与式决策的机制更为精细化;在政策输出与管理端,大数据提供了国家与社会力量整合的有效工具,一个动态均衡的多元主体参与的决策评估机制成为可能。一方面,互联网通过在线化和数据化,产生大量实时、可供分析的数据,使地方政府决策更具超前性、准确性和科学性。另一方面,互联网可以提高公众对地方政府决策的参与度,使地方政府决策更加满足社会关切。不仅如此,地方政府还可以借助于网络充分汇聚和利用企业、社会等各方面的实时数据资源,对决策执行效果及时作出评估、调整,使地方政府决策更加公平、公正。二是促进了地方政府的流程再造。信息技术作为政府管理的"赋能者",必然要求改变按照"职能分工"原则把一项完整的工作分成不同部分、由相对独立的各个部门依次处理的传统工作方式,以公众满意为导向,重新思考相关业务流程之间的逻辑关系,重新设计跨部门管理事项的受理、办理和办结全过程,形成面向对象的高效化、便捷化和合理化综合业务流程,在此基础上建立"流程驱动型"组织,促成信息流和业务流在水平和垂直方向上顺畅流动,实现跨部门业务流程持续优化。[②] 如广州市的"一窗式"服务,实施了"一卡通行、一号接通、一格管理、一网办事、一窗服务";

---

[①] 刘淑妍:《大数据时代政府决策机制的变革》,载《学习时报》,2016年3月28日。
[②] 顾平安:《"互联网+政务服务"流程再造的路径》,载《中国行政管理》,2017年第9期。

佛山市打造了"一门通办""一网通办""一端通办""一号通办"创新型政务服务模式。

**3. 促进了地方政府自我约束**

在互联网时代，信息技术的发展使信息公开的成本大幅降低，公众参与和监督地方政府运作的积极性也大幅提高。微博、微信等社交媒体的发展加速了各类信息在公众之间的传播，来自外部的舆论监督力量会日益壮大。公众通过互联网来监督地方政府，不仅有利于促进地方政府创新治理理念和治理过程，而且有利于促进地方政府的政务信息更加公开，有利于地方政府的廉洁自律和自我约束机制的形成。随着"互联网+政务"在各地的推进，全国约三分之一的省份设置数据开放/大数据/云平台，广东、湖北、浙江、安徽等省份相继推行省级行政权力清单制度，依法公开权力运行流程，政府信息、办事流程、行政权力运行更加公开透明。①

**4. 网络促进了地方政府治理与公众参与的互动化**

在网络社会中，基于新媒体的地方政府公共信息服务方式及功能不断完善，参与诉求逐渐增强的公众得以主动参与公共事务管理，与地方政府的交流互动日益频繁。② 一方面，互联网构建了公众参与地方政府治理的新机制，重塑了公众参与的主体地位。网络传播具有开放性、即时性、互动性等特点，深受公众青睐，越来越多的网民在新媒体平台和渠道上发布观点意见，表达利益诉求。互联网为公众参与地方政府治理提供了多元的选择和通畅的途径，为民情表达、民意疏通提供了平台，充分保障了公众的知情权、言论自由权、参与权、监督权等政治与民主权利。另一方面，越来越多的地方政府意识到需要运用网络渠道与公众

---

① 贾聪聪：《"互联网+政务服务"——我国电子政务服务新模式探讨》，载《数字图书馆论坛》，2016年第8期。
② 田萃、韩传峰：《政府与公众的网络互动行为特征分析与策略建议——以微博破案为例》，载《中国软科学》，2016年第11期。

直接沟通，广泛听取各方面的意见和建议。于是，越来越多的地方政府大力发展电子政务，运用信息通信技术来连通政府与社会、政府与公众。例如，政府门户网站已然成为政府与公众之间互动的重要平台；政府和公众之间通过政务论坛、政府邮箱、在线咨询、民意征集、网上信访等形式，进行互动交流。①公众还可以通过电子邮件（E-mail）、网络论坛（BBS）、网上聊天（QQ）、网络博客（Blog）等途径参与地方政府治理，运用电子投票、电子民意调查等形式，将相关信息反馈给地方政府，地方政府也可以通过互联网提供相关信息满足公众的查询。而且，地方政府还可以通过允许公众参与电子听证会，借助电子民意调查了解公众观点，来赢得公众的支持和认同，等等。因此，互联网在地方政府与公众之间架起了直接沟通的桥梁，地方政府利用互联网打造与公众直接对话的交流平台，传递地方政府决策信息，以此实现公共决策的多方参与和公开透明，从而促进了地方政府治理能力提升。②

## 第五节　部分地方政府治理面临挑战

### 一、地方政府治理创新面临挑战

改革开放以来，地方政府治理创新在推动当代中国持续高速发展进程中扮演了非常重要的角色，被认为是过去 40 余年中国发展奇迹的关键性动力。在此过程中，地方政府通过推动政治改革、行政改革、公共服

---

① 李勇、惠鸿曜：《电子政务环境下政民交互的特征及管理对策探讨》，载《现代情报》，2012 年第 32 期。

② 孟庆国、李晓芳：《变革与转型："互联网+"地方政府治理》，载《中国党政干部论坛》，2015 年第 6 期。

务与社会治理创新,既破解了一些传统体制弊端又孕育了制度创新。地方政府治理创新极大地提升了政府绩效与政治合法性,成为推动社会善治与政治文明建设的重要动力源和突破口,是中国改革开放进程中最为亮丽的风景线。但是,这种创新始终居于地方政府主导之下,未能从根本上改变"强政府、弱市场与弱社会"的传统治理体系,因此地方政府治理创新不仅难以持续而且也面临着边际效益递减的"内卷化"挑战。

**1. 地方政府主导型治理体系的基本结构依旧**

(1) 职能转变不到位

尽管持续的地方政府治理创新在相当程度上推动了政府职能转变,但是以追求 GDP 和财政收入增长为核心目标、以固定资产投资和刺激出口为主要动力、以政府配置资源和行政干预经济运行为主要手段的传统发展模式不仅得以持续,而且在面对经济社会发展中的诸多挑战时还不断得到强化,这不仅弱化了地方政府的市场监管、公共服务和环境保护职能,而且也导致强政府、弱市场和弱社会的基本治理结构依然如旧。于是,持续的地方政府治理创新虽然在裁减机构、削减人员、流程再造等方面动作频频,但始终难以从根本上解决地方政府行政运行成本居高不下与超载运行等难题,行政审批事项依然过多、行政审批效率依然低下、民众满意度依然不高。

(2) 市场在资源配置中的决定性作用未能得到充分发挥

尽管持续的地方政府创新在相当程度上促进了政府与市场关系的变化,市场主体日益富有活力,市场体系也不断健全,市场在资源配置中的作用也越来越明显,但地方政府主导导致市场在资源配置中的决定性作用始终无法发挥。在地方政府主导型治理体系下,由于地方政府既掌控着土地、信贷等稀缺资源,又行使着缺乏法治约束的权力,因此市场在相当程度上成为地方政府随意拿捏的制度安排或随意取舍的政策工具。①

---

① 何显明:《政府转型与现代国家治理体系的建构》,载《浙江社会科学》,2013 年第 4 期。

(3) 依然维持着建设社会的格局

尽管近年来许多地方政府启动了声势浩大的以培育和发展社会组织为核心的社会治理创新运动，社会组织的数量与影响力都有了明显增加，但地方政府并未意识到社会自主治理对缓解公共事务治理压力及其对构建和谐社会的重要功能，因此始终缺乏足够的让社会自主治理的动力。在建设社会的格局中，地方政府能够在一定程度上让渡空间给社会组织以发挥其"拾遗补缺"的重要功能，但对公众通过社会组织维护自身权益和参与公共事务治理的基本权利始终充满戒心。最终，在地方政府社会治理创新的宏大叙事中，主体依然是各级政府，其运作方式依然是通过国家权力无所不及的触角去培育和发展社会组织。① 社会建设更多地成为一些地方政府达成自身目标的一种政策工具，而不是培育形成一个自主的社会。

**2. 地方政府治理创新难以持续和扩散**

(1) 地方政府治理创新难以持续

地方政府治理创新对于发挥国家治理的示范功能、试验功能与减震功能的重要性日益获得普遍共识，因此各级地方政府治理创新的实践层出不穷。中国政府创新奖自2000年设立至今，先后有2000多个地方政府创新项目参与评选。但是，一些地方政府创新难以为继，缺乏可持续性。② 在基层治理创新中，乡镇基层民主发展中的一些试点已经回归到了原点。

(2) 地方政府治理创新难以扩散

在规范层面上，一些成功的地方政府治理创新既可以为中央政府决策提供依据，又可以为其他地方政府提供参考和学习的榜样，从而促进地方政府治理创新的扩散。但在实践中，中国地方政府治理创新的区际

---

① 刘京希：《从政治发展看社会建设》，载《天津社会科学》，2012年第2期。
② 韩福国：《地方政府创新：困境与抉择》，载《人民论坛》，2013年1月（下）。

学习与扩散能力较弱。研究者发现，在众多地方政府治理创新中，仅有少数幸运儿最终成为全国优胜者，而多数则仅仅获得阶段性胜利，得到了局域性扩散。① 在中国情境下，只有那些概念较为简单、操作较为简便、短期效果较为明显、采纳成本较为低廉、获益群体广泛、相关阻力较少的地方政府治理创新相对容易扩散。② 此外，一些地方政府治理创新项目或者带有非常明显的地方特色以及地方主政官员的个性，或者在一定程度上突破了现行的制度框架，因此也增加了可复制的难度。

## 二、地方政府亟须提高公共治理能力

根据经济、社会发展水平的变化，不断调适地方政府角色及其治理方式，是地方政府实现治理能力现代化的基本内容。具体而言，目标识别能力、资源整合能力、沟通协调能力以及协同治理能力是地方政府治理能力现代化的关键要素。③ 但是，由于目前我国地方政府治理创新中还存在一些障碍，妨碍了地方政府治理能力的提高。

**1. 目标识别能力不足**

在规范的公共政策话语中，问政于民方知得失、问需于民方知冷暖、问计于民方知虚实。因此，党的十七届四中全会强调要"坚持问政于民、问需于民、问计于民，作决策、定政策充分考虑群众利益和承受能力，统筹协调各方面利益关系，切实办好顺民意、解民忧、惠民生的实事，让人民共享改革发展成果"。"健全党和政府主导的维护群众权益

---

① 于晓虹：《地方创新的局域性扩散——基于山东新泰"平安协会"实践的考察》，载《国家行政学院学报》，2013年第6期。
② 吴建南、张攀：《创新特征与扩散：一个多案例的比较研究》，载《行政论坛》，2014年第1期。
③ 楼苏萍：《地方治理的能力挑战：治理能力的分析框架及其关键要素》，载《中国行政管理》，2010年第9期。

机制，认真解决群众反映强烈的教育医疗、环境保护、安全生产、食品药品安全、企业改制、征地拆迁、涉农利益、涉法涉诉等方面的突出问题。完善矛盾纠纷排查化解机制，引导群众依法表达合理诉求，切实维护群众权益"。① 为此，地方政府对涉及经济社会发展全局的重大决策，都应通过各种渠道和方式体察民情、倾听民意、集聚民智，尊重客观规律和公众意愿，才能提高公共决策的预见性、科学性和有效性。但是，部分地方政府仍然习惯于关起门来搞决策，公共治理过程缺乏有序的公众参与，公众社会需求与地方政府的政治需求缺乏精准互动。具体到日常治理实践，往往表现为习惯于"坐办公室"、"沉"到基层的时间很少，即或下到基层，也是领导与领导之间"对口接待"，或者走马观花、来去匆匆、两脚不粘泥，浮在"面"而未沉到"底"，自然无法体察到真实的"民情""民意"和"民愿"。② 因此，地方政府"疲于奔命"与民众获得感不强之间的强烈反差反映的是地方政府缺乏充分的目标识别能力。

### 2. 资源整合能力不足

在传统政府管理理念支配下，地方政府对各类社会公共事务大包大揽，管了许多本来不该管同时也是管不了和管不好的事，其结果是不仅没有实现政府的良好愿望，而且抑制了市场和社会的创造活力。因此，在推进地方政府治理体系现代化进程中，一方面要分权于市场以发挥市场在资源配置中的决定性作用，另一方面要还权于社会、激发社会活力和创造力并将一些政府职能通过向社会转移或委托代理等方式转移给社会组织，以此减缩政府规模、提高行政效率、节约财政支出，促进地方政府治理能力现代化。为此，地方政府需要将多元主体的能动性集约化地开发和运用起来，有效化解社会矛盾纠纷、提供公共服务。但是，在

---

① 《中共中央关于加强和改进新形势下党的建设若干重大问题的决定》，人民出版社2009年版。
② 李海泉：《"浮在上面"焉能听到真民声》，载《人民日报》，2018年9月27日。

地方政府内部管理碎片化以及外部与市场和社会缺乏良性互动的背景下，缺乏应有的资源整合能力。①

**3. 沟通协调能力不足**

在地方政府治理体系现代化进程中，一方面，市场和社会发展离不开地方政府的扶持；另一方面，市场和社会参与地方政府治理过程，又能有效弥补地方政府在某些方面的不足，分担地方政府的责任和风险。因此，促进地方政府与其他主体间的沟通协调，对于市场和社会了解地方政府动向、领会地方政府政策，地方政府指导市场和社会运作、获知市场和社会信息需要具有双向促进作用。② 但是，在具体实践中，一方面，一些地方政府继续延续地方治理绝对权威者的角色，形塑了地方政府治理的封闭性、排他性特征；另一方面，多元主体间在治理目标、治理工具选择等方面存在一定程度的差异，以及权力地位的不对等，导致地方政府与其他主体沟通协调有较大难度。

**4. 协同治理能力短缺**

在有限资源与无限需求之间的现实悖论下③，地方政府囿于其自身的局促以及迫切需要解决的现实问题，需要其他多元主体对公共事务进行共治。但是，地方政府缺乏相应的协同治理能力。一方面，部分地方政府职能部门之间存在着职责交叉和重叠，各部门根据自己所掌握的信息和数据，各自为政形塑出的"信息孤岛"使得跨区域、跨部门协同治理难以有效运作，导致地方政府治理成本高、效率差。另一方面，地方政府、市场主体、社会组织的属性和定位不同，其价值理念和行为模式也存在差异，使得多元主体间难以通过协商与沟通以达成共识，限制了协同治理绩效的提升。④

---

① 高建、张洪峰：《如何提升地方政府的治理能力》，载《人民论坛》，2017 年第 29 期。
② 李恒全：《增强社会治理主体的协调性》，载《光明日报》，2016 年 4 月 6 日。
③ 杨宏山：《整合治理：中国地方治理的一种理论模型》，载《新视野》，2015 年第 3 期。
④ 胡颖廉：《推进协同治理的挑战》，载《学习时报》，2016 年 1 月 25 日。

## 三、部分地方政府呈现出被动的反应式治理

改革开放以来，中国经济社会的持续快速发展以及法治国家和民主政治建设的不断深入，催生了公众对社会治理与生活质量的更高需求，人们不仅越来越关注与自身息息相关的社会和民生问题，而且不断提出对美好生活的更多向往。因此，如何及时有效回应公众合理的利益诉求，是地方政府治理面临的新挑战。

**1. 地方政府治理面临着权力运行与权利诉求之间的内在紧张性**

伴随着中国现代化和市场经济进程的推进，民众思想观念发生了深刻变化，以人为本、公平正义等基本理念正在深入人心。井喷式发展的网络媒体提供的多元表达平台、民主法治进步与公众成长的双向互动，成为民众权利意识萌发、表达和伸张的"时代注脚"。但与此同时，地方政府治理过程中对日益增长的公众参与诉求缺乏应有的制度化吸纳机制。在这种情况下，地方政府治理过程中的听证会、网络问政等容易成为"仪式化"程序，缺少政府与社会间制度化互动机制。因此，尽管研究者注意到专家智囊、新闻媒体、NGO 组织和普通民众等对地方政府治理过程开始有了一定影响①，但公众利益表达则以原子化、非正式和影响政策执行为主要特点②。由于缺乏有效的制度化参与机制，容易驱使公众选择非制度化的利益诉求机制。

---

① 参见王绍光：《中国公共政策议程设置的模式》，载《中国社会科学》，2006 年第 5 期；Mertha A. , "Fragmented Authoritarianism 2.0: Political Pluralization in the Chinese Policy Process", *The China Quarterly*, 2009, 200；朱旭峰：《中国社会政策变迁中的专家参与模式研究》，载《社会学研究》，2011 年第 2 期。

② 参见 Kenneth G. Lieberthal and David M. Lampton, *Bureaucracy, Politics and Decision—Making in Post-Mao China*, Berkeley: University of California Press, 1992；Shi Tianjian, *Political Participation in Beijing*, Cambridge: Harvard University Press, 1997.

由于以群体性事件和基层社会冲突为表征的公众非制度化利益表达不仅会给地方经济发展、社会安全以及民主法治进程带来诸多负面影响，而且还会导致局部的地方政府治理危机。但要从根本上化解这些局部的治理危机有赖于一整套有效的制度建设，包括公平的利益分配机制、畅通的利益表达机制、有效的利益协调与整合机制。而制度建设是一个相对缓慢的过程，于是一些地方政府不得不直面各种局部治理危机，普遍存在着两重困境。

一方面，作为许多局部治理危机促发者的地方政府又是危机治理的当然主体。在分权化发展战略下，地方政府获得了发展地方经济的主导权，在纵向的压力型体制和横向的竞争机制作用下，地方政府更为关注地方的短期经济增长收益而对民生和公共服务需求相对忽视。部分地方政府在中央政府的经济考核压力、分权、财政压力、地方竞争以及寻租腐败因素综合作用下，与企业在利益方面具有高度的一致性，并有可能形成某种默契的制度化利益联盟[1]，很容易上演"与民争利"的利益冲突。而缺乏制度化民意吸纳机制的地方政府治理过程有时忽略民众利益诉求，以致政民间对立情绪"以非制度化、非理性方式释放"。在现行体制下，委托代理链条下的地方政府不仅是地方经济增长的主导者，也是维护辖区社会稳定的责任人。一旦地方政府在其辖区内处置不当而引发严重治理危机，上级乃至中央政府就会启动目标责任制与纵向问责追责于地方政府。因此，地方政府面临着民众自下而上的"维权"压力和自上而下的"问责"压力。在这种情势下，地方政府必须想办法理顺"自造的治理危机"。另一方面，作为危机治理主体的地方政府有待提升危机治理能力。从既有地方政府危机治理实践来看，部分地方政府缺乏应有的危机治理能力，主要表现在危机预警能力不足、危机处理能力不

---

[1] 任丙强：《农村环境抗争事件与地方政府治理危机》，载《国家行政学院学报》，2011年第5期。

足、管制社会能力弱化等。

尽管领导层一再强调要主动回应社会重大关切,但地方政府缺乏与社会沟通的制度化渠道。于是,面对日益增加的治理危机,由于既缺乏从根本上消解社会不稳定因素的资源和能力,又不得不消解迫在眉睫的地方治理风险,反应式治理应运而生。反应性治理往往呈现出反应滞后性、行为短期性、手段策略性[1]等特征。

**2. 地方政府的反应式治理面临挑战**

反应式治理的兴起呈现出地方政府的"柔软身段"而不再是一味地"蛮横肆意"。这表明,地方政府已经开始意识到完全靠"自说自话"无法应对汹涌澎湃的舆论质疑与公众抗争。在这个过程中,一些地方政府官员开始意识到"政府要开始习惯于与公众平等互动"[2]。从实践来看,这种柔性的地方政府反应式治理也的确化解了治理危机。从地方政府危机治理结果来看,反应式治理尽管消解了迫在眉睫的治理压力,但也暴露出这种治理模式的弊端:

(1) 反应滞后

在地方政府反应式治理实践中,一方面是由于包容性制度供给短缺,地方政府无法与社会进行良性沟通,因此缺乏风险预警机制导致地方政府未能及时预判社会风险;另一方面,地方政府往往在冲突萌芽和聚集初期,对"风起于青萍之末"的问题反应迟钝,不能及时发现隐患并加以排除,导致社会矛盾和冲突扩大和爆发。于是,在社会矛盾与冲突酝酿的初期,公众制度化地表达其关切与诉求时往往无法引起地方政府重视,而只有当公众采取"问题化策略"将"小问题闹大"后才可能引起地方政府重视并作出反应。其实,正是由于部分地方政府反应滞后

---

[1] 周义程:《反应性政治的概念与逻辑》,载《苏州大学学报(哲学社会科学版)》,2014年第5期。

[2] 左旭光:《不上网的领导 不是合格领导》,载《南方都市报》,2010年4月14日。

才引发了社会舆情转向社会冲突。而在地方政府被迫作出反应时，被"闹大"的事件已经产生了剧烈的负面影响并危及社会稳定。这种反应滞后性使地方政府只能选择"亡羊补牢"的"权益式治理"而非"未雨绸缪"的"战略规划"。

（2）策略性治理

地方政府反应式治理的兴起，在相当程度上体现为一种非制度性治理模式的自发形成。一方面，虽然在压力下地方政府开启了与社会的对话交流，但往往是在治理危机乌云压顶情势下的被动反应；另一方面，这种反应式治理更多的是一种策略性应急反应，地方政府缺乏改革正式制度安排的积极性。因此，地方政府反应式治理中短暂出现的政府与社会的协商对话远不能成为一种新的制度安排，更多的是一种为了化解迫在眉睫的治理危机的临时性策略选择，以至于此前的地方政府反应式治理模式虽然不断被复制但并未生产出"学习性反思"。

（3）治标而非治本

地方政府在应对治理危机中之所以采取策略性治理，一方面是因为治理制度重建不仅周期长、起效慢，而且地方政府既缺乏制度创新能力也缺乏相应动力；另一方面是地方政府形成了依靠短期化、灵活性、就事论事、应对式"政策之治"的路径依赖。于是，在反应性治理中，地方政府面对治理危机，往往认为当务之急是摆平理顺眼前的问题，而不是过多地考虑如何从根本上化解社会矛盾。最终，地方政府的反应式治理看似使迫在眉睫的危机被化解，但因为没有从根本上正本清源，所以只是治标而不是治本，不可能从根本上消除产生治理危机的隐患。最终，在反应性治理中，地方政府对社会需求的呼应"缺少规范化制度化科学化的规划，只能如消防队员一样，哪里有火起就去哪里灭火"[①]。

---

① 尚虎平、李逸舒：《我国地方政府绩效评估中的"救火行政"》，载《行政论坛》，2011年第5期。

(4) 高昂的行政资源与公信力损耗

尽管地方政府反应式治理很快就平息了汹涌澎湃的舆情与公众抗争，但由于反应滞后，不可回避的是地方政府为之付出了高昂的行政资源与公信力损耗。地方政府处理舆情和公众事件的巨大行政成本，最终还是得由纳税人承担，不仅如此，地方政府反应式治理不仅让公众质疑地方政府公共政策的科学性和合法性，而且地方政府反应滞后的危机处理并不能有效缓解公众与舆论对地方政府应对方式与诚意、发布信息权威性的质疑，从而最终损害了作为获得公众支持与认同的政府公信力。这种地方政府反应式治理困局，对于改善政民关系也丝毫无助益，因此必须适时进行适应性变革。

正是由于部分地方政府陷入了局部治理危机，为了走出危机，一些地方政府开始寻求参与式治理创新。一方面，来自公众对地方政府治理过程中"不作为"与"乱作为"的抗争，以及由此形成的越级上访、群体性事件等非制度化参与，导致局部治理危机促使地方政府赋权创新。另一方面，地方政府主政官员的主动求变，也会推动地方政府赋权创新以适应大转型中的经济与社会发展需求。如1999年，浙江省温岭市松门镇在开展农业农村现代化教育中，当地党委创新性地建立了民主恳谈的初级形式——农业农村现代化教育论坛，赢得了农民的积极参与，到2000年8月由中共温岭市委统一命名为"民主恳谈会"①。而杭州参与式治理的运作在相当程度上归功于时任中共杭州市委书记王国平与市长蔡奇的大力倡导和支持。② 总之，面对公众日益增长的参与诉求，危机倒逼和主动求变都导致地方政府开放公共政策过程，通过建构新型公众参与路径，试图吸纳民意进入地方政府主导的治理过程。

---

① 陈奕敏：《从民主恳谈到参与式预算》，世界知识出版社2012年版。
② 赵光勇：《政府改革：制度创新与参与式治理——地方政府治道变革的杭州经验研究》，浙江大学出版社2013年版。

# 第三章　地方政府参与式治理创新的实践

在当前，公众利益表达能力、公共政策判断能力和行动能力在不断增强，一个不符合公众偏好的公共政策在其实施过程中很容易遭到公众抵制。要走出地方政府的局部治理困局，必须敬畏民意和尊重公众参与公共治理的权利，在畅通民意表达渠道的基础上让公众需求表达进入公共政策过程，通过协商对话来达成共识，形成地方政府与公众的双向良性互动。[①] 这种由地方政府培育的旨在通过向普通公众开放公共政策过程以解决实际公共管理问题的制度与过程的总和就是参与式治理。[②] 近年来，一些地方政府为了回应社会需求，创新性地向公众开放公共政策过程并建构各种公众参与地方政府主导的治理过程的路径。尽管这种地方政府参与式治理创新的直接目的是为了更好地实现政府意图，但其赋权于公众参与地方政府治理过程的创新，不仅提高了治理绩效而且增强了治理合法性，因此赢得了广泛赞誉。[③]

---

[①] 俞可平：《敬畏民意》，中央编译出版社2013年版。
[②] Archon Fung and Erik Olin Wright, *Deepening Democracy: Institutional Innovations in Empowered Participatory Governance*, London: Verso, 2005, pp. 23–25.
[③] 参见王锡锌、章永乐：《我国行政决策模式之转型：从管理主义模式到参与式治理》，载《法商研究》，2011年第4期；赵光勇：《政府改革：制度创新与参与式治理——地方政府治道变革的杭州经验研究》，浙江大学出版社2013年版。

# 第一节　参与式决策

## 一、公共决策科学化与民主化的融合遭遇挑战

20世纪80年代以来，当代中国的公共决策科学化不断推进。党的十四大、十六大先后强调要"充分发挥各类专家和研究咨询机构的作用，加速建立一套民主的科学决策制度，完善专家咨询制度"。党的十五大与十七大则强调为了"推进决策科学化、民主化"，必须"提高决策水平和工作效率"和"完善决策信息和智力支持系统"。进入新时代以来，推进公共决策科学化进一步加速。党的十八大突出强调要"发挥思想库作用"，"加强中国特色新型智库建设"在党的十八届三中全会被确定为全面深化改革任务之一，党的十九大再次强调了要"加强中国特色新型智库建设"。尤其是在2014年，"公众参与、专家论证、风险评估、合法性审查、集体讨论决定"在党的十八届四中全会被明确规定为重大行政决策的法定程序。与之相应，专家参与重大行政决策的咨询和论证在各地方政府相继出台的地方性法被明确为法定程序，地方政府重大行政决策科学化日益制度化。与传统的决策模式相比，专家参与地方政府重大行政决策制度为专家以专业且中立的角色参与公共决策过程、运用专业知识通过科学合理的评估论证为决策者决策提供重要参考依据，提供了制度化平台。于是，在地方政府重大决策过程中引入专家咨询制度有助于改善现有公共决策结构，发挥专家角色和专家知识的重要性，推动公共决策的专业化和科学化，从而强化公共决策的正当性。在此过程中，专家的专业性、技术性政策意见不仅促进了公共决策科学化而且降低了公共决策风险，因此公共决策科学化日益成为公共决策合法

性的技术来源。①

而为了回应公众日益增长的有序参与诉求,保障公众和社会组织能够充分参与公共决策过程,确保在公共政策中反映公众的根本利益和要求的公共决策民主化也不断得到发展。如要求公共决策主体在决策过程中与公众保持密切联系,使公众能够通过各种有效的信息渠道对公共决策的选择方案充分表达意见和建议,以保障公共决策体制符合民愿、公共决策目标体现民情、公共决策方式考虑民力、公共决策过程尊重民意、公共决策结果顺应民心。为此,一方面,不断深化公共决策体制改革。这主要包括建立健全公开且透明的决策程序、决策前应充分听取决策的利益相关方的意见和诉求、决策中引入充分的民主讨论和协商②;另一方面,不断完善公共决策程序。这主要是要求公共决策主体采取座谈会、听证会、实地走访、书面征求意见、向社会公开征求意见、问卷调查、民意调查等多种方式听取公众意见,不断完善公众参与的程序机制等。

为什么公共决策的科学化与民主化难以融合?

### (一) 理论上公共决策科学化与民主化之间存在着内在张力

民主化和科学化是公共决策过程中相互联系、互相渗透、互相制约的两个方面。决策民主化是决策科学化的保证和前提,决策科学化是决策民主化的目的和归宿。公共决策科学化与民主化在实践中难以融合的现实困境在本质上源于分殊化的公共决策科学化与民主化的价值取向。

公共决策科学化的兴起与工业社会发展中的理性密切相关,是现代社会问题日益复杂化、专业化的结果。一般认为,坚持理性思维方法和

---

① 赵万里、李艳红:《专家体制与公共决策的技术—政治过程》,载《自然辩证法研究》,2009 年第 11 期。
② 周光辉:《推进国家治理现代化的有效路径:决策民主化》,载《理论探讨》,2014 年第 5 期。

理性主义精神、强调功能效率导向的公共决策科学化,主张在公共决策过程中采用现代化技术手段,在遵循科学决策程序的基础上进行决策前的准备工作,以此来最大限度地减少决策风险和成本,提高决策质量。基于这种理性取向,公共决策科学化的基本特征是:(1)将诸多公共决策事项技术化或工程化;(2)在将决策事项技术化基础上强调运用科学和技术手段;(3)强调专家因具备专门知识和技能而在解决专业性和技术性的问题上更有优势;(4)强调为了效益最大化决策而秉承价值中立的技术理性原则,与公众参与等社会影响力保持距离。① 由此,随着现代社会和技术的日益复杂化,专家在公共决策过程中逐渐占据主导地位,开启了决策科学化的进程。

公共决策民主化在一定程度上源于人们对科学进行反思和对专家主导公共决策过程作出批判之时,其实质精神在于反映民意。诚如费希尔(Fischer)所言,"如果代议制政府是民主合法性的价值,它必须建立在一个充满活力的公众参与的地方制度的基础上。除了简单的陈词滥调增加选民参与的需要,代议制民主要求提供公众有机会更直接地在影响他们自己生活的决策中进行协商的结构和组织。……更多的参与是可能的和必要的,这意味着需要重新思考专家和公众之间的关系"②。为此,公共决策民主化强调:(1)公共决策事项会影响到众多的利益相关者;(2)公共决策过程应该经由民主参与和平等协商的准则来回应利益相关者的诉求;(3)公共决策应该在开放性的公共参与和协商讨论的平台中进行;(4)决策者要善于推动各方理性参与协商和辩论;(5)最优决策

---

① 黄小勇:《决策科学化民主化的冲突、困境及操作策略》,载《政治学研究》,2013年第4期。
② Frank Fischer, *Citizen, Experts, and the Environment: The Politics of Local Knowledge*, Durham and London: Duke University Press, 2000, p. 37.

是指利益相关者都支持和认同的决策。① 随着"专制制度被摧毁、等级特权被废除、主权在民原则得以确立、公共权力体系在形式上向所有公众平等开放以后"②，公共决策民主化得以实行。

因此，公共决策的科学化与民主化之间存在着紧张的关系：一方面，社会问题与决策过程的复杂化、专业化要求具有专业知识的专家参与公共决策过程；另一方面，专家主导决策制定的过程使民主沦为公共政策合法性的一个修饰，而且专业知识的理想性与风险社会的复杂性的冲突越来越使这个过程失灵。③ 公共决策科学化与民主化在价值取向上的矛盾，以及二者在各自的表决规则下权力分布的差异，最终导致了公共决策科学化与民主化遵循相冲突的路径。

(二) 地方政府主导的公共决策过程使其难以融合。

**1. 地方政府掌握了决策话语权**

具体而言，主要体现在：(1) 公众知情权受到限制。地方政府主动公开相关公共决策信息是公众有效参与的前提和基础，信息不公开不仅会伤害公众的参与热情与参与效益，更使得公众参与变得盲目乃至被误导。但是，由于有效问责机制匮乏，许多地方政府的公共决策信息公开只是"例行公事"，核心、关键的决策信息不公开。如一些地方政府为了完成预算公开"任务"，只是象征性公开一部分预算信息而不及时完整地公开如"三公经费"等更为关键的预算信息，使参与式预算始终徘

---

① 黄小勇:《决策科学化民主化的冲突、困境及操作策略》，载《政治学研究》，2013 年第 4 期。
② 杨旭:《从决策的科学化和民主化看行政管理的现代走向》，载《南京大学学报》，1998 年第 3 期。
③ 孙秋芬:《论决策科学化与民主化的两难困境及化解——基于专家与公众的知识分工理念的分析》，载《中南大学学报（社会科学版）》，2012 年第 6 期。

徊在较低层次。① (2) 公众参与形式化。在一些地方政府的公共决策过程中，直接利益相关者被回避而一些"特定公众"被筛选出来参与公共决策。如沦落为"逢听必涨"的价格调整"听证会"经常被媒体披露出现所谓的"专业听证户"②，许多地方旅游景点调整门票价格的听证会则只有本地人参加③。最终，地方政府依然掌握公共决策的话语权和决定权。(3) 公众参与的形式单一。目前，公众参与公共决策多为地方政府通过座谈会、论证会、听证会、问卷调查、走访征求意见、网络投票等来征集民意，无论是公众参与的内容还是形式均受到限制。④ 如在邻避性设施的规划选址、方案报批、环境影响评价中，公示、公告等几乎就是公众参与的普遍版本⑤，以至公众"被民意""被投票"现象屡见不鲜。(4) 缺乏反馈机制。在一些地方政府公共决策过程中，公众参与没有促成政民之间的双向交流，只是政府部门单向征集和听取意见，尚未形成公众诉求—政府反馈与校正的良性循环，公众参与公共决策的真正意义无法体现。

**2. 地方政府在公共决策过程中因强调决策科学化而排斥公众参与**

在推进公共决策科学化中，专家以决策咨询委员会方式参与公共决策过程日益制度化，科学理性被地方政府视为决策判断基础的标准。⑥从理性、科学角度出发，地方政府倾向于将公共决策问题视为技术性或工程性事务，特别强调专业技术分析能力之重要性，因为公共决策类似

---

① 王银梅、黎昕、翟晓琳:《我国政府预算公开中公众参与的不足、成因及对策》，载《地方财政研究》，2018年第2期。
② 桐子岚:《"听证专业户"因"逢听必涨"而生》，载《南方日报》，2011年7月20日。
③ 王阳:《多地景区票价因人而异引争议》，载《法制日报》，2018年9月27日。
④ 马明茹:《公众参与行政过程的困境及对策》，载《重庆行政》，2018年第2期。
⑤ 赵庆远:《社会稳定风险视角下的公众参与问题与参与形式评估实践》，载《中国工程咨询》，2014年第9期。
⑥ [美] 希拉贾萨诺夫:《第五部门：当科学顾问成为政策制定者》，陈光译，上海交通大学出版社2011年版。

于可以通过理性方法和科学专业技术加以解析的数学意义上的真解。而决策民主化因其要直面复杂的利益协商和妥协，必须会使秉持专业化、程序化和效率导向的决策系统有内在动力排斥公众参与决策，并将之作为提高决策效率和实现科学决策的保障。于是，基于"专家与公众在知识、信息、能力等方面的差异，专家参与决策更科学而公众由于缺乏专业知识更多的是感情用事"①的认知，地方政府的决策科学化往往因强调决策事务的科学性和技术性而排斥公众参与。的确，类似核电站、垃圾焚烧发电厂、PX项目大多涉及专业性科技问题，专家普遍认为这些决策风险问题可以通过专业技术和理性分析加以解决，地方政府将这类设施的规划选址和建设单纯地看成是技术性事务，导致整个决策活动相当于定量寻求数学意义上的正确答案。基于"科学之客观、专家之中立"的想象，公众在公共决策过程中被多种制度和力量所排挤，这种决策模式以专家单极理性为基础来寻求公共决策合法性，以至作为"民主治理基石"的公众参与在决策过程中反倒成了一个缺失的环节。②

**3. 公共决策中专家与公众缺乏应有的沟通互动**

既然公共决策科学化与民主化之间存在内在张力，那么一个合乎逻辑的选择就是推进二者间沟通互动以实现平衡。但在实践中，由于任何公共决策都涉及未知的风险，专家与公众之间在知识、价值观、生活体验等方面的差异导致其风险感知往往存在巨大鸿沟。在公共决策过程中，专家往往运用科学方法和客观数据来勾勒风险形象并强调风险可控、可接受，但公众通过媒体及人际间交流所形成的风险感受往往大于实际风险；专家注重风险发生率而公众更关注风险危害。因此，公共决策需要展开双向的风险沟通。但是，检视既有的风险沟通研究，研究者大多认为公众因缺乏科学知识而怀疑和不信任专家，因此主张"风险沟

---

① 贾西津：《中国公众参与：案例与模式》，社会科学文献出版社2008年版。
② 郭巍青：《公众充权与民主的政策科学：后现代主义的视角》，见白钢、史卫民主编：《中国公共政策分析》，中国社会科学出版社2006年版。

通"就是专家单向向公众普及科学知识、帮助公众克服"知识赤字"。①在这种认知模式支配下,专家话语垄断了媒体报道,专家与公众之间的观点争锋与沟通互动无法有效呈现。②许多专家甚至潜意识地将公众视为不科学、倾向于情感性的个体,不愿意与他们进行对话。毋庸置疑,这种强调专家权威的单向风险沟通有助于向公众告知和宣传公共决策中的风险,但过度倚赖专家、排斥公众参与决策使公众在公共决策中成为被动接受"训导"的一方,易导致公共决策完全忽视公众利益诉求。③更重要的是,由于公共决策过程中的专家不能正视自身局限与公众拥有的"地方性知识",只是把所谓的科学知识强行塞给公众,最终只会加剧公众与专家的互相不信任。④即使在为了缓解这一类邻避冲突而展开的风险沟通中,公众的切身感受及相关合理见解很容易被地方政府及其所倚重的专家因专业偏见而忽略,而专家用晦涩术语、复杂图表和抽象数字表达出的专业意见也使一般公众"一头雾水"。

## 二、地方政府的参与式决策创新

改革开放以来,市场经济的改革和发展既催生了多元化利益主体,又增强了民众的法制观念和权利意识,民众逐渐形成了参与公共生活的意识。作为政府治理过程中使用的一项关键工具,公共政策公共性的内在价值诉求必然要求其实现对社会公正的追求,而这必然要求公众介入社会价值分配过程,参与公共政策过程。而制定政策是政治过程的决定

---

① 李正伟、刘兵:《约翰·杜兰特对公众理解科学的理论研究:缺失模型》,载《科学对社会的影响》,2003年第3期。
② 郭小平:《风险传播研究的范式转换》,载《中国传媒报告》,2006年第3期。
③ Sturgis P. and Allum N., "Science in Society: Re-evaluating the Deficit Model of Public Attitudes", *Public Understanding of Science*, 2004, 13 (1): 55-74.
④ 刘翠霞:《解读科学与公众关系的四种理论模型》,载《中国社会科学报》,2017年10月24日。

性阶段。① 因此，如何使公众通过制度化的渠道参与公共决策，保护公众权益，是地方政府治理创新亟待解决的问题。

近年来，一些地方政府开始创新性地建构公众有序参与公共决策的路径。从既有地方政府创新实践来看，主要有两种类型：

### （一）开放式决策及其意义

**1. 开放式决策的含义**

所谓开放式决策，即地方政府在进行重大行政决策时，充分听取、吸收公众意见，并将公众意见作为行政决策作出的重要参考，使行政决策公开、透明，实现政府和公众有机互动的一种决策模式。② 开放式决策，从地方政府的角度讲，就是"开放"：借助各种技术、平台和形式，将决策过程开放给公众和社会，不仅让公众和社会了解决策是怎么回事，还要让他们成为决策参与者；从社会和公众的角度讲，就是"参与"：公众和社会通过政府提供的各种渠道以及自身的渠道，对决策"问题"表达自己的意见；"开放"和"参与"的结果是实现政府和公众、社会在决策中的互动。继2009年杭州开放式决策提出之后，湖南、四川等地逐步兴起了以开放式决策为主题创新的行政决策改革探索，以期促进地方参与式治理的发展。

杭州市政府推行的"开放式决策"机制是指党政机关等决策主体将公共决策的相关信息充分公开，并在此基础上吸纳广大公众以听证会、网络互动等形式参与决策的议题设置、备选方案设计与选择、政策执行、监督反馈等决策全过程，通过有效的互动协商，提高决策科学化民主化水平的一系列规则与程序。"开放式决策"的主要内容是：政府在

---

① [美] 阿尔蒙德、小鲍威尔：《当代比较政治学——世界展望》，朱曾汶等译，商务印书馆1993年，第135页。
② 胡业勋、叶睿：《开放式决策方式的合理性及其实现途径》，载《光明日报》，2013年8月10日。

行政决策前,通过网络公开决策讨论稿,广泛听取市民意见;在决策时,邀请人大代表、政协委员和市民代表列席市政府常务会议,直接参与决策过程,并实行网络视频直播,列席人员与网民可以在现场或网上表达意见;会后,相关部门要及时对市民通过网络提出的意见给予答复,决策事项的公文在政府网站公布,会议视频在市政府网站上公开。[①]由此可见,"开放式决策"将政府行政决策由事后公开变为从事前到事后的全过程公开,改变了以往的决策模式,让民本理念贯穿其中。"开放式决策"让政府替民作主转变为人民当家作主,把民意表达变成政府决策过程中不可缺失的重要环节,解决了信息不对称的问题,不仅让市民为政府提供了大量建设性的意见,有利于决策的合理制定和实施,又调动了市民群众参与政治生活的热情,一定程度上满足了普通群众参政议政的需要。

杭州市探索"开放式决策"是从逐步拓展决策领域、逐步提升决策层次、逐步扩大公众参与度三方面来逐步扩大政府决策开放度,并不断加强制度化建设。早在1999年5月,杭州市制定的《关于进一步完善全市经济和社会发展重大事项行政决策程序的通知》中就提出"坚持决策民主化、科学化"原则,并要求市政府对全市经济和社会发展重大事项的决策,要广泛听取人民群众和社会各界的意见,同时要认真征求市人大常委会、市政协及人大代表、政协委员的意见。继此之后,杭州市1999年在国内首创"12345"市长公开电话、2000年创建"满意不满意"市民评议政府工作机制与成立人民建议征集办公室、2002年开始向社会公开征集办实事项目方案。在初期的重视民意征集的基础上,杭州市政府领导层又进一步将民众的民主诉求向民主决策上引导,引入公众参与政府决策。2006年杭州市建立市决策咨询委员会,健全重大事项决策的专家论证、技术咨询、决策评估制度;2007年杭州市又建立了人大

---

① 蒋成杰、傅白水:《"开放式决策"的杭州样本》,载《决策》,2009年3月19日。

代表、政协委员列席市政府常务会议制度；2008年建立市民代表参加市政府常务会制度、实行市政府常务会网络视频直播互动交流。自2007年11月14日—2008年12月10日，杭州市政府常务会议已先后邀请114位人大代表、政协委员和54位市民代表列席，并通过网上视频直播接入69位市民与市长互动交流，共同讨论2008年政府工作报告、国民经济和社会发展计划报告、财政预算报告、市政府信息公开规定、廉租住房保障管理办法、社区卫生服务运行机制改革等59项决策事项，取得良好的效果。自此开始，杭州市政府的重要活动或全体会议都采取视频直播。[①] 2009年，杭州市政府制定了《杭州市人民政府重大行政事项实施开放式决策程序规定》和《杭州市人民政府"开放式决策"有关会议会务工作实施细则（试行）》，开放式决策扩展到杭州所辖13个区、县（市），并建立起一套程序规范。2015年，开放式决策也被载入《杭州市人民政府重大行政决策程序规则》。

根据2009年出台的《杭州市人民政府重大行政事项实施开放式决策程序规定》，开放式政府决策的决策过程可以分为决策创议、政府领导人审核、拟定决策方案、征求意见、审查方案、审议决策方案、反馈公众意见和政策合法化八个步骤。而从公共政策制定过程视角来看，我们可以将开放式政府决策的八个步骤进行简化，使之与政策科学中政策制定过程相对应。一般而言，政策制定过程包括议程设立、方案规划、方案抉择与政策合法化四个环节。为此，开放式政府决策中的八个步骤可以分别归并到议程设立、方案规划、方案抉择与政策合法化四个环节中。杭州市开放式政府决策的制度设计主要包括：（1）市政府决策事项事前公示、听证制度；（2）人大代表、政协委员列席市政府常务会议制度；（3）市民代表和专家列席市政府常务会议制度；（4）市政府常务会议网络视频直播与互动交流；（5）政府对开放式决策中收到的意见予以

---

① 王琦：《开放式决策：创新政府工作的积极探索》，载《杭州日报》，2008年12月20日。

研究、采纳和公开回应。① 从杭州市政府常务会议的运作来看，开放式决策的关键要素包括：（1）决策前的信息公开。政府通过媒体和官方网站公布市政府常务会议决策事项及决策相关内容，供公众和社会讨论，并且及时接收各种反馈信息，广泛听取公众和社会的意见和建议。（2）决策中公众和社会参与。政府邀请人大代表、政协委员和公众代表出席市政府常务会议，代表们能直接参与决策并讨论，会议现场的情况同时在政府官方网站进行网络直播，网民可以在网上表达自己的意见和建议。（3）决策后的意见反馈。市政府常务会议后，政府相关部门通过官方网站及时回答公众提出的意见和建议，政府决策的文件在政府网站上进行发布，并且会议视频上传政府网站供公众浏览（见下图）。②

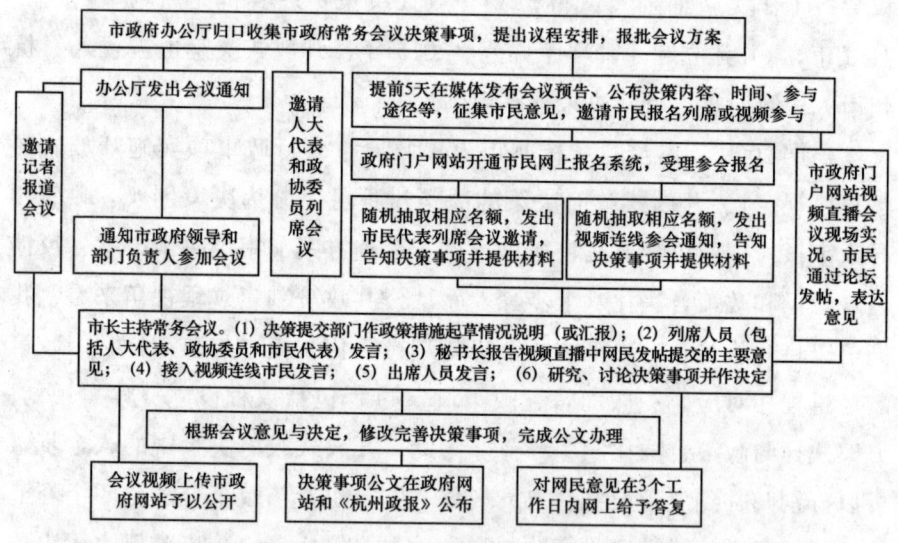

杭州市政府常务会议"开放式决策"示意图

资料来源：杭州市政府网站。

---

① 赵光勇：《政府改革：制度创新与参与式治理》，浙江大学出版社2013年版。
② 郭道久：《民意表达与地方政府决策民主化机制创新——对"开放式决策"的一种解析》，载《南开学报（哲学社会科学版）》，2017年第1期。

在杭州市的开放式决策创新中,公众可以通过三条路径来参与杭州市政府的政策过程。首先,虽然杭州市民并未被赋权参与政府人事安排,但他们有机会来评价政府部门的绩效和政策。[1] 其次,在开放式决策中,杭州市民能在政府会议上发言并有机会就政府工作计划发表意见。最后,当地政府创建了一系列使用传统和新媒体的平台,使公众能够公开发表他们对当地问题的看法(从而影响政策议程),并与政府官员和"专家"公开辩论。这些机制帮助公众参与到政策议程制定过程之中、提供信息并影响决策、提供政策反馈以修改现有政策,从而通过不同的方式让公众参与政策过程的各个阶段。显然,在杭州市的开放式决策中,上述三种机制不仅仅是一个商议或协商机制,因为它们不仅涉及就特定的政策或预算咨询公众,还能让他们评估政府的表现、参加政府会议去讨论广泛的政策,并影响政策议程。在这里,地方政府主导的参与式治理创新正在改变中国地方政府的公共政策过程政策制定的性质。虽然,杭州的公共政策过程仍然是地方政府主导,但公众参与已经超出了政府机构、智库、企业、非政府组织和媒体。为了改善政策质量、避免因不受欢迎的政策出台而引发公众抗议、提高决策合法化水平,中共杭州市委、市政府使传统相对封闭的政策过程向公众开放。[2]

### 2. 开放式决策的意义

(1) 开放式决策中决策过程开放透明

开放式决策,正是落实党的十八大报告中所要求的"凡是涉及群众切身利益的决策都要充分听取群众意见"的有效举措,此举增强了政府决策的透明度,构建了一个民众更广泛参与的民主政治格局,有利于促

---

[1] 中共杭州市委和市政府2004年开始为选拔职能部门负责人而引入了一种新的更有活力的、透明的程序。截至2012年,有超过110个职位向"专家"和地方党代会代表、政协委员以及公众开放。

[2] Duckett J. and Wang H., "Extending Political Participation in China: New Opportunities for Citizens in the Policy Process", *Journal of Asian Public Policy*, 2013, 6 (3): 263 - 276.

使社会和谐运转，增进公众福祉。对公众而言，开放保障了公众知情权和参与权，增强了公众对自身尊严和价值的认识，是人民当家作主的体现。对地方政府而言，开放不仅有助于通过畅通利益表达渠道而更深入了解民情、更广泛集中民智，使公共政策建立在最广泛民意基础上而提高决策的合法性；而且通过给各种利益主体搭建了一个更广阔的协商和对话平台来使政府决策获得广泛的社会认同和理解，有利于提高政策执行的有效性。杭州的政府常务会议能够得到市民的认可，主要得益于以下三个"透明"：一是会议程序透明。根据杭州市政府的要求，决定会议直播前，会议议题的相关材料将发布在门户网站上供市民查阅，市民只需登录"中国杭州"政府门户网站，不仅可以观看市政府常务会议，还可通过同时开通的政务论坛以发帖等方式将自己的意见和建议提交会议参考，实现与政府决策同步。二是会议互动过程透明。与会的人大代表、政协委员和市民代表都享有平等的意见表达权，在直播背景下可以公开发表自己支持或反对某项政策的理由；其他市民可以通过市政府网站论坛或视频连线模式参会，参与会议讨论、发表评论、提出意见建议；决策过程高度公开透明。三是官方对市民的回应过程透明。市民若有什么好的意见和建议的话，可以提前登录网站、在会议中通过网络发表自己的观点。网民的这些意见建议将在会前在政府决策过程中得到相应的回应，或会后一周内由工作人员整理好一一回复。由于从各种渠道表达出来的市民意见，都能及时得到政府部门的回应，市民从政府部门的认真态度和行政效率中，增强了对政府的信任度和对政策的认同感。

（2）开放式决策中的决策事项事关民生

《杭州市政府开放式决策程序规定（草案）》，提出市政府的七类事项今后将进行开放式决策，扩大公众有序参与。这七类要开放式决策的事项主要包括：拟提交市人代会审议的政府工作报告；城市总体规划、重点专项规划；重要的地方性法规草案、政府规章草案；事关群众切身利益的重要改革方案与公共政策；群众日常办事服务和社会公共服务事项等的重大调整；涉及群众生产生活的重大公共活动、重大突发公共事件应对方案；市长提出的其他重大事项。基于决策事项的专业性、利益相关性、社会关注度以及决策成本和效能等的考虑，杭州市政府常务会议的议题基本来源于民众，与社会民生问题密切关联。在实际操作中，一方面，杭州市政府通过市人民建议征集办公室向社会公开征集为民办实事项目方案、意见或建议，然后从所收集的公众建议中确定公众密切关注的"七难"问题，并纳入政府的议事日程；另一方面，杭州市政府主动引入公众参与与公众利益密切相关的重大行政事项，如杭州市数字化城市管理、杭州市政府信息公开、杭州市城市地下管线建设管理条例等决策事项。在具体的实践活动中，已推行开放式政府决策的议题"主要集中在上述与民生关系比较直接的问题上。另外，议题内容逐级上升，从早期主要集中在柴米油盐、生老病死等基本生活需求层面，到后来开始关注背街小巷改造、庭院楼宇改善、安居乐业政策等利益攸关重大决策，直至进入到政府常务会议参加涉及产业规划、人才管理、西湖申遗、农业科技、交通规划等事关杭州中长远发展的重大政务议题的讨论"①。

(3) 开放式决策中的公众参与广泛

公众广泛参与是"开放式决策"的核心，不管是决策动议阶段还是决策作出阶段，公众都有基于决策事项而提出自己意见或建议的权利，而政府部门则有义务对其进行审查和参考，甚至采纳，从而充分保障开放式决策中公众的参与权，以实现政府决策民主化。② 在决策动议阶段，公众、法人或其他组织可以通过建议的形式向政府相关部门提出决策事项，并经相关部门审核是否启动开放式决策程序。在决策作出阶段，公

---

① 杭州市委党校课题组：《政务决策民主化的持续创新》，载《中共杭州市委党校学报》，2009年第1期。

② 胡业勋：《论开放式决策中的公民意见抉择》，载《中共四川省委省级机关党校学报》，2014年第2期。

众可以通过市民代表的形式直接参与到政府决策常务会议中，或者通过网络视频直播与网络论坛等形式对政府决策提出意见和建议，政府常务会议对相关意见或建议进行审议之后作出行政决策，从而保障公众对决策事项的参与性。具体而言，这种公众广泛参与体现在：①参与决策事项的广泛性。杭州的"开放式决策"开放事项上至市政府常务会议的重要决策，下到社区改造中停车位的规划、墙面的颜色等零碎小事。时任杭州市市长蔡奇在第30次政府常务会议上说，"老百姓有权知道政府在干什么，要最大限度把群众呼声体现到政府决策中"，"凡是涉及百姓利益的建设工程、实事项目、政策措施、都要向群众公开，具体的实施过程，也要努力让群众了解和参与，充分尊重群众的民主权利"。① ②参与主体的广泛性。根据《杭州市人民政府工作规则》，市政府常务会议"根据需要可安排或邀请有关人员列席会议"。这里的"有关人员"主要包括：政府部门负责人、人大代表与政协委员、专家和市民代表等。邀请什么对象列会，取决于决策的性质与类型。按照常规，与决策事项起草、审查、执行、管理、监督等直接相关的部门负责人，一般应当列席；研究涉及国家安全与涉密的或特定社会敏感性事项的决策，只能安排政府部门负责人列会；如果决策事项涉及拟提交人代会审议的政府工作报告（征求意见稿）、城市总体规划、重点专项规划、重要的行政法规、事关群众切身利益的重要改革方案与公共政策、群众日常办事服务和社会公共服务事项的重大调整、涉及群众生产生活的重大公共活动重大突发公共事件应对方案等，则安排或邀请人大代表与政协委员、专家和市民代表等列会。例如，在2008年7月8日杭州市人民政府举行的第30次常务会议上，3名市人大代表与3名市政协委员应邀列席会议，6位市民代表应邀列席会议，6名市民通过视频连线参会发表意见。③参与方式的广泛性。就杭州开放式决策的发展历程看，市民参与决策主要

---

① 《民生问题让老百姓自己来做主》，载《杭州日报》，2008年9月1日。

表现出有序演进的特点。从起步阶段通过市长电话、信访投诉、单位发言、社区听证、街头巷议等基层民主平台参与，到逐渐发展为通过专家咨询、满意不满意评比、人民意见征集、对公示项目评议等提升的民主渠道参与，直至市民直接进入到杭州最高决策层次的政府常务会议参与。在议程设立环节，政府则采用公众调查、由公众发起的接触两种公众参与形式来提出决策事项；在方案设计与论证环节，政府采用公众听证会、专家咨询、公众会议、协商会的参与形式来从外部输入公众、专家学者、利益团体的意见或利益偏好；在方案抉择环节，政府大胆引进公众代表列席市常务会议，开展政府与公众间的公开讨论、协商，回应公众意见。①

概言之，在杭州市开放式政府决策所规定的整个公共政策制定过程中，市政府根据公共政策制定过程的不同阶段的不同特性，采取不同的公众参与形式，构建政府与公众间的多重关系。开放式决策使市民不仅可以参与政府决策过程，而且能够通过政府领导的及时、真诚回应，使其切身感受到自己的权益、自己的声音受到尊重，这种参与是实实在在的，是有效参与。这种效果反过来又激励了公众参与的热情，在相当程度上使人民当家作主这一基石性政治原则得以落地。

### (二) 行政决策咨询制度创新及其意义

**1. 行政决策咨询制度及其面临的挑战**

行政决策咨询制度是指各级政府制定的关于依靠专家群体进行行政决策的咨询、论证活动，以提高政府决策质量，保障决策科学化、民主化的规则体系。② 一般而言，这种行政决策咨询制度的参与主体是专家

---

① 王雁红：《公共政策制定中的公民参与——基于杭州开放式政府决策的经验研究》，载《公共管理学报》，2011年第3期。
② 姜晓萍、范逢春：《地方政府建立行政决策专家咨询制度的探索与创新》，载《中国行政管理》，2004年第2期。

群体。通过有效开放的决策咨询制度，将智库和专家对公共政策的前期战略分析、中期考核和后期绩效评估意见有效纳入公共政策的制定和实施过程，有助于保证公共政策和治理方案的科学性和民主化。

1986年，时任国务院副总理万里关于《决策民主化和科学化是政治体制改革的一个重要课题》的讲话被《人民日报》全文刊出，标志着中国以科学民主决策为目标的体制改革的开端，行政决策专家咨询论证制度也由此兴起。近年来，党和政府日益重视政府决策中专家论证制度的建立与完善。党的十六大报告要求"完善专家咨询制度，实行决策的论证制和责任制，防止决策的随意性"；十七大报告明确提出"推进决策科学化、民主化，完善决策信息和智力支持系统"；十八届三中全会通过的《中共中央关于全面深化改革若干重大问题的决定》进一步明确提出："加强中国特色新型智库建设，建立健全决策咨询制度。"2014年10月，中央全面深化改革领导小组第六次会议审议了《关于加强中国特色新型智库建设的意见》，提出要从推动科学决策、民主决策，推进国家治理体系和治理能力现代化、增强国家软实力的战略高度，把中国特色新型智库建设作为一项重大而紧迫的任务切实抓好。经过30年的建设和探索，这一制度已经初步成形，我国目前没有专门的法律或法规来规范行政决策专家咨询论证制度，但四川、湖南、广东等省已经出台了地方性法规、地方政府规章以及行政规范性文件，比较详细地规范了专家在行政决策中的地位、作用、权利和义务。如《四川省人民政府重大决策专家咨询论证实施办法（试行）》（川府发〔2004〕33号）、《成都市重大行政决策事项专家咨询论证办法》（成府发〔2004〕44号）、《武汉市人民政府重大行政决策事项专家咨询论证办法（试行）》（武政〔2006〕18号）、《长沙市人民政府重大决策专家咨询论证评估制度》（长政发〔2007〕8号）、《广东省重大行政决策专家咨询论证办法（试行）》（粤府办〔2012〕37号）。

目前，我国政府决策咨询机构从数量来说主体是以官方或半官方咨询机构为主，民办咨询机构作为补充。官方咨询机构主要是指体制内的，隶属于各级党政机关的各种研究机构，比如国务院发展研究中心、中央政策研究室；半官方咨询机构主要是指隶属于高校或各种学会、协会单位的咨询机构，比如中国社会科学院等；民办咨询机构，主要是从事决策研究的一些民办企业，具有较大的独立性，比如上海法律与经济研究所、中国与世界研究所等。我国专家组织形式的类型有：

（1）以高校、科研院所为主要基础的专家论证机制。政府外部的专业型研究咨询机构，如从中央到地方的各级科学院、社会科学院，以及大专院校和科研院所等，均属于国家的事业单位序列。

（2）社会化、企业建制的咨询公司机制，民间咨询研究组织往往以企业形式或非政府组织形式登记注册；咨询公司组织形式更专业化也更易于明确承担责任。主要是向各类企业提供咨询服务，同时也会接受各级政府部门的聘请，对某区域经济、社会发展等问题出谋划策。

（3）行政化甚至是政府机关形态或事业单位形态的咨询机构机制，比如市委或者人大中设立的政策研究室。

（4）专门委员会形态。其典型形态是决策咨询委员会。陕西省以及杭州市、长沙市等省或城市地方政府先后设立决策咨询委员会。

在公共政策过程中引入专家咨询制度，是借助于专家学者的专业知识和科学精神使各项活动、政策得到技术保证或取得公信度的制度性措施。现代公共决策中的专家咨询制度既是专家参与公共决策的制度化方式，又是公共决策合法性的技术来源。① 因此，建立健全行政决策咨询制度有利于改善政府现有公共决策结构，强化专家角色和专家知识的重要性，有利于推动决策专业化和科学化并强化公共决策的正当性。但是，我国决策咨询制度建设方面仍存在一些不足，主要表现为：专家参

---

① 赵万里、李艳红：《专家体制与公共决策的技术—政治过程》，载《自然辩证法研究》，2009年第11期。

与咨询论证的执行力较弱，有时甚至需要在很短的时间内对其专业以外的领域进行评价和判断，无法突出发挥其专业性；有时由于缺乏备选方案，专家咨询并不能产生实质性的效果。① 在实践中，专家咨询论证受到主客观诸多方面限制而未能起到预期作用，也未实现行政决策科学化的目标。理论界、实务界和公众均发现，许多经过专家咨询的决策仍难逃"失败"命运，本应体现科学精神的专家咨询和论证成为"走过场"与"专家秀"。更有报道提出"专家俘虏""专家管见""专家越位"这三种"专家失灵"的表现。"专家俘虏"是指由于专家咨询相关配套制度的缺失，导致专家咨询理论缺乏相对独立性；"专家管见"就是专家由于诸多因素的限制，使得其所提供的意见存在一定的局限性；"专家越位"是专家对其专业以外其他领域进行评价和判断而丧失了专业性。② 伴随着专家咨询的"空洞化""符号化"，公众对于这一制度的认可与信任度呈现出明显的下降趋势，"专家秀"和"砖家"的称呼反映出公众对专家咨询实践的切身感受。

此外，对于专家的过度依赖，有可能过分地削弱其他参与者的参与权，特别是公众在决策过程中的话语权，从而导致决策"正当性"的降低。现代公共行政实践表明，公共决策越来越依赖于"技术""专业性知识"等理性化要素，而传统正当程序所能提供的程序公正、平衡参与、"利益代表机制"以及"利益偏好的充分表达"等制度手段则对于这些诉求无能为力。这是因为以"现代性"和"技术理性"为核心的公共政策过程，强调理性、技术和专业知识的"技术路线"，把专家和决策精英的作用推到一个核心的地位，公众性缺失的"技术路线"不仅对公共决策的质量造成了许多负面影响，而且损害了公共决策的公共性和民主性。③ 因

---

① 陈雅莉：《建立健全决策咨询制度的思考》，载《江西日报》，2016年7月4日。
② 参见徐文新：《公共参与中的专家失灵》，载《中国日报》，2013年4月19日。
③ ［英］克里斯托弗·胡德：《国家的艺术：文化、修辞与公共管理》，彭勃、邵春霞译，上海人民出版社2004年版。

此，20 世纪末以来，在西方公共行政领域中出现的被称为政策分析的"辩论转向"思潮，就要求打破"知识—权力"垄断体制，重新寻找政策制定中的民主要素。① 近年来，此起彼伏的邻避冲突事件不断暴露出"专家理性"与"公众理解"之间的巨大落差。简而言之，专家咨询制度不再能够当然地通过"理性化"获得"正当性"。"由于专家知识的理性限度、专家自身的利益诉求、专家角色的越位等情形，'专家充权'必须与'公众充权'同步进行。"② 专家咨询制度需要通过一种吸纳公众参与的体制结构和过程才能满足公共决策民主正当性的需求。更重要的是，在决策形成过程中，"公众判断"始终是"专家判断"的重要参照系。当专家和公众发生认知冲突时，决策者将不得不重新检视专家意见的"理性化"水平。咨询过程中的专家承担着说服公众接受自己观点的任务，而这一说服过程也意味着知识的扩张和理性的提升。③ 因此，有学者认为："公共政策科学向来是以专家为导向的，也就是说公共政策制定是专家们的事，但是 20 世纪 80 年代以来，这种导向的公共政策科学有了新的变化，其表现是将公众引入公共政策的制定过程中。"④

**2. 广州的公众监督咨询委员会制度创新**

（1）同德围整治⑤

同德围位于广州市西北角，常住人口近 30 万，但长期以来只有双向四车道的西湾路和西槎路贯穿"围城"南北，居民出行之路被称为

---

① Frank Fischer and John Forester, *The Argumentative Turn in Policy Analysis and Planning*, Duke University Press, 1993, p. 36.
② 同上。
③ 参见王锡锌：《我国公共决策专家咨询制度的悖论及其克服——以美国〈联邦咨询委员会法〉为借鉴》，载《法商研究》，2007 年第 2 期。
④ Simon C., "Deliberative Democratic Theory", *Annual Review of Political Science*, 2003, 78 (5): 307–326.
⑤ 刘怀宇：《"同德围模式"破冰邻避现象：起承转合四部曲》，载《南方日报》，2012 年 9 月 18 日。

"华山一条路","痛得威"即由此而来。因此,同德围亟须建设另外一条贯穿南北的通道。但同德围居民复杂,历史遗留问题多,如何平衡各方利益,让治理措施得到当地居民的支持,成了摆在广州市面前的一道难题。

2012年2月26日,同德围地区综合整治工作咨询监督委员会(简称咨监委)成立,对《同德围地区综合整治工作方案(征求意见稿)》广泛征求并收集居民的相关意见。广州市政协委员韩志鹏被推选为该委员会主任,这也是广州首次在专项工程中成立专门的社会监督机构,成员包括人大代表、政协代表、居民代表、企业代表、越秀区矿泉街和荔湾区西村街代表、媒体代表等共计37人,其中,居民和原住村民占总人数的78%,近八成为直接利益相关人。①

2012年3月,曾从事建筑设计工作多年的退休工程师何世江向咨监委提出设想:沿石井河边建设一座高架桥,解决同德围南北通行问题。3月18日,时任广州市市长陈建华来到同德围开座谈会,听取咨监委代表意见,咨监委代表郭文峰转达了何老伯建设高架桥的建议,被称为"西线"方案。4月2日,陈建华坐船沿着石井河实地考察后,认为方案具有可行性。

然而,这一方案却遭遇一些专家和沿途小区居民的反对。在2012年4月20日左右的一次座谈会上,有专家认为,西线方案可能影响到石井河的生态建设,方案设计的6个上下出入口拆迁量太大,很难落地。周边居民担心高架桥项目会对他们产生不良影响而更是强烈反对这一项目。在讨论碰撞过程中,有专家和居民提出了"东线"方案。

2012年4月29日,同德围9项工程开工仪式结束后,陈建华又召集相关部门召开现场调研会,就高架桥东线方案进行讨论。在讨论中,"东线"方案获得了大多数与会人士的赞成。广州市建委、市规划局等

---

① 杨进:《一场真实的城市突围战》,载《广州日报》,2014年4月23日。

部门在多次踏勘现场的基础上,听取和书面征得铁路、同德围地区综合治理工作咨询监督委员会、同德街道办事处、沿线各村民委员会以及部分居民代表等各方面意见,最终制订了2个沿新市涌修路的"东线"方案,并于5月30日起正式向公众征求意见。

但是,"东线"方案规划立即引发了唐宁花园业主们的争议与反对。在如潮的反对声中,政府部门选择了认真倾听并耐心解释。在了解了更为详细的方案后,唐宁花园的业主们逐渐接受了"东线"方案。

2012年6月30日,时任广州市建委主任侯永铨就同德围东线高架桥方案组织召开了首场座谈会,向同德围居民和同德围咨委会征求意见。高架桥方案最初的东、西两个方案,在经比较论证后,原则上同意采用东线方案。而东线方案又有穿越北站货场和绕行北站货场两个方案。越秀区矿泉街瑶台村沙涌南经济合作社的2000余名社员建议采用绕行方案,坚决反对穿越货场方案。他们还提出了沿着铁路修建高架桥的第三种方案,并表示如果采取此方案,将帮助协调货场进行部分搬迁。很快,广州市建委将居民提出的第三种方案也纳入了考虑范围之中,设计单位就沿铁路建高架的方案作了一个初步设计。

2012年7月14日,市建委再次就同德围南北高架桥三个方案召开了座谈会。座谈会上,设计单位认为,第三方案需拆迁大量房屋,实施难度极大,工程费用很高,而且铁路上列车装卸会使道路交通中断,对同德围地区的交通能力和西槎路的分流能力较低。绕行货场的方案是设计单位认为最安全,实施难度最小的方案。6月30日的座谈会后,设计单位对绕行货场的高架设计方案作了一些修改。然而,修改后的绕行方案仍然不能得到白云区政府、同德围街办以及同德围当地居民代表的支持。而大多数人支持的穿越货场方案在越秀区矿泉街瑶台村居民看来是最难接受的。当天的协调会由于各方分歧太大,最终还是不欢而散。

面对挫折,广州市建委并未放弃,而是继续组织人员对方案进行完善,并继续和当地政府一起,耐心地与当地居民沟通。自2012年7月

14日后,市建委组织了多场协调会,长时间的沟通终于取得了成效。9月2日,广州市建委又一次征求同德围高架桥方案意见,这次15名代表都提出了建设性的改善建议。最终,经过闭门投票,参加当天沟通会的28名咨监委成员和沿线群众代表全票通过,一致同意新修改的方案。2012年9月5日至14日,修改后的同德围南北高架桥工程建设方案进行第二次公示,进一步征求并吸纳群众意见。经市政府同意后,高架桥将进入实施阶段。

同德围公咨委在成立之后,很快搜集到了1000多条街坊意见,形成包括新建高架桥、医院、学校、公园、地铁等一共10个整治项目,政府在实施这10个项目的过程中,碰到有居民维权的,公咨委很快就协调化解了。在同德围整治中,"公咨委不仅为政府与民众之间的协同合作搭建了平台,更有效地协调了民众内部的多元利益诉求"。因此,政府与民众初步实现良性互动,同德围地区的居民作为直接利益相关者有了一个表达意见的渠道,一改过去都是政府单方面主导、公众被动服从的局面。①

（2）同德围模式的推广

近年来,广州市政府在反思既有城市治理中因排斥公众参与而陷入治理困境的教训,并总结同德围整治中公众监督咨询委员会成功运作经验的基础上,决定建立健全公众监督咨询委员会（以下简称公咨委）制度。2013年3月11日,《广州市重大民生决策公众意见征询委员会制度（试行）》在广州市第14届58次市政府常务会议上通过,该制度强调要尊重并保障公众的知情权、参与权、表达权、监督权,将问需于民、问计于民、问政于民作为政府决策过程的必经环节。3月11日下午,广州市政府强调今后全部重大民生决策事项均需成立公咨委,通过公咨委充分征询民意是政府再决策的必经环节。2015年8月,广州市政府在《广

---

① 张凯阳:《同德围整治要成"模式",还需继续创新》,载《新快报》,2012年3月24日。

州市重大民生决策公众咨询监督委员会工作规定的通知》中详细规范了公咨委组建、委员如何产生、其权利与义务等。2015年12月，《广州市城市更新办法》为了保障公众在城市更新中的知情权和参与权，明确规定旧城镇更新涉及重大民生事项时可以设立公咨委。

  从广州市政府相关制度设计来看，公咨委制度的具体内容包括：第一，明确公咨委的目的是征询民意。为了实现决策过程中问政、问需、问计于民，广州市规定政府重大民生决策时必须成立由市民代表（包括有利益关系的市民或团体代表）组成的公咨委，讨论政府拟议的决策事项。作为公众知情权、参与权、表达权、监督权实现的制度化平台，公咨委的讨论意见是政府决策的重要参考。第二，规范了公咨委的组成与运行。公咨委遵循"一事一会"原则，成立于决策事项拟议阶段而终止于决策完成之时。每个不少于15人组成的公咨委由专业人士、直接利益方和市民的代表以及人大代表与政协委员构成，成员对相应决策事项享有知情、参与和独立自主地表达意见等权利。第三，明确了公咨委讨论的重大民生决策具体事项。包括：政府制定与调整提供基本公共服务保障重大政策措施；政府保障重要民生事项的财政资金安排及社会筹集资金使用方案；涉及公众利益的重要区域（专项）规划、重大城乡基础设施建设以及涉及公众切身利益（如土地利用、征地拆迁、环境保护、劳动就业、社会保障、人口计生、文化教育、医疗卫生、食品安全、住房保障、交通运输、城市管理、社会治安等）的政策制定与调整；其他与公众利益密切相关且社会涉及面广而需要征询民意的民生事项；市民提议设立征询委员会且经政府主办部门同意的其他事项等被明确为必须经过公咨委讨论后再决策的重大民生决策事项。第四，充分保障公咨委委员权利。为了确保公咨委有效运转，委员享有完整知晓与拟议决策事项的相关信息、收集并如实反映各利益相关群体的意见和建议、与政府主办部门会商讨论与决策事项相关的议题、督促政府主办部门充分听取和吸纳市民合理意见和建议、向媒体和社会公众通报并说明相关情况等权利，但政府主办部门明确暂时不宜公开的信息除外。①

目前，广州大规模的城市更新领域正在运作的"公咨委"包括白云区的（金沙洲、罗冲围和同德围）公咨委、花都区城市废弃物处理公咨委、市城市废弃物处理公咨委、越秀区东濠涌（中北段）综合整治工程公咨委、市重大城建项目公咨委等。在由144名委员组成的城建领域公咨委中，占比最高的是46.53%的市民代表，其次是占23.61%的利益相关方代表、占比15.28%的专家学者和占比14.58%的人大代表与政协委员。② 这一人员构成结构既突破了既有的地方政府行政决策专家咨询制度③，又与大部分主要由专家和官员组成的作为地方党委政府决策智囊的决策咨询委员会差异明显④，也迥异于主要由社会精英和专业人士构成的佛山市顺德区"决策咨询委员会"⑤。

显然，广州市的公咨委作为衔接政府部门与公众的重要平台，为直接利益相关者提供了一个表达意见的制度化渠道，一改过去都是政府单方决策、公众被动服从的局面⑥；既满足了政府了解民意需求，又满足了公众有序参与的意愿。在运作实践中，公咨委实际上是由公共政策议程中各利益方组成的一个协调各方利益诉求的议事协调机构，通过"收集意见、过程监督、协调矛盾、工作评价"，为政府与民众互动搭起了一座沟通之桥。如今，部分公咨委已经取得了不俗成效：在同德围公咨

---

① 《广州市人民政府办公厅关于印发广州市重大民生决策公众意见咨询委员会工作规定的通知》，载《广州市人民政府公报》，2018年5月10日。
② 魏凯、梅雪卿：《广州公咨委："草根"发声参与城市管理》，载《南方都市报》，2015年1月6日。
③ 姜晓萍、范逢春：《地方政府建立行政决策专家咨询制度的探索与创新》，载《中国行政管理》，2005年第2期。
④ 罗亦非：《论强化行政决策咨询》，载《社会科学战线》，1999年第6期。
⑤ 朱亚鹏：《协商民主的制度化与地方治理体系创新：顺德决策咨询委员会制度的经验及其启示》，载《公共行政评论》，2014年第2期。
⑥ 张凯阳：《同德围整治要成"模式"，还需继续创新》，载《新快报》，2012年3月24日。

委的成功运作下,广州市政府实施了解决当地居民困顿局面的10项整治项目;金沙洲公咨委则使得解决民生难题的16项基础设施项目在当地成功落地;重大城建项目公咨委的成功运作既启动了搁置10年之久的广州大桥拓宽工程,又使修建广州第二条BRT被搁置。① 2014年11月,广州"公咨委"制度获"中国法治政府奖提名奖"。② 一方面,公咨委制度无疑有助于促进决策民主化。公咨委不仅为公众有序参与城市治理搭建了平台,而且通过协调民众内部多元碎片化利益诉求,使其能被行政决策系统有效吸纳,在运行中逐步拓展出信息渠道、协商平台、共治主体等职能。③ 另一方面,公咨委制度实现了决策科学化与民主化融合。在广州市公咨委运行过程中,公众代表与专家代表同台议政发生认知冲突时,专家的"理性化"水平与公众的"有限理性"都会被重新检视,专家与公众也必须相互"说服",这无疑是一个知识扩张和理性提升的运作过程。④

(3)公咨委促进了参与式决策创新

一方面,广州市的公咨委制度至少在三个层面凸显出参与式决策创新的基本要义:第一,促进信息公开赋权于民。近10年来,尽管政府信息公开的力度不断加大,但政府所公开的政务信息仍然十分有限,真正触及公众利益的政策信息公开少之又少,并且不易查找。而广州市公咨委的有效运行,不仅让普通市民有机会参加有关城市治理的会议,而且让公众有了获取相关信息并深入参与城市治理的权利。公众借助于公

---

① 魏凯、梅雪卿:《广州公咨委:"草根"发声参与城市管理》,载《南方都市报》,2015年1月6日。
② 黄少宏:《广州"公咨委"制度获"中国法治政府奖提名奖"》,载《南方日报》,2014年12月10日。
③ 赵竹茵:《协商民主在基层治理中的一个案例:同德围公咨委的设立及运行》,载《江汉论坛》,2015年第11期。
④ 王锡锌:《我国公共决策专家咨询制度的悖论及其克服——以美国〈联邦咨询委员会法〉为借鉴》,载《法商研究》,2007年第2期。

咨委制度可随时查询相关资料、参加调查和讨论、深入了解政府事务，这不仅有利于公众获得大量与自身利益相关的城市治理信息，而且能参与到政府公共决策过程之中。第二，将公众参与置于正式决策之前。在既有地方政府公共决策实践中，往往是在政策规划草稿、政府规章草案、预算方案、公用事业价格调整方案被地方政府确定后，才向社会公布以征求公众意见和建议，而很少吸纳公众来广泛参与方案、草案制定。与之相比，广州"公咨委"制度的建立至少有两个方面突破：一是在公共决策初始阶段就开始广泛征询民意，二是由普及版的草案公示升级为由"公咨委"与市民直接沟通后再向政府提供决策参考意见。① 第三，为公众参与提供了制度化平台。在广州，公咨委由来自社会各阶层的代表组成，其中必须有责任相关方及不能少于三分之一且不能多于五分之二的利益相关方代表，每位委员拥有平等投票权。公咨委在充分讨论的基础上，采用票决制并按"绝对多数决"形成由全体委员签名的最终表决意见，递交广州市政府。公咨委使公众能有序参与到城市治理进程之中。近年来，广州不断加快的城市更新中面临着各怀"诉求"的利益相关方：政府希望通过城市更新提升城市环境面貌和产业转型升级、参与城市更新的开发商希望获得丰厚回报、更新后入驻的创业者希望租金便宜和配套服务完善、原业主盼着有可持续的收入而附近民众希望通过更新改善居住就业环境和传承历史传统文化。而公咨委提供的制度化平台使各个利益相关方都能参与到城市更新之中，多方利益协调诉求通过公咨委协调得到了有效的解决，促进了城市治理民主化。

另一方面，公咨委制度促进了决策科学化与民主化的融合。在广州公咨委制度中，公咨委组成人员既包括专家又包括市民，本身就是一个公众与专家沟通互动的制度化平台。公咨委问政过程中往往充满着讨

---

① 丁建庭：《"公咨委制度"也需要"2.0版"》，载《南方日报》，2015年8月7日。

论、辩解、争吵，甚至中断。① 如在同德围改造中，当时广州市建委提出的三个方案在会上全部被否定，经过公咨委和政府相关部门的再次协调和三轮近十次协商后，才最终同意了南北高架桥方案。在公咨委的不懈努力下，同德围改造中的工程人员最终决定将离居民住宅区最近的4个桥墩向外挪10—15米，还帮助所有20多户维权居民安装了隔音窗，甚至请来了房屋鉴定机构对所有维权居民的房屋安全进行鉴定，承诺一旦这些房屋出现安全隐患，居民可以凭这些鉴定进行索赔。就这样，工程在停工两个月后又顺利复工了。因此，广州市公咨委制度的核心就是民主协商，通过多方互动，以公共利益为导向，通过对话、交流与讨论，吸纳各方意见，相互作出妥协，充分考虑大多数人意见并照顾少数群体正当利益，协商形成共识。②

## 第二节 参与式预算

### 一、参与式预算的含义

参与式预算源于巴西的实践，20世纪80年代后期以来，拉美地区的左翼政党为了扩大公民权、追求社会公正和推动政府管理体制改革，实施了参与式预算。此后，欧洲扩散的分权合作运动，以及一场别开生面的传播拉美城市城镇化管理的全球化运动，最终也促成了参与式预算在欧洲的诞生。这些参与式预算运动致力于让公众在公共建设项目中，通过年度公众会议（开放但受管理）的组织，参与当地政府决策、行使

---

① 骆昌威：《广州推行"公咨委问政"我们点菜政府做菜》，载《广州日报》，2013年12月23日。
② 赵瑜、郭颜：《韩志鹏：公咨委里的群众代言人》，载《中国政协》，2016年第1期。

预算项目的优先权，其他公民参与的工具也为这一预算过程中的合作——分享的选择权被正式应用到政府规划（预算计划、公共工程和服务计划）中，并逐步为扩大公众参与提供了有力支撑。① 作为一种民众能够决定部分或全部可支配预算或公共资源最终用处的机制②，参与式预算使公众能够直接参与预算过程，讨论制定公共预算和使用财政资金，合理确定资源分配、社会政策和财政支出的优先次序，并监督公共支出。

20 世纪 80 年代末，巴西率先进行了参与式预算实践。随后，许多国家都兴起了"参与式预算"的潮流，这一潮流表明，只有让公众积极主动并且有序地参与到预算中来，才能真正体现出人民主权的思想，整个财政预算过程才能更加透明、公开，公共资源的分配才能更加公平、合理，财政效率才能更加提高。由于参与式预算是从基层启动的，所以不同的国家不同的地区所实施的参与式预算制度存在着很大的差异，所以对参与式预算的界定没有一个普遍适用的概念。

国际行动援助组织对参与式预算的解释是：参与式预算就是在公共预算的各个阶段（制定、审批、执行和评估），采用有效的创新方法，加强公众对预算的参与，创造公众参与的环境和机制，注重公众参与的能力建设。参与式预算不仅能增强现有治理结构的公信力和透明度，更能提高政府提供公共产品和服务的绩效，有效调和不同社会群体间的利益差异，增强政权的合法性，促进和谐善治。维斯·辛特马（Yves Sintomer）认为参与式预算有五个基本的特征：（1）参与式预算涉及如何分配有限的资源，讨论主题围绕财政或预算方面进行；（2）必须是在市一层级进行或在一个拥有选举团体并对行政当局有一些影响力的层级进行；（3）它必须是一个重复进行的过程；（4）这一过程在特定会议或论

---

① 董石桃：《欧洲参与式预算的目标与模式——基于法、德、西、意四国的总体考察》，载《党政研究》，2016 年第 5 期。
② 陈家刚：《参与式预算的兴起与发展》，载《学习时报》，2007 年 1 月 29 日。

坛内必须包括公共协商，即行政当局与参与者就预算问题进行共同协商；(5) 参与者必须对结果承担一定的责任。①

在中国实践中，推行参与式预算的直接动因是为了使政府预算编制公开、透明、公平，强化预算监督，提高财政资金的使用效率，促进公共利益最大化。② 基于当代中国的地方实践，何包钢认为可以从三个角度来看参与式预算改革：从行政角度看，参与式预算是通过公众和人大代表审查预算分配，对项目重要性进行排序，其原则是预算透明和公共资源的有效使用，是一种建设行政民主的步骤和方法；从政改角度来看，它是引入地方民主的途径，主要目标是完善地方人大制度。因为参与者不但包括普通公民，还包括先前被排斥在预算进程之外的人民代表。中国人大代表参加审查、监督预算既合理又关键；从公众角度来看，参与式预算是公众表达自己偏好和意见的机制，是一种公众和NGO审查、决定、监督预算的原则、程序和过程。③

参与式预算的运行机制包括：(1) 预算公开机制。确定预算公开的平台、方式、范围、标准等。(2) 公众参与预算过程机制。在预算管理的各环节确立相应的公众参与机制，分别由行政机构、立法机构和审计机构负责确立。(3) 公众外部监督机制。公众提出质询、质疑、建议等渠道和方式。(4) 反馈机制。政府各相应机构对公众参与提出的意见、建议等作出反映，包括答复、应用、整改等，并就这些行为知晓公众。④

实施参与式预算需要一系列基本条件：第一，行政首长和其他决策者具有比较明确的、推进改革的政治意志；第二，成熟的社会组织是决

---

① Yves Sintomer, Carsten Herzberg, and Anja Roecke, "Participatory Budgeting in Europe: Potentials and Challenges", *International Journal of Urban and Regional Research*, 2008, 32 (1): 164 - 178.
② 陈奕敏：《聚焦：参与式预算的路径与前景》，载《学习时报》，2015 年 1 月 4 日。
③ 何包钢：《近年中国地方参与式预算试验评析》，载《贵州社会科学》，2011 年第 6 期。
④ 王银梅、黎昕、翟晓琳：《我国政府预算公开中公众参与的不足、成因及对策》，载《地方财政研究》，2018 年第 2 期。

定性的；第三，预算讨论的额度、阶段、时限和决策规则，责任、权威和资源的分配方式，以及参与式预算委员会的构成等由民众决定；第四，民众和政府官员在公共预算方面的能力和意志；第五，信息能够通过各种可能的途径广为传播；第六，民众确定需求的优先性。①

参与式预算，不仅是预算公开的可靠路径，也是现代国家治理的应有之义。一方面，可以提升社会公众的税收遵从度，降低政策推进成本；另一方面，也可以通过公众参与预算决策，政府与民众进行更充分的协商沟通，优化资源配置，使预算结构更好地回应公众诉求，赢得公众的广泛信任，推进预算民主化进程。②

## 二、当代中国参与式预算的发展

进入 21 世纪以来，随着中国政治经济体制改革的不断深入，大力推广构建服务型政府的趋势下，广大民众要求政务公开、经济民主、公众知情等愿望日益强烈，开始关注政府财政支出的绩效性，提出参与预算改革的要求。为此，浙江温岭市、江苏无锡市、黑龙江哈尔滨市、上海闵行区、河南焦作市、四川巴中市白庙乡、安徽淮南市、广东佛山市顺德区、云南盐津等地方政府持续推进参与式预算的创新试验。

综观各地参与式预算，可区分为三种类型：以河南焦作市为代表的参与式预算，通过信息公开、部门申报、财政会审、民意测评、专家论证、社会听证、人大审查以及审计监督等 8 个环节的串联，打造出公众参与并与地方政府良性互动的环境和机制。③ 而江苏省无锡市的参与式

---

① 陈家刚：《参与式预算的兴起与发展》，载《学习时报》，2004 年 3 月 25 日。
② 任晓兰：《地方预算公开是国家治理现代化的基本要求》，载《民主与法制》，2018 年第 5 期。
③ 赵辉、孙善臣：《焦作打造参与式预算的区域样本》，载《中国财经报》，2011 年 9 月 21 日。

预算创新侧重于事关民众切身利益的公共项目建设,政府将拟实施的公共服务建设项目方案和预算草案向民众公布,由民众代表投票决定项目的取舍和优先发展次序,并全程参与监督预防腐败。在浙江温岭市的"参与式预算"创新中,民众以民主恳谈为主要形式参与政府预算编制,人大审查与修改预算草案,使预算资金分配更加公平、合理。① 参与式预算的实践在客观上有助于基层社会治理的优化和民主进步,因为推行参与式预算有助于缓解地方政府与民众利益冲突、减少民生类信访、降低维稳成本。② 从既有创新实践来看,参与式预算使地方政府预算编制公开、透明、公平,强化了预算监督并提高了财政资金使用效率,促进了公共利益最大化,客观上也有助于优化地方治理。

### (一) 中国参与式预算创新的特点

相关研究显示,当代中国参与式预算创新具有如下特点:

**1. 总体呈渐进式推进**

国内参与式预算实践的发展总体呈渐进式的特点,推进相对缓慢。若从广度维度考察,参与式预算试点逐步增多,试点面逐步扩大。若从时间维度考察,以 2003 年的上海惠南镇参与式预算实验标志中国参与式预算的正式实施开始至今,已有 10 多个年头。在 10 多年的发展中,参与式预算开展实验的地区虽然在逐步增加,但开展的乡镇和城市社区只有 20 多个,相对于全国 4 万多个乡镇数量规模,占的比例非常有限。"总的来说,中国目前已有数千个农村参与式预算项目和十几个镇级项目。相比中国的 37 万个村镇总数,现有的乡镇级参与式预算项目还很少,覆盖整个城市或全国的参与式预算项目也寥寥无几,有的项目仅仅起到展示作用,另一些项目具有许多实质性内容,也有一些项目兼有前

---

① 包建永:《参与式预算:中国预算改革的温岭样本》,载《台州日报》,2012 年 5 月 23 日。
② 陶永亮、林敏、李婕:《中国参与式预算改革的动力机制:基于政府治理模式转型的视角》,载《制度经济学研究》,2012 年第 3 期。

两类项目的特点。"① 虽然开展参与式预算的试点的城乡社区数量有限，但从另一个角度看，其对中国国家治理的影响和推动作用却是深远的。

**2. 集中在经济较发达的东部沿海地区**

国内参与式预算实验始于东部沿海地区，主要集中在上海、浙江、江苏、广东等经济相对发达的地区。若进一步考察会发现，国内参与式预算之所以能够在这些地区开展起来，与中国改革开放后这些地方经济发展速度快，社会民众对政治、经济体制的改革诉求较高分不开，而且这些地方执政者的理念与工作创新诉求比较高；也有观点认为"参与式预算实施需要地方财政有足够的财力作保障"，我国东部沿海地区地区经济比较发达，那里的乡镇、社区财政资金较充裕，有很大一部分预算外资金，为实施参与式预算提供充足资金保障，同时又有良好的经济和社会文化基础，为参与式预算的开展创造了有利条件。

**3. 以基层为主**

若从层级维度考察，不同于国外参与式预算主要在省市级城市，国内参与式预算实验主要集中在乡镇村和城市社区，其中包括一部分县和县级市。其中原因可能是参与式预算改革可能带来的影响和引起的社会震动比较小。以浙江温岭为例，实验最初主要在新河和泽国等乡镇，之后逐步推广到温岭市，其实温岭也只是个县级市。无锡和哈尔滨以及后来的广州、安徽和云南等地区都一样，开展实验的层级都比较低。

**（二）中国参与式预算创新的成效**

从既有实践来看，参与式预算创新已经取得了明显成效。具体而言，体现在：

**1. 使预算内容更加全面细致、公开化、科学化**

以前不同层级政府及其部门的预算草案只是个粗略的框架，人大代

---

① 何包钢：《参与式预算何时修得正果?》，载《南方都市报》，2011年2月20日。

表能看到的只是预算数字的汇总或堆砌,往往造成"外行人看不懂,内行人搞不清"的结果。因此,在审查和表决预算时,只能是形式上的表决通过,缺乏实质性审查。参与式预算的实行,通过有序组织代表和公众广泛参与预算审查监督,很好地落实了公众的知情权、参与权、表达权、监督权,促使政府预算走向科学化和民主化。在参与式预算中,通过代表和公众参与预算审查监督,促使政府预算编制更为详细、科学、透明,预算管理更加到位,有效克服了随意性花钱和预算"软约束"问题。温岭在人大代表会议材料中增加具体翔实的"财政预算细化说明",该说明将政府支出按支出功能和经济性质进一步细化,把整个支出分解为若干个子类。2008年,焦作市在一系列体制框架和制度保障的基础上,编制了包括部门预算、社会保障预算、政府债务预算、国有资本经营预算、国有土地基金预算、政府采购预算、政府非税收入预算、住房公积金预算在内的八大市级预算,覆盖了全部政府性资金,以求让人民了解钱从哪来、用到何处。焦作市的预算编制更加细致化,在部门预算支出明细表上,各单位的支出按办公费、差旅费、业务招待费、培训费、水电费等明细全部列出。① 由于实行了预算编制听证会制度和项目资金"事前评审"制度,在部门预算编制、财政投资项目实施前,通过专家的科学论证和评价,比较准确地测算出项目的可行性和资金规模,保证了预算的科学性。

**2. 促进了预算公开**

参与式预算使地方人民政府与人大代表和公众产生互动,促使政府不断加大预算公开力度。浙江温岭市从2008年全文公开审计工作报告,2009年网上公开8个部门预算,2010年报纸上整版刊登建设规划局预算,2011年网上公开5个部门"三公"经费,2013年实现部门预算及"三公"经费公开全覆盖、35个部门决算公开,2014年全面

---

① 张瑜、秦亚洲、哲生:《阳光财政的"焦作模式"》,载《浙江人大》,2009年第9期。

公开市镇两级及部门预决算和"三公"经费预决算，不留任何死角。同时预决算已实现在温岭人大网、参与式预算网、阳光工程网、市政府门户网站、各部门网站等"五网"联动公开，以及报纸上常态化公开。目前温岭已网上公开市级所有的预决算信息、27个部门的预算及"三公"经费（占到预算总额的95%以上）和16个镇（街道）的预算及"三公"经费，报纸上公开2个部门预算。预算的全方位公开，使得公众对政府及部门在本年度怎么花钱、钱花在哪里都清清楚楚，较好实现了"取之于民，用之于民，告之于民"的要求。① 从实践来看，焦作市还公开了预算审议过程，无论是对每一个预算项目的审议，还是审议的每一个环节，都是在完全公开、透明的状态下进行。焦作市在全国率先建立了面向社会公众、高效便捷、公开透明的服务大厅，将行政审批、财政预算、政府采购、会计委派、预算文本等公共财政事项向社会公开。同时，焦作市在财政信息网上还公开了有关预算资料，焦作电视台等新闻媒体设立了专题栏目，在人民广场、火车站、行政服务窗口等人群集散的地方设立电子屏幕，开展"公共财政与百姓生活"动态报道，及时有效地把事关民生的财政支出动态变化情况向社会公示，自觉接受人民群众和社会舆论的监督，使更多的政府财政资金由人民群众共监共管，让宪法赋予人民群众当家作主的民主权利得到保障。②

**3. 增强了人大监督职能**

在参与式预算中，预算审查监督既有民众参与，又从制度上完善了人大审查批准预算与监督预算执行的各个环节，使人大代表的询问权、建议权和预算修正权的行使更加有力，使根本政治制度不断焕发出它应

---

① 林应荣：《参与式预算与社会管理创新》，载《人大研究》，2012年第1期。
② 杨文涛、任中平：《参与式预算的地方实践——公共预算改革中的焦作模式》，载《湖南工业大学学报（社会科学版）》，2010年第5期。

有的活力。① 随着参与式预算的推行，尤其是对预算法中审议程序的严格遵守，人大的职能作用被完全激活。比如，根据地方组织法和代表法的有关规定，乡镇代表应当组成小组联系选民，开展活动。在新河镇的参与式预算模式中，财经小组除了例行审议预算草案、依法参与预算编制之外，还负责预算执行情况的平时监督。尤其是一旦政府预算在执行过程中出现重大变动，财政小组都及时向人大主席团报告，并由人大主席团召开镇人民代表会议，进行依法审议、表决。同时，财经小组在会议期间和闭会期间还要负责联系选民，召开民主恳谈会，其职能作用完全拓展到预算的各个环节。② 人大代表们通过参与式预算监督工作的不断深入，对政府"钱袋子"的关注度逐年提高，从以往对预算报告提提总体意见，到现在代表们开始对财政预算具体内容、款项安排提出自己的意见建议，有些意见细化到具体项目的每一笔支出安排。在焦作模式中，在参与式预算流程中打破了以往人大审查形式化的缺陷并加入人大初审环节，实行人大初审和人大履行职能的预算审查双重监督，创新了人大审查监督财政预算编制的新模式。③ 在人代会之前，人大常委会选择市直单位部门预算进行初审，组织人大代表就百姓关注的热点难点问题进行公开审查，各位委员和代表分别就关心的问题提出建设性的意见和建议，让社会监督民主监督得到真正体现。充分发挥人大初审和人大履行职能的预算审查的作用，增强了其监督力度。总之，参与式预算改革使人大代表和社会公众的"民意"能够约束和制约政府的预算和行政行为，激活人大作用，促进人大和人大代表更好地依法履行自己的

---

① 浙江省温岭市人大常委会：《温岭市参与式预算的做法与成效》，中国人民代表大会制度理论研究会，2016年6月3日。
② 张免：《聚焦"参与式预算"》，载《公民报》，2017年7月4日。
③ 杨文涛、任中平：《参与式预算的地方实践——公共预算改革中的焦作模式》，载《湖南工业大学学报（社会科学版）》，2010年第5期。

权力。①

#### 4. 促进了地方政府科学决策

通过参与式预算，使得政府行政行为与财政资金的投向得到约束，减少了决策中的失误和腐败，真正做到了把财权关进人民代表大会制度的笼子里。2015 年温岭通过 7 场部门预算民主恳谈会，代表和公众提出建议意见 149 条，促使调整预算项目 60 项，涉及预算金额 21784 万元，使财政资金的安排更加体现绩效。② 参与式预算为人大、政府、代表和民众提供有效的互动平台，使得决策更加科学化、民主化和规范化。同时，建立财经小组加强监督，是对预算民主恳谈制度的一种延伸，更加有效地促进了政府决策的科学化、民主化。对政府而言，参与式预算是一个接受人大代表、公众参与决策的过程，是一个吸纳"民意"的过程，是一个得到公众认同的过程，也是一个治理能力不断得到提升的过程。在财政预算安排和资金运作中，焦作市大胆引入专家论证制度，变领导定夺为领导决策与专家论证有机结合，客观公正地选出急需安排财政资金的项目，借助专家智慧为焦作市经济社会发展提出有益建议，对申报项目的必要性、合理性、经济性、效益性等作出更为科学准确的判断，为政府决策提供参考和依据，使得决策更加科学化、民主化和规范化。③

#### 5. 有效遏制了经济腐败

地方政府参与式预算创新，不仅能让公众利用这个崭新平台，有效监督政府日常行为，推动人大监督政府改革，更为重要的是，也有利于普通老百姓对政府的"钱袋子"，即纳税人代管钱财，进行有效看管，

---

① 温岭市人大常委会：《参与式预算十年回顾与展望》，2016 年 7 月 8 日。
② 温岭市人大常委会：《温岭市参与式预算的做法与成效》，载《研究与交流》，2014 年第 15 期。
③ 杨文涛、任中平：《参与式预算的地方实践——公共预算改革中的焦作模式》，载《湖南工业大学学报（社会科学版）》，2010 年第 5 期。

从而提高公共资金使用效率。① 以往的公共建设资金使用,都是由政府依据年度计划进行安排,工程施工后公众才知道政府的资金安排。"参与式预算"的推出,使这一局面发生了改变。为了使参与式预算试点项目能够在群众的参与、监督下严格按照预算实施,哈尔滨研究制定了参与委员会成员例会制度和项目实施过程监督质询制度,形成了拟定备选项目、确定群众代表、召开代表大会、征求意见确定项目预算、跟踪监督项目执行、工程验收绩效评估等参与式预算编制和执行监督模式,有效防止了腐败行为的发生,减少重复建设和资金浪费,实现了公共财政资源优化配置。② 据焦作市纪委和检察机关统计,自1999年以来焦作市领导干部经济犯罪立案总数、涉案金额均大幅下降,立案总数、涉案金额分别从1999年的8起、580.5万元,下降到2007年的2起、13万元。③ 无锡市从2006年以来积极探索参与式预算公共项目建设,所有乡镇街道目前全部开展了参与式财政预算改革,由群众参与决策、监督实施的项目已达172个,涉及资金2.8亿元,直接受益群众达125万人。无锡市推行参与式预算改革以来,所有参与式预算项目未发生一起违法违纪问题,有效防止了以权谋私、暗箱操作等腐败问题的发生。④

**6. 推进了基层民主进程**

"参与式预算"能架构起公众与政府、人大之间的对话机制,这不仅容易得到普通老百姓的支持,而且也能落实公众的知情权、参与权、监督权与表达权。尤其重要的是,这种人大、政府和公众三方都参与的

---

① 吴睿鸫:《"参与式预算"开启基层民主预算新篇章》,载《燕赵都市报》,2013年5月30日。
② 汪波:《畅通民意遏制工程腐败 哈市公共项目建设预算居民参与》,载《人民日报》,2007年9月3日。
③ 杨文涛、任中平:《参与式预算的地方实践——公共预算改革中的焦作模式》,载《湖南工业大学学报(社会科学版)》,2010年第5期。
④ 孙彬:《无锡:参与式预算改革激活基层民主意识》,新华网,2012年4月2日。

基层预算民主改革，也能有效推进我国基层民主法治化进程。① 一方面，参与式预算为公众广泛、直接、真切地参与社会公共事务决策、管理和监督提供了新的渠道，体现了政府对公众权利的充分尊重和切实保障，扩大了公众有序政治参与，赋予了人大代表和民众充分的知情权、参与权、表达权和监督权，是推进基层民主政治建设的有益尝试。具体来看，焦作市在实践中通过项目公示、民意测评、社会听证、人大质询等形式，使人民群众全程参与了政府资金预算编制、项目建设过程，保证了群众的权利，拉近了政府与公众的距离。另一方面，参与式预算培育了公民意识，有利于形成一种更加民主的政治文化。例如济南市槐荫区区从2013年以来探索实施的"百姓点菜、政府买单"的公益性项目以及农村一事一议财政奖补参与式预算则让槐荫财政工作把钱花到百姓心坎里，推进了基层协商民主的落实。②

### 三、相关典型案例

#### （一）浙江温岭的参与式预算创新

浙江省温岭市地处浙江东南沿海，三面濒海，陆域面积926平方千米，辖11个镇5个街道，830个村97个居委会，户籍人口121.05万，属浙江省台州市下辖的县级市。温岭是一座充满生机活力的城市，先后获得"全国农村综合实力百强县（市）""中国明星县（市）""全国农民收入先进县市""国家级可持续发展试验区""国家级生态示范区"等称号。温岭的"参与式预算"，是指公众以民主恳谈为主要形式参与政府年度预算方案协商讨论，人大代表审议政府财政预算并决定预算的

---

① 郭任坤：《"参与式预算"是基层民主法治之幸》，载《法制日报》，2013年5月31日。
② 邵明红：《居民参与式预算的槐荫实践》，载《济南日报》，2015年12月29日。

修正和调整，进而实现实质性参与的预算审查监督。① 温岭参与式预算从 2005 年在泽国、新河两镇率先试点，至 2010 年在全市 16 个乡镇（街道）全面推广，2008 年向上延伸至市级部门预算，相继开展了部门预算民主恳谈、代表联络站预算征询恳谈、预算项目初审听证、人代会分代表团专题审议部门预算、推动预决算公开等创新实践，2013 年在市级人代会上开始票决部门预算，2014 年市人大常委会尝试预算绩效评价，2015 年在市级人代会上试行预算修正案，实现了预算审查不断向纵深推进。

**1. 镇级层面的基本做法**

温岭的参与式预算在镇一级由两大板块组成，即泽国模式和新河模式。

其一，新河模式②。从 2005 年开始，温岭市新河镇启动参与式预算改革，目的是通过建立一种针对基层政府财政预算的制度约束，在政府预算编制、审查与修改、执行和监督等过程中，使公众更多地参与政府决策过程，使政府预算分配更符合公共利益，更切实地激活乡镇人大机能，主要体现在人代会前初审、大会审议和会后监督。③ 一是在召开人代会前邀请公众参与年度预算编制，充分表达民意。在每年镇人代会召开之前，镇政府鼓励本镇民众自愿参与，并邀请与财政预算相关的各界专业人士参加预算编制过程，讨论政府预算草案。公众通过对话、协商，对预算草案提出意见和建议，镇政府根据讨论情况修改预算草案。二是在镇人代会期间，人大代表审查、修正、批准政府预算报告时，公众可以参与旁听。具体流程包括：（1）镇政府向大会作预算草案（包括

---

① 陈家刚：《温岭改革：开启基层协商民主新路径》，载《学习时报》，2012 年 11 月 26 日。
② 王自亮、陈卫锋：《参与式预算与基层权力关系的重构——基于浙江省温岭市新河镇的个案研究》，载《地方财政研究》，2014 年第 4 期。
③ 邹佳琪：《参与式预算：破解财政预算"软约束"》，http://news.cnr.cn/special/gg65/cx/eco/201409/t2014928_516520626.shtml（央广网，访问时间：2020 年 8 月 4 日）。

预算细化方案)报告,并报告公众参与者提出的预算修改建议;(2)人大代表通过两轮分组与集中审查,对预算草案提出意见和建议,镇政府答复和解释人大代表的询问;(3)召开镇人大主席团会议,镇政府和人大财经小组参加,讨论人大代表就政府预算草案提出的意见和建议,镇政府据此修改预算草案,并向人大提交预算修改方案;(4)人大代表分组讨论、审查镇政府提出的预算修改方案,若仍有不同意见,人大代表五人以上联名提出"预算修正议案";(5)大会辩论并投票表决"预算修正议案"和预算草案。三是人代会后公众参与预算执行和监督。人代会闭会期间,通过多种途径加强对预算执行和决算的监督:(1)经人代会表决设立镇财政预算审查监督委员会(或人大财经小组),在闭会期间负责对预算执行情况进行日常监督。镇政府每月向镇人大及财政预算审查监督委员会报送预算收支表格,每个季度报告预算执行情况。(2)推动预算及"三公"经费公开。人代会后半个月内,通过网站、政务公开栏、村(居)务公开栏等载体,及时公开各镇预算和"三公"经费。(3)组织镇人大代表小组,分组对镇政府各线各项目预算执行情况进行监督,并在年中召开预算执行民主恳谈会。(4)通过专题询问、跟踪评议、绩效监督等方式,组织代表对财政性资金投入的重大项目进行监督。(5)监督预算调整。各镇预算执行过程中,预算总支出超过总收入,或单个预算项目超过一定额度的,由镇政府编制预算调整方案,及时报镇人大审批。

其二,泽国模式①。其特点是建立了参与式预算的民众协商形式,由民众直接参与城镇建设项目资金预算安排决策过程。一是讨论提出项目资金预算草案。政府首先选出一批属于本级行政范围且事关民生问题的城建项目,由专业人员组成专家组对这些项目的可行性方案进行研究,同时提出每个项目的资金预算,形成预算项目民意调查问卷。二是

---

① 张洋:《从为民做主到让民做主——参与式预算的浙江温岭样本》,载《人民日报》,2011年11月10日。

就项目进行民主恳谈。采用乒乓球摇号的随机抽样方式,按照千分之二的比例,从全镇 18 岁以上的人群中随机产生恳谈代表,参与预算民主恳谈。并就这些项目的重要程度填写民意调查问卷,对优先投入的项目进行排序,表明自己的意见。通过数轮分组讨论和协商交流后,恳谈代表再次填写排序的调查问卷。三是人代会审查批准。镇政府召开办公会议,讨论恳谈会上代表提出的建议和第二次调查问卷的预选结果,根据财力情况按顺序形成一份优先方案,提交镇人代会审查讨论和票决。

**2. 市级层面的主要做法**①

一是人代会前深入开展预算协商和初审。(1) 协商恳谈。2008 年以来,温岭市人大在人代会两个月前,举行部门预算民主恳谈会,以乒乓球摇号的方式从专家库、参与库中选出 100 余名参会人员,听取部门预算单位、财政部门和发改部门报告,采取分组恳谈和集中恳谈相结合的方式,就部门预算充分发表意见和建议,使部门预算更加细化规范。2010 年初,温岭市人大相继举行了交通、水利、建设部门预算民主恳谈。(2) 征询恳谈。2011 年起,温岭市人大将部门预算送交各代表联络站进行征询恳谈,延伸预算协商触角,广泛征求基层普通选民的意见。(3) 初审票决。2014 年以来,温岭市人大常委会每年围绕政府重点工作部署,选择几个部门,组织开展部门预算初审并票决。(4) 项目审查。从 2009 年开始,温岭市人大对每年新增的 3000 万元以上政府性重大投资项目和重大前期项目,通过人大常委会会议逐个初审、表决并提出审议意见。

二是人代会深化预算审查。(1) 专题报告。从 2010 年起,温岭市在人代会上恢复口头报告预算制度,2014 年开始,每年在财政局局长作预算报告之后,专门安排要票决预算的部门主要负责人向全体代表作部

---

① 参见温岭市人大常委会:《温岭市参与式预算的做法与成效》,载《研究与交流》,2014 年第 15 期。

门预算报告。(2) 专题审议。从 2010 年开始，温岭市每年人代会期间，代表要花费三分之一以上的时间和精力研究"把关"财政预算草案，专门安排半天时间，分代表团对部门预算进行"一对一"或"一对二"的专题审议。(3) 专题票决。从 2013 年开始，温岭市人大对部门预算和预算修正议案进行分项逐一票决。(4) 专题决议。从 2015 年开始，温岭市按照全口径要求对提交人代会审查的"四本账"预算进行分本表决。

三是闭会期间强化预算监督。(1) 推动预决算公开。从 2008 年开始，将市级预算、决算报告、审计工作报告等预决算审查监督的相关信息，在温岭人大网上公开，接受全社会及人大代表监督。2009 年 7 月，首次在网上公布人代会审查的 8 个部门预算，公开提供市民查阅下载。2010 年，首次在《温岭日报》上整版刊登市建设规划局预算，并将 20 个部门预算在温岭人大网等网上全面公开。2011 年，5 个部门"三公"经费首次在网上公开。2013 年，在全国县级城市中率先实现所有部门、镇（街道）预算及"三公"经费全公开，并有 35 个部门决算公开。2014 年，全市资金总额达 142 亿元的公共财政预算、政府性基金预算、国有资本经营预算、社保基金预算等"四本账"预算和所有 83 个部门、16 个镇（街道）预算、上年度决算以及"三公"经费预决算已经在网上全公开。也就是说，预决算公开不留任何死角。(2) 部门预算执行恳谈。在部门预算民主恳谈后，选择市交通局等部门预算，就半年度预算执行情况再次召开民主恳谈会，督促部门提高资金使用绩效。(3) 预算执行审计问题专题询问。自 2012 年以来，每年结合审议审计工作报告开展专题询问，督促相关部门对预算执行中存在问题作出整改落实。

（二）河南焦作的参与式预算创新①

焦作是一座因煤而生的城市，由于矿产资源日益枯竭，技术更新缓

---

① 中华人民共和国财政部：《焦作市积极推行参与式预算改革提升科学民主决策水平》，http://www.mof.gov.cn/zhengwuxinxi/xinwenlianbo/henancaizhengxinxilianbo/200812/t20081230_104427.htm（财政部网站，访问时间：2020 年 8 月 4 日）。

慢及国家产业政策调整等原因，1998年前后，焦作财政面临的种种矛盾十分尖锐。一方面，是国民经济滑坡，财政收入减少，80%的乡镇不同程度地拖欠公务员和教师的工资；另一方面，是财务管理混乱、经济违法违纪问题频繁发生，各部门的"小金库"越查越多。当年，在市直机关清理出包括"小金库"在内的闲置资金2亿多元，几乎是焦作市本级财政资金的三分之一。由于旧财政制度的弊病，资金分配不透明，程序不规范，单位大量占有财政资金等严重影响了财政资金的整体效益使得财政改革迫在眉睫。

通过认真调研和分析研究，焦作市在积极吸收、借鉴哈尔滨、无锡等市参与式预算改革成果的基础上，紧密结合本市实际和特色，在市本级通过对重大支出项目组织专家评审和社会听证等预算机制创新，从根本上促进政府预算的标准化、程序化、科学化、透明化。具体而言，焦作市参与式预算创新的具体做法是：

**1. 公开预算编制基础信息**

财政部门通过政府网站和财经沙盘等信息平台，公开预算编制基础信息、资源分布和定额标准。

**2. 部门申报和财政汇总**

每年7月份，各预算单位按照政府财政编制要求，在规定时间内及时编制本单位部门预算，并经其主管部门审核后报财政部门。财政局于10月底就收集完各部门的预算意向进行统一汇总，并登录财经沙盘广泛征求意见，通过"两上两下"程序开展财政部门的审核，初步达成共识。

**3. 民意测评**

通过焦作电视台专栏节目、焦作日报、网络等形式对市委市政府确定的重大支出项目和事关民生等公共支出项目进行公示并公开征集意见，邀请公众进行网上投票。政府以此推选出代表公众心声的项目，使财政预算决策体现民意。

#### 4. 专家论证

从决策咨询委员会、专家库中选择专家，并合理确定论证范围，对市委市政府的部分中心工作和涉及民生发展的重点支出项目和重大资金安排开展论证，并将每位专家的意见汇总成册，形成论证报告，作为科学编制部门预算的重要参考和依据。

#### 5. 社会听证

从决策咨询委员会、专家库中选择专家，并邀请社会行风评议代表、行政监督员及愿意参加听证的社会各界人士，抽取部分预算单位的重点预算项目进行听证，形成听证报告，在政府网站等媒体上公开刊发，并整理代表意见报市政府决定预算单位项目申请资金数额，调整或修改部门预算相关内容。在试验过程中我们认识到，提高社会公众参与权的前提是扩大广大人民的知情权，让老百姓都知道政府财政的钱是怎么花的，花的怎么样，并可进行咨询和质询。

#### 6. 通过人大公审，让社会监督民主监督得到真正体现

充分发挥人大监督的职能和作用，人大常委会选择市直单位部门预算进行初审，组织人大代表就百姓关注的热点难点问题进行公开审查，各位委员和代表分别就关心的问题提出建设性的意见和建议，让社会监督民主监督得到真正体现。

#### 7. 财政政务公开

其主要途径如下：（1）建立服务大厅，将公共财政事项向社会公开。（2）财政部门通过媒体、网络开展"公共财政与百姓生活"动态报道，及时有效地把事关民生的财政支出和预算变化情况向社会公开，自觉接受人民群众和社会舆论的监督。（3）焦作市财政局自主研发设计了财经沙盘，即一种新型财政综合管理与决策支出系统，它汇集了焦作市地理、宏观经济、财政预算等多方面信息，通过专业统计分析和数据挖掘技术拓展深层应用，直观地反映出焦作市宏观经济概况、公共财政运行、税源动态分布以及各单位预算、实际支出的动态数据和历史数据。

## (三) 江苏无锡的参与式预算创新①

无锡市从 2006 年以来积极探索参与式预算公共项目建设，所有乡镇街道目前全部开展了参与式财政预算改革，由公众参与决策、监督实施的项目已达 172 个，涉及资金 2.8 亿元，直接受益群众达 125 万人。②其实施流程大体可以分为四个阶段：

**1. 居民意见征集阶段**

主要通过社区居委会或居民小组长进行，采用座谈会或发放小问卷等形式收集居民意见，形成可供选择的项目库。

**2. 项目选择阶段**

居民代表的合理性会直接影响到项目选择结果的合理性，因此项目选择的前提是"代表产生"，即选出参与项目选择过程的居民代表。项目选择过程包含两个关键点：（1）项目选择模式，项目选择通常是在街道范围内进行，采用街道居民代表投票或者居委会主任协商的方式进行；（2）项目选择的范围，一种做法是居民直接在不同的项目类型之间进行选择，另一种做法是政府确定项目类型之后，居民代表选择项目实施的区域。项目选择阶段将形成最终决议，确定本年度将要实施的"参与式预算"项目。无锡参与式预算项目主要有三类：一是与群众生活密切相关的为民办实事项目，能够较快产生社会效益使群众受益。二是注重提高群众生活质量，满足群众日益增长的物质文化需求，优先发展环境整治、医疗卫生、文化教育和安全保障等民众关注的热点领域项目。三是规模小、周期短、切合实际、体现民情、贴近民意、符合民愿、顺应民心，容易获得了多方支持的项目。

**3. 项目实施阶段**

居民参与的方式有三种，一是对公布的"参与式预算"项目设计方

---

① 闫海：《参与民主、参与式预算与预算听证》，载《经济法论丛》，2012 年第 1 期。
② 孙彬：《无锡：参与式预算改革激活基层民主意识》，新华网，2012 年 4 月 2 日。

案提出意见或建议，二是参与或监督项目的招投标工作，三是在项目施工过程中进行监督，提出意见或建议。

**4. 项目验收阶段**

项目完工以后，居民可以对项目进行评价，比如采用问卷调查的方式。

**（四）海口市美兰区的参与式预算创新**[①]

从2016年12月到2017年4月，海南省海口市美兰区委、区政府在其辖区内两个街道，启动了参与式预算创新试点。美兰区参与式预算创新的开展方式是：由区政府在其2017年度"为民办实事"预算资金中专项划拨600万元，作为"双创微实事"的项目资金，安排每个街道105万元实施街道层面的项目，13个社区各30万元实施社区层面的项目。如何使用配置的预算资金，由13个社区的居民提议并投票来决定。具体分为四个阶段：

**1. 前期筹备阶段**

从2016年12月8日—12月25日。这一阶段主要包含两大部分工作内容：第一，成立领导小组，制订实施方案；第二，培训与动员。通过培训会，让具体工作的实施者充分了解这项工作的内容与意义，以便工作的顺利开展。

**2. 项目提议的提出和征集阶段**

从2016年12月26日—2017年2月10日。为了保证居民更加了解这项工作，提高居民提议的质量，除了制作《项目提议征集表》，还制作了《项目提议填写指南》，提示居民可提议的项目类型——工程类项目与服务类项目，以启发居民进行提议。同时在提议指南中公布了第二

---

① 李凡、叶清逸、项皓：《美兰又被国家级刊物点赞了！参与式预算新突破，"双创微实事"结硕果》，载《中国改革》，2017年第5期。

阶段项目筛选的七项标准、居民提议项目的方式与截止日期，以保证居民充分的知情权。

**3. 项目提议的整合筛选**

项目的集中与初选决定居民参与的深度和投票项目库的质量，是改革试点最重要、难度最大、耗时最长的阶段。主要内容包括：（1）项目提议的整合初选。各社区将项目提议表分类、汇总后上报所属街道，社区无权筛选。街道依据标准对提议项目进行初步筛选，形成初选项目库。实操中，由于分类汇总的项目信息量太大，街道人手有限，很难高效完成项目初选工作，因此，先让社区严格依据标准提出筛选意见，街道再审核。（2）项目的细化排序。13个社区分别召开项目筛选大会，街居干部、高校海南校友会代表、居民小组长、项目提议人、居民代表（公示居民都可报名参加）和网格员，对初选项目库进行细化和排序。项目筛选大会是该阶段最重要且最具创新的环节，它就项目实施地点、实施方法、实施理由等具体细节征求居民意见建议，使居民和政府互动加深从而达到较深的参与度，让居民更加了解和支持"双创微实事"，也能保证项目具有可行性和符合居民需求。（3）项目的再次筛选与预算配额。2017年3月13日至3月21日，各社区将细化和排序的项目库上报街道，进行新一轮的筛选和预算配额。实践中，剔除的项目有：一是政府计划的部分项目，如居民提议较多的安装电子监控设备，部分由区委政法委实施；二是政府日常执法的部分项目，如"交通疏导"项目、"设置电动车停车位"项目；三是不属于街道职责权限范围的项目，如"修改路标""增设公交站点"项目，由市级政府设置，不属于区级政府职责权限。

**4. 投票与项目的确定阶段**

2017年3月26日上午，美兰区政府在海甸岛白沙门公园隆重举行"双创微实事"投票日启动仪式，投票阶段正式开始，持续至3月31日，六天共有28484位居民投票，投票率约28.2%。4月1日，各社区居委会同时组织了点票、计票工作，确定有 74 个项目成为入选待确定项目，并于当天在各社区进行为期七天的公示。

在既有基层政府参与式预算创新中，海口市美兰区独树一帜，是目前国内最为完整、参与度最高的一次参与式预算创新。①

## 第三节 参与式环境治理

### 一、背景

#### （一）传统发展模式导致生态困境

实现社会主义现代化，追求国家富强和人民幸福是中国共产党人一贯追求的奋斗目标。中华人民共和国成立后，中国共产党亟须带领全国人民脱离贫穷落后的状况。然而，在赶超发达国家的进程中，自然生态遭到了较大破坏。改革开放以后，中国特色社会主义现代化逐步形成以加快推进工业化、市场化和城市化为主要特征，以实现现代化为目标的发展模式。毋庸置疑，这一发展模式有力地激发了中国的发展活力，使中国社会主义现代化建设取得了举世瞩目的伟大成就，为"两个一百年目标"的实现打下了坚实基础。但是，以高投入、高消耗、高污染为基本特征的传统现代化模式，在相当程度上忽视了自然资源和生态环境的"外部性"。为此，我们付出了沉重的生态环境代价。

其一，环境问题。进入 21 世纪以来，随着中国工业化与城市化进

---

① 柳昌林、涂超华：《海口"微实事"探索基层治理新路径》，载《决策探索（上）》，2019 年第 3 期。

程的加速推进，多年累积的环境问题逐步爆发出来。从 2001 年加入世界贸易组织开始，中国进入了全球化快车道，深度参与全球产业分工，依靠丰富的自然资源和相对廉价的人力资源迅速成长为世界工厂，创造了世界经济发展史上的"中国奇迹"。但与此同时，对能源、矿产、土地、水等自然资源的获取达到了前所未有的强度，相继出现了松花江化工污染、太湖蓝藻、城市严重灰霾等环境事件，资源环境问题对中国可持续发展带来了不可忽视的威胁。为了应对困局，党和政府逐渐完善了更为全局性、系统性的生态环境治理体系，不断加大生态文明建设和环境保护工作力度。但是，生态环境形势依然严峻。环境污染不仅破坏着"绿水青山"，也危及"金山银山"的可持续性，严重阻碍中国的绿色发展和生态文明建设。

其二，生态系统退化。尽管进入 21 世纪以来，党和政府日益重视生态文明建设，近年来中国生态文明建设也取得了举世瞩目的成就。但是，自然生态系统退化、生态布局不平衡、生态承载力低的问题依然十分严峻。森林分布碎片化和质量不高、功能不强的问题尤为突出，森林作为陆地生态系统主体的功能没有充分发挥。[1] 我国是世界上水土流失最严重的国家之一，第一次全国水利普查显示我国水土流失面积 294.91 万平方千米，占国土总面积的 30.72%。[2] 截至 2014 年，全国荒漠化土地面积 261.16 万平方千米，占国土面积的 27.20%；沙化土地面积 72.12 万平方千米，占国土面积的 17.93%；有明显沙化趋势的土地面积 30.03 万平方千米，占国土面积的 3.12%。[3] 同时生态系统破坏带来的台风、洪涝、沙尘暴、热浪等自然灾害变得越来越频繁。

---

[1] 龙贺兴：《中国森林破碎化及其化解研究综述及展望》，载《世界林业研究》，2018 年第 1 期。
[2] 《震惊！我国水土流失面积占国土 3 成》，载《每日经济新闻》，2015 年 11 月 3 日。
[3] 辛闻：《我国荒漠化沙化土地面积分别占国土面积 1/4 和 1/6 以上》，http://www.china.com.cn/news/2015-12/29/content_37415625.htm（中国网，访问时间：2020 年 8 月 4 日）。

其三，自然资源短缺。中国虽然许多自然资源总量可观，但庞大的人口基数使得中国是当今世界人均自然资源占有量和环境容量都很低的资源贫国，尤其是一些对经济发展具有重要意义的战略性资源，我国的人均拥有量远远低于世界平均水平。① 首先，水资源紧缺。我国水资源占全球水资源的 6%，仅次于巴西、俄罗斯和加拿大，居世界第四位，但人均只有 2200 立方米，仅为世界平均水平的 1/4、美国的 1/5，在世界上名列第 121 位，是全球 13 个人均水资源最贫乏的国家之一。我国水资源供需矛盾十分突出，全国 669 个城市中有 400 余座城市供水不足，全国有 16 个省、自治区、直辖市人均水资源拥有量低于国际公认的用水紧张线，北京、天津、山东等 10 个省、市低于严重缺水线。② 其次，耕地不足。中国耕地资源有限，人均耕地面积仅为世界平均水平的 1/2。最后，矿产资源缺乏。中国矿产资源储量不足，大宗支柱性矿产品位较低且共生伴生矿多，加大了国内资源保障难度。因此，主要矿产资源供需缺口大，对外依存程度高，已经成为制约中国现代化建设的瓶颈。③

## （二）因环境问题引发的社会不稳定因素增加

近年来，我国环境污染导致的群体性事件增加，主要原因是环境污染严重威胁了公众基本的生存权，公众的基本权利没有得到应有的保障。所谓环境群体性事件，泛指因为环境问题而引发的群体性事件，指的是民众在制度化方式（如信访、司法）已经不能有效处置潜在或已经造成环境风险的背景下，为抵制已经存在或潜在的环境破坏和风险行

---

① 沈镭等：《新时代下中国自然资源安全的战略思考》，载《自然资源学报》，2018 年第 5 期。
② 马力、李禹潼：《中国近 90% 沿海城市水资源短缺 18 城市极度缺水》，载《新京报》，2012 年 10 月 27 日。
③ 吴巧生等：《"三稀"矿产资源领域的大国博弈与我国应对之策》，载《中国矿业报》，2020 年 7 月 13 日。

为，维护自身环境权所采取的一定组织或弱组织化的集体行为。①

与一般性群体性事件相比，因环境污染引发的群体性事件具有一些比较突出的特点：

**1. 时间的可预测性**

根据环境群体性事件案例分析，当民众利益受到损害时，他们首先以个人或群体形式进行利益表达，希望通过政府来解决问题。在这一阶段中，民众抗争的直接对象一般是产生污染的工厂，试图通过向政府求助或施压而减少、消除污染，或者要求经济利益补偿。由环境问题引发的群体性事件很少是突发性的，往往经过了长时间的酝酿和累积的过程，而这个过程正是对环境群体性事件的预测关键期。

**2. 支持的广泛性**

由于环境污染问题直接影响受污染地民众的生活质量和身体健康，甚至会影响子孙后代，因而环境问题引发的纠纷一旦形成群体性事件，就往往具有很强的扩散性和号召力，在很短时间内就能征得该污染区域民众的广泛支持，并且形成很大的规模。相比于一般的群体性事件，环境群体性事件的动员能力更强。

**3. 目标的明确性**

在环境群体性事件中，民众通过一些温和的或激烈的方式表达不满情绪，参与者的目标往往非常明确：停止建设某个工程。与其他群体性事件比，环境群体性事件化解起来相对容易，只要污染项目被叫停，民众的行动基础和动力立刻消失，群体性的活动也会随之停止。

**4. 利益的多样性**

环境群体性事件的利益诉求相对宽泛，参与民众不仅有经济利益诉求，还有更高的环境权和健康权要求，不仅包括"清洁的空气、干净的

---

① 覃冰玉：《中国式生态政治：基于近年来环境群体性事件的分析》，载《东北大学学报（社会科学版）》，2015年第5期。

水",还包括企业征地补偿、人身损害赔偿、参与环境治理等多方面的利益诉求。环境群体性事件裹挟着各种利益诉求,至于项目是否科学、是否合规,已成为次要因素。

近二十年来,环境信访总量从1995年的58678件增加到2014年的1619394件,增长了近27倍,2004、2005两年都发生将近1400起突发环境事件,2007年之后突发环境事件降低到每年600起左右;而且2007—2014年间,环境信访数的增长远远高于突发环境事件数的增长速度。① 生态环境部的统计数据也显示:从2012年来信2400多件、来访400多批(次)1000多人(次),到2016年来信4800多件、来访1400多批(次)2700多人(次)。② 一方面,环境信访的数量增长反映公众对生态环境质量的更高要求,相较于隐性环境污染而言,显性环境污染(如空气污染和水污染等)的可见性更能触发公众的环境意识;另一方面,环境信访在解决环境问题上有助于疏通缓解地方政府的环境治理压力,降低突发环境事件的发生率。③

不过,因环境污染引发的群体性事件本身就像一把双刃剑,既有利于促使党和政府深化生态文明建设,但也可能危及社会秩序。环境群体性事件是环境矛盾和纠纷所引发的社会冲突的消极表现,也是公众环境抗争的非理性形式。④ 一方面,环境群体性事件是公众对环境污染行为不满的一种宣泄,是社会治理中安全阀机制正常运转的具体表现形式,它能同时促使各级地方政府转变发展模式并加大生态文明建设力度,增进公众参与环境治理的效果,从而促进环境问题的政治化解决,提升国

---

① 涂正革、邓辉、甘天琦:《公众参与中国环境治理的逻辑:理论、实践和模式》,载《华中师范大学(人文社科版)》,2018年第3期。
② 任子平:《做实做好新时代环境信访工作》,载《中国环境报》,2018年7月31日。
③ 涂正革、邓辉、甘天琦:《公众参与中国环境治理的逻辑:理论、实践和模式》,载《华中师范大学学报(人文社会科学版)》,2018年第3期。
④ 华智亚:《风险沟通与风险型环境群体性事件的应对》,载《人文杂志》,2014年第5期。

家环境治理能力与水平。另一方面，环境群体性事件本身也蕴含着某些失序因子，尤其是一些暴力性事件的发生会给社会带来极负面的影响。因此，因环境敏感项目或者环境污染问题而诱发的环境群体性事件是继征地纠纷和劳资纠纷之后，又成为一个容易激化社会矛盾、影响社会和谐的新因素。环境群体性事件处理不当，可能导致事态升级，引发更大规模的冲突，在降低政府公信力的同时，也影响了社会经济的稳定发展，形成"多输"局面。

### （三）原有环境治理机制面临挑战

随着中国生态环境问题的不断显现，国家开始逐步加强环境治理。1997年党的十五大将可持续发展作为战略思想首次写入党代会报告，要求坚持保护环境的基本国策，正确处理经济发展同人口、资源和环境的关系。从党的十六届三中全会明确提出科学发展观强调统筹人与自然和谐发展，到四中全会提出和谐社会建设强调人与自然的和谐，再到五中全会提出"两型"社会战略目标强调建立资源友好型、环境友好型社会，社会主义人与自然和谐观逐步孕育。在相关政策指引下，国家不断掀起环境治理风暴。

2003—2005年，国务院布置了连续三年的"打击环境违法保障群众健康"环保专项行动，在各地陆续掀起第一次"环保风暴"。经过第一次环保风暴，群众反复投诉的环境污染问题得到了初步的解决。但是由突发性事件与焦点问题所触发、以问题为导向的危机"处理"只是治标不治本。2004年底，国家环保总局在进行突击检查时，发现不少企业在"建设项目环境影响报告书"未经环保部门审批的情况下，擅自开工建设。2005年1月18日，国家环保总局向外界公布了严重违法开工的30个建设项目，建议有关部门对直接责任人依法予以行政处分。[①] 紧接着，

---

① 熊志红：《2005年的"环评风暴"》，载《中国环境报》，2006年3月24日。

上百家报纸、网站和电视媒体都对此次"叫停违法开工项目"进行了报道，引起社会各界很大反响。社会公众、媒体直至国务院都对此给予了空前的响应与支持，形成了一道强有力的冲击波，被叫停的项目业主也不得不补办了有关手续。于是，各种"专项治理"层出不穷，媒体和公众将其统称为第二次"环保风暴"。

这种资源集聚式的政策工具虽是用于处理环保危机的利器，但主要还是加大力度的行政性治理，因此也具有不可避免的局限性。其主要弊端就是疲于应付，缺乏科学性和可持续性，同时周期性、阶段性更是强化了治理主体与治理对象在"突击检查"与"灵活应对"策略框架下的博弈行为，容易陷入"突击解决—迅速见效—问题反弹—再突击解决—再反弹"的循环。对此，中央政府认为问题主要在于原有的行政性治理链条在某些环节遭遇阻碍，政策执行不力、治理力度不够致使环境问题在地方保护的壁垒之下频频发生。

此时，中央政府再次寄希望于行政性治理机制，于是推出了行政性治理的终极版本——"区域限批"，在2007年掀起第三次"环保风暴"。根据2005年底出台的《国务院关于落实科学发展观加强环境保护的决定》，环保部门有行使"区域限批"的行政处罚权，这一处罚制度可以暂停某一地区或企业除循环经济类项目之外的所有新建项目的审批，直到这些企业和地区的违法项目整改结束。2007年1月10日，国家环保总局对河北省唐山市等地以及华能等四大电力集团第一次实施"区域限批"的行政处罚；7月3日，国家环保总局再用重典，将这一处罚制度用在长江、黄河、淮河、海河四大流域水污染严重、环境违法问题突出的6市、2县和5个工业园区。这一政策迫使各级政府打破行政辖区的局限，对流域污染治理进行整体考量，将各行政区域的利益联系在一起，一荣俱荣，一损俱损。

在面对具体现实环境问题时，这种行政性治理机制具有以下几点优势：一是环境治理效果的可预期性与可确定性。由于政府行为的强制性，因而其被施予的对象必须严格服从相应制度规制，从而有助于环境目标的确定。二是有利于处理突发性的环境事件。突发性环境事件往往具有紧迫性与扩散性，处理不及时或处理不当会引发更大范围的不稳定事件，因此由政府主导通过便捷的行政行为来协调环境矛盾，是最为有效的手段。三是公共服务的优势。良好的环境是一种公共产品，政府在提供此类公共产品时具有先天性优势。政府直控型环境政策有其合理性和实际效益，它的优势领域是那些公共性和总体性强、需要一定强制性的环境事务，即在创造和维护人与人就环境权益进行合理交易所需的"秩序"方面。[①] 然而由于信息障碍、腐败以及官员个体行政能力差异等方面因素的存在，环境治理领域中也存在着政府失灵。行政性治理机制也不可避免地具有以下缺陷：一是政府通过自上而下的行政命令实施对环境事务的管理，政府主导行为造成了社会参与的不足。二是政府管理带有强烈的道德主义特征，由于距离悖论的存在，公众总是会倾向于认为更高级的官员拥有更高的"善"与"德"。因此，和严峻的形势相比，和国家环保总局原先试图以此扭转先污染后治理思路的期望相比，2007年的"区域限批"风暴所取得的成绩和未来将有的成果有限。此后发生的环境事件和环保风暴都表明，即使将行政性治理发挥到极致也难以有效治理积累已久的环境问题。2015年，国务院环境保护部直接调度处置突发环境事件82起，包括重大事件3起，较大事件3起，一般事件76起。

　　行政性治理面临困境，其原因是多方面的：首先是纵向政府间存在信息不对称。第一，上级政府一般情况下难以接近现场，在对下级政府以GDP导向的政绩考核制度的刺激下，地方政府有足够的动力和能力利用信息链条过长这一优势向上级政府隐蔽信息。第二，由于信息不对称，地方政府在利税、晋升机制的刺激下就会有选择地传递政策执行的

---

① 夏光：《论环境治道变革》，载《中国人口·资源与环境》，2002年第12期。

信息，使中央政府不能掌握环保政策执行的真实情况，无形中降低了地方政府因执行政策的不合作行为而被查处的概率，因而助长了政策执行中的"上有政策下有对策"现象。其次，上下级政府官员之间存在政绩同构性。上级也会出于本级政府绩效考评的需要而对下级变通执行中央环保政策的做法"睁一只眼，闭一只眼"，形成了上下级"政绩联合体"。再次，环保部门在整个行政系统中处于弱势地位。一时的"强势"表现充分凸显了环保部门的弱势。最后，最根本的原因在于既有问题被界定为一个纯粹的行政管理问题，环境治理变成了政府的"独角戏"，由此从理论上和从制度设计上都没能给非行政性力量留下足够的参与空间，所以缺乏治理的根本性动力和激励机制。

## 二、地方政府的参与式环境治理创新

正是基于上述种种，党和政府逐渐意识到"公众参与是解决环境问题不可替代的力量"，因此开始逐步探索建立公众参与机制，完善环境立法、重点项目环评等的听证制度；探索环境圆桌对话机制，建立政府、企业、公众定期沟通、平等对话、协商解决的平台。与之相应，公众的环境保护意识也不断成长。2014年原环保部发布的首次"全国生态文明意识调查"结果显示，受访者对雾霾、生物多样性、环境保护法等的了解率均在80%以上；公众对环境保护的态度更加明确和坚定，99.5%的受访者认同生态文明和环境保护；公众自身参与环境保护表现出较好的"律己"行为，如随手关灯和水龙头、不乱扔垃圾等环保行为的践行比例均在90%以上。① 于是，越来越多的地方政府开始通过吸纳公众参与创新环境治理模式。

---

① 郭红燕：《我国环境保护公众参与现状、问题及对策》，载《团结》，2018年第5期。

### (一) 浙江嘉兴的环境治理创新

自 2011 年起，浙江省嘉兴市政府创新环境治理，在环境治理过程中搭建平台来发挥公众的参与作用，最终形成了由公众参与权与政府行政权之间互相配合的共治体系，即成立以环保联合会这一社会组织为龙头，市民检查团、专家服务团、生态绿色宣讲团等积极参与的政府引导公众参与的环境治理新格局。具体包括：建立公众与政府的"圆桌会"制度协商和交流以达成共识并形成政策建议；建立"陪审员"制度让普通公众做"环境法官"并参加环境问题听证会，维护环境决策和环境审判的公平性。① 嘉兴市环境治理创新的核心在于开放环境决策过程，吸纳公众有效参与环境治理的行政决策过程。如让市民参与环保审批、环境执法、环保监测等实际环境治理工作；开展让公众代表随机点名抽查企业并与环保部门、公众媒体全程进行专项执法行动的"点单式"环保执法，围绕污染整治开展市民和专家代表"点单式"限期摘帽验收行动；向社会公开招募热心环保事业、具备一定环保知识和法律知识的公众担任"环境法官"，对环保行政处罚案件进行法律适用、自由裁量、违法事实等方面进行评议等。② 其创新不仅有效地激励了公众参与环境治理的积极性，而且能将民众因环境问题而导致的纷争矛盾冲突消弭于萌芽状态，压力大为缓解。具体而言，包括③：

**1. 多种形式组织公众参与**

一是市环保局和市志愿者协会组建了嘉兴市环保志愿者服务总队。

---

① 虞伟：《社会主体之间关系，主从还是平等？——基于环保公众参与嘉兴模式的思考》，载《环境经济》，2015 年 Z4 期。
② 朱海伦：《环境治理中有效对话协商机制建设——基于嘉兴公众参与环境共治的经验》，载《环境保护》，2014 年第 11 期。
③ 章剑等：《嘉兴市探索公众参与环境保护的实践与思考》，中国城市发展网，2011 年 7 月 8 日。

该总队下设7个支队6个大队，分布在全市5县（市）2区和市直机关单位、绿色学校、绿色社区和大专院校，总人数达到1150名，他们分别来自全市各级机关、各大专院校、绿色学校、绿色社区、绿色企业、绿色医院、生态乡（镇），其中还有热心环保事业的离退休老同志，成为嘉兴公众参与环保行动的主力军。二是由市委组织部牵头、市环保局会同相关部门组建以党员骨干、"两代表一委员"和环保专业人员组成的嘉兴市节能减排志愿者先锋服务队，开展了节能减排宣传、监督和技术服务等工作。三是市环保局通过《嘉兴日报》党报热线栏目公开向社会招聘，成立市民环保检查团，参与监督检查环保信用不良企业整改措施落实以及检查验收工作，市民对环保信用不良企业是否通过检查验收拥有了发言权，不断加大了公众参与环保工作的力度。四是通过公开招聘、组织推荐和邀请，成立了由50名具有高端环保专业技术专家组成的嘉兴市环保专家服务团，结合"维稳促调升级"服务年工作，深入开展"进园区下企业"指导服务活动，为企业"环保优化发展"提供技术支撑。

**2. 多条措施拓展参与渠道**

一是结合环保信用企业建设，市环保局率先推出不良信用企业向市民公开道歉措施。首批25家企业联名发表《致全市人民公开道歉信》，承诺在三个月内完成限期整改，并以此接受社会监督。此举得到国内各大媒体的播报，被堪称迎接2008年北京绿色奥运的热点新闻。二是为提高公众参与企业限期整改的公信力，广泛征求群众意见，举办市民环保检查团听证会，开展了市民代表听证质询、违规企业整改陈述、市民现场核查和验收投票测评，企业能否摘帽由群众说了算。同时，还结合城市"三产"建设，举行了新开办餐饮业听证会，对污染扰民的建设项目实施社会化监控。到目前为止，市民环保检查团已对56家企业实施了检查验收评估，有49家企业顺利通过，对7家企业作出了延期的要求。三是组织市民检查团代表与"两代表一委员"志愿者全程跟踪环保

"飞行监测"执法行动，实地探测环保设施运行、环保执法办案，使环保志愿者切身感悟"飞行监测"的快速保密性、科学性和必要性，更加坚定了参与环境保护的决心和信心。四是推行下派环保专管员监管措施，对报名的应届大学毕业生组织专业培训，并通过资质审定、择优录取和签约下派协议，将专管员派驻到重点企业，实施环保专管员持证上岗制度。

**3. 多项制度保障公众监督**

为适应公众参与工作的开展，市环保局先后制定了《嘉兴市环保志愿者服务队工作章程》和定期监督、定期例会、定期活动和定期讲评的"四定"制度。结合公检法和相关部门参与的环保执法联动机制建设，制定实施了《嘉兴市民参与环保专项行动宣传办法》，实施了环保部门新闻发言人制度，及时公示环境信息。围绕"飞行监测"执法，制定完善了《嘉兴市环境污染举报奖励办法》《嘉兴市环保信用不良企业公示管理办法》《嘉兴市企业环境行为信用等级评价实施办法》。结合公众参与体制机制建设，还制定出台了《嘉兴市民环保检查团组织管理办法》和下派环保专管员等规定，不断为环保社会化监督提供法制保障，逐步实现公众参与环境保护的规范化、制度化和社会化。

**4. 多方支持公众参与生态文明创建**

围绕生态市建设，市环保局会同各生态建设成员单位，积极为公众参与创建搭建平台，运用多项形式开展以环境教育、区域自治、行为规范、污染防治为重点的绿色系列创建活动，使全市生态文明创建工作呈现出生机勃勃的发展势头，公众参与更具广泛性、群众性和成效性。截至2008年，全市已建成省级绿色学校86所，国家级5所，市级159所；省级绿色社区40个，国家级2个，市级121个；省级绿色家庭100个；省级绿色企业25个；省级绿色医院10个；省绿色饭店24个；"保护母亲河号"12个，"保护母亲河号"生态监护站7个。涌现出一批富有特色的创建典型，培育一批资源节约型、环境友好型、教学创新型、人际和谐型、实践技能型等"五型人才",形成了遍布全市的生态创建网络。各创建单位在生态文明建设实践中发挥了积极的示范作用,改变了一大批单位的环境面貌,提升了广大市民的生态文明理念,为生态嘉兴建设打下了良好基础。

### (二) 浙江温州的水环境治理创新

近年来,温州大胆探索与积极实践公众参与水环境治理,建立健全公众参与水环境治理机制,形成了"机制新颖、资金多元、督考结合、全民参与"四位一体的治水管理体系。诚如时任中共温州市委书记陈一新所言,"在强化政府职责的同时,充分发挥温州市'民资、民力、民办、民营、民享'的优势,使政府'有形之手'与市场'无形之手'共同发力,形成全民治水的生动局面"[①]。

**1. 回应民意,建构治水政策议程**

温州市"五水共治"议程设置源于地方主政者的主动作为,亦是对民意善意回应的结果。[②] 2012 年 5 月,时任中共温州市委书记陈德荣在调研城市污水处理时说:"检验温瑞塘河治污成效,不以部门报上来的数据为准,要以环保局局长和公用集团董事长带头下河游泳作为河水治理好的标准。"[③] 此事经报道后,众网友就忙着去给环保局局长和公用集团董事长找"游泳胜地"。这一过程加深了决策者治水决心,市委书记不久即表态:"温瑞塘河(注:横贯温州市区的水系)现状令人痛心,塘河成了城市的下水道。塘河的问题,必须在我们这一代人得到治理。"[④] 2013 年初,有温州市在外企业家微博出钱邀请家乡环保局局长

---

① 陈一新:《以治水推动经济转型升级》,载《温州日报》,2015 年 11 月 17 日。
② 王勇:《参与式环保生成逻辑研究——W 市"五水共治"为例》,载《四川行政学院学报》,2016 年第 5 期。
③ 胡印斌:《有请环保局长下河游泳》,载《中国青年报》,2012 年 5 月 8 日。
④ 戴玮:《塘河治理不能留给下一代》,温州网,2012 年 7 月 27 日。

下河游泳，推动网络治水民意进一步发酵。2014年4月1日晚，温州市政府不久组织了一场以治水为话题的电视问政，市水利局、环保局、城管与执法局等5个职能部门的负责人，面对来自各行业的100位代表的犀利发问。① 2015年1月16日，温州市治水办、温州市决策咨询委员会办公室、人民网温州频道共同组织了2015年度"五水共治"问计于民专家咨询恳谈会，以助推温州新一年的治水工作开展。② 正是在不断回应民意的基础上，温州市政府的治水政策议程逐渐成形。

**2. 企业积极参与，弥补治水力量不足**

在温州，企业家是民间治水大军中不可忽视的力量。"五水共治"，企业家争当河长……从最早的"制污"到现在的"治污"，温州的治水舞台上，企业家们正上演着自己的治水故事。为鼓励民资参与治水，温州市政府发行并成功募集"蓝海股份"；各县市区"治水办"与银行资本互利合作，2014年上半年，温州全市金融机构共为98个"五水共治"项目提供了约116亿元资金。③ 早在2014年，瓯海区工商联就牵头成立浙江省第一个由企业参与、民间运作的"瓯海区治水公益基金"，迅速得到本地企业积极响应。森马集团、瓯海农商银行等11家企业一次性捐资3670万元。在这些企业的带动之下，瓯海各行业纷纷行动，认捐资金达8500万元，专门用于治水基础设施建设、沿河文化研究保护及治水宣教、科研等。④ 民企资金参与"五水共治"有利于提升公共服务的建设速度和效率。当地政府通过滨水公园、河道综合治理项目等，鼓励和引导社会资金进入公共产品供给领域，推动各类资本相互融合、优

---

① 胡丹：《温州电视问政首问治水》，载《浙江日报》，2014年4月30日。
② 胡舒影：《广开言路问计于民 各界献策温州2015"五水共治"》，人民网，2015年1月17日。
③ 邹雯雯：《温州："金融活水"注入"五水共治"》，载《温州日报》，2014年8月13日。
④ 鲍南南、裴凯：《企业出资金 政府建公园 温州政企携手治水》，载《人民日报》，2016年11月24日。

势互补，创造出更大的社会效益。近年来随着"五水共治"的逐步推进，许多企业家都当起了周边河道的"临时河长"，为改善企业周边水环境积极贡献力量。如温州市精诚鞋业公司承包了企业周边150米河道的整治任务，并将河岸建成了滨河小公园；永嘉玩具龙头企业——奇特乐集团董事长章金飞义务担任"河段长"，出资购买机动船，配齐打捞垃圾设施，再从企业抽调4名员工担当河道保洁员。①

**3. 社会组织积极参与水环境治理**

在水环境治理中，社会组织的功能体现在：一是发挥社会倡导功能，动员公众支持环保；二是直接参与环境治理，实施专业技术治理；三是在政策网络中发挥作用，推动或监督政府改革环境政策。② 敢为人先的温州人创造了一大批民间环保组织、社会公益组织、环保学生社团等，形成了温州市100多家环保组织2万多人的"百团万人"环保志愿者规模。③ 2012年8月底，一批热心于水环境保护的网友组建了绿色水网环保组织，随后探索建立"温州的水环境保护第三方行动体系"，助推本地水环境保护工作。④ 2013年3月22日，温州市瓯海环保局、瓯海区团委与民间组织温州绿色水网环保公益中心共同发起"护水行动团"，并面向辖区居民招募志愿者。⑤ 数以千计的护水行动团、市民监督团和环保志愿者服务队等民间组织每月都分赴全市各地，以草根的力量共同参与治水、护水行动，通过明察、暗访、挑刺等多种形式，形成治水监督网和推动力。大量自下而上设立、具有更高自主管理能力的行业协会

---

① 项锐、黄春翔：《温州企业争当"治水"急先锋 从"制污"到"治污"》，载《温州商报》，2017年10月16日。
② 嵇欣：《当前社会组织参与环境治理的深层挑战与应对思路》，载《山东社会科学》，2018年第9期。
③ 潘杰：《温州拟建全国首个公益基金专门壮大环保社团发展》，浙江在线，2014年9月10日。
④ 《社会组织如何有效治水？》，载《温州商报》，2014年4月14日。
⑤ 黄之宏：《"护水行动团"昨日首次出击》，载《温州日报》，2013年4月16日。

领导与规约企业，显著提升了环境治理绩效。① 近年来，温州市环保组织亦在官方有意识支持下取得快速发展，在"五水共治"中形成更为直接的志愿治理机制。具体而言，社会组织在温州"五水共治"中发挥的作用包括：在环保宣传方面更主动更深入人心、承接政府的河道保洁购买服务、科技类社会组织以及水环境水产业的社会组织提供学术和技术支持、积极开展水环境保护的政策倡导、募集资金、开展第三方监督和评估。② 统计数据显示，温州全市范围内已成立的公益环保组织有 50 多家，治水志愿者队伍 800 多支、成员 3 万多人，2016 年以来各类民间组织开展的治水活动超过 26 万人次。③ 于是，政府部门加大对环境类社会组织培育和购买服务力度、社会组织加强自身专业建设，温州逐渐形成了政府和社会组织之间合作共治的水环境治理体系。

**4. 全面公开水环境信息**

温州市以民众对生态环境的诉求为出发点，通过公开环境信息、丰富参与途径与载体、广泛发动社会组织等措施，充分保障公众知情权、参与权和监督权，全面宣传发动全社会共同参与、共同行动，让美丽环境永驻。温州市在积极推进信息公开中不断优化公开载体。不仅用好传统媒体，还充分发挥自媒体、新媒体矩阵作用，树立了"温州环保"新媒体品牌，强化信息公开和发布工作，荣获"中国十大绿色环保主题微信公众号"等荣誉。在公众环境研究中心公布的 120 个城市污染源监管信息公开指数（PITI 指数）的评价中，连续多年排名前列，2015 年度、2017 年度均列榜首。④ 自 2014 年起，温州市连续五年开展"环保公众

---

① 周莹、江华、张建民：《行业协会实施自愿性环境治理：温州案例研究》，载《中国行政管理》，2015 年第 3 期。
② 蔡建旺：《积极构建全社会参与的治水模式》，载《温州日报》，2014 年 3 月 31 日。
③ 钱华良：《温州治水巧打三张"民"牌 成功秘诀引起全省关注》，载《浙江在线》，2016 年 9 月 26 日。
④ 张锦显：《温州：全力打造美丽中国的温州样本》，载《中国环境报》，2018 年 6 月 21 日。

开放日"活动，组织公众参观环境监测站、污水处理和垃圾发电厂等设施，市县联动同步组织开展公众开放活动。

**5. 全民参与水治理**

温州市建立公众参与机制，充分发挥广大群众的主体作用和首创精神，组建治水团、护水团、义工服务团等社会团体，举办"煮水论江湖"环保论坛、环保小卫士评选，持续开展"百团万人"等环保公益行动，不断把治水工作引向深入。同时，全民还成为了治水监督者，充分发挥"河道垃圾与污染曝光台"的作用，动员全社会监督整治工作。除加强行政督考外，联合人大、政协、"市民监督团"等开展明察暗访，高频次对治水的进展和成效进行监督和巡查。举办治水专题的"电视问政""河长论坛"等栏目，各县（市、区）长与有关单位主要负责人、主要河道河长，接受专家、媒体和观众代表现场提问，形成了强大的舆论监督氛围。治水需要众人热情，亦需要广聚智慧。为此，温州市政府注重相关平台建设，充分利用报纸、电视、广播、网站和微信、微博等全媒体对全国水生态文明城市建设和"五水共治"进行全方位宣传，市级以上媒体刊播工作报道达 4700 多篇，组建公益环保组织 50 多家，治水志愿者队伍 800 多支，建立公众参与"剿灭劣 V 类水"有奖举报制度，鼓励全民参与治水，有效激发了社会力量监督治水的积极性。[①] 温州市以更加开放的姿态鼓励公众参与环境保护，不仅激发了公众参与环境保护的热情，也提升了公众对环保的关注、理解、支持和参与。

## （三）多地探索立法规范参与式环境治理

随着依法治国战略的不断深入推进，国家越来越重视通过立法手段来加强生态环境治理，出台了多部法律、法规、规章和规范性文件，对

---

[①] 白洪楞:《水中耕耘 润泽瓯越——温州市全国水生态文明城市试点建设的主要经验和成效》，http://big5.xinhuanet.com/gate/big5/www.xinhuanet.com/travel/2018 - 11/12/c_1123698347.htm（新华网，访问时间：2020 年 8 月 4 日）。

公众参与生态环境治理作出相应规定，使公众参与生态环境治理逐渐有法可依。1989年颁布的《中华人民共和国环境保护法》第六条规定了"一切单位和个人都有保护环境的义务，并有权对污染和破坏环境的单位和个人进行检举和控告"。这为公众参与环境保护提供了原则性的法律依据。经过多年的发展，公众参与环境影响评价程序成为公众参与制度的主要渠道。2002年颁布的《中华人民共和国环境影响评价法》对环境影响评价中的公众参与作了原则性规定。2004年、2006年，原国家环保总局先后发布了《环境保护行政许可听证暂行办法》《环境影响评价公众参与暂行办法》，初步明确了公众参与的权利和具体程序，初步明确了公众参与环境影响评价的方式。2015年、2018年，《环境保护公众参与办法（草案）》《环境影响评价公众参与办法》及配套办法陆续出台，环境保护公众参与制度的法制化、规范化程度不断提高。①

早在2007年，为维护公众获取环境信息的权益并推动公众参与环境保护，原环境保护部公布了《环境信息公开办法（试行）》，要求环保部门和企业分别对政府环境信息和企业环境信息按要求予以公开；2008年4月24日，原环境保护部部长在中欧环境执政能力研讨会上指出："构建新型环境治理结构是提高环境执政能力的关键，需要通过司法保障、体制安排和政策调控手段，明确政府、企业和公众等利益相关方的权利和义务，从而建立政府、企业、公众协同保护环境的长效机制"②。2014年修订的《中华人民共和国环境保护法》第五条明确规定"环境保护坚持保护优先、预防为主、综合治理、公众参与、损害担责的原则"，并在第五章中对"公众参与"作了专门规定；《中华人民共和国环境影响评价法》《中华人民共和国大气污染防治法》《中华人民共和国环境噪声污染防治法》《中华人民共和国水污染防治法》等相关法律也对

---

① 陈健鹏：《我国环境治理40年回顾与展望》，载《中国经济时报》，2018年12月10日。
② 刘晓星：《周生贤强调：继续深化中欧双方未来环境合作》，载《中国环境报》，2008年4月24日。

公众参与作了类似规定，明确了环境影响评价、大气污染防治、环境噪声污染防治和水污染防治等生态环境治理过程中的公众参与权。2015年1月1日开始施行的新修订的《中华人民共和国环境保护法》除了对环保部门的处罚力度、执法手段有更全面的提振外，新法还是一部开放的立法，其中较为明显的两个标志是：一是将民间力量有序地纳入环境治理的机制中，二是设立了环保公益诉讼制度。如此的制度设计，无疑为公众参与添设了法律路径内的"保护伞"。2015年9月1日开始施行的《环境保护公众参与办法》，是新修订的环境保护法的重要配套细则，有利于切实保障公众、法人和其他组织获取环境信息、参与和监督环境保护的权利，畅通参与渠道，规范引导公众依法、有序、理性参与，促进环境保护公众参与更加健康地发展。中央全面深化改革委第十一次会议审议通过的《关于构建现代环境治理体系的指导意见》，要求提高公众参与的积极性，建立健全包括全民行动体系在内的环境治理七大体系。2018年，生态环境部修订发布了《环境影响评价公众参与办法》，全面规定和细化了公众参与的内容、程序、方式方法和渠道。

在此前后，许多地方政府如河北、山西、沈阳、昆明等省市相继出台了关于公众参与环境治理的条例或其他形式的法规，对本省（市）公众参与的范围、形式、内容、程序等方面作出详细规定，使参与式环境治理更加规范化、制度化、理性化。

2006年1月1日起，国内首部公众参与环境保护的政府规章《沈阳市公众参与环境保护办法》（以下简称为《办法》）正式实施。①《办法》的出台是公众参与原则在具体立法中的体现，是推动我国环境法治进程的标志性事件。《办法》明确将环境信息定义为社会公共信息，除涉及国家机密或者商业秘密的信息外均须向公众全面、及时公开。《办法》

---

① 王术：《环保部门解读〈沈阳市公众参与环境保护办法〉》，载《时代商报》，2005年12月19日。

除对已有的公众权利加以明确，还明确规定公众拥有以下参与环境保护的权利：以法定方式参与环境立法；以法定方式参与环境政策的制定和环境规划的编制；以法定方式参与建设项目环境影响评价；获得和使用环境公共信息；对环境保护工作提出批评和建议；对污染和破坏环境的行为进行检举和控告；在受到环境污染损害时依法要求赔偿；举报环境保护公务人员的违法行为；此外，还包括我国法律、法规、规章规定的其他权利。《办法》明确，公众可通过书面和口头方式直接向环境保护行政主管部门查询、通过环境保护行政主管部门的网站查询、通过环境信息刊物查询方式获取环境信息。《办法》规定，市、区、县（市）环境保护行政主管部门应当成立有公众代表参加的环境咨询委员会，广泛开展环境保护宣传活动，开展公众评议环境保护工作，并聘请环境保护监督员，监督环境保护工作。《办法》规定，政府及其环境保护行政主管部门在制定环境政策、编制环境保护规划、开展地方环境立法中，除涉及国家规定需要保密的内容外，应当先期在新闻媒体公布草案或召开论证会，公开征求公众意见，并采纳其合理意见。

2011年11月，昆明市人民政府常务会审议通过《昆明市环境保护公众参与办法（草案）》（以下简称《办法（草案）》，首次对公众参与环境保护的范围、获取环境信息的渠道，以及公众参与政策法规制定、环境管理、环境监督的途径作出规范。①《办法（草案）》规定，公众提出获取环境信息，有关行政管理部门要在15个工作日内予以答复。《办法（草案）》明确，公众参与昆明市环境保护的范围包括8个方面，分别是：参与环境保护立法、政策的制定和规划编制；参与重点建设项目环境影响评价、规划环境影响评价和项目竣工环境保护设施验收工作；参与滇池及滇池入湖河道水污染防治、工业污染防治及生态恢复治理工作；参与滇池治理的科学研究、示范及相关科技成果应用、推广；参与

---

① 李严：《昆明拟施行〈环境保护公众参与办法〉》，载《昆明日报》，2011年11月14日。

环境保护和滇池保护宣传教育、社会实践、志愿服务及相关公益活动；对环境保护和滇池保护工作提出意见和建议，对环境违法行为进行监督、投诉和举报；对涉及环境保护工作的有关国家机关及其工作人员玩忽职守、滥用职权、徇私舞弊等行为进行检举和控告；法律、法规和规章规定的其他参与行为。环境信息主要包括环境质量状况，环境标准，环境保护费用征收的项目、依据、标准、程序和使用情况，重大环境治理、环保补助资金项目，建设项目环境管理情况，滇池污染治理重要工程及项目进展情况等15项内容。对于公众以书信、电子邮件、传真、电话和口头形式提出获取环境信息要求的，有关行政管理部门应在接到要求后，15个工作日内予以答复。特殊情况下，经部门主要负责人批准可延长至30个工作日；发生突发环境污染事故，对公众健康、安全和公共环境可能造成威胁的紧急情况下，各级政府及其相关行政管理部门，应依法迅速发布能够帮助公众采取预防措施和减少损害的信息。《办法（草案）》对公众参与环境政策制定、环境管理、环境监督等路径，也作了具体规定。比如，有关行政管理部门对公众提出的合理意见应予以采纳，不予采纳的，应当给予答复并说明情况；对环境有可能造成重大影响的建设项目，应向公众公开建设项目信息，召开专家代表论证会、公众听证会公开征求公众意见，并对采纳情况进行说明；各级政府、国家级开发（度假）区管委会，应聘请环保专家、学者对环境保护工作进行督导和咨询，聘请市民监督排污治污行为等。

为保障公众对环境保护的知情权、参与权和监督权，河北省在全国率先制定了环境保护公众参与条例。[①] 2014年11月28日，河北省十二届人大常委会第十一次会议表决通过《河北省环境保护公众参与条例》（以下简称《条例》）。《条例》第一句话即开宗明义："为保障公众对环

---

① 段丽茜、刘常俭：《解读〈河北省环境保护公众参与条例〉》，载《河北日报》，2014年11月29日。

境保护的知情权、参与权和监督权"。《条例》明确：参与环境保护公众依法享有的权利包括获取环境信息、对环境决策和行政许可及环境执法表达意见建议、对环境违法行为和环境保护中不依法履行职责的行为进行举报、寻求行政或者司法救济等。信息公开是公众参与环境保护的前提和基础。《条例》明确：负有环境保护监管职责的部门应当依法公开环境信息，包括环境质量、环境监测、突发环境事件、重点排污单位和违法企业名单、生态环境保护目标完成情况的考核结果等。县级以上政府及有关部门，应当建立健全新闻发言人制度，及时发布环境信息。公众可以采取信函、传真和电子邮件等书面形式，向负有环境保护监督管理职责的部门申请提供政府环境信息。《条例》提出，符合法定条件的社会组织对污染环境、破坏生态，损害社会公共利益的行为，向人民法院提起诉讼获取的赔偿、补偿资金，应当用于环境治理、生态恢复和诉讼救济等。

2017年1月，江苏省环保厅印发《江苏省环境保护公众参与办法（试行）》（以下简称《办法（试行）》）。① 在《办法（试行）》中，进一步明确了环境保护公众参与的范围。包括制定有关环境政策、规划；监督重点排污单位主要污染物排放情况，以及防治污染设施的建设和运行情况；对环境保护公共事务进行舆论监督和社会监督；对污染环境、破坏生态等损害社会公共利益的行为开展环境公益民事诉讼；环境保护宣传教育、社会实践、志愿服务、公益活动等其他事项。《办法（试行）》第八条规定："环境保护主管部门应当依法依规主动公开环境影响评价文件、拟审批意见及相关信息，通过召开座谈会、专家论证会、听证会等方式，听取采纳公众对环境治理的合理意见和建议，并以适当方式反馈。"为保障公众参与权利，《办法（试行）》把促进公众参与的渠道具体化，既包括制定有关环境政策规划，也包括监督重点排污单位主要污

---

① 周静文：《环境保护，不能没有公众的参与》，载《新华日报》，2017年1月17日。

染物排放情况，还包括对环境保护公共事务进行舆论监督和社会监督，对破坏生态等行为开展环境公益民事诉讼，让公众参与贯穿于环境保护及项目实施全过程。《办法（试行）》第十三条和第十四条特别规定，"在法规和政府规章起草制定阶段，环境保护主管部门应在其官方网站公开征求公众意见，并在草案起草说明中予以说明"，"按照本办法规定公开征求意见的，公众可以根据公布的时限、程序、方式等要求，提出意见和建议，环境保护主管部门对公众提出的合理意见应予以采纳，不予采纳的应做出说明"。

## 第四节　参与式绩效评估

### 一、地方政府绩效评估的重要性

所谓地方政府绩效评估，是指运用科学的体系和方法，对地方政府的服务质量和社会公众需求的满足进行考核评定，它蕴含了公共责任和顾客至上的现代管理理念，是一种非常重要的政府管理措施。[①] 具体地说，政府绩效评估包括两个方面：一方面，它是作为政府公共部门内部管理的改革与完善措施，体现了放松规制和市场化的改革取向，是一种以结果为本的控制；另一方面，政府绩效评估是改善政府公共部门与社会公众的关系，加强社会公众对政府信任的措施，体现了服务和顾客至上的管理理念。[②] 通过绩效评估，地方官员的行为与政府绩效联系起来，并以评估结果为依据进行奖惩，从而建立起激励和约束机制，使地方政

---

① 蔡立辉：《政府绩效评估的理念与方法分析》，载《中国人民大学学报》，2002年第5期。
② 蔡立辉：《政府绩效评估的理念与方法分析》，载《中国人民大学学报》，2002年第5期。

府和地方官员的行为收敛于评估指标,从而贯彻上级政策、促进地方发展。诚如倪星所言,"如何保证服务的质量和效率成为政府需要面对的难题,绩效评估的产生正是因应我国政府对'政绩合法性'的依赖以及社会对公共服务质量改善的要求,为鉴别和改善政府工作绩效提供了一个有效的战略工具"①。

政府绩效评估具有计划辅助、预测判断、监控支持、激励约束和资源优化等多项功能,通过评估绩效,改进激励机制、竞争机制、监督机制、责任机制,属于政府运行机制优化的范畴。从系统组织整合理论角度看,这种运行机制的优化可以在一定程度上弥补一些管理体制方面的缺陷。政府绩效评估是以提高政府公共管理和公共服务能力而采取的以公共责任和顾客至上为理念的政府改革策略,是持续改进和提高政府部门绩效的新的管理理念和方法,是当今许多国家实施政府再造、落实政府责任、改进政府管理、提高政府效能、改善政府形象的一个行之有效的工具。② 在新时代,开展地方政府绩效评估是反映地方政府治理水平的重要风向标,是实现政府执政合法性、提升执政效能的重要方式,是推进地方政府治理体系和治理能力现代化的必然要求。具体而言,体现在:

首先,是提高地方政府管理绩效的有效途径。现代政府管理的核心问题是提高绩效。绩效评估在地方政府运作和管理过程中引入了成本—效益机制,将成本与效益相连,力求以最低的成本获得最大的效益,从而提高资源投入的效益,有效地制止地方政府行为中的亏损现象和浪费现象,促使地方政府在管理的各个环节进行审慎的抉择和衡量。绩效评估结果有利于地方政府确定工作中的问题所在,并科学确定未来的绩效

---

① 倪星:《地方政府绩效评估指标的设计与筛选》,载《武汉大学学报(哲学社会科学版)》,2007年第2期。
② 中国行政管理学会课题组:《政府部门绩效评估研究报告》,载《中国行政管理》,2006年第5期。

指标，合理地配置和使用公共资源，协调整个组织系统和落实管理人员的责任，增强政府工作的针对性和实效性。由此可见，地方政府绩效评估为降低管理成本和提高管理效能提供了有效途径。

其次，有利于促进地方政府职能转变。在实践中，地方政府角色错位、职能缺位和越位等问题依然存在，这对于转变经济发展方式、营造国际化和法治化的营商环境，以及实现地方的全面协调可持续发展产生着消极的影响。因此，必须要加快转变地方政府职能，"完善政府经济调节、市场监管、社会管理、公共服务、生态环境保护等职能，实行政府权责清单制度，厘清政府和市场、政府和社会关系"①；全面实现从"全能政府"向"有限政府"、从"管制政府"向"服务政府"的转变，建设人民满意的服务型政府。地方政府绩效评估的核心要义就是对地方政府的施政行为进行客观全面的考核和评价，而不只局限于单一的经济增长，还要注重社会公平、利益共享、责任、参与和稳定等方面内容。②显然，科学有效的地方政府绩效评估对于地方政府职能转变、政府行为的约束和组织的重塑都具有积极意义。因此，地方政府绩效评估在很大程度上为地方政府衡量特定职能的合理性与必要性提供了一个较为清晰的标准和尺度，有助于理顺各种关系，有效地转变政府职能，提供公共服务，追求经济、高效和公众满意度，建设人民满意的公共服务型政府。

最后，有利于建立起政府与社会、民众之间有效的沟通机制。在当前地方政府管理中，很突出的一个问题就是地方政府同社会、民众之间缺乏有效的沟通和良性的互动。党的十八大提出要建立人民满意的服务型政府，因此在地方政府绩效评估中让公众有更多话语权、将人民满意

---

① 《中共中央关于坚持和完善中国特色社会主义制度、推进国家治理体系和治理能力现代化若干重大问题的决定》，人民出版社2019年版。

② 蒋健：《当前地方政府开展绩效评估的难点与对策分析》，载《四川行政学院学报》，2009年第5期。

变成可以量化测度的标准,是推行政府绩效管理、建立科学的政府绩效评估体系的重要课题。① 从既有实践来看,地方政府绩效评估过程强调公众和社会组织参与地方政府治理过程,注重建立信息收集、传递与反馈机制,对地方政府工作作出尽可能全面、科学的描述并公之于众,从而为公众对地方政府及其所提供的服务进行选择提供了依据,使地方政府工作成绩得到认可,并促使地方政府对工作中暴露出的问题,虚心接受公众批评并积极采取措施进行改正。同时,公众的意见和建议也能够及时反映到相关部门,以加强地方政府与公众之间的交流与沟通,建立和巩固公众对政府的信任,激发公众的政治热情。最终,公众在绩效评价、目标设置、指标设计等环节的参与,有利于地方政府与公众对绩效指标和标准达成共识;公众在绩效结果评价中提供的信息、需求与反馈,为明确绩效问题提供了依据;绩效结果的公开、告知与监督,强化了公众对地方政府的绩效问责,使地方政府感受到改进绩效和回应公众诉求的压力。② 基于此,通过开展地方政府绩效评估,倡导以公众满意度为主要评价标准,使政务真正体现民意,有助于建立地方政府与公众和社会的良性互动机制。

## 二、现行地方政府绩效评估成效及其不足

改革开放以来,我国地方政府绩效评估大体经历了四个发展阶段:

(1)从20世纪80年代中期到20世纪90年代初期,地方政府绩效评估的核心是建立目标责任制。党的十一届三中全会后,随着改革开放的开启,以提升管理绩效为目标的政府改革在中国开始启动,其重要标

---

① 桑助来:《公众参与政府绩效评估的模式及展望》,载《中国党政干部论坛》,2014年第8期。
② 马亮:《公众参与的政府绩效评估奏效了吗?——基于中国城市的多层分析》,载《经济社会体制比较》,2018年第3期。

志就是在政府行政体系内探索推行目标责任制。1982年,中国开展了改革开放后第一次大规模政府机构改革,目的是通过精简机构和编制来改变机构庞大、人浮于事的现象,从而提高行政效率。为配合行政管理体制改革的推进,全国各级地方政府开始探索实施基于目标管理的目标责任制。截至20世纪90年代初期,河南、四川、山西、山东、河北等省,在全省范围推行了目标管理;湖南、湖北、内蒙古等省区的一些地市、县区也实行了目标管理,全国共有200多个地方政府推行了目标管理,其中包括55个大中城市政府机关。①

(2) 从20世纪90年代到21世纪初,地方政府绩效评估进入以效能评估为核心的新模式探索阶段。20世纪90年代中期以后,地方政府绩效评估在前期目标责任制的基础上,进入了以加强政府效能为导向的效能建设阶段,在实践探索中逐渐形成了一些具有代表性的模式,如基于目标责任制的"青岛模式"、重视效能提升的"福建模式"、强调社会服务承诺制的"烟台模式",等等。随着各地方政府效能建设实践的展开,效能评估是效能政府建设中不可缺少的重要内容,也是建设实践中迫切需要解决的问题。这一阶段的特点依然是以发挥地方政府内生动力为主,中央政府未进行统一的政策规划和管理要求。以效能建设为中心的地方政府绩效评估,开始关注政府工作在社会层面的影响,较为重视吸纳社会公众意见的参与,比前一阶段在管理方面有了更强的开放性。

(3) 21世纪之初,中央政府明确提出"构建科学的政府绩效评价体系"后,地方政府绩效评估进入探索科学化、规范化的绩效评估阶段,"绿色GDP""小康社会"等评价指标在实践中出现。早在2007年,《中国人事报》统计发现我国已有超过三分之一的省份或多或少使用了政府绩效评估。2011年,国务院绩效管理"部级联席会议"制度确立,

---

① 齐惠明、白玉刚:《实施目标管理是推动政府工作的必然》,载《经济工作导刊》,1994年第6期。

明确由纪委监察部具体负责政府绩效评估工作。此后，中央纪委监察部选择北京、吉林、福建、广西、四川、新疆、杭州、深圳等八个地区进行地方政府绩效评估试点，同时选择国土资源部、农业部、质检总局进行中央机构绩效评估试点。另外，中央纪委监察部还确定了以国家发展和改革委员会、环境保护部来试点节能减排专项工作的绩效评估，以财政部来试点财政预算资金绩效评估。在这些试点工作的推动下，政府绩效评估在我国各地加速扩散。据中央纪委监察部绩效管理监察室统计，截至2012年底，政府绩效评估进一步扩展到27个省（自治区、直辖市）的范围。

（4）党的十八大以来，地方政府绩效评估步入了一个快速发展的新阶段。2012年，党的十八大报告明确提出要"创新行政管理方式，提高政府公信力和执行力，推进政府绩效管理"；2013年6月，习近平总书记在全国组织工作会议上明确指出，要"改进考核方法手段"，"把民生改善、社会进步、生态效益等指标和实绩作为重要考核内容"[①]；2013年11月，党的十八届三中全会通过的《关于全面深化改革若干重大问题的决定》明确要求"完善发展成果考核评价体系，纠正单纯以经济增长速度评定政绩的偏向"。这一系列顶层设计，标志着地方政府绩效评估进入一个重视科学化和应用性相结合的科学发展阶段。

从既有实践来看，地方政府不断完善的绩效评估取得了明显的成效，体现在：（1）政府绩效管理理念与重心开始发生变化；（2）政府绩效评估内容进一步兼顾到经济增长、社会发展和环境建设等方面的综合平衡；（3）政府绩效评估指标侧重或增加了社会公平、节约能源、保护环境、地理生态和政府创新等方面的指标；（4）政府绩效评估方法更加注重公众导向和结果导向；（5）政府绩效评估结果应用方面注重绩效评

---

① 习近平：《在全国组织工作会议上的讲话》，载《党建研究》，2013年第8期。

估结果与行政问责制相结合。① 就各地的实践状况而言，当前中国地方政府绩效评估存在两种显著的趋势：一是从以经济绩效为中心的考核转向重视均衡发展的综合评估，二是开始反思公众满意度等主观指标与政府绩效客观指标的内在关系，评估指标体系的科学性更受重视。②

但是，由于地方政府绩效评估在我国开展时间不长，各地在实践中更多的是自我摸索和相互的经验借鉴，缺乏有效的系统理论指导，因此仍存在着一些需要解决的问题，如公众参与不足，评估指标未充分纳入公众评价，对评估结果缺乏充分回应，等等。于是，随着地方政府绩效评估的普及，一些操作性问题逐渐浮出水面，其中社会反响最大的是绩效评估中"自说自话"问题。③ 也就是说，地方政府绩效评估在操作中完全由政府自身发起，政府自己确定评价指标、权重，自己确定采用何种绩效数据，最终的绩效评价结果也只在政府内部"消化"。因此，李克强总理2013年3月5日在政府工作报告中提出要"完善政绩考核评价机制"，党的十八届三中全会出台的《中共中央关于全面深化改革若干重大问题的决定》提出要"完善发展成果考核评价体系"；"改革政绩考核机制，着力解决'形象工程'、'政绩工程'以及不作为、乱作为等问题"。

### 三、以人民为中心是地方政府绩效评估的新型价值取向

党的十一届三中全会以后，以经济建设为中心的基本路线得以确立。与之相应，解放和发展生产力、实现经济持续高速发展成为地方政

---

① 许扬：《大部门体制下地方政府绩效评估理念分析》，求是网，2014年12月17日。
② 贠杰：《中国政府绩效管理40年：路径、模式与趋势》，载《重庆社会科学》，2018年第6期。
③ 周志忍：《论政府绩效评估中主观客观指标的合理平衡》，载《行政论坛》，2015年第3期。

府绩效评估的基本价值取向。以 GDP 和财政收入等为主要考核内容的地方政府绩效评估，虽然为持续的经济体制改革和高速经济增长作出了巨大贡献，但其引发或遗留的问题也十分严重。具体体现为地方政府绩效评估中数量化经济指标远远超过社会发展指标，过多地强调了经济增长要求，而忽视了可持续发展等一系列社会效益。在一定程度上还导致地方政府以促进经济发展作为政府公共服务的唯一职能，以 GDP 和财政收入增长作为衡量地方政府及其官员政绩的主要标准，忽视其社会管理、公共服务和生态环境保护职能，导致民生建设严重滞后，社会矛盾愈发尖锐，削弱了政府合法性。① 于是，党中央在 21 世纪之初适时地提出了科学发展的战略思想与和谐社会的建设目标，强调发展过程要坚持以人为本，坚持全面、协调、可持续的发展，并且作出了转变经济发展方式的重要决定。与之相应，地方政府绩效评估的经济发展价值导向逐渐向公共服务导向转变。以公共服务为价值导向，虽然在一定程度上超越了经济发展方式，但是仍带有浓厚的经济发展色彩，突出地表现为政府服务的重点首先是市场主体。强调"建设服务型政府，根本目的是进一步提高政府为经济社会发展服务、为人民服务的能力和水平"②，"要在继续加强经济调节、市场监管的同时，更加重视社会管理和公共服务"③。于是，以习近平同志为核心的新一代党领导集体在总结实践经验的基础上，提出了以人民为中心的发展思想。为此，党的初心使命、政府的职能目标、人民群众的期盼，以及政府绩效评估的公众导向、结果导向、责任导向等，都要求确立以人民为中心的政府绩效评估新理念。以人民

---

① 廖晓明、孙莉：《论我国地方政府绩效评估中的价值取向》，载《中国行政管理》，2010 年第 4 期。

② 胡锦涛：《扎扎实实推进服务型政府建设 全面提高为人民服务能力和水平》，载《中国行政管理》，2008 年第 3 期。

③ 温家宝：《公共服务就是要为人民的根本利益服务》，http://www.gov.cn/2008lh/zb/0318b/content_923202.htm（中国政府网，访问时间：2020 年 8 月 4 日）。

为中心的政府绩效评估理念,要求地方政府绩效评估更加坚定人民主体地位,更加尊重人民利益,更加关注人民满意度。① 换言之,就是要公众发动起来,把权力交给人民,使公众对政府工作具有知情权、参与权、监督权和评判权,真正做到让"主人"来评判"公仆",这是地方政府绩效评估的终极发展目标。

首先,公众作为地方政府绩效评估主体的地位是由以人民为中心的政府绩效评估价值观决定的。为人民服务的价值理念运用到实践中就是强调政府的公共服务要得到公众的认可和满意。因此,从这个意义上讲,公众作为地方政府绩效评估主体才能充分体现这一理念。

其次,公众的主体性地位是建设人民满意的公共服务型政府的需要决定的。公共服务型政府强调政府是公共服务供给者,政府管理工作必须以顾客(也就是公众)为中心,以他们的需要为导向,以他们的满意为结果。这就要求政府的服务质量和水平应由公众来评价。因此,建设人民满意的公共服务型政府也必须在政府绩效评估过程中,更多地倾听公众的声音,更多地吸引公众来参与。

最后,公众的主体性地位是由改进地方政府绩效管理自身的要求决定的。使公众更主动地参与到地方政府绩效评估中,能够更好地实现绩效评估的管理映射工具功能,弥补政府在公共服务中各种信号的缺失,提升政府管理效能。具体而言,公众在地方政府绩效评估中的主体作用体现在②:(1)提供绩效信息,识别公共服务现状。公众的参与愿望促使其以非常积极的姿态介入到地方政府绩效评估过程中,而作为生活社区的一员,公众知道而且能够表达自己需要什么,很可能了解他们自己社区的问题及其解决办法,因此,他们可以为地方政府绩效评估提供可靠、足量和及时的信息。(2)参与绩效考核,改善公共服务效果。一个

---

① 唐检云、王浪:《构建以人民为中心的政府绩效评估体系》,载《中国社会科学报》,2019年1月4日。
② 陈家浩:《让公民成为政府绩效评估的主体》,载《中国经济时报》,2017年6月7日。

好的政府绩效评估系统通常会通过对一系列绩效指标进行整合来测量结果和绩效。这一过程中，公众可以通过"将事实与价值结合起来而增加评估指标体系的社会相关性"，激励地方政府集中于公众生活质量而增加绩效评估的社会影响。让公众参与绩效评估可以帮助地方政府将精力放在公众真正需要解决的问题上，所有具有利益相关性的公众对于设计一个可靠、有效的评估系统都具有潜在的帮助。(3) 监督绩效结果，优化公共服务质量。地方政府虽然发起了绩效评估运动，但通常存在着"为评估而评估"的倾向，缺乏主动使用绩效结果的动机。而公众恰恰以独立的监督者身份来推动地方政府使用评估资料并且优化政府产出。公众观察绩效目标的实现情况，能够加强对绩效评估结果和绩效信息的有效利用，使其可以高效地服务于政府产出的调整和优化、服务的运作和结果的改善。

## 四、创新实践

正是基于参与式政府绩效评估可以为公众与政府互动搭起桥梁[1]，近年来越来越多的地方政府在治理创新中探索参与式政府绩效评估。而这是因为：参与式绩效评估，不仅将事实（资料数据）和价值观（公众感觉）结合起来，从而增加了绩效评估的社会相关性，而且为公众提供了评价政府、影响政府、进而改进政府的机会。[2] 或者说，借此有助于提高地方政府部门的管理效率，从而缓解经济增长引起的社会不满和矛盾，同时降低民主发展带来的潜在挑战。[3] 与上级政府掌握绩效评定权

---

[1] 吴建南、张萌、黄加伟：《公众参与、绩效评价与公众信任——基于某市政府官员的实证分析》，载《武汉大学学报（哲学社会科学版）》，2007年第2期。
[2] [美] 马克·霍哲：《公共部门业绩评估与改善》，载《中国行政管理》，2000年第3期。
[3] Bennis Wai Yip So, "Civic Engagement in the Performance Evaluation of the Public Sector in China: Building horizontal accountability to enhance vertical accountability", *Public Management Review*, 2014（3）：341–357.

的内控式管理机制相比,参与式政府绩效评估体现为将上级政府的决策控制权部分让渡给公众,显然有助于促进地方政府从权力本位向服务本位的转变。为此,参与式地方政府绩效评估的创新不断扩散,即通过网站、电话、信函、入户调查、焦点座谈会、街头采访等多种途径来拓展公众参与评估。桑助来概括了公众参与政府绩效评估的六种基本模式:即"下评上"模式、"评估团"模式、"政务公开"模式、"满意度调查"模式、"万人评议政府"模式、"第三方评估"政府模式。① 自1999年10月广东省珠海市正式启动"万人评议政府"活动后,类似的活动在杭州、南京等地不断被复制。据统计,1998—2004年,全国已有14个人民政府举办了"公众评议政府"活动。② 当前,许多地方政府绩效评估注重引入公众评价,公众满意度评价占总体评价的比例逐步提高到30%以上,杭州市甚至达到50%;公众参与绩效评估的人数比例也逐步增加,如广东省鹤山市常住人口46万人,每年约有1.2万名社会各界人士参加镇级政府和市级部门的绩效评价,成为我国参与人口比例最大的县级市。③ 诚如王锡锌教授所言,参与式地方政府绩效评估在实践中的兴起受到两个方面动因的推动:其一是基于外部考虑的动因,表现为:(1)"服务型政府"和"为民服务"的(政治)理念;(2)绩效评估作为一种政府和公众进行交流的方式。通过民众的绩效评估,增进民众对政府的支持、信任和合作。其二是来自政府系统内部考虑的动因,即出于政府自身考虑,绩效评价被期望成为政府自我更新的契机,包括:(1)通过参与式绩效评估,对政府人员及活动形成良性激励,使政府活动更有成效;(2)借助民众监督,查找内部问题与不足,促进自我改进

---

① 桑助来:《公众参与政府绩效评估的模式及展望》,载《中国党政干部论坛》,2013年第1期。
② 吴建南、庄秋爽:《"自下而上"评价政府绩效探索:"公众评议政府"的得失分析》,载《理论与改革》,2004年第5期。
③ 尹艳红:《地方政府绩效管理新趋势》,载《学习时报》,2013年4月22日。

和完善。① 引入参与式绩效评估模式，不论是在政府表明的动机还是预期目标上，都反映出地方政府试图回应新的需求和挑战的努力，在目标上反映出实现有限政府、效益目标和系统评价的期待。② 地方政府开展参与式绩效评价创新，最大的亮点在于通过将公众纳入正式绩效评价机制当中而改变了传统"自娱自乐"的"凝闭式"评价机制。这种"评价—整改—反馈"机制通过构建外部评价而形成"压力机制"来驱动内部整改，有助于推进地方政府治理创新、回应公众诉求并推动地方政府绩效持续改进。③ 2000 年以来，珠海、南京、沈阳等地开展的"万人评议政府"、政风行风测评等活动，不仅声势浩大，而且影响深远。

## （一）南京的万人评议政府

### 1. 起步阶段（2001—2003 年）

2001 年，南京市一改过去关门评价机关工作的做法，把党政机关和执法部门等 70 个单位列入评议范围，由随机抽取的近万名市民代表无记名填写评议表，并把市民评议结果作为衡量机关工作作风的主要依据。对那些排名靠后，市民意见较大的部门，其主要负责人要受到诫勉谈话、降职、免职的惩戒。对排名靠前、市民满意度较高的部门，南京市委市政府给予表扬。④ 根据各个机关在工作性质、业务职能等方面存在的差异，南京市 2002 年出台《南京市市级机关作风评议方案》，将评议部门（单位）分为两大类：第一类为执法部门（单位），包括司法执法和行政执法部门，如市公安局、市卫生局等；第二类为综合部门和其

---

① 王锡锌：《对"参与式"政府绩效评估制度的评估》，载《行政法学研究》，2007 年第 1 期。
② 彭国甫：《地方政府公共事业管理绩效评价研究》，湖南人民出版社 2004 年版。
③ 程晨：《公众导向：地方政府创新的路径——基于杭州的实证分析》，载《领导科学》，2015 年第 35 期。
④ 《江苏猛药整治"机关梗阻"》，载《现代快报》，2004 年 2 月 1 日。

他单位，如市委办公厅、市体育局等。两类部门（单位）分别进行排序。该方案规定，评议人分为市级领导，市人大代表，市政协委员，市管干部，市级机关工作人员，区县机关工作人员，专业技术人员，省级机关、街道和乡镇工作人员，企业管理人员，基层社区人员等10个类型。每个类型评议人的数量相对确定，参加评议的总人数在10000人左右。为进一步完善市民评议的方式、方法，南京市级机关工委与江苏省社科院组成专门课题组，对"评价体系"进行研究，使其更具科学性和民主性。2002年，评议人从2001年的6类扩大到10类，每一类评议人所占的比例也都经过反复甄别。总体而言，党政机关以外的评议人占了绝大多数，比例达85%；被评议人也被分成两类，一类是与百姓有直接接触的机关部门，一类则是与百姓距离较远的机关部门；在评议栏中，多了一个"不了解"选项，以保证每一个评议人的打分都尽量做到客观有效。[1] 从2002年开始，"万人评议"发生了有趣的变化：一方面，"万人评议"的设计方案越来越细化，越具可操作性；另一方面，评议结果的公开度，与对末位排位的处理力度，却有所收缩。[2] 南京市作为江苏省第一个开展"万人评议机关作风"活动的城市，在这一阶段，因群众评议和组织考察不合格，已有2名局长被免职；因群众意见较大，在市级机关考核中排序靠后，有12名局长被诫勉谈话。[3] 因此，虽然这个阶段的评估指标还略显粗糙，但评估后的"动真格"不仅使机关干部深受震动，在全国也引起巨大反响，"万人评议政府"迅速在南京广大市民中树立起了权威。

---

[1] 《南京群众评议机关十年历程（背景新闻）》，载《江南时报》，2005年11月29日。
[2] 秦晓蕾：《地方政府绩效评估中的有效公民参与：责任与信任的交换正义——以南京市"万人评议机关"15年演化历程为例》，载《中国行政管理》，2017年第2期。
[3] 郭奔胜、高璎璎：《江苏南京："万人评议机关"活动评出了什么?》，新华网，2004年1月31日。

**2. 发展阶段（2004—2007 年）**

2004 年，南京市推出"万人评议"升级版。① 在这一版本中，被评议的 96 个部门更被分成 3 类：第一组为政府机构中直接面向广大群众服务和执法的部门及部分专营性企事业单位；第二组则为政府机构中除第一组外的部门及直属单位；第三组为党群机关、人大机关、政协机关、法检机关和直属单位。评议人的结构又有了变化，市级机关干部不再参加评议，而由市级机关作风监督员评议；以随机抽取的方式，产生选举人，以增强选举人的覆盖面和客观性，并尝试建立评议人库。与此同时，试行网上评议，在南京的龙虎网等 3 个新闻网站上开通评议热线，在媒体上公开刊登"媒体版评议表"。这些在"万人评议"之外的评议表和意见、建议，都被送达到南京市市级机关工委，作"万人评议"的参考。在 2004 升级版"万人评议"方案中，有三点新变化：其一，评议结果将不仅依据"万人评议"的排名，更综合考虑机关作风建设工作考核结果，前者占 70%，后者占 30%，两者结合，成为最终评价；其二，对三组排序列末位的处理，由过去的直接追究单位行政领导责任，改为进行组织考核，对连续两年列三个组排序末位的部门进行重点考核，视考核结果，对列末一位的部门领导班子作出相应的处理；其三，排序结果在一定范围内公布，各组排序末一位的部门，在次年初全市机关作风建设大会上公布。

2005 年 10 月 28 日，经修改完善后的《南京市市级机关作风建设综合评价方案》正式下发。除了被评议部门（单位）增加 3 个减少 3 个，依然是 96 个之外，方案增加一些新内容：第一，新设了 4500 个评议人联系点。在本次修改方案中，有关评议人的构成没作调整，仍是 10 个方面 1 万余人。不同之处是，将分布于全市社区（行政村）的 4500 个群众评议人，设立为评议人联系点。评议人联系点既是机关作风的评议

---

① 《南京群众评议机关十年历程（背景新闻）》，载《江南时报》，2005 年 11 月 29 日。

人，也是行风的评议人，平时负责征集周围群众对机关作风和行风的看法、建议，及时向市机关作风建设办公室和行业作风建设办公室反映；年底评议填写《评议表》时，先听取15至20名群众意见，并按行风评议要求对当年行评单位进行行风评议。第二，被评议部门得分值要与上一年相比。与2004年相比最大的不同是，2005年评议活动增加了被评议部门自身"纵向比较"的内容。在继续实行按满意、比较满意、不太满意、不满意4档，计算群众评议机关得分、排序（即横向比较）的同时，对各被评议部门新增纵向比较内容。第三，"依法行政""落实惩防体系意见"成为工作评价内容。2005年，在"服务经济和社会发展"评价中，增加了"依法行政"方面内容；在"机关党风廉政建设"评价中，增加了"落实市委构建惩防腐败体系的意见"方面内容；在"机关作风建设基础性工作"评价中，增加了"认真抓好系统和直属单位作风建设"的内容。第四，工作评价评分扣分项目增加到49项，增加项目集中在党风廉政建设方面。2004年机关作风建设工作评价的评分、扣分项目共22项，2005年方案中的评分、扣分项目细化为49项。其中，机关党风廉政建设的评分、扣分项目，就由2004年的7项细化为2005年的20项。第五，下属单位人员违法违纪，主管机关要扣分。修改完善后的评价办法，明确了机关作风建设工作的奖励措施：被评价部门（单位）的主要工作在当年获得省（国家部委）以上综合性荣誉称号的，在"三个文明"建设评价时原则上给满分；本单位主动发现并认真查处的案件不扣分，本单位认真受理并查处的有效投诉不扣分。同时，方案中也明确规定了机关作风建设工作的责任追究：本部门收到群众举报或上级交办件未及时认真查处的、下属单位工作人员违纪违法受处理的、本系统基层单位作风建设工作不落实的，其主管机关均要被扣分。第六，"人民满意单位"两年评一次。方案一改往年的一年一次评比表彰先进的做法，改为两年（逢双年）一次。具体操作是：依据综合评价结果，评比表彰机关作风建设"人民满意单位"。连续两年排序位列被评议部门（单位）各组前四分之一（前25%）的，评为机关作风建设"人民满意单位"。第七，排名末位的单位向社会公布。当年机关作风建设综合评价情况，以市机关作风和行业作风建设工作领导小组正式文件形式，向各区县和市级机关各单位通报；当年机关作风综合评价得分，排序列各组前25%的部门（单位）和3个被评议组列末1位的部门（单位），逢双年评出的机关作风建设"人民满意单位"，在全市机关作风建设大会上向社会公布；所有对被评议部门（单位）的具体意见，以书面方式对口反馈。第八，将确定"机关作风建设工作重点帮助单位"。方案新增了"机关作风建设工作重点帮助单位"这一概念。凡当年综合得分排序列被评议部门（单位）3个组末1位的、当年发生突出问题的部门（单位），以及综合评价排序比上一年下降5位以上的部门（单位），作为次年机关作风建设工作的重点帮助单位。不仅如此，2005年还将实行市级机关与区县机关作风建设同步评议，原则上做到评议时间同步、评议要求基本一致。

　　针对群众评议机关过程出现的"压力递减"问题，南京市2006年机关作风建设将重点抓机关处室。[①] 考核办法明确规定，到年底由市作风办组织社区群众、企业、区县干部、区县机关等方面的评议人，对市级机关的部分重点处室作风情况进行专项评议。对群众反映好、满意率高的处室进行表彰奖励，对群众意见大、反映强烈的处室，其负责人要由所在部门（单位）视情况作出相应处理。评议处室的结果将与所在部门（单位）机关作风建设综合评价直接挂钩。2007年，针对评议中企业对机关作风建设满意率低的情况，市、区县两级政府建立重大项目推进办公室，对项目审批实行"保姆式服务"，加强机关对企业的服务力度。

---

① 孔小平、赵霞：《南京万人评议机关 评议结果今年去年齐公布》，载《扬子晚报》，2010年11月20日。

至此,南京市"万人评议政府"形成了从市到区(县)再到部门处室的上下联动、纵向贯通的发展阶段。

**3. 转型阶段(2008—2012年)**

在这一阶段,南京市"万人评议机关"进入了局级部门评议和处室、服务窗口评议相结合的深入发展阶段。

2009年,南京市全面开展机关处室作风评议,着力解决机关处室在政策环境、政务环境、执法环境、责任意识、干部队伍形象等方面存在的突出问题。[①]

2010年,南京市机关作风评议进一步强化了群众评分,取消工作考核,实现100%群众打分,强调机关的服务对象就是评议人,将评议排序末位的单位确定为"机关作风建设重点整顿单位",进一步强化评议工作的刚性约束力。在此基础上,2010年南京市还选取了10个与群众生活关联度大的政府部门通过电视网络向市民进行公开述职并现场接受群众评议。2010年度南京的机关作风评议有两点创新:一是针对评议人不了解部分部门的情况,增加了一份部门的职能介绍和本年度工作成效汇报,增进了评议人对部门的了解;二是针对过去部门不分工作性质放在一起评议,评议结果不尽合理的情况,开始进行分组评议。由于工作性质不同,一线执法部门容易"得罪人",而工作内容"向内"的部门则容易给人好感,两个部门放在一起接受评议,显然会受到评议人主观感受的影响。于是,2010年度的评议将机关分成三组:拥有执法队伍、服务窗口的单位,如公安局、环保局、质监局等列为一组;相对工作宏观、与群众直接接触少的发改委、科委、机关管理局等列为一组;其他工作相对专一的部门如总工会、市委老干局等列为一组。分组评议,让评议部门觉得合情合理,对评议结果心服口服。2010年,南京市评议结

---

[①] 魏姝、矫大海:《取消"机关处室作风评议"的审视与思索》,载《学习月刊》,2014年第22期。

果再次向社会公开,对此,南京市委副书记陈绍泽表示:"公开是出于三点考虑:一是要将人民评判的结果告诉人民;二是通过这种公开的机制,增强评议工作的压力传导机制;三是要把评议工作的评议结果运用好,更好地促进全市机关作风建设的不断进步。"①

2012年,南京市作风办结合新时期机关作风建设新命题、新要求,修改形成了新的《群众评议方案》,新方案对评议模式、评议手段等进行大胆创新,与往年相比呈现"四大变化",更加注重平时表现、增加基层评议人员数量、大量运用网上电子投票等,增强群众评议活动的科学性、客观性和可操作性。② 第一,过去年终一次评比算"总账"定排名,现在更看重平时"小考""中考"表现。新版方案的最大特点是,改变了以前年底一次性、大规模群众评议的传统做法,在评议活动中引入了"12345"政府呼叫中心综合考核、市政务中心窗口单位绩效考评、市纠风办民主评议政风行风等三项考评结果。第二,基层评议人员占比从五成提高到七成。2012年"万人评议机关"另一大亮点是大幅度增加基层评议人员数量,比重从五成提高到七成,"就是要增强群众评价的针对性和公信力"。第三,网上电子投票成主流,12000名评议人中7000名进行网上评议。顺应网络时代潮流,2012年"万人评议机关"增加了网上电子评议内容,推动传统纸质评议向电子评议转变。第四,评议打分等级由四档升为五档,恢复使用"纵向比较法"。2012年"万人评议机关"活动,一个显著特点是注重细节考量,改进评价统计方式。比如,新版本方案中进一步细分满意度评价的程度分值,将原来设置的"满意、比较满意、不太满意、不满意"4个等级,调整为5个等级,增加了"基本满意"这一选项,给评议人更多评价选择。此外,还恢复了过去被取消的"纵向比较法",即根据评议单位相较上一评议年

---

① 朱慧卿:《万人评议机关 十年助改作风》,载《人民日报》,2011年2月15日。
② 吕宁丰:《南京万人评议机关作风新增加12个行业》,载《南京日报》,2012年12月5日。

度的满意率和不满意率的增减情况,在原始评分数中给予相应加减分处理,激励被评议单位努力提高满意率、降低不满意率,鞭策各单位不断查找工作差距,改进工作中存在不足,使评价结果更加合理。

**4. 优化阶段(2014 年至今)**

2014 年,《南京市作风建设综合评议方案》正式下发,方案对南京市"万人评议机关"活动进行了改版升级。① 今后,评议对象将进一步扩大,市直属单位、大型企事业单位也将纳入评议。过去评议的对象基本为机关部门,新的评议方案对评议对象进行了扩容,不仅包括市委、市政府、市人大、市政协等机关部门,还包括市各直属单位,并适当增加园区管委会、建设指挥部及对经济和社会发展影响较大的企事业单位,这些企事业单位与经济社会发展和人民群众日常生活联系密切,如南京化学工业园区管理委员会、南京重大路桥建设指挥部、南京地铁集团有限公司等。过去评议的方法主要是年底集中评议,而新方案的评议方法调整为日常评议与集中评议相结合,更加注重日常考评。自 2014 年起,实行两年一个周期的作风建设综合评议活动,还将引入第三方事项评议,委托第三方机构,对单设的部门(单位)服务窗口,采取不定期调查的方式,邀请办事群众进行现场评价和回顾评价。评议内容也将由单一印象评价拓展为综合评议。评议总分为 100 分,其中印象评议占 50%,要素评议占 25%,事项评议占 20%,作风建设工作考核占 5%。要素评议对各部门(单位)加强执行力建设、落实年度重点工作的情况,按细分的具体项目进行逐个评价。事项评议对各部门(单位)提供公共服务、承办具体事项的情况进行"一事一评"。2018 年 12 月,围绕创新名城建设、营商环境建设、打赢"三大攻坚战"、文明城市创建的执行落实情况以及中央巡视组反馈的形式主义、官僚主义和文山会海等"四风"问题整改情况,南京市委市政府在全市范围内开展机关作风建

---

① 《南京"万人评议机关"改版升级 评议对象扩容》,载《南京日报》,2014 年 7 月 7 日。

设社会评议活动,参评单位包括市城乡建设委员会等 93 个部门(单位),在定向发放《评议表》的同时,开展报纸和网上评议活动,面向社会接受评议并征求意见。①2019 年 12 月,为了加强创新名城建设、营商环境建设,进一步对标找差推进高质量发展和打赢"三大攻坚战"的执行情况;贯彻中央"基层减负年"要求,狠抓形式主义、官僚主义和文山会海等"四风"突出问题的整改情况,中共南京市委、市政府决定在全市范围内开展 2019 年南京市机关作风建设群众评议活动。②

"万人评议政府"实践的亮点,在于党和政府组织借助绩效评估工具,将以民为本、关注民生、尊重民意的目标与政府组织改革、服务型政府建设有机统一起来,将民众作为评估的重要主体引入绩效评价过程,将民众的满意度作为考量机关工作回应能力、精细化、规范化的关键尺度。③

### (二) 杭州市的参与式政府绩效管理

从 20 世纪 90 年代初开始实行机关目标责任制考核以来,杭州市政府绩效管理工作经历了三次跨越:一是从机关目标责任制考核向满意不满意单位评选的跨越。2000 年,中共杭州市委、市政府在全国率先推出"满意单位和不满意单位"评选活动,以根治门难进、脸难看、话难听、事难办机关"四难"综合征,促进机关作风转变,由此杭州迈出了让社会公众评议党政机关绩效关键性的一大步。二是从满意不满意单位评选向综合考评的跨越。2005 年,中共杭州市委、市政府决定将目标责任制考核(目标考核)与满意评选活动(社会评价)结合,并增设领导考

---

① 毛庆:《2018 南京机关作风建设社会评议活动启动》,载《南京日报》,2018 年 12 月 20 日。
② 毛庆:《南京市开展 2019 年机关作风建设群众评议》,载《南京日报》,2019 年 12 月 5 日。
③ 孙柏瑛:《赋权人民:南京"万人评议"的理念基石与行动策略》,载《新视野》,2013 年第 1 期。

评，对市直单位实行综合考核评价，由此形成"三位一体"的杭州综合考评。2006年8月，全国首家正局级常设绩效考评机构——杭州市综合考评委员会办公室正式成立，标志着杭州综合考评走向制度化、规范化、专业化。三是从综合考评向绩效管理的跨越。2007年以来，杭州综合考评积极探索绩效管理新路径，不断完善绩效考评指标体系，深化社会评价，推进创新创优，增强诊断治理功能，努力使传统的任务型目标责任制考核向功能型绩效管理转变，从而形成了参与式绩效评估的杭州模式。

一方面，打造参与式政府绩效评估的制度化平台。杭州市政府绩效考评坚持"让人民评判、让人民满意"的核心价值观，致力打造公众参与的制度化平台。①

**1. 突出政府绩效评估中的公众本位**

杭州政府绩效评估设置社会评价、目标考核、领导考评和创新创优四个维度（即"3+1"的考评模式），既有上对下的领导评价和组织内部的工作目标考核，也有社会各界的满意度评价，还有第三方评估的创新项目。由于目标考核中还包含社会评价意见整改目标、公共服务窗口评价等公众参与的内容，创新创优项目有专家和受益对象评估，因此在综合考评分值权重上，公众参与的实际权重超过50%，突出了公众在政府绩效评估中的主体地位。

**2. 广泛吸纳社会各阶层代表参与**

杭州市在发展参与式政府绩效评估中，不断调整评价主体：一是市民代表的覆盖面不断扩大，逐步吸收了外来务工人员（2007年度）、农村居民（2010年度）；二是组织化的社会主体力量不断增强，涵盖专家学者、行风评议员、绩效信息员以及新闻媒体（2011年度），以及社会组织代表（2003年度、2011年度）；三是充分体现面向基层、面向群众的特征，逐渐扩大区县（市）乡镇街道社区居委会的投票层面。目前，

---

① 伍彬：《社会公众如何参与政府绩效管理》，载《杭州（我们）》，2013年Z1期。

参与政府绩效管理的代表来自九个方面：市党代表、市人大代表、市政协委员、区县（市）领导代表、区县（市）机关代表［含部、委、办、局及街道（乡镇）负责人］、社会组织代表（含社区居委会负责人、行业协会负责人、民办非企业单位负责人）、社会监督代表（含老干部、专家学者、省直机关、新闻媒体、绩效信息员及市行风评议代表）、企业代表、市民代表（含城镇居民、外来创业务工人员、农村居民）。在九大代表中，市民代表样本量为 6000 个。其中，外来务工创业人员、农村居民代表各为 1000 个；企业代表样本量为 2000 个；各层面代表样本总量约为 12000 个。除企业、市民外，其余评价层面均按 70% 的比例一次性随机抽样产生评价代表。近年来，每年发出的社会评价表近 1.5 万份，其中市民代表始终保持 1 万份。从分值权重上看，市民代表分值权重占社会评价的 20%～25%，是九个投票层面中分量最重的一个。

**3. 使公众实现多渠道、宽领域参与**

在杭州市政府绩效考评中，公众参与贯穿在民意调查、争创整改、监督检查三个阶段之中。问卷调查与评比是整个考评活动的第一步。通过问卷调查，广泛收集公众和下级党政机关对市直各党政群机关的批评意见和工作建议，同时了解公众对机关作风建设状况的总体评价，选出公众满意单位和不满意单位。在争创整改阶段，各单位根据问卷调查中收集到的意见和建议以及通过其他途径收集到的意见和建议，认真查找原因，进行全面的整顿和改进，努力使自己成为真正得到公众认可和满意的单位。在这个阶段中，各参评单位会根据公众的意见认真查找原因，制定措施，落实责任，为了更好地进行整改，参评单位还会进一步开展调查研究，查找问题的根源，制定更有针对性的整改措施。在监督检查阶段，除了市领导机关、专门监督机关（如公证机关、纪检监察部门）监督和参评单位的自我监督之外，还有社会监督、新闻媒体监督和"96666"投诉电话这些便于公众参与的监督。此外，公众还可以通过日常渠道参与政府绩效管理。杭州市在市民中心设置综合考评展示厅，实时展示政府工作情况，接受社会公众的现场评议和诉求表达。由市考评办主办的"杭州考评网"设有主任信箱、民意征集、绩效评议、网上调查等互动栏目，开设在线评议窗口，公众对政府各部门的职能工作、社会评价意见整改、民生工程等项目及其进展情况，随时可以进行评议。开通社会评价热线电话，受理对政府部门绩效问题的反映和违反社会评价纪律的投诉。通过上述渠道和机制建设，杭州市使公众实现了三个层面的深度参与：第一，公众有权利、有途径对政府机关进行评价，行使评价权，表达对政府机关工作的意见；第二，公众有权利要求和监督政府机关根据社会评价意见进行认真整改，把评价意见落实为政府行动；第三，公众对政府机关整改结果进行评价，从结果上进行监督。

### 4. 建设参与式政府绩效评估的制度化平台

杭州市能够将参与政府绩效评估的代表覆盖面逐步扩大，参评代表从6000余名扩大到上万名，主要依赖于政府绩效评估参与平台的建设。千方百计地设计增加公众参与的渠道，并加以制度化运行，这些渠道包括社会评价热线电话、设立综合考评展厅、"互联网+"社会评价等，这就形成了稳定、有效的公众参与政府绩效评估的平台。① 2015年，经杭州市人大常委会审议通过、浙江省人大常委会批准，《杭州市绩效管理条例》正式颁布，自2016年1月起施行，从而以立法形式，将杭州市长期以来行之有效的实践成果固化下来，实现了政府绩效管理"于法有据、依法管理"。

另一方面，构建了公众诉求回应机制。②

---

① 宋煜萍：《权重结构：公众参与政府绩效评估的核心问题——基于学理与实践的双重演绎逻辑》，载《理论与改革》，2018年第2期。
② 参见伍彬：《综合考评与绩效管理：杭州的实践和探索》，人民出版社2012年版；曹伟：《政府创新管理的制度建构：基于杭州实践的研究》，载《中国行政管理》，2014年第10期；伍彬：《多元主体参与下的杭州政府绩效管理》，第十二届中国政府创新论坛暨参与式政府绩效管理研讨会，2015年8月28日。

**1. 建立"评价—整改—反馈"工作机制**①

每年社会评价结束后，杭州市综合考评委员会办公室及时地将征集到的各类社会评价意见分解落实到各个相关单位。要求这些单位针对分解落实的意见，制订年度整改工作计划，建立形成内部的整改责任机制。同时，要求每一家整改单位根据意见，确定若干意见比较集中、社会影响较大，通过努力当年能够解决或取得明显成效的问题，制定出年度重点整改目标和整改措施，向社会公示，作出整改承诺。年终，再将整改目标的完成情况向社会公示，接受公众检验。在此基础上，对公示的整改目标完成情况进行公众满意度测评，测评结果纳入整改单位的综合考评。

**2. 建立绩效跟踪改进机制**

杭州市综合考评委员会办公室主要针对社会关注度较高、涉及民生方面的热点难点问题，以及市委、市政府年度重点工作任务贯彻落实情况，通过引入公众参与，强化日常的跟踪督查，来推动政府部门改进绩效。2010年以来，市考评办每年都梳理出一批社会评价中社会各界关注度高、意见集中、多年反映而尚未得到较好解决的社会问题，作为市考评办跟踪督办社会评价意见重点整改目标，建立了由考评部门、整改责任单位和社会公众（绩效信息员、媒体）三方联动的整改工作联动机制。日常工作中，杭州市综合考评委员会办公室邀请市民代表（绩效信息员）对整改工作进行全过程的跟踪；年底组织召开"跟踪督办社会评价意见整改工作述评会"，邀请"两代表一委员"，绩效评估专家、新闻媒体、绩效信息员等社会各界代表，对整改责任单位进行面对面评议，并现场评判打分。此外，杭州市综合考评委员会办公室对绩效信息员日常采集的相关绩效信息，进行分类处理，对问题比较突出的，以绩效整改通知单的形式下达给相关责任单位，要求限期整改，整改落实情况纳

---

① 伍彬：《综合考评与绩效管理：杭州的实践和探索》，人民出版社2012年版。

入目标管理。

**3. 建立公共政策辅助决策机制**

每年的年度社会评价结束后,杭州市综合考评委员会办公室都要组织专业人员,对意见进行全面分析,形成分析报告,提交市委、市政府和市考评委审议。2008年起,杭州市在国内率先向社会公开发布《年度社会评价意见报告》,并形成制度并连续发布。《社会评价意见报告》通常对上年度社会评价意见整改情况进行总结,对当年度社会评价意见的主要内容和基本特点进行梳理分析,并提出对策建议,成为一份反映城市公共治理的"民意白皮书",作为中共杭州市委、市政府制定公共政策和施政的重要依据。

**4. 建立绩效分析和治理诊断调查机制**

杭州市对绩效管理全流程中搜集到的各类意见和建议作系统的分析、归纳和整理,并将意见和建议及时反馈给相关的责任部门。对于一些政府绩效管理中带有一定普遍性的突出问题,如公共资源共享利用程度低、建设与管理脱节、部门协作联动不够、长效机制缺失等,组织开展绩效分析和治理诊断调查,深入研究问题根源,联合相关部门和有关专家共同商讨解决方案,以提高政府整体绩效。

**5. 建立政府创新推进机制**

杭州通过设置创新创优和特色创新目标绩效考核环节,在综合考评中对政府创新给予加分激励,营造创新氛围,培育创新精神,鼓励市直单位和区、县(市)解放思想,探索新理念、新机制、新方法,来提升政府绩效,增强政府公共服务能力。

通过发展参与式政府绩效评估,杭州市为更好地发现突出矛盾和深层次的问题提供了民意渠道,为引领政府创新提供了方向。"评价—整改—反馈"工作机制通过外部评价和内部整改的"压力机制"推进了杭州市政府服务和管理创新,逐步构建回应公众诉求、创新公共治理、推动政府绩效持续改进的政府创新机制。

### (三) 青岛市的参与式政府绩效考核

青岛市从 1998 年起逐步建立的"目标绩效管理体系"被理论界誉为"青岛模式"——整体推进型绩效评估模式。① 2006 年起，青岛市考核办开始在目标绩效管理体系框架内重点探索实施多样化"民考官"，以人民群众满意度考核评价区市党委政府以及市直政府部门的工作绩效。近年来，青岛市通过开展"向市民报告、听市民意见、请市民评议"活动（以下简称"三民"活动），主动寻求、积极回应公众对政府工作的评议和监督，走出了一条以公众满意度为导向、市民广泛参与的"民考官"新路子，促进了政府目标绩效考核工作的创新，初步构建起公众评价政府工作的新机制。这套多样化民考官机制包括②：（1）民意调查：运用计算机辅助电话民意调查（CATI）方法，每个区市 20 多万部电话中随机访问 500 个样本，实施"背靠背"式调查。以 16% 的权重纳入对区市领导班子考核。（2）"三民活动"："向市民报告、听市民意见、请市民评议"。以随机抽样与组织推荐相结合的方式，组建了人数达 1 万名的市民代表队伍，对市政府部门评议打分，35% 权重纳入考核。（3）建立"特邀考官"制度：选拔党代表、人大代表、政协委员和民主党派、无党派人士代表以及专家学者 100 多人，构建了一支多元化、专业化的考官队伍。对党群法检机关工作进行公开评审、答辩，评审结果以 35% 的权重纳入考核。（4）第三方评估：在"窗口部门"绩效考核中，采取了委托独立第三方评价的方式，评价结果以 15% 的权重纳入考核。（5）强化民众监督：通过政府"在线访谈""民生在线""行风在线"和市民监督团等方式加强对被考核对象的监督。

青岛市"多样化民考官"机制的核心内容是"调查对象多元化、调

---

① 中国地方政府绩效评估体系研究课题组：《中国政府绩效评估报告》，中央党校出版社 2009 年版。
② 王振海：《青岛市政府绩效评估探索》，载《行政管理改革》，2011 年第 8 期。

查内容民本化、调查途径多样化"。"调查对象多元化"包括普通居民、学生家长、低保户、失业人员、中小企业管理者。"调查内容民本化"包括人居环境、文化建设、社会事业、社会保障、机关作风和行政效能。"调查途径多样化"包括电话调查、入户调查、窗口调查和网上调查。组织机制方面,针对市直单位的考核机制分为党群法检机关考核和政府部门考核两类,市考核办负责牵头抓总,市委办公厅、市政府办公厅按照分工负责具体组织实施;各考核委成员单位负责抓好各自领域内的专项考核,并配合市考核办和市委办公厅、市政府办公厅完成各项考核任务。针对区市的考核机制:市考核办统筹协调,各专项考核单位负责抓好各自领域内的专项考核,并配合考核办完成各项考核任务。

具体而言,其运行机制包括①:

第一,科学合理确定评价内容和指标,构筑"多元化、立体化、开放式"的考核评价体系。一是科学设计活动方案。按照活动的设计和要求,制定了总体方案、具体工作方案和工作预案,建立健全了市区两级"三民"活动组织体系、工作推进体系、监督检查体系,制定了明确的目标和完成时限,形成上下联动、整体推进、协调运行的工作机制。二是合理设定评价体系。在政府部门划分上,突出合理分类,按工作性质和职能把 56 个部门分为经济管理、行政执法、社会服务、内部综合 4 个小组,安排了解各部门工作情况的市民代表参加,提高了评议的针对性。在评议指标的设置上,突出简便易懂,设置了 7 个既便于公众理解又能客观反映情况的评议指标。在市民代表的选择上,充分考虑评价主体的参与性,合理确定市民代表的构成比例,主要由 3 个层面 17 个类别构成,即城乡居民代表、服务对象代表、社会各界代表等,突破了传统单一主体的考核评价范围,搭建起"多元化、立体化、开放式"的考核

---

① 参见卞建平:《青岛市推进政府绩效考核的实践和思考》,载《山东省人民政府公报》,2010 年第 20 期。

评价体系。

第二，积极拓宽市民参与渠道，探索建立外部考核的有效方式。一是科学选择市民代表。确定了市民代表的选取原则、样本框、抽样方法及抽样数量，按照随机抽取与组织推荐相结合的方法，保证了市民参与的代表性和广泛性。二是全程活动公开透明。打破传统内部督查考核方式，在部门主要负责人述职前、述职中、述职后，全程公开活动规则、工作程序、评价标准，做到"阳光操作、阳光评议"。市政府运用新闻发布会、媒体采访、网络在线互动和市民代表座谈会等方式，及时通报"三民"活动进展情况，解答公众疑问，加强了多渠道、多层次、多形式的信息沟通，做到全方位信息公开。同时，对活动进行全程监督。与各区市、部门主要负责人签订"承诺书"，以防止干扰市民公众评议、拉票现象发生；安排现场巡察小组，发放纪律调查问卷，对各会场全程监督；采取设立举报电话、公开举报网址、访问市民代表等措施，加强监督检查。三是严密组织实施。2015年12月11—12日，市政府56个部门的主要负责人分4个小组，"面对面"地向市民代表述职，报告部门一年的工作情况、存在问题和改进措施。通过现场和视频直播，全市约1万人次的市民代表在主会场和12个分会场听取报告，现场对部门工作进行评议。同时，通过多种渠道，广泛征求社会各界对全市经济社会发展等方面的意见和建议，活动中共征求各类意见建议1.8万余件。

第三，开放公众评价机制。评价政府绩效，群众的满意度就是最高标准。青岛市不断加大公众评价和民意调查力度。一是持续开展"三民"活动，通过随机抽样与组织推荐相结合的方式，从各类代表中选取1万余名市民代表，分别在市级主会场和区市分会场听、收看各部门主要负责人当面述职，并现场对其工作作出评价。二是通过开展网络在线问政活动，各部门负责人对网民在线提出的问题，诚恳交流、开门纳谏，耐心细致地予以解答，有效化解了矛盾，取得市民的支持理解。三是通过电话民意调查、第三方评价等方式，积极拓宽公众参与渠道，构建"多元化、立体化、开放化"的公众评价机制。

第四,综合运用评议结果,提高政府回应责任实效。一是社会评议分值最大化。青岛市目标绩效考核体系由目标考核、履职考核、社会评议和领导评议四部分构成,其中社会评议的比重达到35%,从而使最有资格评价政府工作的人最有发言权。活动中,市民代表通过无记名投票,以"背靠背"的方式对政府部门进行打分,真正把评判权交给公众。二是社会评议结果公开化。把市民代表现场民主测评、意见建议征询、社情民意调查和办理结果等,分别形成专题分析报告向社会公开,使广大市民全面了解"三民"活动评议结果。三是对市民意见建议的回应责任化。政府各部门将倾听民意、汇聚民智贯穿于活动始终,梳理归纳活动期间征集的意见建议,确定近2000条作为政府部门重点办理事项,其中645条市民建议列入今年政府部门和行业重点工作,353条列入市政府各部门今后工作计划以及"十二五"规划的起草工作中。市政府领导同志对市民关注的食品安全、保障性住房建设、环境保护等问题,多次作出批示和主持召开专题会、市民代表座谈会进行研究部署,使一批市民关心的热点难点问题得到及时解决。

青岛市"多样化民考官机制"的创新意义在于在行政程序中引入民主机制,以民主约束官员,通过公众参与优化政府流程、以民主促民生。① 具体说来,该机制首先较好地解决了传统"官考官"考核体制中存在的信息失真、考核造假问题。面对电话随机访问和问卷随机抽样的调查,被考核部门很难造假,有助于考核部门更为全面、公正、客观地掌握党委政府工作绩效的真实情况;其次,有助于政府官员转变工作作风和价值观念,"民考官"促使官员增强群众意识、责任意识,重视民意和民声;再次,提高政府透明度,社会公众作为第三方的"民考官机

---

① 陈雪莲:《论从技术化行政到民主化行政——以青岛市"多样化民考官"机制的发展轨迹为个案》,载《理论与改革》,2011年第3期。

制",既有效地增加了政府考核信息获取渠道,也扩大了民意表达渠道,从而强化和锻炼了群众参与意识和参与能力;最后,促进了重点热点民生问题的解决,有助于维护社会动态稳定。"民考官"使各级决策层更加注重掌握民情、听取民意、改善民生,将群众反映强烈的问题作为筹划来年工作的重要参考,并纳入为民办实事的范围加以解决。

# 第四章 地方政府参与式治理创新的绩效及存在的问题

近年来，一些地方政府为了回应社会需求，创新性地向公众开放公共政策过程并建构各种公众参与地方政府主导的治理过程的路径。尽管这种地方政府参与式治理[①]创新的直接目的是为了更好地实现政府意图，但其赋权于公众参与地方政府治理过程的创新，不仅提高了治理绩效而且增强了治理合法性，因此赢得了广泛赞誉[②]。但是从既有研究来看，只有那些概念较为简单、操作较为简便、短期效果较为明显、采纳成本较为低廉、获益群体广泛、相关阻力较少的地方政府创新容易扩散[③]，而由于缺乏监督以及创新动力变为政绩冲动[④]、制度化能力欠缺以及主政官员个体化因素和事件性影响[⑤]、地方政府创新的逐利性与被动性以

---

① Archon Fung and Erik Olin Wright, *Deepening Democracy: Institutional Innovations in Empowered Participatory Governance*, London: Verso, 2005, pp. 23–25.
② 参见王锡锌、章永乐：《我国行政决策模式之转型：从管理主义模式到参与式治理》，载《法商研究》，2011年第4期；赵光勇：《政府改革：制度创新与参与式治理——地方政府治道变革的杭州经验研究》，浙江大学出版社2013年版。
③ 吴建南、张攀：《创新特征与扩散：一个多案例比较研究》，载《行政论坛》，2014年第5期。
④ 高新军：《地方政府创新如何可持续》，载《南风窗》，2010年第23期。
⑤ 陈朋：《地方政府创新的三个基本命题》，载《行政管理改革》，2015年第2期。

及行为短期性①等会导致其难以持续。

## 第一节　地方政府参与式治理创新的绩效

从既有创新实践来看，参与式治理创新通过地方政府赋权构建了畅通的公众利益诉求表达渠道，初步实现了地方政府与社会的良性互动，使地方政府治理实现了向"维权"的转变，从而能够使矛盾纠纷在萌芽和酝酿阶段得到排解，为实现公众有序参与提供了实践可能性。对于地方政府而言，参与式治理虽然可能会降低决策效率，但充分吸纳民意既有助于提高公共政策的民主化和科学化水平，也会消解公共政策执行的阻力；而治理过程中的政民互动，不仅有助于促使地方政府合法、合理、规范地运用和配置权力，防范和克服专业偏执主义，而且还因为其增进了公众对地方政府的理解而提高了地方政府公信力。对于公众而言，参与式治理创新是地方政府对公众重大关切和基本利益诉求的主动回应，赋予了公众对于地方治理的知情权、表达权、参与权和监督权，公众可以通过一定程序与机制来影响地方政府治理过程，有助于培养公众的民主意识与参政能力。最终，参与式治理创新通过增进地方政府与民众在公共事务治理中的相互理解与信任从而重塑地方政府与公众关系，促进了地方政府与公众在地方治理中的协作共治。

### 一、促进了公众有序参与

在现代化进程中，广大民众的权利意识日渐增强，维护自身权益的

---

① 胡宁生、戴祥：《地方政府治理创新自我推进机制：动力、挑战与重塑》，载《中国行政管理》，2016年第2期。

诉求日益增多，其参与意识也越来越强烈。但是，由于一些地方政府认为公众参与往往存在代表群体不充分、威胁政策质量、阻碍政府管理绩效提升等问题①，从而导致公众参与渠道缺失、信息被阻塞等。一方面，这使得公众不了解自身参与公共生活的途径，无从获得参与公共生活的动力，使得公众的公共生活被私人生活所侵害，造成公众"对政治领域更加冷漠和消极以及对诸如家庭、职业和个人事业等私人领域的更加关注"②。另一方面，则将公众日益增长的参与诉求挤压进入非制度化渠道。例如，公众尤其是弱势群体投诉无门、电子政务处理缓慢、听证过程受权威部门导向等现象时有发生。这些阻力直接打击公众的参与热情，导致公众对一些地方政府的不信任，甚至引发公众对一些地方政府的不满情绪或非理性参与，从而使得非制度化参与的急剧扩大与现有的民众参与制度化水平较低之间形成了矛盾，严重威胁基层社会乃至国家的政治稳定。

诚如托克维尔（Alexis de Tocqueville）所言："用什么办法能使人们养成权利观念，并使这种观念能被人们所牢记？结果发现，这只有让所有的人都和平地行使一定的权利。"③ 公众有序参与的过程也就是实践公众权利的过程，有助于培养公众的责任感、公共精神，激发公民意识。从既有参与式治理创新实践来看，地方政府主动开放公共政策过程，在相当程度上拓宽了公众参与公共事务的渠道，使公众不觉得自己只是公共事务的"局外人"，从而释放和激发了公众的参与意识和主人翁精神。在地方政府参与式治理创新过程中，地方政府施政更加注重保护和尊重公众的参与权，网络使公众参与渠道更加便捷多样，公共事务不再是地

---

① ［美］约翰·克莱顿·托马斯：《公共政策中的公民参与》，孙柏瑛等译，中国人民大学出版社 2005 年版。
② ［加］威尔·金里卡：《当代政治哲学（下）》，上海生活·读书·新知三联书店 2004 年版。
③ ［法］托克维尔：《论美国的民主（上卷）》，商务印书馆 1991 年版。

方政府部门的专利，更多了公众参与的身影；社会管理不再只有政府单打独斗，"社会协同、公众参与"成为"党委领导、政府负责"的重要补充；地方政府决策的听证制度日益完善，为公众参与决策过程提供了制度载体；重大决策事项更加注重征求和汲取民意，各地网络问政日益制度化、常态化。社会学家指出，人的现代化就是从"消极公民"转变为理性参与公共事务的"积极公民"。从网络上积极"围观"、坚定互动，到现实中参与监督、促进公开；从草根慈善、社会组织，到共享共建、志愿精神，"积极公民"的形象逐渐清晰。对公众而言，只有理性参与公共事务，才能涵养"无穷的远方、无数的人们，都与我有关"的公共精神，这本身就是最好的民主演练。① 更重要的是，参与式治理鼓励所有利益相关者积极有序地参与到地方治理中来，这样做不但有利于增强公共决策的透明度和民众的参与度，而且还保障了民众的知情权、参与权、表达权和监督权。地方政府的参与式治理创新（如民主恳谈会、民主评议会、听证会）对公众有序政治参与的制度创新提供了较好的行动指南，使有参与愿望的公众可以通过这样的制度安排直接对有关政府部门进行监督、建议和咨询，以表达自己的利益诉求。因此，公众可以通过有序参与，维护其自身利益或者公共利益，通过规范的制度平台和参与途径，影响公共政策的制定与执行。

在浙江杭州的"开放式决策"中，公众通过有序的决策参与，与行政机关建立平等的对话机制就决策事项进行沟通，并表达自身的意见和建议，充分体现了现代民主政治中公众的参与权，彰显公众自身的主体地位，促进了公众有序参与。而杭州市政府绩效管理注重公众诉求表达，凸显公众在绩效评估中的主导地位，发展覆盖社会各阶层的大样本的参评代表，建立多渠道、宽领域的公众参与机制，促进了公众有序参

---

① 潘鑫：《公民主体意识和参与意识日益增强》，载《人民日报》，2012 年 11 月 17 日。

与。① 公众的参与是"开放式决策"的核心。与其他的民主参与形式相比,"开放式决策"的广泛参与主要体现为:(1) 参与决策事项的广泛性。杭州的"开放式决策"开放事项上至市政府常务会议的重要决策,下到社区改造中停车位的规划、墙面的颜色等零碎小事。就拿"红楼问计"这一充分汇集民意的形式来说,2007 年在此"问计"的市级项目13 个,2008 年是 16 个,2009 年是 19 个。与市民相关的决策项目都要吸纳民意。(2) 参与主体的广泛性。"开放式决策"不仅吸纳专家学者、社会知名人士等具备专业性和影响力的主体参与,更重视普通公众的参与。市政府常务会议邀请公众代表参与,而一般决策事项则是利益相关者乃至所有有参与意愿的公众都能够参与和表达意见。如"红楼问计"仅三年就有超过 27 万人次参与和表达意见。(3) 参与行为持续时间长。"开放式决策"不是权宜之计,而是从 2007 年开始、2009 年制定相关规则后一直延续下来,并成为一种惯例、一种规范。(4) 参与方式的广泛性。为了便于社会各界参与决策,开放式决策探索了各种参与形式,从传统的电话、书信、座谈、听证会,到短信、政务网站的公众讨论区,再到"民意中心"式集中展示区、网络直播中的参与、微信群讨论等,甚至还创造了按电视遥控器表决等特殊形式。②

在参与式决策方面,浙江在事关百姓民生问题的重大公共决策过程中引入民主听证制度,促进了公众有序参与公共决策。③ 2000 年 7 月,浙江省人大围绕《浙江省实施〈消费者权益保护法〉办法(修订草案)》,在全国率先举行了立法听证会。2001 年 8 月,又就《浙江省房

---

① 王柳:《以绩效管理科学化推进治理现代化——"治理现代化与绩效管理科学化"会议综述》,载《经济社会体制比较》,2015 年第 2 期。
② 郭道久:《民意表达与地方政府决策民主化机制创新——对"开放式决策"的一种解析》,载《南开学报(哲学社会科学版)》,2017 年第 1 期。
③ 沈立江:《实现经济社会发展与民主政治建设的良性互动——改革开放 30 年来浙江民主政治建设的基本经验》,载《决策参阅》,2014 年第 42 期。

屋拆迁管理条例（草案）》举行了该条例的国内首个立法听证。浙江省政协也充分发挥自身的优势，积极推进民主听证制度建设，自2002年以来先后就医疗、教育、环保、建设资源节约型社会等社会关注的热点话题，每年举办一次民主监督听证会。为进一步扩大政府决策的民主参与，浙江省政府2005年出台了《浙江省人民政府关于健全完善科学民主决策制度的规定》，从决策程序上对民主参与的要求作出了具体的规定。温岭市新河镇从2005年开始开展"参与式预算"试验，直接在乡镇财政预算上引入民主化的决策机制，而泽国镇的"重大公共事项民主决策"试验，则以协商式民主恳谈的方式实现了政府行政目标与公众意愿的直接对接，都为公众有序参与公共决策进行了有益的探索。

近年来，江苏各地为公众有序参与构建了形式多样、活泼有效的平台，极大地激发了公众参与的积极性。① 比如江苏各地法院实行的"人民陪审团制度"，为公众参与监督司法权的行使创造了条件和空间。南京市的"万人评议机关"活动、"网络问政"平台建设以及"邻里情茶坊"的社区自治等参与模式，形成了政府与公众的双向互动，为妥善处理和解决发展问题、社会问题和民生问题开辟了民主协商、民主决策、民主监督的新领域和新空间。苏州市在城乡规划制定、修改和实施的全过程中提高公众参与的能力，扬州市也在老城改造过程中引入公众参与机制，体现了人民城市人民爱、人民城市人民建的参与意识和热情。

在基层民主恳谈的实践中，由于民主恳谈为公众有序参与提供了制度化渠道，相应地降低了非制度化参与的风险。浙江省台州市下辖的临海市椒江区等地，都曾因为征地拆迁爆发过激烈的冲突，城市建设也因此徘徊不前，事实上，同属台州市的温岭市新河镇城西村从2002年就开始讨论旧城改造项目，但是，村民们对政府所提出的方案始终缺乏信

---

① 本报评论员：《公民有序参与：民主与法治动力之源》，载《新华日报》，2012年9月22日。

任。事情的转机发生在 2014 年 4 月，在新河镇党委和政府的主持下，城西村召开了城中村改造项目民主恳谈会，镇村主要负责人以及党员代表村民代表拆迁户代表共 50 多人参加，在这次民主恳谈会上，有关各方通过互动，系统了解了分配政策、有无房产证、计算建筑面积等具体问题。政府官员直面群众，公开所有的相关信息，消除村民顾虑，从而赢得了村民们的合作，顺利地完成了改造任务。① 无独有偶，广东省东源县委于 2012 年 1 月起试点开展"民情恳谈会"活动，于当年 10 月在全县各乡镇村（居）全面推行，并将每季度首月的 10 日定为"民情恳谈日"。活动的开展，开通了社情民意的"直通车"，架起了党群干群的"连心桥"。截至 2013 年 8 月，全县农村基层党组织共开展"民情恳谈会"活动 1052 多场次，参与活动的党员群众达 5.9 万多人次；共征集群众意见和建议 4200 多条，已办结 3400 多条，正在办理 800 多条，办结率达 81%；为群众办实事好事 3400 多件；全县 21 个乡镇信访案件普遍下降，有 9 个乡镇未发生一起越级上访，有力促进了社会和谐稳定，营造了良好的发展氛围。② 在参与式环境治理中，通过对公众参与环保进行制度性的规范和帮助，调动公众对环境保护监督的积极性，可以提高污染企业的违法成本，同时通过立法形式，提升地方政府对民众环保维权案件的处理质量，增强民众环保维权的有效性，有助于防止形成恶性群体性事件。③ 2014 年以来，广州市增城区选取下围村开展基层民主协商试点，形成了以村民代表会议为核心，议事制度规范、村民有序参与、信息公开及时、权力监督有效的"民主商议、一事一议"的"下围村模式"。下围村从"问题村""上访村"，一跃成为如今的"全国民主

---

① 苏鹏辉、谈火生：《论群体性事件治理中的协商民主取向》，载《国外理论动态》，2015 年第 6 期。
② 《广东东源："民情恳谈会"架起干群"连心桥"》，http://dangjian.people.com.cn/n/2013/1021/c362979-23268382.html（人民网，访问时间：2020 年 8 月 4 日）。
③ 公欣：《公众参与环保监督其实没有那么难》，载《中国经济导报》，2014 年 9 月 6 日。

法治示范村""广州市文明示范村"。①

## 二、促进了地方政府与公众协作共治

在参与式治理中,治理的结构主要包括政府、企业、非政府组织、公众等主体。政府以宪法确立的权威为基础,负责制定具有约束力的政策,拥有明确权力,倾向于按照既定程序进行调控,其基本功能是通过国家公权力制定一系列维护社会秩序、管理经济生活和行使公共权力的法律政策,实现对社会的治理。公众是公共事务的积极参与者,他们怀着极大的热情和兴趣积极参与公共组织,参加公共活动,并对公共生活产生实质性的影响。公众既是政策制定的参与者、确定者,也是政策的执行者、受惠者和监督者。在治理过程中,公众与政府的关系从回应进化到了合作,回应意味着政府通过最大化的集权来掌控权力与制定决策,而合作则强调权力的分化以及公众在治理过程中的参与。这一事实在地方政府治理过程中更加明显,包括环境卫生、道路交通、城市规划乃至城市更新中的文化遗产保育等在内的政府行为的实施,如果无法争取到公众的协作将会变得步履艰难,或者至少会增加许多不必要的治理成本;相反,如果公众能够协助公共服务的提供,那么公共部门提供的服务就会变得更有效率和效益。② 这是因为,诚如罗尔斯(John Bordley Rawls)所言,"与那种根据某中心权威发布的命令而进行协调的活动不同,社会合作的理念要求有一种各参与者合理得利的理念或善的理念。这种善的理念具体规定了介入合作的那些人(无论是个体、家庭,还是

---

① 李强、印锐:《街坊有事开视频会议:广州社区协商的下围村模式》,载《南方日报》,2015年11月16日。
② [美]约翰·克莱顿·托马斯:《公共政策中的公民参与》,孙柏瑛等译,中国人民大学出版社2005年版。

联合体，甚或是民族政府）想要获得什么"①。

综观发展中国家的地方性实践，参与式治理不仅为公众学习相关公共管理知识创造了机会，而且为普通公众提供了有序进入公共政策过程、获取相关公共事务信息的制度化渠道。公众在参与式治理中既能有序表达诉求，又能得到地方政府的有效回应，还能与公众代表和地方政府官员实现互动，最终通过协商来达成有效的集体行动。② 在参与式治理中，地方政府向公众开放公共政策过程，不仅增进了公众对地方政府的信任而提升了其合法性，而且还在治理过程强化了公众与政府的联系。因此，参与式治理实现了地方政府、企业、社会组织和公众之间的相互协商和合作，能够以较为公正的治理提升地方政府的公共决策水平和公共事务的管理能力。治理结构与传统的行政管理结构不一样，主要是主张地方政府与公众建立良性的互动合作关系，鼓励公众参与社会公共事务，更加突出公众的"参与"，地方政府同公众间形成一种建立在互信基础上的相互依赖、互动、互惠、互利的网格治理结构。最终，参与式治理是一种新型治理模式，通过政府和公众的友好协商，政治生态环境得到了改善，同时公众的民主意识和参与意识受到了尊重。③

在参与式治理模式下，"协作法则要求公众也承担广泛责任，要求公众参与到这一过程中来。这可以通过个人更多主动地参与到行政决策和行为当中，或者通过不同类型组织化的公众行为（例如以半自治的团体为代表或者第三部门组成）表现出来"④。此时，公众表达意愿不再是简单的解压和宣泄的途径，而是被纳入政府决策的框架体系，作为官民

---

① ［美］约翰·罗尔斯：《政治自由主义》，万俊人译，译林出版社 2000 年版。
② 张紧跟：《参与式治理：地方政府治理体系创新的趋向》，载《中国人民大学学报》，2014 年第 6 期。
③ 沈霞：《公民参与视阈下依法行政的合意性与主导逻辑》，载《甘肃社会科学》，2015 年第 1 期。
④ ［以色列］埃瑞·维戈达：《从回应到协作：治理、公民与未来的公共行政》，孙晓莉摘译，载《国家行政学院学报》，2003 年第 5 期。

共同治理的工具性手段。从表面上看，公众参与会增加决策成本，但在政策执行过程中参与主体的积极配合会降低执法成本，避免官民之间的对抗和行政资源浪费。具体的手段和途径包括：政府决策产生之前与社会的沟通和征询机制，比如向专家咨询意见、与相关利益者进行磋商、开放渠道征求意见等；政府决策过程中的监督和控制机制，比如通告与评论、听证会、说明理由、意见反馈等；以及政府决策的行政问责和质询机制，比如对忽视甚至阻碍民众参与决策的有关人员进行问责或质询等。而实现所有这些机制的前提是信息的公开和透明，立法的相关资料（例如食品安全总体趋势、监测评估数据、国际和境外的相关标准和风险信息等）、参与标准和程序、立法流程、讨论意见、问责和质询结果等，都必须通过一定的方式向社会公开，便于社会公众的参与和监督。

在杭州九峰案例中，邻避冲突的成功治理不仅走出了设施建设的邻避困境，更重要的是初步形成了协作治理风险的基本框架。作为项目建设和运营方的某知名环保企业，在协助地方政府推进信息公开和组织公众沟通中充分发挥了其专业优势，不仅组织了对政府官员的专业知识培训，还邀请了杭州市民代表实地参访。同时，为了消解公众的风险疑虑，该企业在九峰项目的设计、建设、运营、管理全过程中都坚持公开透明，并引入公众有序参与来监督项目高标准建设、烟气达标排放，力图实现项目与周边居民和谐共生。因此，该企业允许中泰街道民众代表于水文地质调查勘察期间凭监督证进入现场参观、监督。而地方政府在推进项目建设过程中也不断强化监管。基于公众担心项目建成运营后会出现的"偷排、漏排"问题，在强化政府职能部门监管和企业自律的基础上，还引入第三方监管机制和建立"居民随时监督"模式，并以政府公告形式作出了一旦发现企业有"偷排、漏排"问题就立刻让项目关门的社会承诺。此外，近年来，杭州市政府充分吸收公众关于"通过垃圾源头分类实现生活垃圾减量"的建议，积极推进垃圾分类工作。2015年，杭州市人大制定了关于垃圾分类的地方性法规。在此基础上，垃圾

"实户制"、积分奖励等新办法和二维码、物联网等智能手段也被杭州市政府广泛推行,被政府动员的杭州市民也积极行动起来。2015 年,杭州市成功入选国家第一批生活垃圾分类示范城市。2016 年,杭州市不断加大推广垃圾分类工作力度,持续提高垃圾分类知晓率、稳步提升垃圾分类覆盖面、有效改善市容环境、垃圾增长率保持在低位态势①的良性治理格局基本形成。至此,政府、企业与公众协作共治的基本雏形已然成型。

　　河北省保定市白洋淀因水得名,因水闻名。然而,近年来,缺水和治污两大难题困扰着生态脆弱区白洋淀水区。2009 年我国实施了农村"以奖代补,以奖促治"环境政策,河北省由此展开了"百乡千村"三年整治行动。"征补共治"型农村环境政策是指地方政府向农民收取环境费,再以奖励的方法补贴,以提高农村环境治理效果的环境政策。它将政府的环境管理与农民参与治理相结合,并由第三方进行效果评价,以形成协作型环境治理结构。白洋淀流域的东田庄村和大淀头村自 2010 年作为"征补共治"试点村以来,通过"征补共治"深化了"以奖促治"政策,创新了农村环境治理手段,得到了村民普遍认可,农村环境综合整治取得了良好成效。② 浙江省嘉兴市以公众参与政府的部门联动、公众参与区域污染防治监督的联动、公众参与环保基层组织的社会联动等"联动化"现象,建立了多元模式的协作配合监督公众联动机制,推进了环保公众参与从单一性向多元模式的建立与发展。社区参与式治理就是强调社区多元利益群体的互动,通过协商寻求共识,采取共同行动,对问题进行治理;强调在社区治理中社区、政府和社会组织的合作。最终目标是建立社区生活新秩序,构建新型的社区生态系统。在北京市东城区,"社区参与式治理"是以社区为载体,社区相关利益方按

---

① 陈金辉、孙晶晶:《日处理垃圾 3 千吨 杭州九峰垃圾焚烧厂 9 月试运行》,载《钱江晚报》2017 年 1 月 13 日。

② 王军、刘宏等:《"征补共治"解决了什么难题?——白洋淀流域深化"以奖促治"政策创新了农村环境治理手段》,载《中国环境报》,2012 年 2 月 22 日。

照程序规则，在自愿互利、合作互动的基础上，对共同关心的社区事务，通过平等协商形成共识、达成一致行动的治理模式。一是通过社区参与式治理，有效化解基层矛盾纠纷。在多元社会结构、多元利益需求下，社区里出现的各类矛盾纠纷，通过采用"社区茶馆对话会""开放空间讨论""展望未来"等公开、平等的讨论形式，让有利益冲突的相关方聚在一起，面对面充分陈述各自的想法、面临的矛盾和问题，通过倾听和沟通促进理解、达成共识，共同制定可实践的目标和实施方案。二是通过社区参与式治理，提升公共服务满意度。在社区参与式治理过程中，政府转变观念，强调首先听取居民的需求建议，通过反复的吸纳、反馈、再讨论，加强政府与居民之间的充分沟通，发挥居民的能动性，尊重居民的自主性，调动居民的积极性。不仅增进了政府与社区成员相互之间的理解和信任，而且增强了社区居民的参与和合作意识。三是通过社区参与式治理，真正实现居民的自我管理、自我服务、自我发展。社区参与式治理通过政府搭台、百姓唱戏，动员组织群众自愿、依法、有序参与社区事务管理，把居民能干、想干、应该干的事情放权给居民自己来干，充分开发利用社区资源，改善居民的生活环境和社会环境，让居民在自助和助人中体会自身价值，提升自我管理组织能力。四是通过社区参与式治理，畅通利益诉求表达渠道。社区参与式治理，通过讨论会、议事会等多种形式把群众想表达的诉求通过有效渠道最大限度地表达出来，通过参会者的争论、热议，把需求表达出来，把心中的怨气和不满发泄出来，把积极的建议汇集起来，这种组织化的表达机制不仅搭建了沟通平台，而且从根本上有利于促进社区的和谐稳定。[①]

## 三、改善了地方政府治理绩效

"现代化政府能使所有的公众均在某种程度上参与……公共政策的

---

[①] 《"社区参与式治理"的创新意义》，载《北京日报》，2011年8月8日。

全过程。"① 这是因为：首先，参与式治理促进了多元利益表达。参与式治理可以整合社会各利益集团的声音，有利于政府听到社会各方特别是弱势群体的利益呼声、充分考虑到政策相对人的态度和利益得失，从而制定出更符合民意、更科学的公共政策，实现公共利益。其次，参与式治理有助于提高政策质量。通过参与式治理，可以集中公众智慧，吸收不同领域的知识，并为公共政策制定提供及时、丰富的信息，这不仅保障了政策的科学性，而且增强了公众的共识感和责任感。在参与式治理过程中，公众对政府活动的积极参与、形成良好的互动合作关系，将有助于决策者更有效地发现问题、准确界定决策目标，这是有效决策的基础。公众参与还有助于决策者广泛征询公众意见，获取全面、有效的信息以作为制定决策方案的依据。公众参与决策的过程，有助于政府不断对决策进行反省，启动纠错机制，以最大限度地实现公共利益，增强决策的正当性。再次，参与式治理有助于政策的有效执行。公共政策只有获得广大政策对象的认同和支持，即在获得合法性的基础上才能够有效地加以实施。② 在参与式治理中，决策机关通过各种形式的参与、协商、对话，广泛听取公众意向，通过科学的程序、方法和机制进行决策活动，防止了公权力被滥用，还能通过实现公权力与私权利之间的良性互动，确立决策的权威和公信力，从而有助于决策的实施，增强了决策的可执行性。参与式治理能加深公众对政策意义的理解，增加公众配合政策的自觉性，进而维护政策的稳定性。公共政策的合法性基础源于社会大众的普遍认同和接受。参与式治理能使公众对政策的合法性确认不疑，使公众对政府的信任感会大大提升，从而以正面的、积极的态度推动政策的实施，降低政策宣传和实施的成本。诚如克莱顿·托马斯所言，"公共参与提高了公众对公共管理和政府改革的理解和认知程度"，

---

① ［美］C. G. 布莱克：《现代化的动力》，段小光译，四川人民出版社1988年版。
② Jorge M. Valadez, *Deliberative Democracy, Political Legitimacy, and Self-determination in Multicultural Societies*, USA Westview Press, 2001, p. 32.

并且能"增强公众对于政府行为的理解,从而会减轻人们对政府机构的批评,改善官僚遭到围攻的困境";"伴随着公众参与决策过程,公众对决策的接受程度大大提高,从而促进了决策的成功执行"。① 最后,参与式治理能有效促进政府管理的创新。其一,参与式治理可"保证公共服务更适合公众的需求,促进一个更开放、更具回应性的公共官员体系形成,以及建立对政府和公众自身更加积极和正面的认识与情感"。其二,"不断增强的参与式治理通过发展公众与政府间新的沟通渠道并保证对政府的监督,来增进政府及公共管理者的责任性"。② 政策透明性的提高可以减少官僚主义和腐败现象,强化政府责任意识,建立责任政府。总之,发展参与式治理,倡导公共治理中的对话与协商、积极的公众参与意识和公共精神,可以促进政府与公众、政治国家与公众社会在公共治理中的良性互动,由此也将促进民主与善治的实现。③

由于经济发展和社会变革的影响,各国普遍面临着利益结构调整、权力滥用与腐败、环境恶化和生态保护、贫富分化严重与权利保障等各种严峻的挑战。许多重大决策面临的环境越来越复杂、利益调整的范围越来越大、公共政策利益相关方更加多元,决策所需要的信息和知识也更加全面。这些都对完善公共政策过程的科学化和民主化提出了迫切要求。因为广泛吸收社会各方面的意见和建议,并经过充分的讨论、论证和协商,参与式治理能够包容各种不同的利益、立场和价值,能够使讨论和公共政策过程中的社会知识最大化,从而形成普遍的共识;能够使决策程序更规范,决策过程更加民主,决策结果更加科学,有效地防止或消除了决策的随意性、短期性、盲目性;参与式治理能够通过治理过程使政策获得广泛的认同和支持,从而保证政策实施过程更为顺利。因

---

① [美]约翰·克莱顿·托马斯:《公共决策中的公民参与》,孙柏瑛等译,北京:中国人民大学出版社,2005年版。
② Ham C. and Hill M., *The Process in the Modern Capitalist State*, London: West Sheat, 1984.
③ 梁莹、黄健荣:《协商民主中的公共自治》,载《江苏社会科学》,2005年第4期。

此,参与式治理可以"有效解决过去政治模式下的公众与精英之间委托代理机制产生的困境,有效黏合公众与政府间的关系,增强政府的回应性、提升服务质量和公共福利"①。

从既有实践来看,"开放式决策"符合程序正义的基本要求,有助于提升决策质量和政府公信力,促进了服务型政府建设。② 开放式决策的目的就是让公众积极、广泛、深入地参与到政府决策过程中,通过论辩去伪存真,形成操作性较强的各项建议,通过专家咨询与公众参与的合力,使政府决策少走弯路,并减小其在实践中的阻力,降低施政成本。因此,开放式决策能够有效提高政府决策的民主化程度,切实提升政府决策的质量和水平。由于开放式决策将决策事项提前在网上预告,公众因而可以提前准备,其提出的问题和建议就更具有针对性和有效性;互动过程中公众提出各种意见和建议,使政府能及时了解来自不同群体的意见,从而使决策更有实效。如2008年《政府工作报告》在网上公示后,公众提出的"扩大医疗保险联网支付覆盖面""扩大老小区物管覆盖面""加强妇幼保健工作"等建议最后都被采纳而写进报告;2008年市政府第26次常务会议研究《杭州市创业投资引导基金管理办法(试行)》等事项中,大学生创业者杨杰建议在校园内开辟"大学生创业孵化园"等建议被采纳到市政府出台的政策文件中。正是公众的积极参与并贡献智慧,提高了政府决策的质量。此外,杭州坚持"公民导向",让公众广泛参与政府绩效管理的全过程,在实践中形成了以公众为主体的,包括广大市民、企业、专家、社会组织、行业协会等在内的服务于政府绩效管理的社会网络,促进了政府与公众之间的良性互动,

---

① Johanna Speer, "Participatory Governance Reform: A Good Strategy for Increasing Government Responsiveness and Improving Public Service", *World Development*, 2012 (12).

② 胡业勋、叶睿:《开放式决策的合理性及其实现途径》,载《光明日报》,2013年8月10日。

在多元共治中最终实现公共利益的最大化。①

在广州，同德围公咨委帮助实施了10项同德围整治项目，解决了30万当地居民的困顿局面；金沙洲公咨委也为10万洲民争取到16项基础设施项目，解决了民生难题。重大城建项目公咨委则让搁置了10年的广州大桥拓宽工程得以启动，同时还暂时搁置了广州第二条BRT工程。②据了解，从2013年广州市推行幸福社区创建到现在，全市共建立实体或网络议事平台1844个，参与居民超过23万人次，经民主协商解决宠物管理、停车难等社区热点问题3522个，实现旧楼加装电梯210多部。截至今年5月，广州市已创建达标的幸福社区累计568个，占社区总数的38.5%。群众满意度从创建初期的81.01%提高到87.44%。第三轮幸福社区创建活动已于今年1月启动，251个创建社区按要求有序推进，至今年底，全市将有50%的社区打造成为幸福社区。③近年来，厦门市思明区率先尝试，贯彻中央政法委多元共治工作思路，巧用"参与式治理"模式发动社会各界力量共同推进平安思明建设，共享平安思明成果。2016年1—10月，思明区刑事警情数9757起，同比下降28.14%，群众安全感率达到95%，位列全市第一，"社区参与式治理工作坊"获评"中国社区治理十大创新成果"第三名，平安建设成效显著。④杭州在综合考评和绩效管理中，赋予社会公众话语权，让社会公众对各级公共部门进行全面评价，不仅彰显了人民满意导向，也大大增强了绩效管理的问题发现功能，让各级政府部门能够找准问题，从而为

---

① 伍彬：《公众参与是中国特色政府绩效管理的基本路径》，"新时代的政府绩效管理：国际经验和中国创新"研讨会，2018年9月27日。
② 魏凯、梅雪卿：《广州公咨委："草根"发声参与城市管理》，载《南方都市报》，2015年1月6日。
③ 李强、印锐：《街坊有事开视频会议：广州社区协商的下围村模式》，载《南方日报》，2015年11月16日。
④ 《厦门思明区巧用"参与式治理"模式加强平安建设》，载《福建法治报》，2016年11月24日。

及时、有效地解决问题、缓解矛盾提供了可能，也为引领政府创新提供了方向。嘉兴公众参与的模式也有利于地方政府在环境治理中提高工作成效，促使政府积极回应社会要求，在环境治理监管中避免随意性和主观性，打破"政府失灵"现象。通过公众参与机制的创新，政府、企业、居民三方形成联动机制（"联动化"），提高了政府的环境管理成效，形成了各政府部门协作、社会共同参与的工作局面。这些联动具体表现在政府部门与公众的联动、区域污染防治监督部门的联动、环保基层组织与民众的联动等方面。比如，嘉兴市政府的环保部门加大环境治理的力度，带动公安、检察院、法院等相关部门参与环保执法的实践，消灭环境执法的"死角"地带。这一机制的运作超越了"小环保"的视野，即把环境治理仅仅看成是政府环保部门的责任，突破了"条块分隔、行业限制"的体制障碍。无锡市的参与式预算激发了基层民主意识，创新了理财思路，节约了财政资金，提高了办事效率，增加了政府透明，预防了腐败风险，受到了群众广泛欢迎。①

　　大量事实证明参与式环境治理协调了政府、企业、民众三者之间的环境利益关系，并逐步解决了中央、地方与企业之间的信息不对称问题。在参与式环境治理中，公众参与作为第三方力量能够补充信息、约束权力，解决政府与企业之间的信息和权力不对称问题，在环境治理体系中起到"纽带"作用。具体而言，参与式环境治理至少在以下三个方面改善了环境治理效果：一是促进了国家的环境立法，强化了职能部门的环境执行，促使国家行动；二是加强了对污染源头的监督和举报，污染曝光加大了企业的污染成本，促使企业行动；三是唤起和传播的环保意识，提高了公众社会学习和参与能力，促使公民行动。②

---

① 孙彬：《无锡：参与式预算改革激活基层民主意识》，新华网，2012年4月2日。
② 涂正革：《公众参与环境治理的理论逻辑与实践模式》，载《国家治理》，2018年第48期。

## 四、缓和了社会矛盾

随着市场经济的发展，我国社会正发生着深刻的历史变革，各种利益群体相继出现并逐步发展起来，公众的利益意识也日益增强。尤其是当前我国正处于改革的攻坚期和深水区，这就使得各种利益群体之间、各种社会阶层之间产生了一些冲突和矛盾。如果这些社会矛盾不能通过正常渠道化解，就可能恶化，成为反体制的潜在力量，而参与式治理为各种利益群体表达意愿提供了正常渠道，地方政府也可以通过公众参与进一步了解社会中的一些矛盾和问题，了解产生这些问题的原因、条件，从而适当调整政策，缓和社会冲突。

政治稳定是构建和谐社会的前提和保障，是构建社会主义和谐社会的必要条件和基本标志。影响政治稳定的因素十分复杂，公众参与就是其中重要的一环。美国政治学家亨廷顿（Samuel Phillips Huntington）认为："发展中国家公众政治参与的要求会随着利益的分化而增长，如果其政治体系无法给个人或团体的政治参与提供渠道，个人和社会群体的政治行为就有可能冲破社会秩序，给社会带来不稳定。"[1]当前的我国社会正处于矛盾凸显期，利益分化随着经济社会的增长也在一定程度上加深。"利益表达的需求总是产生于利益失衡或利益冲突的时候"，同时，随着现代社会中公众教育层次日益提升，以及对现代政治理念的逐渐接受，公众诉求多元化，不仅仅局限于直接的个人经济利益，有时候公众诉求是抽象的，具有价值倾向。这些价值倾向反映在公共事务领域，就是他们的参与期望，也就是说，公众权利意识的增强引发政治需求的升高。一旦这种期望无法实现，张力就会被积累。即使这种期望张力在外

---

[1] ［美］塞缪尔·亨廷顿：《变化社会中的政治秩序》，王冠华译，北京生活·读书·新知三联书店1989年版。

界约束下没有表现为显性的社会冲突,对政治秩序形成直接的压力,也会造成中间阶层对政治秩序的疏离甚至离异,危害政治秩序的合法性,并最终为显性的社会冲突酝酿能量。面对这种自下而上的公众参与诉求,政府需要积极调整现有的参与机制,满足各群体和阶层的利益表达诉求,增加政体的适应性,力争让政治参与扩大化,使之成为稳定社会的"缓冲器",而制度化参与则有助于实现政治稳定,它可以为各社会阶层提供利益表达的制度性平台,可以使公众和政府之间的矛盾在一定程度内缓和,还可以提高利益表达者的理性程度,不断扩大参与者对政治系统的影响。而且,"公众越是关心和参与政治,就越会认同于政治系统"。这些都说明,参与式治理在我国当前的条件下,是维护政治稳定的必然选择,是构建社会主义和谐社会的制度保障和必要条件。

从既有研究来看,经过商议过程所形成的决策,融入各方参与者的意见,虽未必一定产生正确的决策,但可以在参与者之间产生更多的政治支持、正当性与信任,可以加速未来政策的执行,也为以后的合作互动积累长期的信任与社会资本;可以激发良好的意见表述,公正法律与制度及政治合法性,提升民主治理;因为互相认可,所以不仅是民主的决策程序,更具有丰富的实质民主的含义,可以避免暴力。[1] 研究者发现,当代中国社会已经随着市场化改革的推进而变得多元,在地方政府治理中引入公众参与,一方面,地方政府更可能发掘出公众的真实需求偏好,接收更多的决策信息,提高最终决策的质量和认受性,这无疑有助提高治理绩效和促进社会稳定[2];另一方面,可以为社会各阶层提供利益表达的制度平台,有利于公众表达利益诉求,影响和参与决策,避免出现政治决策的失范和政策实施的对抗,从而缓和公众和政府之间的

---

[1] Gutman Amy and Dennes Thompson, "Deliberative Democracy and Beyond Process", *The Journal of Political Philosophy*, 2002, 10 (2): 153-174.

[2] He B. and Warren, M. E., "Authoritarian Deliberation: The Deliberative Turn in Chinese Political Development," *Perspectives on Politics*, 2011, 9 (2): 269-289.

矛盾。就重大行政决策而言，公众参与决策，一方面，有利于防止政府的决策偏好、部门利益和权力寻租，增强决策的公正性、合法性；另一方面，也有利于利益表达平衡，缓和社会冲突，降低决策实施的代价和风险。[1]

众所周知，近年来邻避冲突之所以在国内各个城市上演，其根源在于环境风险分配不公，政府单向度管制模式无法平衡多元的利益诉求，利益相关群体在邻避决策过程中没有话语权，难以通过正当的渠道参与决策、表达意见，只能通过非理性抗争抵制邻避设施的兴建。[2]而邻避类设施作为与城市居民生活紧密相关的公共政策，提升公众参与水平是其公共性的根本保障。[3] 环境论证阶段的参与，可帮助民众真实了解邻避项目的风险和可能获得的收益；而参与补偿决策，则有可能在反映民众对补偿回馈的真实需求前提下，增加邻避项目的被接受度。而参与式治理让公众在重大环境事件上的"在场感"，从务虚的口号兑现为扎实的权利。一则，它有益于脱敏环境公共事件，减少矛盾冲突，增益理解共识。二则，有助于解决环境领域的"邻避困境"，给不稳定的博弈提供稳定的、低风险的平台。垃圾焚烧处理厂、化工厂等项目，各个都不愿"建在我家后院里"，尤其是事故发生后，流言四起，恐慌效应几何级放大了项目本身的负面影响。如果从调查处理到研究立项，从听证到决策，每个环节都能静心对话、谦抑沟通，问题或许就不至于膨化成巨大的雪球。在深港西部通道事件中，开放参与机会、公开相关信息都是建立和维持民众信任的关键，最终为有效化解冲突奠定了基础。[4]

---

[1] 陈东升：《保障公众的重大行政决策参与权》，载《法制日报》，2015年9月30日。

[2] 李巍：《单维管制抑或协商共治：邻避冲突治理的路径选择》，载《领导科学论坛》，2017年第8期。

[3] 童星、高钏翔：《公共政策的公共性衰减：风险分析及其治理》，载《社会科学》，2009年第5期。

[4] 金自宁：《跨越专业门槛的风险交流与公众参与——透视深圳西部通道环评事件》，载《中外法学》，2014年第1期。

从 2009 年番禺垃圾焚烧事件的进程来看,初始阶段政府部门完全独占决策权力,决策在封闭的行政层级中运行;公众参与的压力迫使政府部门有限度地回应公众参与,在环境评价环节引入公众参与;然而,在公众参与持续施压的情况下,政府部门则采取更大程度与公众分享决策权力的策略,允诺"若环评不过关、大多数市民反对,该项目不会动工",直至最终让公众掌握决策权力,采取公众投票方式决定项目选址。① 从 2010 年开始,广州市政府一方面开放多条渠道来听取不同意见,并逐步推动垃圾分类;另一方面,广州市政府也态度坚决地表示,鉴于广州面临的城市垃圾危机,兴建焚烧厂势在必行。从后来民众的变化来看,广州市政府释放的"善意"无疑得到了积极回应,官民对抗性矛盾大为缓和。②

浙江温岭市是私营经济发展较快的地方,劳动密集型企业占有巨大份额,劳资矛盾广泛存在。21 世纪的头几年,这些问题变得尤为突出。为了解决好这些问题,在个别企业试点的基础上,温岭市政府把工资民主协商机制引入行业层次,组建业主行业协会、工人行业工会,形成行业集体协商主体,然后,组织劳动部门专家对行业各工种和工序的劳动定额进行测算,形成初步工价。在此基础上,行业协会与行业工会进行多轮次平等协商和民主谈判,确定各方都能接受的工价。同时,行业工会和行业协会还约定,每年就调整行业职工工资(工价)进行一次集体协商,保证职工工资(工价)与企业效益的增长相适应。工资集体平等协商制度的引入有效减少了劳资矛盾,劳资纠纷引起的上访大幅度下降。而义乌市创造的工会"社会化维权机制",由工会组织沟通劳资双方,联合权益保障的相关职能部门,以沟通协商为主要手段,以法律援

---

① 王颖:《环境公共决策中公众参与问题研究——以广东番禺垃圾焚烧事件为例》,载《新媒体与社会辑刊(第六辑)》,社会科学文献出版社 2014 年版。

② 张紧跟:《从抗争性冲突到参与式治理:广州垃圾处理的新趋向》,载《中山大学学报》,2014 年第 4 期。

助为保障,及时、有效地维护劳动者的合法权益,对于缓解劳资纠纷,保障弱势群体的权利,都起到了重要的作用。据统计,2015年以来,全市各级工会共受理各类劳资纠纷投诉1760起,成功调处1674起,成功率为95.1%。通过这一套全面的维权体系,促进了维权工作的进行,调处了大量劳资纠纷,一定程度上缓解了劳资矛盾,起了很好的"减压器"作用,逐步建立起规范有序、和谐稳定的劳动关系。①

杭州市政府的开放式决策扩大了公众意见表达的渠道,使公众的合理利益诉求能够进入政府决策过程,从而将许多潜在的冲突化解在萌芽状态。② 社会矛盾并不必然是社会公众与政府之间的矛盾,但在政府主导改革并承担着大量经济建设、社会管理和公共服务职能的背景下,政府往往容易成为矛盾的焦点。开放式决策在政府过程中纳入民意,使政府、企业、社会组织和公众等各种主体能够平等交流和协商,虽然最终的决策也不可能满足所有相关方的利益,但这个决策却是各方交流协商的结果,是能够被普遍理解的。这样,政府在其中扮演的角色发生了变化,承受的压力相应也会减轻。简言之,开放式决策为社会矛盾提供了一种释放途径,从而降低了剧烈矛盾冲突的可能性。盐津县的群众参与预算与温岭市的参与式预算均采取了适合本地现实的参与程序,增加了公众参与政府治理的机会,优化了资源配置,规避了潜在风险,提升了公共服务水平,提高了预算决策的公正性认同。对我国基层政府治理而言,这一结论具有重要的政策内涵,即多样化的预算参与程序为传统的政府主导型决策模式提供了新选择和有益补充,可以有效缓解简单代议制下的民众参与不足问题,而通过参与程序的不断优化和完善,则可以在更大程度上赢得人民群众对预算分配结果公正性的认同,有效减少经

---

① 陈晓文、龚盈盈:《工会社会化维权彰显"义乌温度"》,载《义乌商报》,2018年11月9日。
② 郭道久:《民意表达与地方政府决策民主化机制创新——对"开放式决策"的一种解析》,载《南开学报(哲学社会科学版)》,2017年第1期。

济社会发展中的矛盾和冲突。①

而在中央的顶层设计指引下,各地方政府在公共政策领域探索建立健全社会稳定"风险评估"的机制,既可视为是中央对地方的一种拘束装置,但同时也为作为利益相关者的公众改变地方政府政策议程这一事项提供了一个制度窗口,有助于将多元主体的利益诉求纳入公共政策过程中,促进了地方政府积极回应社会诉求,对于缓和社会矛盾和维护社会稳定有积极的促进作用。②

## 五、增强了地方政府的合法性与公信力

政府信任是公众在与政府长期互动过程中逐渐形成的对政府的一种信赖与期待,是衡量公众与政府关系的重要指标。③ 国家和社会、政府和人民之间的信任是政府合法性的基石和政治稳定的前提,不仅能够赋予政府权力以合法性,更具有提升社会效率的显著功能。一方面,为了获得公众对政府基于内心的认同和服从,政府需要通过广泛、持久和深层次的参与式治理,以保证政府不背离公众的利益,满足公众向政府提出的各种政治要求的期待。另一方面,在政府与公众的信任关系良性循环的情形下,公众的参与意识会明显增强,公众之间可以相互平等、畅所欲言地交流对政府现象和公共事务的看法,这有助于增强政府的代表能力和回应能力,提高政府决策与执行的质量。如果政府与公众间滋生不信任关系,会致使公众为了自我保护而倾向于减少政治交往、参与和

---

① 苟燕楠、韩福国:《参与程序与预算认同:基于"盐津模式"与"温岭模式"的比较分析》,载《公共行政评论》,2014年第5期。
② 马原:《政策倡导与法治维稳:多元参与视角下的社会冲突治理》,载《治理研究》,2019年第5期。
③ 王毅杰、乔文俊:《中国城乡居民政府信任及其影响因素》,载《南京社会科学》,2014年第8期。

合作，从社会之中回到自我封闭的世界。如果这种对政府的相对隔绝、疏远和排斥持续存在，必然导致合法性危机。在实践中，比较常见的现象是当地方政府单方面地施政时，尽管其目的也是为了增进公众权益和公共利益，但往往不能得到公众理解，不管这些施政取得何种成效也很难得到公众的认同和支持。如近年来席卷全国的"邻避冲突"中，研究者发现地方政府往往预料到邻避设施选址容易遭遇抵制，因而采取封闭式专断决策，让公众对城市总体规划、环境影响评估等过程不充分参与等①，最终导致公众环境知情权、参与权和监督权没有得到满足，他们往往既不理解又不支持政府决策②。

在未能获得公众认可的地方政府施政中，除了其实施方法可能有不当之处外，公众不予支持的原因在很大程度上是因为公众被排除在外，由于排除了公众与地方政府的相互沟通，也就很难让公众了解乃至理解地方政府的施政行为。因为信息不对称，公众就难以判断地方政府的行为和决策是否公正，难以判断地方政府是否真正为社会公众服务而不是为私人谋利益，难以判断地方政府工作能力的高低。相反，如果向公众开放公共政策过程，不管公众对地方政府治理持有何种观点，都有助于其了解并增进对地方政府治理的理解——"公众对情况了解的多了、全面了，对政府制定的政策措施也就不再觉得那么明显不合理了"③。金姆

---

① 钟勇、欧阳丽、郑卫、包存宽：《由邻避公用设施扰民反思规划编制体系的改进对策》，载《现代城市研究》，2013年第2期；郑卫：《邻避设施规划之困境——上海磁悬浮事件的个案分析》，载《城市规划》，2011年第2期；包存宽：《公众参与规划环评，源头化解社会矛盾》，载《现代城市研究》，2013年第2期；李敏：《城市化进程中政府公共决策和公民参与的新挑战及对策研究——以启东7.28王子造纸厂排污事件为例》，载《现代城市研究》，2013年第2期。

② 汤汇浩：《邻避效应：公益性项目的补偿机制与公民参与》，载《中国行政管理》，2011年第7期。

③ [英]卡罗尔·哈洛、理查德·罗林斯：《法律与行政》，杨伟东等译，商务印书馆2004年版。

(Kim)认为,促进公众参与政府管理,鼓励公众表达,鼓励公众向政府提出建设性的建议,提升公众对政府决策和运行过程的认知,提高他们自身对政府的判断,而不是被"批判性公众"所影响,是弱化"批判性公众"对政府信任影响的重要策略。① 而公众参与地方政府事务越多,掌握的政府信息就越多,对地方政府的监督就会越多,地方政府的行为会更多地符合他们的期望和利益,其对政府信任的水平就会越高。米歇尔(Mitchell A. Seligson)很早就认识到政治参与可以提高社会公众对政府系统的满意度,政府信任随之升高。② 在普特南的研究中,公众参与行为不仅在客观层面提升了地方政府的运行绩效,而且提升了公众对地方政府的信任。夏晓丽的研究表明,公众的积极参与可以使行政人员制定出更多反映大众偏好并且可以获得民众广泛支持的公共政策,可以提高政府信任。③ 由此可见,政府通过赋予公众某些权利,让公众参与政务,可以及时有效地回应公众的期待,提升政府管理的效率和效能,增强政府的责任意识和服务意识,消减公众对官员的不信任感,提高公众政府信任水平。因此,地方政府要想获得更多的支持,使其具有合法性,就必须获得广大民众的认可。而这种认可最好的途径就是通过扩大公众参与权,让广大公众切身体会主人翁的地位。扩大民主政治,巩固政府合法性,是当前社会的主要趋势,也是未来政府更好地实现统治的唯一途径。通过公众参与,增进政府与公众间的信息沟通,可以促进公众与政府间的良性互动,提高公众对政府的信任程度。④

---

① Soonthee Kim, "Public Trust in Government in Japan and South Korea: Does of Rise of Critical Citizens Matter?", *Public Administrative Review*, 2010, 70 (5): 801 – 810.
② Seligson Mitchell A., "Trust, Efficacy and Modes of Political Participation: A Study of Costa Rican Peasants", *British Journal of Political Science*, 1980, 10 (1): 75 – 98.
③ 夏晓丽:《当代西方公民参与理论的发展进路与现实困境》,载《行政论坛》,2014 年第 4 期。
④ [美] 约翰·克莱顿·托马斯:《公共政策中的公民参与》,孙柏瑛等译,中国人民大学出版社 2005 年版。

宋代士人汪藻在《奏论诸将无功状》中写道："王者所以得天下者，以得民也。得民者，以得其心也。"因此，在现代法治社会中，权利是各种利益的法律表达。通过全面深化改革和大力推进依法治国，可以实实在在地实现人民群众的知情权、参与权、表达权和监督权。人民群众的权利得到充分实现，其利益诉求自然得到满足，进而必将赢得人心，必将提高公众对官方信息的信任度。①

近年来，一些地方参与式治理的成功例证，全面印证了参与式治理在提升公共政策合法性、优化政府危机管理方面的强大效用。在邻避冲突中，地方政府力图营造一套"不怕"的认知体系，以"技术安全"为核心，同时辅助以"依法行政"和"民心工程"来强化其合法性。参与式治理有助于重建地方政府的合法性。2014年6月5日上午，广东省东莞市城管局举办首次市区环保热电厂市民开放日活动，200名市民带着好奇的眼光参观了经过技改、现垃圾处理能力1600吨/日、按欧盟标准排放的环保热电厂。看到园林式的厂区风貌，一位市民说道："一点不像垃圾焚烧厂，倒是像酒店。"而通过开放，启动与人民群众息息相关的公共事务协商沟通的互动机制，有利于构建与人民群众休戚与共的互信体系。② 无独有偶，2014年6月，广州市开放公众参观番禺火烧岗填埋场和李坑焚烧厂二期。这样做，既让直面垃圾填埋的公众能直观地"否定传统垃圾处理方式"，又使公众对"堪比星级酒店"的焚烧厂降低疑虑。2014年7月4日，广州持续近一个月的"创建全国垃圾分类示范城市宣传发动'万人行'活动"落幕，超过一万名各界人士前往垃圾焚烧厂，通过参观对比，更多市民开始接纳垃圾焚烧理念。③ 杭州的开放式决策则搭建了民众对政府决策提出补充或修改意见的平台，形成民众与政府的良性互动。不仅有助于树立政府亲民、开放的形象，也有助于

---

① 阮兴文：《提高官方信息公众信任度》，载《云南经济日报》，2014年12月16日。
② 谢颖：《东莞市民可实时查询环保热电厂排放数据》，人民网，2014年7月18日。
③ 任朝亮：《广州一个月内上万名市民参观垃圾焚烧厂》，载《广州日报》，2014年7月9日。

实现民众切身利益诉求与政府、民众合力决策的紧密对接，强化了政府同民众之间的联系。① 在广东省汕头市潮南区垃圾焚烧发电厂建设项目推进建设中，地方政府注重把公众广泛参与纳入决策程序，在重点项目的选址、规划设计、征地拆迁政策制定等方面，广泛征求、充分听取公众意见。从项目酝酿开始，当地政府还利用电视、网络、广播等各种宣传工具开展多渠道、多形式的宣传，为项目建设争取了安定的舆论环境。为有效化解公众的思想顾虑，他们先后组织 3 批 70 多名村民到成都建成的祥福垃圾焚烧发电厂参观、考察，并采取生态补偿机制实现利益共享。最终，地方政府主导的项目建设获得当地民众的同意。② 在参与式绩效评估中，能使公众了解到地方政府为提高绩效所作的不懈努力，同时也能使公众了解到地方政府所面对的困难和问题，从而克服公众对地方政府的偏见，巩固和增强政府公共部门的号召力和社会公众的凝聚力，建立起社会公众与政府间的良好互动关系。近年来，重庆市江北区在公共安全、公共服务等领域开展参与式社会治理，推动政社合作治理，建构了多元主体联动的协同治理机制，探索出一条以"政府主导，社会协同"为特征的协同治理之路。③

## 第二节 地方政府参与式治理创新存在的主要问题

参与式治理创新虽然主要是地方政府基于改善治理而进行的创新，

---

① 胡业勋、叶睿：《开放式决策的合理性及其实现途径》，载《光明日报》，2013 年 8 月 10 日。
② 刘星星：《让公共参与在重大行政决策中发挥应有作用》，http://yuqing.people.com.cn/n1/2019/0614/c209043-31137621.html（人民网，访问时间：2020 年 8 月 4 日）。
③ 胡琦：《公众参与与社会协同治理的实现》，载《重庆行政》，2015 年第 5 期。

但其主要内容却是赋权于公众参与地方政府主导的治理过程,其实质是地方政府希望选择一定机制以吸纳伴随着当代中国经济社会成长而日益增长的公众参与诉求,这无疑昭示着现代国家建设中中国公众权利的成长。在此过程中,为了维护人民当家作主的政治权利,国家通过修改法律或者出台新的法规,如《信访条例》《中华人民共和国政府信息公开条例》《关于深化政务公开加强政务服务的意见》《国务院关于加强市县政府依法行政的决定》等,力图健全民主制度,丰富民主形式,拓宽民主渠道,保障了人民的知情权、参与权、表达权、监督权。此外,国家还在中央和地方多个层面推进各类制度建设和进行各项试点,切实推动公民政治权利的进步。因此,一方面,持续的地方政府治理创新在驱动中国经济持续高速发展的同时,也日益满足了公众的物质文化需求;另一方面,中国在推动经济改革以发展民事权利的同时,实际上许多重要的政治变革也不断促进了中国公众政治权利的发展。[①]但是,受制于经济社会发展以及政治文明建设因素,从既有的地方政府参与式治理创新实践来看,也不同程度地存在如下问题:

## 一、选择性运用

一方面,参与式治理创新是地方政府的"自选"动作。

地方政府参与式治理创新是在地方政府主导下的治理创新,是地方政府主动采取的积极回应公众利益诉求的运行机制。虽然形式多样的参与式治理创新完全符合 21 世纪以来当代中国政治文明建设中"扩展公众有序参与"的发展方向,但并未成为中央政府统一部署下的"规定动作",因此主要是诉诸地方政府的选择性自主和自由裁量。虽然为了了

---

[①] 肖滨:《改革开放以来中国公民权利成长的历史轨迹与结构形态》,载《广东社会科学》,2014 年第 1 期。

解民愿、吸纳民意、汇聚民智以及预防和化解可能出现的矛盾纠纷,地方政府有动力开展参与式治理创新;但与此同时,由于地方政府担心公众"非理性诉求"和"借题发挥",往往会在参与式治理中采取选择性措施。于是,一些地方政府基于多重价值目标的考虑,对参与式治理创新往往采取权宜式的应对。如在地方政府的公共政策过程中,哪些公共政策需要征求公众意见、征求意见时限的长短、公众参与结果的公开内容与公开程度等,都由地方政府选择性自由裁量。

于是,地方政府参与式治理创新会存在明显的选择性运用。即使在既有的已经享有盛誉的参与式治理实践中,也不乏选择性运用的痕迹。有研究者对分布在我国东部、西部、东北等地区的五个城市政府网上公开的具体参与案例进行实证分析后发现,吸纳公众参与公共政策的议题范围和数量有明显差异,参与环节以政府对政策的征求意见稿公开的环节居多,参与方式以各种媒介为主,参与结果公开有限,在地方参与式政策制定具有行政选择性特征。[1] 即使是近年来在一些风生水起的网络问政实践中,虽然地方政府建立的网络问政平台成为一个政府和民众之间的良性的互动交流平台,但民众最关心的民生问题没有得到地方政府政策输出的最大响应,网络问政的政策输出中存在地方政府对民众意见的"选择性回应"现象。[2] 比较研究显示:广东、江苏与福建三省在政府与公众的互动过程中,都重视公民权利及公众意愿,注重加强政府的公开、透明、廉政建设、推动民主化进程,但各省的重视程度存在较大差异。[3]

---

[1] 孙彩红:《公众参与城市政府公共政策的实证研究——基于五个城市政府网站数据的分析》,载《行政论坛》,2018年第1期。

[2] 张华、仝志辉、刘俊卿:《"选择性回应":网络条件下的政策参与——基于留言板型网络问政的个案研究》,载《公共行政评论》,2013年第3期。

[3] 樊梅:《地方政府在追求怎样的公共价值——来自10省政府工作报告(2000—2013年)的证据》,载《甘肃行政学院学报》,2017年第6期。

此外，选择性公开政务信息也折射出地方政府参与式治理的选择性运用。众所周知，政务信息公开是地方政府参与式治理有效运作的基本前提。这是因为：实行政府信息公开，可实现政府施政过程与公众的良性互动，畅通信息反馈机制，便于政府了解公众呼声，及时发现和有效分析治理中存在的问题，找到解决问题的途径和办法。只有政府信息公开了，公众参与政府治理、表达个人意志、反映自身诉求才能有的放矢。为此，《中共中央关于全面推进依法治国若干重大问题的决定》中提出："全面推进政务公开，坚持以公开为常态、不公开为例外原则"。据《中国政府透明度指数报告（2019）》披露："2019年，虽然政务公开进展和成效明显，但决策公开、执行公开、服务公开、结果公开等方面仍存在各种问题，集中表现为落实公开责任不到位、政务公开距离群众需求仍有差距、部分领域公开内容仍待细化等。"[1] 实践中不同程度地存在着地方政府的选择性政务信息公开，如最高人民法院2014年发布的政府信息公开典型案例中就有行政机关以"商业秘密""内部信息"作为不公开信息的理由，后被法院判令对相关信息予以公开的情况。[2] 在一些因公共项目建设而引发的"邻避"事件中，也存在着地方政府信息公开不足乃至选择性公开或者干脆遮蔽相关信息的情形。[3] 政务信息的选择性公开不仅使社会和公众对信息的了解片面且不连续，进而对政务公开事项和内容产生了普遍质疑和众多联想[4]，而且还会导致地方政

---

[1] 中国社会科学院法学研究所法治指数创新工程项目组：《中国政府透明度指数报告（2019）》，见中国社会科学院法学研究所：《中国法治发展报告（2020）》，社会科学文献出版社2020年版。

[2] 林苗苗、鲁畅：《政府信息选择性公开，托词有哪些?》，http://theory.people.com.cn/n/2015/0610/c40531-27132763.html（人民网，访问时间：2020年8月4日）。

[3] 斯远：《细化标准，让基层政务公开更便民》，http://www.gov.cn/zhengce/2019-12/19/content_5462339.htm（中国政府网，访问时间：2020年8月4日）。

[4] 张再生、刘刚：《政务信息规范化是全面推进政务公开的重要基础》，载《中国行政管理》，2016年第3期。

府参与式治理的选择性运用。比如，有的领域公众参与较多，有的相对较少，还有的领域根本就没有公众参与。如在城市环境保护、公共卫生、城市规划和公共事业等方面公众参与较多，而在公共预算等重大议题、制度与法规制定、公共监督方面，公众的参与就明显不足。在财政公开中，一些地方政府往往刻意回避那些公众最想知道的财政信息，而公开一些无足轻重、普通公众看不懂也不太感兴趣的财政信息。最终，虽然政务公开是地方政府创新实践中运用、推广最为普遍的制度创新形式，但目前此类创新大多属于事后告知性质，即将地方政府重要的政策、法规、文件以及办事程序等政务信息通过政府网站、政府公告告知公众。①

另一方面，一些参与式治理创新属于问题驱动型创新。

推进地方政府治理创新，是推进国家治理体系和治理能力现代化的基础性工程。改革开放以来，中央政府逐步向地方政府放权让利，从而使地方政府有了一定的自主权。这一结构性变化不仅使地方政府要对中央政府负责，而且还需要回应公众和社会的需求。尤其是随着经济持续高速发展与社会急速转型和发展方式转变叠加，中国社会呈现多元多样多变、矛盾交织的一系列特点，地方政府面临多重压力。具体而言，体现在：（1）纵向上压力型体制使得地方政府面临着逐级行政发包和数量化任务分解与指标考核而形成的强力推动改革与发展压力；（2）横向上地方政府面临着竞争性改革与发展压力；（3）在外部，地方政府还面临着公众和市场主体期待地方政府提供更多优质公共服务的压力。在此背景下，追求政绩的激励、维稳压力的驱动、知识精英的推动以及民众需求的急剧提升，成为地方政府实施创新的动力之源。② 因此，与中央政府创新主要立足于做好顶层设计相比，地方政府创新的核心主要是为了

---

① 何显明：《治理民主：中国民主成长的可能方式》，中国社会科学出版社2014年版。
② 陶建武：《地方政府创新的动力与过程》，载《重庆社会科学》，2015年第9期。

解决改革与发展中的问题。①

那么，地方政府创新到底要解决哪些现实问题呢？这些问题就是自改革开放以来，伴随国家与社会关系的调整、市场经济发育及利益主体的意识觉醒，地方政府治理必须面对的现实难题。其间，既有产业结构的转变、生态环境的破坏、利益结构的嬗变，也有公众需求的增长等。这些问题成为横亘在地方政府治理过程中的巨大掣肘，严重影响了区域经济社会的可持续协调发展，因而成为地方政府治理创新要重点解决的现实问题。中国地方政府创新的动力总体上看就是源于解决这些突出难题。如20世纪90年代至21世纪之初发生在中西部地区的基层选举创新多属于"危机驱动型创新"，主要是为了缓解地方治理实践中面临的种种危机。②

在这种治理问题驱动的参与式治理创新背景下，大多数毕竟是地方政府应对具体问题的策略性反应，呈现出"刺激—反应"范式中的应急性逻辑。③ 因此，地方政府回应公众诉求的过程，实质是地方政府与外部环境往返互动过程。在不确定性因素综合作用下，一些地方政府会基于形势，反复综合权衡风险收益变化——"官民诉求"、"问责风险"和"抗争团结"，由此作出的不同阶段回应行动最终都会指向不同程度的政策回应结果。④ 一些地方政府在应对治理问题时，往往会依据危机状态来选择性地推动参与式治理创新。一旦具体问题得以缓解，部分地方政府持续推进参与式治理创新的动力势必不断下降。更有甚者，一些为应对局部治理危机的地方政府将参与式治理创新实用主义化和工具主义

---

① 夏自钊：《地方政府创新之变》，载《决策》，2019年第1期。
② 张紧跟：《治理体系现代化：地方政府创新的趋向》，载《天津行政学院学报》，2016年第3期。
③ 余敏江：《从反应性政治到能动性政治——地方政府维稳模式的逻辑演进》，载《苏州大学学报（哲学与社会科学版）》，2014年第4期。
④ 李琼、吴姿怡：《政策抗争中地方政府风险收益与回应选择逻辑研究——基于三个地方政策抗争案例的比较分析》，载《公共管理学报》，2019年第3期。

化，仅仅将公众参与地方政府治理视为改善行政关系、提高行政效率、实现社会和谐的权宜之计。

## 二、部分参与式治理创新作用不明显

从规范角度看，参与式治理通过塑造政府与公众之间的良性互动结构，不仅有助于确保公共政策反映公众需求偏好，而且有助于构建政府与社会的协同治理框架。近年来，一些地方政府参与式治理创新的成功例证，全面印证了参与式治理在提升公共决策合法性、优化地方政府危机管理、改善地方政府治理绩效等方面的强大效用。简言之，参与式治理创新既能产生实际治理效用，又能回应公众日益增长的参与诉求。

然而，在实践中，部分地方政府的参与式治理创新作用不明显，公众参与地方政府治理过程仍属于"形式化""边缘化"参与，有时甚至连表达公众意见的机会都没有。[1] 比如，有些地方发布汽车"限牌令"，于次日零时起施行，公众没有参与讨论的机会。再如，作为民意通向公共决策的一个重要方式，听证制度的实行有时并未实现制度设计的初衷，特别是有些和公众切身利益紧密相关的价格听证会。在部分地方，这种参与式治理创新还由于其实效性缺陷而日益遭遇公信力危机。[2] 对这些参与式治理创新的典型批评是"走过场"，最终会使公众怀疑地方政府参与式治理创新吸纳民意的诚意。

## 三、创新效力不足

在参与式治理中，如果地方政府按照法定的权限和程序开展了公众

---

[1] 陈立民：《"问策于民"当真问、真听、真办》，载《新华日报》，2019年3月26日。
[2] 田飞龙：《失效的公众参与侵蚀公信力》，载《北京日报》，2013年4月22日。

参与,并召集参加人对相关事项表达意见和要求,但这些意见和要求最终被地方政府忽视,或者在不予采纳的同时却并不给出充分理由,使其无法对地方政府产生实质性影响,这就出现了参与式治理效力低下的问题。而同时,地方政府参与式治理创新的成本高昂,不仅涉及有形的运作经费,而且包括无形的社会成本以及对地方政府行为的影响。如果长此以往,势必会使参与式治理仅仅停留在表面的形式而在实践中"陷入无用论之困境"①。相对于完全排斥公众参与的地方政府管理而言,没有任何"影响力"的参与式治理不仅会无谓地耗费参加人的参与成本以及地方政府的行政成本,而且会降低公众对地方政府的信任。②

在参与式治理实践中,地方政府采用的公众参与方式主要有公示、公开听取群众意见、展示和咨询、民意调查、座谈会和听证等,方法简单,形式有限。而这些形式使用起来有的非常僵硬,有的成了装饰性的形式主义。如城市规划已经规定规划草案必须要有公开展示,但实际上一些地方做的目前最多是在规划大厅搞一个公告、展示。一些如车票涨价必须披露的运行成本没有告诉公众,甚至公众索要都得不到。而在形式上,有的听证会搞得兴师动众,脱离了听证作为一种十分普遍收取民意的方式的本意。参与式治理在中国目前尚处于初始阶段,公众参与存在呈形式化、表演化的危险。地方政府在参与式治理的态度也是矛盾的:一方面觉得参与式治理具有可控性,想发展这一形式;另一方面又不愿意为参与式治理付出时间和金钱,认为参与式治理会影响发展和效率。由于公众参与也不是法律的硬性要求,又没有对人民负责的压力,所以地方政府发展参与式治理的动力不足。

近年来,一些地方政府尝试着通过广泛调研、书面征求意见、公布决策草案征求意见、座谈会、论证会、听证会等多种方式"开门决策",

---

① 王万华:《重大行政决策中的公众参与制度构建》,载《中共浙江省委党校学报》,2014年第5期。
② 刘福元:《行政参与的度量衡——开放式行政的规则治理》,法律出版社2012年版。

一定程度推进了科学治理和民主治理。参与式治理也有助于建立政府与公众在公共政策上的合作关系，但是在单中心的治理结构下，地方政府主导着整个公共决策过程，谁来参与、参与者有多大的话语权、参与者的意见和建议是否以及在何种程度上影响地方政府公共政策过程，都取决于地方政府决策者的意志。目前在行政程序方面位阶最高的是《湖南省行政程序规定》和《山东省行政程序规定》，但关于公众参与重大行政决策过程都没有详尽的规定。虽然相比较而言，《山东省行政程序规定》已经加大了对公众参与的规定，但也大部分停留在表面，没有进行深入具体的规定。"公众可以提议制定决策"是创举，但对其只是提及，没有就其如何提议、提议程序、提议后的回应进行规定。参与重大行政决策制定需要获取大量信息，虽然随着《中华人民共和国政府信息公开条例》的颁布已经发起了我国政务公开的改革，但政府机关掌握着大量的信息，作为决策制定者，相对于社会公众来说，它处于信息强势地位，而公众则处于信息弱势地位。普通公众相对于行政机关而言能了解到的信息还是很少，有效信息的获取更是困难，而且对于大量涉及多门学科的专业信息进行有效提取的难度就更大了。《中华人民共和国城乡规划法》明确规定："城乡规划报送审批前，组织编制机关应当依法将城乡规划草案予以公告，并采取论证会、听证会或者其他方式征求专家和公众的意见。"虽然公众对于参与城市规划的热情日益高涨，但由于缺乏跨越专业壁垒的桥梁，传统上在规划中后期通过公示、意见征集、听证等方式进行的公众参与，往往效果不甚理想，呈现被动化、形式化等问题。[1] 从实践层面考察，城市规划公众参与老套路多，有效的新方式少，较多是专家意见、听证会、座谈会等方式。而在行政主导情况下，专家参与、听证会常常也只是形式。[2]

---

[1] 齐晓瑾、张弓：《文化遗产保护规划编制中的公众参与》，载《中国文化报》，2016年7月7日。

[2] 陈保中：《以改革精神推进城市规划公众参与》，载《学习时报》，2014年3月17日。

在温岭、哈尔滨、无锡、焦作等地的乡镇、街道展开的参与式预算实践中，预算过程的"民主恳谈"与公民"到场"已经使参与式预算转化为一个基层政府治理过程。但是参与式预算的效力依然受到限制①，具体体现在：一方面，无论是何种模式的参与式预算，民主恳谈或公民问卷调查多集中在预算草案的质询和辩论环节，公众参与与预算环节衔接不够紧密；另一方面，公众参与多集中在讨论社区或辖区的建设项目上，比如对社区或辖区公共基建项目预算安排、社区环境建设、文化生活建设等项目。公众参与只涉及政府资本投资活动，而对政府一般活动的预算安排尚未"卷入"其中，所以公众参与内容有限。因此，参与式绩效评估往往因地方政府意在吸纳民意、汇集民智、凝聚民心并增进公众对政府信赖而以诚恳姿态吸纳民众参与评价而兴起，然而在评价过程中，地方政府却显示出一种对民众评价的"提防"，要么干脆拒绝公开评价结果，要么没有以任何实质性行动对评价作出相应的反应；公众遭遇心理上的"挫败感"，对参与式绩效评估的意义和地方政府的诚意产生怀疑，甚至放弃与地方政府合作的机会和可能性，拒绝将来进一步的参与行动。最终，有相当多的参与式绩效评价活动在激动人心的号召、政府"信誓旦旦"的态度和声势浩大的评价运动之后便陷入了一片沉寂。参与式绩效评估既是公共服务型政府建设的重要实现路径，也是社会发展和地方政府绩效评估价值取向变迁的必然结果。但是，由于多种因素的影响和制约，参与式绩效评估实践只对地方政府办事手续便利程度、服务态度、服务能力、政府采纳民意等四个维度产生显著影响，而公共服务满意度、地方政府征求民意、地方政府廉洁程度等缺乏显著影响。② 以南京市万人评议政府为例，在2001年南京市首次机关作风评议

---

① 江月：《预算过程公民参与的有效性：一个初步的分析框架》，载《中央财经大学学报》，2012年第5期。

② 李晓燕：《地方政府绩效评估中公众参与有效性困境的破解》，载《行政论坛》，2019年第3期。

中，两位部门"一把手"遭"末位淘汰"，评估结果问责立竿见影，但从 2002 年至 2010 年，评估结果的公开方式进行调整，公开力度减小。即使一些地方政府正在推进的参与式社会稳定风险评估也暴露出不少问题。作为一项制度安排，风险评估的核心要旨是把社会力量导入到公共决策过程中（society-in-state），从而实现国家对社会一定程度的开放；反之，它也反映了国家力量进入社会系统（state-in-society），运用国家力量来疏导社会发展过程累积的社会稳定风险，最终实现国家与社会的强有力合作。① 目前，我国地方政府一般采取如下决策程序：决策动议—分管领导负责—部门牵头—调查研究—形成初步可行性报告—部门审议—上交政府常务会议或党的常委会讨论。从各地的实践分析，社会稳定风险评估只是在部门牵头过程中的一个环节，社会稳定风险评估机制建立后，地方党委和政府决策程序一般改变为：决策动议—分管领导负责—部门牵头—调查研究＋社会稳定风险评估—形成初步可行性报告＋稳定风险评估报告—部门审议—上交政府常务会议或党的常委会讨论。在决策过程中，社会稳定风险评估极易成为可有可无的机制。②

而在参与式环境治理中，虽然环境治理领域并存的"市场失灵"和"政府失灵"决定了公众参与的必要性。但是，从部分地方政府的参与式环境治理创新来看，由于公众获取环境信息的途径有限，并且信息传递存在一定的滞后性，环境污染事件的发生与公众采取作为之间存在无法避免的时间差，而环境决策听证会、环境诉讼等制度的不通畅也在相当程度上制约了参与式环境治理的效力。③

---

① 朱德米：《社会稳定风险评估的社会理论图景》，载《南京社会科学》，2014 年第 4 期。
② 蒋俊杰：《我国重大事项社会稳定风险评估机制：现状、难点与对策》，载《上海行政学院学报》，2014 年第 2 期。
③ 张艳纯、陈安琪：《公众参与和环境规制对环境治理的影响——基于省级面板数据的分析》，载《城市问题》，2018 年第 1 期。

## 四、内在条件缺失的风险较大

参与式治理的积极效应无疑得到了广泛认同,但不可否认的是参与式治理也隐含着各种可能的风险。如增加了形成共识的难度、可能导致政策倾向于强势群体、增加政策成本并降低治理效率、扩大政策过程非理性因素的影响等。因此,对参与式治理的理论认识并不意味着在现实生活中所有抽象意义上的参与式治理都必然达成预期有效的结果。有时,参与式治理由于需花费大量的时间和金钱而遭到降低效率的质疑;有时,参与式治理由于无法满足充分的代表性要求而威胁到政策广泛合法性的基础;有时,参与式治理形式或规模由于选择不适当而减损政策的制定、执行质量,并导致参与式治理流于形式。具体而言,包括:

首先,在实践中,如何在太多的公众参与和太少的公众参与之间找到一个适宜点①,始终是参与式治理实践面对的最大挑战。一方面,参与式治理说起来简单,但要做起来且真正收到实效却相当复杂和困难。民意调查、座谈会、焦点小组、听证会……这些五花八门的公众参与形式采用哪种,参与者如何产生,如何发动和组织公众参与,参与的时机、程序和规则,都需要精心地安排和设计。否则,参与式治理创新往往事倍功半,甚至劳而无功、事与愿违。比如,在开展参与式治理时,经常出现这样的情境:参与者没有时间、精力或能力去了解涉及的公共政策问题,也没有充分、深入地参与公共政策辩论,他们发表的意见极可能是感性和粗浅的,甚至意见表达本身就是轻率的,这与理性决策的基本原则相悖。此时决策者就会左右为难:如果不采纳"民意",公众会抱怨决策者的傲慢和不真诚;如果遵从"民意",就会冒决策任由民

---

① [美]约翰·克莱顿·托马斯:《公共决策中的公民参与——公共管理者的新技能与新策略》,孙柏瑛等译,中国人民大学出版社 2005 年版。

粹的情绪和看法所左右的风险。另一方面,在参与式治理实践中,决策者对如何解决参与式治理过程中出现的冲突束手无策。众所周知,参与式治理就是要向公众开放公共政策过程,让各方公开表达关于公共决策的意见和建议,这种表达必然会出现不同意见。这些相互冲突的意见,可能来自各方价值观的差异,或是来自不同的利益诉求,或是源自不同的问题观察视角。面对参与式治理过程中相互矛盾甚至激烈冲突的公众意见,如何作出令各方皆满意的决策,是困扰决策者的一个难题。同时,参与式治理中公众参与的代表性问题也容易受到质疑,从而影响公共政策过程的公正性和权威性。一方面,公众参与可能会存在代表性方面的系统性偏差;另一方面,公众参与还可能存在被反对方的利益集团强烈干扰等问题。在很多案例中发现,参与式治理并没有更大范围的代表性,如,青年群体以及少数族群人口的代表人数不足,这种对特定人群的排斥造成了公众对于政府的不信任,并降低了参与式治理的品质。[①]在诸如听证会、咨询会、对话会等基层参与式治理平台中,存在的突出问题是"普通民众难以获得参与机会","专业代表乐此不疲"与公众"审美疲劳""交相辉映"。近年来,基层协商民主实践日益重视发挥社会组织在促进公众认知调解并理性引导公众参与、增强政府回应能力中的桥梁与纽带作用,但在当代中国此起彼伏的环境污染型群体性冲突协商治理中,环保 NGO 基本上处于"缺席的在场"。在城市,社区协商议事代表中除了"两代表一委员"、基层干部、企业管理者等之外多是退休老人等,中青年主流人群基本"缺席"。而在那些"空心化"的农村,民主协商正逐步从"精英协商"蜕变为"留守老人协商"。

其次,参与式治理可能面临着公共理性的缺失。所谓公共理性,就

---

[①] Ank Michels, "Citizen Participation in Local Policy Making: Design and Democracy", *International Journal of Public Administration*, 2012, 35 (4): 285 - 292.

是指各政治主体以公正的理念和自由而平等的身份，在社会政治这一持久存在的合作体系中，对社会公共事务进行充分合作，以产生公正的、可预期的共治效果的能力。① 公共理性有助于建构激发公众参与积极性、端正参与认知、提升参与质量，有助于规范公众参与行为、促进有序参与，有助于引导公众参与结果，实现个体利益与公共利益的良性结合。② 在当代中国，作为公众在讨论何种正义原则和公共政策可以接受时所体现出来的理性以及公众能够用其公共意识和公共理由达成关于公共政策的基本共识的能力明显不足，以致对诸多公共事件的讨论往往呈现出断章取义的误读曲解③，网络微观中许多严肃的公共议题最后被制造成为一个个"烂尾新闻"④。公共利益是多种价值和利益的平衡配置过程。而私人理性的过度扩展导致以邻为壑，公众只尽力规避风险、关注私人事务、一心一意"搭便车"，"不要建在我家后院但也不要离我家太远"⑤。最终，参与式治理的主体更多是以个人利益为行事标准，公共理性付之阙如，导致"有多元利益诉求却无交集，公共利益被虚化和忽视，缺乏一致行动的合力和空间"⑥。而在参与式公共决策中，作为公民的一种政治思维能力，公共理性是公民参与公共决策的基本条件。因为公共理性的内容所体现的政治原则和道德为公民参与公共决策提供了一种共同的价值认同，使生活在多元社会中的公民能够形成"重叠共识"。公共理性的相互性原则能够建构参与者间平等互信的交往关系，能够创造全体公民共享的公共生活规则。然而，由于公共理性的界限不甚明晰、公民

---

① 施雪华、黄建洪：《公共理性：不是什么和是什么》，载《学习与探索》，2008年第2期。
② 徐理响：《论公共理性与良性政治参与的构建》，载《社会科学战线》，2018年第11期。
③ 时言平：《断章取义背后的公共理性迷失》，载《中国新闻周刊》，2013年9月16日。
④ 刘涛：《"烂尾新闻"折射公共理性薄弱》，载《中国教育报》，2016年4月5日。
⑤ Guo Y., Ru P., Su J. et al., "Not in My Backyard, But Not Far Away from Me: Local Acceptance of Wind Power in China", *Energy*, 2015, 82: 722-733.
⑥ 戴玉琴：《农村协商民主：乡村场域中群众路线实现的政治路径》，载《江苏社会科学》，2016年第2期。

话语表述能力的不足、公民的公共精神的偏离使公民在参与式公共决策中的公共理性难以实现。①

再次，参与式治理受限于地方政府管理理念。理念是制度理性的来源，也是制度实践的先导，会影响良好制度的生成与执行。因此，管理理念强烈影响和支配着地方政府的行为，决定地方政府的行为方式及其政策的价值取向。② 很多研究发现，当组织领导有很强的意愿来引入参与式治理时，他不仅能够克服组织相关的约束，还能够动员合作者和下属采取积极的态度来看待和组织公众参与活动。③ 然而，在我国，由于深受传统管制理念的影响，一些地方政府官员在思想上往往排斥和规避公众参与。一些地方政府习惯于按照计划经济时期的基本格局、遵循"以批代管"的传统方式进行管理，思想观念和体制机制没有得到根本扭转，仍把政府作为社会的资源分配中心、信息发布中心和权威辐射中心，服务理念缺失，主动服务意识淡薄。更有甚者，一些地方政府认为允许公众参与就等于是对行政管理采取了不必要的干预。④ 还有一些地方政府官员认为，只要地方政府有良好的愿望，政府决策是为了公民充分享受良好的公共产品和公共服务，并且也经过专家讨论等程序，公众参与本身并无实际需要。⑤ 虽然有一些地方政府为了提升公共治理正当性与可行性，而主动吸纳公众参与地方政府治理过程，但因其对参与式治理存在一些误读与曲解，也并未真正尊重和认可公众参与，只是将参与的公众当作意见的征集者、信息的提供者，视参与式治理为促进地方

---

① 张宇：《公共理性：公民政策参与的条件》，载《社会科学研究》，2011年第2期。

② 宋源：《转型期公共行政模式的变迁——由管制行政到服务行政》，载《学术交流》，2006年第5期。

③ Bernard M. Bass, *Leadership and Performance beyond Expectations*, New York: The Free Press, 1985, pp. 59–101.

④ [美] 约翰·克莱顿·托马斯：《公共决策中的公众参与：公共管理者的新技能与新策略》，孙柏瑛译，中国人民大学出版社2005年版。

⑤ 陈保中：《公众参与不是服务型政府的点缀》，载《领导科学》，2010年第15期。

政府治理合法性和正当性的工具。① 改革开放以来，科学管理理念深入人心。基于对高效率管理的需求，部分地方政府认为参与式治理会降低政府工作绩效、将耗费时日才能满足公众不同需要并拖延决策实施的时间，而且参与式治理导致的对公共管理者的问责压力也会挫伤管理者的工作积极性；更严厉的指责认为参与式治理会扭曲治理质量、降低地方政府治理的科学性，甚至公众参与对特殊利益的追逐损害了公共利益的达成。② 如在一些地方政府的邻避性工程项目决策中，专家正是以其拥有的知识解释权走向治理舞台的中心，而被专家定义为"不懂"的民众，则常常失去意见发表的合理性、利益协商的议价力以及环境监督的可信度，最终只能作为风险的"接受者"和"消费者"。③ 最终，即使环境影响评价制度、社会稳定风险评估制度等明确要求对那些环境敏感、争议较大的项目，地方政府应该做好公众参与和解释工作，在实践中却形成一种基于知识遮蔽的、政府意见辅以专家论证的闭门决策机制，公众作为客体，被置于政策过程边缘。

再其次，参与式治理受限于地方政府组织结构。地方政府治理过程包含了多方利益相关者的互动，因此，参与式治理的有效实施取决于地方政府内部权力的有效配置与通力合作。第一，在当代中国地方政府管理实践中，纵向政府间的等级责任制度和垂直的命令结构，可能导致理性化的公共行政系统与非理性的公众难以直接进行参与式互动。而纵向政府间职责同构使得不同层级的地方政府及其职能部门上下对口、高度一致，公共物品和服务供给呈现同质化。第二，参与式治理往往需要地

---

① 邓佑文：《行政参与的权利化：内涵、困境及其突破》，载《政治与法律》，2014年第11期。
② 黄小勇：《公共决策的公众参与困境及其管理策略——以广东番禺区垃圾焚烧发电厂风波为例》，载《国家行政学院学报》，2010年第5期。
③ 谭爽：《从知识遮蔽到知识共塑：我国邻避项目决策的范式优化》，载《中国特色社会主义研究》，2019年第6期。

方政府部门横向间的交流与合作。当地方政府内部形成了广泛的共识和合作关系时，更有可能实现组织的稳定，从而有助于参与式治理的发展。① 但是，条块分割和碎片化的地方政府组织结构使得科层制所强化的专业分工、职责明确、执行迅速在事实上会带来一系列"基于分割、隔离、区别"② 的"各自为政"和"部门本位主义"，使参与式治理无法有效运作。如电子政务建设中的"信息孤岛"不仅导致部门间无法进行有效的信息沟通与互动交流，而且导致公众无法准确地了解地方政府的工作状况。③ 第三，在现阶段，一些地方政府缺乏对公众的信任，因此总是想方设法掌控参与式治理，如参与者挑选、议程设置、信息提供等，让公众参与几乎对政府治理过程没有实质性的影响，这会反过来导致公众对参与式治理丧失信心。一方面，他们将参与式治理作为积极促进改革的象征，以此获得更多的支持和解决问题的方法，加强其决策的合法性；另一方面，却不愿接受参与式治理对他们权力的限制。④

最后，存在着参与式治理悖论。所谓参与式治理悖论，是指参与式治理不仅没有实现预期目标，反而导致了相反的结果。具体而言，参与式治理最基本的悖论有：第一，参与式治理可能会损害治理效率。克莱顿·托马斯认为，"公众参与同样也可能会影响到政府的组织与效率的达成。例如，从科学管理理论的角度看，公众参与可能造成行政管理活

---

① 岳经纶、刘璐：《公众参与实践差异性研究——以珠三角城市公共服务政策公众评议活动为例》，载《武汉大学学报（哲学社会科学版）》，2018年第2期。
② [法]皮埃尔·卡蓝默：《破碎的民主：试论治理的革命》，庄晨燕等译，上海生活·读书·新知三联书店2005年版。
③ 朱彩霞、徐淑新：《电子政务的碎片化治理——基于整体性治理理论视角》，载《行政科学论坛》，2018年第7期。
④ Stewart Davidson, Stephen Elstub, "Deliberative and Participatory Democracy in the UK", *British Journal of Politics and International Relations*, 2014, 16 (3): 367-385.

动的拖延"①。盖伊·彼得斯（B. Guy Peters）对此也同样表示担忧："公众确实想参与政府决策，但他们也要求政府能够果断、迅速地采取行动。参与会不会成为造成行动迟缓的繁文缛节的另一种形式呢？"② 在参与式治理过程中，所有利益直接相关的公众都有平等参与的机会与自由表达的权利。除了畅通的民意表达渠道与健全的运行机制之外，民意的充分表达离不开大量的组织工作与时间耗费。从某种程度上说，时间花费越多，公众的表达也就越充分，就越能体现决策的民主性，但损害治理效率的可能性也就越大。一般来说，参与式治理过程的复杂多变、参与人数之众、参与者意向的相互冲突都会影响最终治理的效率。③ 如果参与式治理中的公众意见分歧不大，达成基本共识耗时不多而不至于损害治理效率。然而在很多时候，民意往往是分散而多变的，特别是参与的人数越多，产生分歧的可能性就越大。因此，为了达成基本共识，公众之间、公众与专家之间、公众和地方政府之间需花费大量时间进行充分讨论、协商与沟通。而如果诉求悬殊，特别是当各方人数相当而相持不下时，甚至会出现争论不休、久议不决。

第二，参与式治理导致公众提高了不切实际的期望。在大多数参与式治理实践中，公众都具有很高的参与热情，并认为通过参与能够解决本地社区的问题，但随着改革进程的推移，失望情绪也随之而来，甚至放弃参与以后的改革项目。从公众的参与心态分析，公众参与的主要目的就在于通过影响公共政策过程以实现自身利益诉求。因此，不排除有一部分公众对自己的参与抱有很高的期望值。他们相信公共政策是可以

---

① ［美］约翰·克莱顿·托马斯：《公共决策中的公民参与：公共管理者的新技能与新策略》，孙柏瑛译，中国人民大学出版社2005年版。
② ［美］B. 盖伊·彼得斯：《政府未来的治理模式》，吴爱明、夏宏图译，中国人民大学出版社2001年版。
③ ［美］赫伯特·西蒙：《现代决策理论的基石：有限理性说》，杨砾等译，北京经济学院出版社1989年版。

改变的，总希望自己的利益诉求一旦表达之后，在短期内就能收到立竿见影的效果，甚至力图使国家政策和社会发展顺应个人或某个群体的利益要求。这种将参与式治理简单化、理想化的不切实际的高期望值可能带来许多不利的影响。一方面，可能使公众的参与效能感降低。既有研究显示，公众参与效能感低的一个重要原因就是公众参与的期望值偏高。① 因为如果公众参与的期望值偏高，一旦政府因财力、法律等客观限制，回应特定问题的能力受到影响，公众的要求未能得到及时实现或政策建议未被采纳时，他们就会产生严重的挫折感，不再相信自己能够影响决策过程，政治效能感降低，从而极大影响其参与的积极性和主动性。另一方面，少数公众甚至有可能通过非正式渠道发泄其不满，从而危及社会稳定。

第三，参与式治理陷入了决策民主化和科学化之间的悖论。在价值问题确定的参与式治理实践中，专家因其通常被认为具有知识和技术的优势而有助于价值实现的手段选择和方案优化。② 因此，现代公共决策中的专家咨询制度既是专家参与公共决策的制度化方式，又是公共决策合法性的技术来源。③ 于是，专家参与有助于实现参与式治理的科学化。但是，以"现代性"和"技术理性"为核心的公共政策过程，过分强调理性、技术和专业知识的"技术路线"，不仅对公共决策的质量造成了

---

① 参见 Abramson P. R., *Political attitudes in America: Formation and Change*, W. H. Freeman and Company, 1983; Zimmerman M. A., "The Relationship Between Political Efficacy and Citizen Participation: Construct Validation Studies", *Journal of Personality Assessment*, 1989, 53 (3): 554 – 566; Michelson M., "Political Efficacy and Electoral Participation of Chicago Latinos", *Social Science Quarterly*, 2000, 81 (1): 136 – 150。
② 王锡锌、章永乐：《专家、大众与知识的运用——行政规则制定过程的一个分析框架》，载《中国社会科学》，2003 年第 3 期。
③ 赵万里、李艳红：《专家体制与公共决策的技术—政治过程》，载《自然辩证法研究》，2009 年第 11 期。

许多负面影响，而且损害了公共决策的公共性和民主性。① 因此，必须引入公众参与以实现参与式治理的民主化。这是因为：在参与式治理中，公众从价值偏好角度的诉求表达和专家从专业知识运用角度的参与都是抑制公共组织滥用"技术理性"的机制。然而民主化与科学化之间存在着矛盾，在科技高度发展的社会里，公众常不能理解政策质量标准中包含的知识，虽然与公众利益息息相关的很多决策事项，由于公众不具备相关专业知识，导致参与能力欠缺。换言之，参与式治理的民主化不必然导致参与式治理的科学化甚至可能走向反面。如在邻避冲突中，公众往往与专家的风险认知差异明显。专家从科学、理性的角度出发，虽然没有绝对安全，风险总是存在的，但强调风险的可控性和可接受性，而公众要求"绝对安全"和零风险。由于专家风险评估与公众风险认知之间存在巨大差异，不仅造成两个不同群体间的认知冲突，而且会导致公众对专家和政府的信任危机。②

第四，参与式治理难以识别真正的民意。尽管参与式治理对所有的公众开放，但有些参与者由于缺乏参与的能力和技巧而难以发出自己的"声音"。而且，公众意见容易被各种因素所误导或左右，真实的民意有时很难获得，因而导致公众参与可能会减少而不是增加决策的公平性。③在参与式治理实践中，一方面，利益诉求表达如果是"碎片化的大多数"，那么参与过程将不可避免地异化为强势利益团体合法分享公众利益的平台"④；另一方面，分散的、相互冲突的利益诉求也使得公众与地方政府之间交易成本居高不下，往往很难得到有效的分析处理。在充分

---

① ［英］克里斯托弗·胡德：《国家的艺术：文化、修辞与公共管理》，彭勃、邵春霞译，上海人民出版社 2004 年版。
② 王娟：《风险治理中公众对专家的信任研究综述》，载《科普研究》，2013 年第 3 期。
③ ［美］查尔斯·林德布洛姆：《决策过程》，竺乾威等译，上海译文出版社 1988 年版。
④ 王锡锌：《行政正当性需求的回归：中国新行政法概念的提出、逻辑与制度框架》，载《清华法学》，2009 年第 2 期。

认识这些困难的基础上，如何设计有效的参与式治理，克服其悖论，这是地方政府必须面对的问题。在互联网时代，公众参与网络舆论互动的物质和技术门槛不断降低，自媒体时代"人人都有麦克风"使信息扩散迅速、参与度高、管控难，参与式治理似乎更为便捷、高效。因此，"网络舆情"成为当前中国社会民意表达的重要渠道，是地方政府了解社情民意的重要来源，对地方政府治理正在产生实质性影响。但是，现有的网络舆情倾向于聚焦短期效应、容易掺杂虚假民意，从而出现许多误读网络舆情为民意的声音。因此，虽然"舆论是民意产生的先导和基础，民意是舆论的集中和发展"，① 但是，"网络舆情"的代表性缺失、真实性存疑以及"群体极化"现象说明"网络舆情"不等于"网络民意"②。

## 五、既难以持续又难以扩散

从现有地方政府参与式治理创新来看，公众参与缺乏可持续发展机制。公众参与实践比较有成效的地区，往往是得到了当地领导的高度重视，由当地党委或政府在公众参与过程中起到主导作用，或者由政府推进。而与之伴随的问题就是，如果当地领导换届了，这里的公众参与实践是否还能持续下去？由于公众参与决策的做法还没有上升到法律制度层面，整个体系层级不高，容易随着主管领导的变化而变化，存在着不确定性。

首先，地方政府参与式治理创新存在着或然性。从既有实践来看，有些地方政府参与式治理创新是广大公众基于自身利益的集体关注与地方政府策略性反应的偶发性结合，这种特定情景下的参与式治理可复制

---

① 相清平：《基于文献计量的国内网络民意研究回顾与建议》，载《中共南京市委党校学报》，2011年第4期。
② 郑雯、桂勇：《网络舆情不等于网络民意——基于"中国网络社会心态调查2014"的思考》，载《新闻记者》，2014年第12期。

和推广的难度极高。我国地方政府参与式治理创新的发生和发展，有些与当地的矛盾和危机密切相关。面对治理危机，地方政府的思想比较容易统一，需要解决的主要矛盾也十分突出。由于没有了退路，制度创新对既得利益调整的阻力会大大降低，腐败的空间被大大压缩，实事求是、人民当家作主等一系列正确思想路线得到了较好的贯彻执行。危机治理可以"逼"出参与式治理创新，这实际上也蕴含着一种可能：当面临的突出问题得到解决以后，继续推动参与式治理创新的动力也会随之受到影响，参与式治理创新便缺乏可持续性。因此，迫于危机应对需要的参与式治理创新，在危机消除之后，如何实现"参与式治理"的持续发展才是对地方党政执政考验的开始。这是因为，首先，在危机压力下地方政府暂时放弃的权力和利益，并不等于在常态治理下也会同样放弃。其次，既有体制已经形成了一些干部执政思想和行为的习惯定式，这种潜意识会在各个方面自觉不自觉地流露出来，而与个人的道德品质并无多大关系。最后，在地方政府管理实践中，仍旧是政府主导，民众对地方政府的直接监督缺位。在失去了危机压力的情况下，要想靠地方党政官员的自觉性来维持参与式治理的可持续发展，将会面临极大的挑战。

其次，地方政府参与式治理创新缺乏长效的保障机制。一些地方政府之所以愿意主动开放公共政策过程以吸纳民意，更多地体现了一些地方主政官员的理论自觉和实践前瞻，这不仅可能导致常态化的"人走政息"，而且还因为其创新带有非常明显的地方特色以及地方主政官员个性，甚至会因其在一定程度上突破了现行制度框架而增加可复制难度。在参与式地方政府绩效评估创新实践中，许多地方政府只是基于特定政策性需要而开展公众评议，呈现出间歇性的特点，没有建立长效机制并形成制度安排。[1] 即使是那些持续了较长时间且得到广泛认可的参与式

---

[1] 桑助来：《公众参与政府绩效评估的模式及展望》，载《党政干部论坛》，2013年第1期。

治理创新也难以扩散。如历经 10 余年累积而日渐完善的浙江温岭参与式预算创新,虽然其设计者、执行者以及参与者均认为温岭经验能够在其他地方复制,也备受公共舆论与学术界推崇,但却始终难以走出温岭。①此外,由于地方政府在现行体制框架下只具有有限的自主权,在相当程度上决定了地方政府参与式治理创新只能限制在行政运作或基层治理的技术性层面,而任何技术层面的创新如果得不到制度层面的有力支持,其所能实现的突破终究是有限的。这也会导致许多地方政府参与式治理创新既难以持续,更难以扩展。于是,在未能建构出鼓励地方政府发展参与式治理创新的导向和氛围背景下,地方政府参与式治理创新只能停留于自发性状态,而由于这种自发性创新不能和现有体制相衔接,其创新成果自然就难以通过制度化得以巩固,甚至其自身的合法性也会受到质疑。

最后,地方政府参与式治理创新受到个体化要素影响太大。在中国地方政府参与式治理创新实践中,地方主政官员个体化因素是非常重要的影响源。"事实上,通过对我国地方政府参与式治理创新的案例分析,我们发现创新的推动者是具有企业家精神的'政治企业家',即推进政治变革和制度创新的基本主体。他们对于创新具有敏锐的直觉、果断的判断力和睿智的决策,善于吸收新技术和新知识、利用新方法和新思维,对原有的资源进行创造性组合,从而找到解决实际问题的突破口,实现政府创新。"②也就是说,地方主政官员的个体推动不仅是地方政府参与式治理创新萌生的动力源泉,而且也是创新实践持续发展的影响要素。影响地方主政官员持续推动创新的个体化因素有两个方面。其一,地方主政官员对推动创新的"成本—收益"函数的理性算计。理性的地

---

① 沈翀等:《浙江温岭:参与式预算推广难点在于放权》,载《经济参考报》,2014 年 7 月 22 日。
② 包国宪、孙斐:《演化范式下中国地方政府创新可持续性研究》,载《公共管理学报》,2011 年第 1 期。

方主政官员在推动创新实践伊始,就会进行成本—收益核算。只有当他们认识到因参与式治理创新而来的收益大于成本时,才会愿意推动创新。一般而言,在创新开始,其投入的成本和获取的收益都较大,但是随着实践的不断推进,也会出现边际收益递减的情况。一旦出现收益递减,作为理性经济人的地方主政官员投入创新的精力就难免会削减。这个判断已成为诸多研究者较为认可的基本结论。其二,地方主政官员领导岗位变更的影响。地方主政官员总是希望在自己主政一方的时候推动所在区域的创新。而一旦离开,其下任未必能扛起继续推动创新的大旗。这正是很多地方政府参与式治理创新实践遭遇"人走政息"的重要原因。

在近年来的地方治理创新实践中,着眼于促进公众参与的案例无疑是最多的,推动地方治理不断向培育社会多元参与和基层自治的方向发展。但自身亦处于转型中的地方政府,为了确保社会有序而不得不在转型过程中发挥主导作用,由此所带来的问题是,地方政府往往难以在回应公众日益迫切的参与愿望与维护社会秩序防止"参与暴增"之间找到平衡点。这种多元参与的治理创新虽一定程度激发了社会多元主体的活力,但对于不同主体之间如何互动和地方公共事务如何在多元主体间的合作共治中得以有效解决的问题,却无法给出更好的答案。

# 第五章　走向未来的地方政府参与式治理

由于地方政府直接面对民众，地方公共事务与公众福祉息息相关，民众对地方政府施政行为成败得失具有最直接的敏感度，因此地方政府治理自然就成为公众参与的最主要舞台。而且，在地方政府治理中，由于所涉及的与当地公众利益息息相关的公共事务一般不涉及过于宏观的政治性问题，民众也拥有足够的参与能力和资源。一方面，通过参与式治理实践，民众的政治认知能力不断提升，政治行动能力获得切实发展，共同体意识和认同感得到增强。另一方面，在既有地方治理实践中，一些地方政府不断创新如参与式决策、参与式预算、参与式环境治理、参与式绩效评估等治理机制，不仅提高了治理绩效、增强了治理合法性[1]，而且赢得了广泛赞誉。

但是，既有研究发现：一方面，中国公众的政治权利认知以及维权意识不断增强[2]，近年来中国公众向各级政府提出了争取"合法权益"

---

[1] 参见王锡锌、章永乐：《我国行政决策模式之转型：从管理主义模式到参与式治理》，载《法商研究》，2011年第4期；赵光勇：《政府改革：制度创新与参与式治理——地方政府治道变革的杭州经验研究》，浙江大学出版社2013年版。
[2] 石晶：《中国公众的责任与规则意识调查报告（2016）》，载《国家治理》，2016年第15期。

或"公民权"的许多合法权益诉求①,但公众参与积极性和获得感不强②。另一方面,通过治理制度化吸纳公众日益增长的参与诉求作为普遍共识已经呈现在许多地方政府出台的规范性文件中③,但一些地方政府依然对公众参与缺乏重视和支持而更关注提高行政效率、降低行政成本和规范政府行为④。这是因为:一方面,在当代中国的基本制度框架下,公众参与诉求向上流动的信息是开还是关完全由地方政府决定⑤,地方政府参与式治理在相当程度上取决于对地方政府的激励与约束强度;另一方面,公众参与意愿强弱不仅受制于公众权利意识也取决于公众参与效能感⑥。换言之,地方政府参与式治理创新面临着交易费用居高不下的难题。为了减少因专业化和分工发展带来的交易费用的增加,解决人类面临的合作难题,创造组织有效运行的条件,于是就产生了对制度的需求,这正是著名的科斯制度起源理论。⑦

那么,有效的制度安排包括什么内容呢?威廉森(Oliver Williamson)指出,新制度经济学实际上由两个互补的部分组成,其中一个主要处理背景条件,另外一个处理治理机制。结合诺思关于组织与制度的

---

① 李连江、段海燕:《当代中国的权利意识与规则意识》,载《中国社会安全研究报告》,2014年第1期。
② 龙在宇:《完善意见征集制是提高公众参与有效性的保障》,载《瞭望》,2012年11月26日;王晓飞:《部分地区行政不作为现象严重 公众参与积极性不强》,载《京华时报》,2016年10月31日。
③ 参见各地出台的贯彻落实《中共中央关于全面深化改革若干重大问题的决定》的相关规范性文件。
④ 王海峰:《地方公共服务型政府构建中公民参与的困境及对策》,载《行政管理改革》,2012年第2期。
⑤ Jean C. Qi, *State and Peasant in China: The Political Economy of Village Government*, Berkeley: University of California Press, 1988, p. 228.
⑥ 人民论坛问卷调查中心:《中国公众的政治参与观念调查报告(2016)》,载《国家治理》,2016年7月6日。
⑦ 参见[美]科斯:《企业的性质》,上海生活·读书·新知三联书店1990年版。

区分，他大大扩展了传统的分析框架，提出了一个关于制度环境（界定经济活动在其中发生的背景的游戏规则，政治的、社会的和法律的基础规则确立了生产、交换和分配的基础）、治理机制（一种交易的完整性在其中得到确定的制度矩阵）、个体的三级互动分析框架。① 20 世纪 90 年代以后，交易费用理论的发展也指出，"超越交易成本经济学意味着，分析所关注的是制度环境、治理结构和个人间的互动关系"②。基于此，本书认为地方政府参与式治理创新受到特定制度环境的包围并已经被特定的逻辑场域所俘获，只有推动治理制度环境变革、完善治理机制和调适相关治理主体而非技术性调适，才有可能走出地方政府参与式治理发展的困境，推动其良性发展。

## 第一节 制度环境因素

在经典的制度分析文献中，一系列用来建立生产、交换与分配基础的政治、社会和法律基础规则③是地方政府与公众双向互动的制度环境，其行为选择是行动者与特定制度环境相互作用的产物。简而言之，参与式地方治理创新受制于现行制度环境。④

### 一、制度环境下地方政府面临的风险与激励

改革开放以来，随着中国经济社会的持续快速发展，社会利益格局

---

① [美] 奥利佛·E. 威廉森：《治理机制》，中国社会科学出版社 2001 年版。
② 约翰·克劳奈维根：《交易成本经济学及其超越》，上海财经大学出版社 2002 年版。
③ [美] L.E. 戴维斯、D.C. 诺斯：《制度变迁的理论：概念与原因》，见《财产权利与制度变迁——产权学派与新制度学派译文集》，刘守英等译，上海生活·读书·新知三联书店 1996 年版。
④ 陈芳、陈振明：《当代中国地方治理中的公民参与历程、现状与前景》，载《东南学术》，2008 年第 4 期。

发生了深刻变化。一方面,伴随着现代化和市场化、法治教育和媒体宣传、民主法治日益完善,公众权利意识日益觉醒,公众利益表达能力、公共政策判断能力和行动能力在不断增强,越来越多的公众希望通过参与地方政府治理过程以实现其合法权益诉求。另一方面,利益主体结构与利益诉求也日益多元化,如果缺乏畅通的利益诉求表达机制,公众参与就会进入非制度化渠道,从而导致无序参与甚至危及社会稳定大局。基于推进国家治理体系和治理能力现代化的发展目标,建立健全利益诉求表达机制、利益冲突协商机制和参与监督机制,将公众日益增长的参与诉求引导进入有序运作的国家治理过程,就成为当代中国政治文明建设的有效途径。一方面,扩大公众有序参与成为坚持和完善中国特色社会主义民主制度的有效途径和建设社会主义政治文明的必然要件。基于实现扩大公众有序参与之目标,党的十六大强调要"健全民主制度、丰富民主形式来保证人民依法实行民主选举、民主决策、民主管理和民主监督",十七大强调要"保障人民的知情权、参与权、表达权、监督权",十八大强调要"加快推进社会主义民主政治制度化、规范化、程序化",十八届三中全会强调要"更加注重健全民主制度、丰富民主形式",十八届四中全会强调"必须保证人民依法通过各种途径和形式管理国家事务、管理经济文化事业、管理社会事务",十九大强调"扩大人民有序政治参与,保证人民依法实行民主选举、民主协商、民主决策、民主管理、民主监督","形成完整的制度程序和参与实践,保证人民在日常政治生活中有广泛持续深入参与的权利"。另一方面,党和国家日益明确将推进公众参与决策制度建设作为行政体制改革的基本方略。2003年10月,党的十六届三中全会提出要"完善政府重大经济社会问题的科学化、民主化、规范化决策程序,增强透明度和公众参与度"。党的十六届四中全会提出"同群众利益密切相关的重大事项要实行公示、听证等制度"。党的十七届四中全会强调要"坚持问政于民、问需于民、问计于民,作决策、定政策充分考虑群众利益和承受能力,统筹协调各方面利益关系"。2008 年,国务院在《国务院关于加强市县政府依法行政的决定》中要求各级政府在制定与群众切身利益密切相关的公共政策时要向社会公开征求意见,推行重大行政决策听证制度,增强行政决策透明度和公众参与度。党的十八大以来,党中央、国务院高度重视科学民主依法决策。党的十八届四中全会提出,"健全依法决策机制,把公众参与、专家论证、风险评估、合法性审查、集体讨论决定确定为重大行政决策的法定程序"。2015 年 12 月,党中央、国务院印发《法治政府建设实施纲要(2015—2020 年)》,提出了推进行政决策科学化、民主化、法治化的具体目标和措施。2019 年 9 月 1 日正式施行的《重大行政决策程序暂行条例》不仅明确了重大行政决策事项范围,而且把公众参与、专家论证、风险评估、合法性审查、集体讨论决定作为重点,逐一明确、细化这五大法定程序的具体要求。

在当代中国纵向政府间治理过程中,中央政府制定大政方针和宏观规划,然后各级地方政府根据各地情况制定实施细则,并交由更下一级地方政府去实施。在此过程中,由于纵向政府间核心关注点不同,不同层级政府在执行发展方略时会表现出差异化的执行思路。[①] 以水污染防治为例,中央政府的注意力主要在污染物排放、水生态、经济转型、执法监管和市场机制五个方面,其中污染物排放方面重点在工业污染、生活污染和农村污染;省级政府的注意力主要在农村污染和饮用水地下水部分,次之的是生活污染和水环境管理,污染物排放和水生态是其注意力的重点;市级政府的注意力主要在农村污染、执法监管、饮用水地下水和水环境管理上,控制污染物排放占据了最多的注意力[②]。因此,即使纵向政府间在发展参与式治理创新的宏观目标上完全一致,但在具体

---

[①] 周雪光、练宏:《中国政府的治理模式:一个"控制权"理论》,载《社会学研究》,2012 年第 5 期。

[②] 胡冲、刘振宇:《注意力视角下的政策扩散:选择方向与分配强度》,载《行政与法》,2020 年第 2 期。

实施过程中却可能因为不同层级政府的注意力差异而采取差异化的运作机制。而在多目标制度环境①下，中央政府进行原则性政策倡导，而将具体如何实现参与式治理的政策执行自由裁量权下放给地方政府，鼓励其因地制宜地执行政策，并最终在治理绩效（结果）上对地方政府进行激励和约束。② 对于风险较高的政治或行政改革类治理创新，上级政府以及中央政府通常会采取相对审慎的推广态度，通过分批试点的方式逐步扩大治理创新覆盖范围。

在上述治理机制下，首先，地方政府会承担更多政策执行风险。一方面，在发展参与式治理战略的执行领域，由于中央并不负责制订具体操作方案，但中央政府掌握着修正乃至叫停地方政府参与式治理创新的"剩余控制权"，因此地方政府承担着较大的制度创新风险。另一方面，由于发展参与式治理没有先例可循，具有不可预知的不确定性和实施风险性。③

其次，地方政府面对的是政策执行弱激励。虽然中央层面的支持和推广意味着其对地方政府参与式治理创新政治合法性的赋予及绩效合法性的认可，这无疑有助于弱化潜在采纳者对采纳行为可能导致的失败风险的担忧，从而对地方政府推进参与式治理创新产生激励作用。但是，公众参与地方治理与纵向政府间财政分成无关，地方政府通过参与式治理创新也不能获得即期显著的财政增长回馈，也没有地方主政官员因为发展参与式治理创新而获得晋升的理论研究与经验数据支撑。一些地方政府反而认为参与式治理会影响地方发展和地方政府运行效率，对公众

---

① Tirole and Jean, "The internal organization of government", *Oxford Economic Papers*, 1994, 46 (1): 1-29.
② 周黎安：《行政发包制》，载《社会》，2014年第6期。
③ 周天勇等：《攻坚：十七大后政治改革研究报告》，新疆生产建设兵团出版社2007年版。

参与及其效果存在较大疑虑。① 概言之，与经济建设等领域行政发包治理机制蕴含的强激励不同，地方政府通过参与式治理创新改善地方公共治理、提高公众对地方治理的满意度尤其是获得中央认可往往需要相对较长的时间，地方政府往往很难从开展参与式治理创新中获得足够的即期激励。

最后，自上而下的检查验收多是低强度的。与经济增长和社会稳定等被纳入地方政府绩效考核的硬任务和硬指标甚至是"一票否决"相比，地方政府参与式治理属于政治文明建设之类的软任务，且治理创新绩效相对抽象而难以测量，自然也就无法进行强有力的检查验收和考核评比。在一线直面公众参与的各级地方政府尤其是基层政府，会采取选择性执行策略。因此，地方政府在发展参与式治理创新中的具体实践与中央政府的政治目标之间存在着差异性，这就导致地方政府在发展参与式治理过程中有所滞后，而且会自主地进行选择性赋权。

## 二、相关法律制度供给情况

在法治话语下，公众参与地方政府治理的权利必须通过法律确认和公权力保障才能得以实现。从当代中国公众参与地方政府治理的实践来看，在执政党追求发展中国特色社会主义民主政治和公众日益增长的参与诉求的双向推动下，经过多年累积，已经形成了相对完善的法制基础。伴随着当代中国法治的不断完善，赋予公众参与地方政府治理的现代法治理念及其规则在我国立法、执法、司法领域中日益扩展②，当代

---

① 王海峰：《地方公共服务型政府构建中公民参与的困境及对策》，载《行政管理改革》，2012年第2期。
② 黄学贤、齐建东：《试论公民参与权的法律保障》，载《甘肃行政学院学报》，2009年第5期；朱未易：《地方法治建设中公民参与的法理分析与制度进路》，载《南京社会科学》，2010年第10期。

中国地方政府参与式治理的法制框架已经初见雏形，包括地方治理过程中的政务公开、民主决策、政策评估等基本环节，以及在地方政府治理过程中实行公示、听证、专家论证、技术咨询和公开征集意见等多种具体制度①。目前，赋权公众参与地方政府治理过程的相关法律制度规范主要体现在三个层面②：一是强调政府信息公开。《中华人民共和国政府信息公开条例》不仅明确要求各级人民政府应当建立健全政府信息公开工作制度，而且要求行政机关应当坚持以公开为常态、不公开为例外，遵循公正、公平、便民原则。二是明确听证制度。自1996年《中华人民共和国行政处罚法》引入听证制度后，国家先后通过制定《中华人民共和国价格法》《中华人民共和国立法法》《中华人民共和国环境影响评价法》《中华人民共和国行政许可法》等来不断扩展行政听证制度。继1996年通过的《中华人民共和国行政处罚法》首次从国家层面提出建立听证制度后，1997年通过的《中华人民共和国价格法》和2000年通过的《中华人民共和国立法法》又分别将听证制度引入价格决策和地方立法领域，2002年通过的《中华人民共和国环境影响评价法》则将听证制度扩展至环境影响评价。2003年通过的《中华人民共和国行政许可法》不仅扩大了行政听证制度的适用范围，而且还以专节形式规定了行政许可听证程序。2005年通过的《中华人民共和国治安管理处罚法》将听证制度引入治安管理处罚程序。三是引入社会稳定风险评估制度。2010年11月，国务院发布《国务院关于加强法治政府建设的意见》，要求在有关经济社会发展和人民群众切身利益的重大政策、重大项目等决策中进行社会稳定、环境、经济等方面的风险评估。2013年，党的十八届三中全会明确提出要健全重大决策社会稳定风险评估机制。2014年，党的十八届四中全会明确提出将风险评估确定为重大行政决策法定程

---

① 房宁：《公民该如何理性表达自身诉求》，载《解放日报》，2008年1月21日。
② 刘淑妍、朱德米：《当前中国公共决策中公民参与的制度建设与评价研究》，载《中国行政管理》，2015年第6期。

序。2016年,《中华人民共和国国民经济和社会发展第十三个五年规划纲要》明确要求落实重大决策社会稳定风险评估制度。2019年,党的十九届四中全会要求"完善重大决策社会稳定风险评估机制"。

尽管如此,从地方政府治理实践可以发现,参与式治理依然面临着法律制度供给不足。具体而言,体现在:

第一,信息公开的法律制度供给不足。尽管中央和地方政府都出台了信息公开的法律制度,但一些地方政府出于对自身利益的保护等,仍存在未依法公开的情况。① 首先,现行政府信息公开制度有待完善。目前仅有法律效力位阶较低、层级为行政法规的《中华人民共和国政府信息公开条例》和法律效力更低的相关规章和规范性文件,专门的"政府信息公开法"和确立信息公开制度的基本法"行政程序法"目前都尚阙如;现行宪法亦未为之提供充分和明确根据,也缺乏配套法律法规如政务公开法(阳光法)、个人信息保护法(隐私权法)、电子政务法等。② 其次,政务信息公开方式不规范,缺乏相应监督机制、救济机制。政务信息公开的内容范围、详细程序、时限要求等方面没有明确统一的规定,造成信息公开随意性大、缺乏连续性等。③ 实践中,一些地方政府自己制定的规范性文件,以文件属于"不宜公开的内部政府信息"为由拓宽《中华人民共和国政府信息公开条例》规定的不宜公开范围来任意限缩地方政府信息公开范围。④ 最后,公众获取信息的渠道和救济渠道存在障碍。一方面,由于地方政府向公众提供信息不够及时、全面、充分,存在相互推诿现象,公众获取政府信息还比较困难,存在一种"玻璃门"现象,真正获取信息并不容易;另一方面,公众索取地方政府信

---

① 吕艳滨:《政府信息公开制度实施状况》,载《清华法学》,2014年第3期。
② 姜明安:《中国政府信息公开制度发展的趋势》,载《比较法学研究》,2017年第2期。
③ 沈晓:《政府信息公开制度发展现状与存在问题研究》,载《人民论坛》,2014年第5期。
④ 王敬波、李帅:《我国政府信息公开的问题、对策与前瞻》,载《行政法学研究》,2017年第2期。

息得不到满足时，救济渠道不够便捷、高效，救济成本较高。①

第二，参与式治理的可操作性程序规范供给不足。从既有相关法律制度来看，公众参与地方治理都得到了大力倡导，但对具体参与的范围、方式、程序等大多缺乏明确规定，公众参与的渠道、程序在相当程度上取决于地方政府"自由裁量"。以听证程序为例，相关法律仅仅规定行政决策中应当而非必须"广泛听取意见"，即使"听取意见"可以采取座谈会、论证会、听证会等形式的规定也很容易让地方政府选择约束力弱的形式。既有法律制度虽不乏程序规则但过于笼统，从而使参与利害关系人范围、与会人员构成、听证程序中举证责任、听证笔录的内容和效力、听证意见如何处理等操作规程大都由组织者自行决定②，结果造成听证程序成为随意取舍的环节，常常引发公众质疑参加听证会的代表身份、听证能力等，而最终的听证结果往往与公众期望之间存在巨大落差，进而也影响了听证制度运行的效果。相关制度规范中过多的"应然性"规定表明此类法律法规主要还停留在理念宣示层面，法律规范本身的明确、硬性、强制特质很大程度上被冲淡、被稀释③，公众参与地方治理的可操作性程序规范依然供给匮乏。

第三，参与式治理的反馈机制供给不足。地方政府及时有效地回应公众参与，不仅有助于通过提升参与有效性而促进公众参与成长，而且也有助于提升地方政府的治理能力和巩固合法性。但是，在现行法律制度中，以征求意见和咨询等地方政府的单向度行为居多④，有关地方政府对公众意见与诉求的回应与反馈义务、合理政见的采纳义务、影响公

---

① 张海涵：《政府信息公开的现状与对策》，载《学习时报》，2015年6月1日。
② 许传玺、成协中：《公共听证的理想与现实——以北京市的制度实践为例》，载《政法论坛》，2012年第3期。
③ 李海青：《公众程序性参与的现实问题与发展前景》，载《人民论坛·学术前沿》，2016年2月下。
④ 孙彩红：《公众参与理政应建立反馈制度》，载《光明日报》，2015年7月1日。

众切身利益的重大决策的协商决定义务等回应和反馈制度都语焉不详①。因此，在公众参与地方政府治理过程中，对民意采纳与否、不采纳的是否应说明理由、如何说明理由等均缺乏必要的约束性具体规定。② 现行法律制度对地方政府回应公众参与诉求义务的供给不足直接导致了实践中地方政府缺乏满足公众参与诉求的义务与责任意识，公众最终可能导致公众参与地方政府治理的虚置与搁浅。

### 三、参与式治理中公众的组织性

从既有研究来看，公众参与地方政府治理的正当性与效用性无疑已经成为基本共识；但是，公众参与地方政府治理也存在着诸多可能的风险③，除了前述风险之外，弱组织性公众参与地方政府治理会产生无序和无效的风险。

既有理论研究和基本实践证明，依托各种社会组织的公众参与效能会更高，参与成本也会降低，但目前公众参与地方政府治理仍然处在以个体分散参与为主的阶段。④ 具体而言，表现在两个方面：

一方面，缺少反映公众利益诉求的自主性社会组织，导致公众利益表达分散、无序以及整体压力效应缺失，使其利益诉求难以进入地方政府决策中枢系统。⑤ 社会组织具有两大基本功能：一是提供公共服务，

---

① 邓佑文：《行政参与的权利化：内涵、困境及其突破》，载《政治与法律》，2014年第11期。
② 姬亚平：《行政决策程序中的公众参与研究》，载《浙江学刊》，2012年第3期。
③ 王旭：《公民参与行政的风险及法律规制》，载《中国社会科学》，2016年第6期。
④ 付诚、王一：《公民参与社区治理的现实困境及对策》，载《社会科学战线》，2014年第11期。
⑤ 宁骚、孔祥利：《城市拆迁决策过程中公民参与的困境及其突破——对S商店拆迁中公众参与的个案研究》，载《湘潭大学学报（哲学社会科学版）》，2007年第4期。

二是进行政策倡导。① 在公共服务和政策倡导过程中，社会组织作为连接国家与社会的桥梁和纽带，不仅能够把党和政府的方针政策传递进入社会，而且能够在协调不同群体利益基础上进行下情上达。因此，社会组织的良性运行能使之成为政府和民众之间的矛盾缓冲带，在为公众利益表达提供多元化的合法渠道的基础上，通过协调不同群体之间的利益冲突还有助于维护社会秩序和社会稳定。其中，共青团、妇联、工会等群团组织作为党和政府与公众之间沟通信息、反映情况的"桥梁"和"纽带"，理论上由于其与党和政府的"强联系"而应该可以发挥强大的组织性参与功能，但是其在实践中往往要承担政策的解释和执行工作，最终，它们更多发挥的是党和政府"上情下达的传送带功能"，其组织化利益表达功能非常微弱。行业协会商会作为一种适应市场经济发展需要的社会组织，理论上可以发挥协调、沟通、利益代表、弥补政府与市场失灵等积极作用，但由于市场机制不健全等导致行业协会商会组织形成对党和政府的强依附关系，行业协会商会组织无法得到企业认同，甚至镶嵌在政府机构内部。② 最终，大量公办社会组织以及行业协会商会等更多的是发挥党组织和政府与民众之间沟通信息、反映情况的"桥梁"和"纽带"作用，自身参与功能比较弱，以至公众参与的组织性程度不高。③ 而真正从社会内在需求出发生成的 NGO，植根基层社会，联系基层民众，除了开展各自组织内部活动外，不仅开展各类社会救助和社会服务，而且可以吸纳和反映利益诉求，参与各类专业咨政。但是，在现行扶持政策的影响下，虽然正涌现出大量从事法律援助和政策倡议

---

① Zhibin Zhang, Chao Guo, "Advocacy by Chinese Nonprofit Organizations: Towards a Responsive Government?", *Australian Journal of Public Administration*, 2012, 71（2）: 221-232.

② 张华：《连接纽带抑或依附工具：转型时期中国行业协会研究文献评述》，载《社会》，2015 年第 3 期。

③ 孙彩红：《公民参与城市政府治理研究》，社会科学文献出版社 2016 年版。

的 NGO，但是多数 NGO 体现出强服务、弱倡导的功能取向①，许多 NGO 还面临着参与空间受限、参与意愿不强、参与水平不高、参与深度不够以及自身公信力较低的困境。

另一方面，公众在参与地方政府治理中更多表现为一种原子化状态，缺乏组织性参与意愿。首先，在急剧的中国社会转型进程中，不仅"单位人"转变成为"社会人"，而且由于缺乏能替代"单位"的新建社会组织连接机制，社会内部松散、组织能力差导致公众参与往往是以个人而不是以社会组织为单位展开行动。其次，组织性资源供给不足以及对风险规避的考虑也弱化了公众组织性参与。一方面，弱势群体往往因为缺少代表自身利益的社会组织，从而使其在公共资源分配以及公共议题发言上无法以组织化形式表达其利益诉求。② 另一方面，改革年代成长起来的新社会阶层人士虽然不乏民政部门批准成立的如私营企业主协会、个体劳动者协会、律师协会等合法组织化行动基础，但基于组织化风险的规避使其在地方政府治理中基本上处于一种弱组织性参与的散乱和单独行动状态。③ 即使在中国人民政治协商会议这样的平台上，新社会阶层的界别组织化程度也不高。④

弱组织性公众参与地方政府治理，既可能导致公众无序参与的风险又会导致公众无效参与的风险。

## （一）弱组织性公众参与地方政府治理可能产生无序化风险

历史经验表明，在缺乏社会组织的大众社会中，很容易发生导致危及基本社会秩序的大众运动。这是因为，公众虽然人数众多，但各说各

---

① 叶芳：《NGO 公共倡导崛起 推动行业生态变化》，载《中国发展简报》，2013 年 4 月 1 日。
② 高健、秦龙：《论我国弱势群体的机会公平保障问题》，载《中州学刊》，2014 年第 2 期。
③ 黄国雄、田秋芹：《关于扩大新社会阶层有序政治参与的若干问题》，载《福建论坛·人文社会科学版》，2013 年第 7 期。
④ 郑言惠：《谈谈有关政协界别的一些问题》，载《中国政协》，2016 年第 15 期。

话、诉求表达无序且随意性大，往往形成"众声喧哗"而难以有效组织，容易陷入各种争论而难以得出普遍认同的结论。如当前网络上针对某个热点的讨论吵得沸沸扬扬就是鲜明例证。在地方政府治理实践中，碎片化的公民个体诉求成功的概率微乎其微，在缺乏社会组织的居中聚合和协调时，个体维权过程中极有可能将矛盾表面化而演变为单纯对立的暴力抗争，失去协商、谈判的可能性，从而危及基本社会秩序。由于缺乏社会组织的有效利益聚合，地方政府治理过程中的公众诉求表达离散化程度较高，也就无法得到党政部门的有效回应，以致矛盾持续累积，最终容易酿成不断升级的冲突和对抗。由于利益诉求表达离散化，地方政府很难在社会冲突的萌芽状态发现问题。但一旦冲突激化，弱组织性参与导致的参与无序化又使地方政府难以找到理性协商的主体和渠道。

### （二）弱组织性公众参与地方政府治理可能产生参与无效化风险

在常态化社会中，公众利益表达是健全的公共政策过程的基础和逻辑起点。但是，"利益表达要想最大可能地影响地方政府决策，必须要有一定影响力，这取决于为此进行的公众参与的强度和持久性，如果这类参与是以公众个人分散零星地进行的话，那么其利益表达难以达到预期目的。"[1] 例如，在公众参与地方政府组织的听证会中，弱组织性使公众参与很难形成与对方有效抗衡的数据资料和证据，公众代表往往在这种参与过程中处于绝对劣势。由于组织化程度低，公众参与地方政府治理的广度、深度、热度、理性上体现出严重不足，这势必会弱化公众参与地方政府治理的有效性。因此，从公众参与地方政府治理的有效性来看，分散化利益表达只会损害公众在参与过程中实现利益代表的均衡性

---

[1] 施雪华：《政治科学原理》，中山大学出版社2001年版。

和实质的平等性。① 一方面，如果公众参与地方政府治理无效化，那么公众参与过程就会沦为"走过场"和"形式化的仪式"，长此以往也势必会使公众逐渐丧失对参与地方政府治理制度的信任。② 另一方面，在地方政府治理实践中，如果公众不能及时有效地表达其诉求并输送进入公共政策过程，地方政府就难以及时充分地回应公众诉求，那么他们双方之间势必处于紧张对峙状态。最终，在弱组织性公众参与地方政府治理的情况下，可能会产生一种零和局面：一方面，公众利益诉求得不到充分有效的表达，难以影响到地方政府的政策制定；另一方面，地方政府的自主性和内聚力在原子化和制度性利益表达的策略中受到损害。③

## 第二节 治理机制中的限制性因素

在威廉森看来，制度环境与治理机制之间存在着显著的差别，当把注意力集中于治理机制时，大体上把制度环境视为给定。所谓治理机制，是指确定合作或竞争方式的交易主体间的关系或机构。在参与式治理过程中，治理机制中的限制性因素是指影响公众与地方政府进行良性沟通与互动的结构性因素。

### 一、地方政府与公众的非对称性

地方政府参与式治理涉及两类群体，即作为参与主体的公众与作为

---

① 王锡锌：《利益组织化、公众参与和个体权利保障》，载《东方法学》，2008年第4期。
② 徐文星：《行政法背景下的公众参与：公众参与机制的再评价》，载《上海行政学院学报》，2007年第1期。
③ 黄冬娅：《组织化利益表达：理论假设与经验争论》，载《中山大学学报（人文社会科学版）》，2013年第1期。

参与客体的地方政府。研究者认为，由于地方政府与公众的力量差距很大，公众参与很容易陷入一种非对称格局之中。① 从现实层面来看，地方政府参与式治理是一种典型的中心—边缘结构，其中，政府作为中心性要素，主导着公众参与的过程；公众作为边缘性要素，在中心性要素的控制下参与到这一过程中来。② 在参与式治理过程中，一方面，地方政府的力量十分强大，主导整个参与式治理过程，既是监督对象又是规则制定者，这就使得政府的裁量权限很大；另一方面，公众由于缺乏代表性和组织化，其力量相对弱小，无法左右参与式治理过程，当缺乏足够的外部压力时，参与式治理对公共政策制定和政府管理难以产生实质性影响。

在地方政府治理过程中，参与式治理有效运行的前提条件是公众对政务信息具有充分的知情权。可以认为，"没有信息公开，公众不了解政府是否决策、何时决策、决策的依据是什么、决策是如何形成的、决策的基本目标是什么、决策的预期成本和效益等信息，就很难对政府的决策进行评价，也就无从参与政府决策"③。2008 年，《中华人民共和国政府信息公开条例》的实施标志着中国政务公开正式步入制度化、规范化的发展阶段。尽管政务公开被作为深化行政体制改革和建设服务型政府的重要内容，然而在各级地方政府的具体实施之中，政务公开的广度和深度参差不齐，公众获取政务信息仍然存在诸多问题。地方政府可以很容易掌握大量的政务信息，与此同时公众却缺乏了解政务信息的渠道，公众与政府之间存在严重的信息不对称。④ 当前，我国政府信息公

---

① 肖滨：《网络问政如何建构问责——基于对广东河源市网络问政的分析》，载《学术研究》，2012 年第 12 期。
② 张康之：《对"参与式治理"理论的质疑》，载《吉林大学社会科学学报》，2007 年第 1 期。
③ 李清伟：《论服务型政府的法治理念与制度构建》，载《中国法学》，2008 年第 2 期。
④ 唐晓阳、代凯：《政务公开与公众参与的运用策略——以广州市荔湾区旧城改造决策为例》，载《领导科学》，2016 年第 14 期。

开领域存在着两个"不对称":一是公众对于信息公开的需求和政府公开信息的供给存在明显的不对称,二是政府要求公众提供的信息和政府自身能向公众公开的信息不对称。中国政法大学发布的《中国法治政府评估报告(2013)》指出,近年来公众对强化行政权力运行透明度的诉求日益高涨,但在主观方面很多政府官员对政府信息公开重要性认识不足,情绪上有所抵触,将政府信息公开看作是额外增加给政府的负担。一些政府网站定位的资源通常为动态信息、领导和机构介绍、政策文件等内容,而公共关注度较高的服务指南、办事系统、热点专题、咨询答复等资源则很难通过搜索引擎准确获得。参与式治理有效运作的前提是相关公共事务信息的充分与透明,信息大量缺失不仅会伤害参与热情,更使得参与盲目、徒然,有偏向和错误的信息甚至使参与式治理走向反面。[1]

　　占据信息和资源优势的地方政府普遍存在着政府强势主导的显著特征,与公众的被动消极参与形成强烈反差,地方政府"公共"与民主协商的意识不够,代民作主的管理方式仍存在。例如在治理过程中,忽视公共政策制定前期的公众需求调查、政策执行过程中的公众反映调查及政策执行后的公众满意度调查等。[2] 甚至部分地方政府、基层政府对公众参与的重要性和必要性持怀疑态度,对公众的主体性地位缺乏明确的认识和定位,排斥公众参与。即使安排了公众参与环节,更多只是将其视为取得公众支持的方法而已,参与范围受到严格限定。地方政府始终牢牢控制着治理过程中公众参与的条件、范围、主体决策权的分配以及参与主体运行的权力。这种自上而下的治理方式固然能够节约成本,提高效率,但其公正性却大打折扣。在权力不对等与信息不对称的参与式

---

[1] 王锡锌:《公众参与与行政过程——一个理念和制度分析的框架》,中国法制出版社2007年版。

[2] 官永彬:《民主与民生:分权体制下公众参与影响公共服务效率的经验研究》,载《经济管理》,2016年第1期。

治理过程中，公众既难以对地方政府权力行使形式有效的约束，又缺乏对政府管理和公共决策信息的了解和掌握，因此很容易造成公共权力的滥用和参与的无力。

## 二、缺乏健全的参与式治理机制

目前，地方政府在以参与式治理创新促进行地方治理民主化、科学化方面作了很多有益尝试，但与现实需求相比，在公众参与的方式、范围以及保障等方面还存在着制度供给不足。在一些地区，在相关决策中，制度化参与式治理渠道仍不畅通，公众表达利益诉求得不到政府部门的及时回馈。目前，参与式治理机制还缺少刚性、可操作的要求，公众参与权利配置被边缘化。于是，以维护自身权益为外衣、交织着其他社会矛盾的群体性事件时有发生，地方政府与公众缺少通畅便捷的对话机制，重大项目将持续面临脆弱、敏感的社会心理环境。具体而言，体现在：

### （一）公众参与的主体范围不明确

首先，从既有相关法律、法规、规章来看，参与式治理中公众参与主体的规定相对模糊。虽然实践中采取的是由利害关系人来参与的方式，但是，利害关系人的范围有多大，决定权掌握在地方政府的手里，与此同时，受管理者主观因素的影响，对利害关系人的理解有差异，导致的结果往往是本应参与的人未参与，对此不感兴趣、关系不密切的人却成了参与主体，这样一来，参与效果就大打折扣了。在城市规划中，利益相关者可分为利益直接相关者和间接相关者。在城市规划过程中会涉及很多人的利益，有些是小部分人的利益，如土地征用、街道拆迁等；有些则涉及社会集体的利益，如文物的破坏、影响城市交通、城市绿化等。缺少利益相关者参与其中的城市规划，不仅影响规划方案的合理性，还会对方案的实施造成很大阻碍。我国现有的法律、法规、规章对公众参与主体范围没有明确的规定，实践中根据利益相关性原则将公众界定为"利害关系人"，但利害关系人包括哪些人，范围有多大，全凭决策者掌握。①

其次，参与式治理的代表产生机制不健全。在许多参与式治理实践中，采取的是利害关系人参与的方式，然而利害关系人常常人数众多，难以全体参与，需要产生代表。但是代表如何产生，名额如何分配，在既有官方文本中均未作任何规定。与此同时，现有的代表机构名不副实。由于参与式治理中参与主体多以个体形式出现，就必然出现公众"人单力薄"的局面，这样的参与与实力雄厚的地方政府相比，话语权明显一边倒，即使公众提出意见，也很难期待这声音有多大的穿透力。例如在杭州的开放式决策创新中，正式的选拔程序是：（1）市民在政府网站登记；（2）从已经登记的市民名单中随即选拔；（3）将会议议程通知被选拔的参与者。② 在实践中，在线参与者往往是在登记注册后由相应的政府机构根据其居住区域来进行选择。显然，政府机构在选拔最终参与到开放式决策过程的参与者中有相当大的自由度。③

最后，存在着"专家专制"。由于缺乏有效的机制阻止行政专家越出技术领域，专家会以自己的价值判断代替大众的价值判断，而这种价值判断又和专家自身利益相勾连。轻微的影响是价值上的偏差导致事实认定不全面。严重的情况是，行政机关被各种强势集团"俘获"而失去自身的独立性、中立性，最后，专家则成为私利的代理人，在这些情况下，专家知识的运用可能导致"专家专制"。如在城市规划等相关地方

---

① 刘金荣：《公众参与重大行政决策研究》，载《社会视点》，2016年第2期。
② 王雁红：《公共政策制定中的公民参与——基于杭州开放式政府决策的经验研究》，载《公共管理学报》，2011年第3期。
③ 杭州市委党校课题组：《政务决策民主化的持续创新》，载《中共杭州市委党校学报》，2009年第1期。

政府管理中，政府往往偏向于听取专家的意见。造成这种现象的原因有很多：一方面，政府过于注重管理效率而忽视公平；另一方面，许多地方政府管理问题高度专业化，普通公众缺乏相应的专业知识。在实践中，由于相关领域的专业性和技术性较强，普通公众要参与其中并非易事，"一些行政决定充满着如此技术性和复杂性的问题，受到影响的公众需要克服很多的困难和花费许多时间才能理解作出决定的过程，更不用说参与决定作出的过程了"①。于是，地方政府官员为了实现管理高效率，就通常以专家参与取代公众参与，以专家意见代替公众意见。然而，专家参与并不能取代公众参与，专家理念与公众利益是两个不同层次的东西，专家着眼于技术支撑，而公众则关注直接的或间接的经济利益或社会影响。不应单纯以专家参与来代替普通公众的参与。因为，"一般大众所追求的直接的、能够支持他们生存和日常生活的经济利益，往往和某些专业人士所追求的社会理想有着一定的差距……专家提供的仅是技术层面的多学科支持，但并不是各方面利益的代表，绝不能将专家意见代替公众参与"②。

### （二）参与式治理方式单一

谢里·安斯坦（Sherry R. Arnstein）在《市民参与的阶梯》中，按公共参与的程度将公共参与由低到高依次分为操纵、引导、告知、咨询、劝解、合作、授权、公众控制八个阶梯。③ 其中，操纵、引导为彻底的假参与；告知、咨询为表面的参与，公众没有实质性权利；劝解是政府与公众形成了互动交流，为较深层次参与；合作、授权、公众控制

---

① ［美］乔治·弗雷德里克森：《公共行政的精神》，张成福等译，中国人民大学出版社 2003 年版。
② 蔡定剑：《公众参与：风险社会的制度建设》，法律出版社 2009 年版。
③ Sherry R. Arnstein, "A Ladder of Citizen Participation", *Journal of the American Institute of Planners*, 1969, 35 (2): 216–224.

是公众与政府共同决策，为深层次参与。公众参与座谈会、听证会是我国应用得最多的参与手段，但是执行不到位、参与主体范围窄等原因，使得大部分公众意见无法得到表达。综合来看，既有的地方政府参与式治理创新大多停留在前四个阶梯，公众参与的形式较为单一，多为座谈会、论证会、听证会、问卷调查、走访征求意见、网络投票等。现代地方治理所面临的运行环境呈现多元化特征，这就要求地方政府在治理过程中充分沟通民情、吸纳民意。为此，就要为参与式治理提供一个便利的、多导向的途径。当前地方政府逐步通过接待公众走访、处理公众信件、接听公众电话、办理公众网上邮件等形式，广泛征求公众意见，通过公示或举行听证会的形式，开展参与式治理，但成效还不尽理想。一方面，地方政府通过上述途径，从形式上是可以满足公众个人参与政府决策的意愿的，但实质上，一般公众个人的意愿通过意见和建议形式只反映到主管信访工作的行政官员这一层面上就基本结束了，绝大部分都不能进入到当地政府主要领导的视野。况且，公众个人向地方政府反映的大多事项是想要让地方政府帮助解决的个人问题，对涉及公共领域的政府决策的建议和意见，所占比例很少。另一方面，一些地方政府会通过公示或举行听证会形式让公众参与公共政策制定，但也都限制在很窄的范围，基本上主要限定在价格调整、先进人物（单位）褒奖等方面，大多数决策是由政府作出的。即使是地方政府有意主动让公众参与政策的制定，政府也不会区分不同层次与范围广泛征集公众的意见，往往是通过开通一部公开电话或设置几个征求意见箱，如召开规模有限的座谈会或听证会，让公众代表参与政府决策。

（三）参与式治理渠道不畅

弱势群体参与式治理渠道不畅通、机制不完善，是造成非制度化利益表达发生的原因。没有畅通的渠道来实现个体或群体利益的充分表达，弱势群体往往只能有三个选择：一是表现为因绝望而放弃自己的利益诉求，二是表现为走后门、拉关系等腐败贿赂行为，三是表现为越级上访、群体事件、恶意报复等极端的不利于社会稳定的行为。① 这种沉默或体制外的利益表达方式，往往会成为社会稳定与和谐的隐患和危害。听证制度是地方政府参与式治理的重要渠道。但是，我国的听证制度仍有待完善，参与者缺乏代表性，听证的临时性、随意性大，又缺乏对代表意见的积极反馈，使人们对它的认同度和信任度并不高。信访制度是我国反映民意、救济权利的一种特殊制度。但是，信访制度的下端和上端也呈现出一定程度的断裂。在信访制度的下端，一些地方政府视上访者为"刁民"，甚至用高压手段对待上访者，导致相当数量的弱势利益群体不信任信访制度，下层利益诉求无从上达。同时由于信访机构缺乏对职能部门的约束力，大部分信访事项最终无法解决②，信访制度的功能面临越来越严峻的挑战。在一些地区，以牺牲环境换取经济增长的现象依然存在，一些地方官员把公众参与环保决策仅仅当成必要的形式，公众制度化参与的渠道仍然不畅通。

### （四）参与式治理程度受限

当前行政决策中的公众参与主要局限于对行政文件的公布，行政信息的披露，重大事项的公示，行政决策前期的听证、调研等方面。从公众参与决策的整体情况看，在决策过程中公众参与的功能基本上局限在了解情况上，真正实质性的参与不多，话语权的重量偏低，参与范围较窄，参与程度不深。在抽象行政行为中，公众在行政法规、规章的制定过程和行政议题形成过程中缺乏动议权与话语权；在行政法规、规章等规范性文件制定过程中，规定行政机关在起草、审查阶段可以采取论证会、听证会、座谈会等形式征求意见，基本上属于了解情况。

---

① 贺海波、黄红发：《行动与结构：弱势群体利益表达的逻辑分析》，载《求实》，2015 年第 2 期。
② 李栋：《信访制度改革与统一——〈信访法〉的制定》，载《法学》，2014 年第 12 期。

参与的领域是影响公众参与有效性的另一个重要因素，也是衡量行政民主性的一个重要指标。一般而言，公众参与的领域越广泛，意味着公众发挥作用的可能性就越大，行政民主化的程度也就越高。城市规划领域又可以细分为众多的领域，如总体规划、控制性规划、修建性规划等；而从规划的程序角度，城市规划又包括规划的制定、规划的变更等。公众是否能够参与上述领域，直接影响着公众参与的有效性。如果公众的参与被局限在很小的领域内，那么公众参与的作用也必然受到很大的限制，难以起到应有的作用。

（五）缺乏参与式治理的保障机制

一方面，缺乏程序机制。参与式治理是一个实体性与程序性并存的整体，其中权利的赋予主要是建立实体性规则，而权利的运行及实现则主要是建立程序性规则。一方面，它将参与式治理的方法和措施上升为各种制度，把权力和权利配置、参与的程序和方法与内容固定下来，使之成为具有稳定性、权威性、连续性和普遍适用性的规则。另一方面，它通过制度的运行，要求人们的行为按照制度的目标、遵循既定的程序，对现实的公众参与发挥调整作用，完成权力配置、利益协调、权利救济，最终实现公众积极、有序、理性参与的目标。目前，尽管参与式治理在许多规范性法律和政策文本中获得了认可并成为地方政府公共政策过程的必要条件，但对具体参与的范围、方式、程序等大多缺乏明确规定，参与式治理的渠道、程序在相当程度上取决于地方政府的"自由裁量"。由于制度过于原则、抽象，缺乏可操作性的程序规范，参与式治理的实际功效无法得到保障。以听证程序为例，许多规范仅仅规定"应当举行听证会"，但对参与利害关系人的范围、与会人员的构成，大都由组织者自行决定，因此，常常引发公众对与会代表身份的质疑，与公众期望之间存在巨大落差。而在网络问政模式中，也存在着形式化问题：决策者对网络问政问题采取选择性回应；网络问政因为无法面对面的局限,使得决策者更倾向于解释而非采取实质行动;线上和线下的协同容易失调,有线上问政但无线下问责;有线上回复但无线下回应。而新华网舆情监测分析中心近年来所作的调研显示:公众对"涉及众多民众利益,但有关部门垄断行政决策,未能及时通报消息"最为不满,有些重大项目中,没有情况通报,没有听证,甚至项目附近居民大多不知道其存在,直至它突兀地被民众关注。①

另一方面,缺乏反馈机制。我国现有法律未建立参与式治理反馈机制,因此,对参与式治理中提出的公众意见采纳与否,不采纳的是否应说明理由、如何说明理由等均缺乏必要的约束性具体规定。而且,在既有的参与式治理实践中,以征求意见等政府部门的单向度行为居多,政府对公众评论、意见的"回应机制"不够健全,在参与式治理的法律效力认可、法律责任制度和救济手段等方面存在一定的立法空白,缺乏便于参与式治理的有效制度平台。即使在听证会这种具有各种利益博弈性质的活动中,由于法律对公众意见的采纳等未从结果意义上进行规范,多数听证会缺乏相应的反馈和互动机制,因此,参与式治理的有效性无法得以保障。这使得听证制度在我国公共政策制定中的运用虽然越来越广,但出于对听证效果的质疑,公众参与的数量和质量并没有成正比增长。正如有研究所指出的那样,"由于缺乏对公众参与意见回应的约束、反馈和责任制度,一些政府部门在面对利益相关者对民生政策的意见和建议时即使有所回应,也采取含糊不清甚至掩盖事实的回应方式,引起公众反感和质疑"②。总之,缺乏明确的、可操作的回应机制和反馈机制很容易造成参与式治理流于形式。

---

① 刘文婷、王利涛:《地方政府应建立重大工程项目民意及舆情分析制度》,载《新华舆情》,2012年10月31日。
② 许玉镇、王颖:《民生政策形成中利益相关者有序参与问题研究——基于协商民主的视角》,载《政治学研究》,2015年第1期。

## 第三节 治理主体层面的限制性因素

在参与式治理实践中,作为公共服务提供者的地方政府,虽然有义务吸纳公众参与公共事务治理,但出于自身利益等方面的考虑,他们往往会表现出一种可有可无、听之任之的态度。而从参与者的角度来看,虽然公众有权利和义务参与公共事务,但并非所有公民都愿意履行这种义务。在公共事务的参与上,大体会出现所谓的"积极、搭便车、守门员等三种不同类型的公民",从而表现出忠诚、冷漠、疏离等三种行为模式。

### 一、公众参与意识和能力不足

诚如蔡定剑先生所言,参与式治理应当是指地方政府在公共治理过程中通过开放的途径从公众和利害相关的个人或组织获取信息、听取意见,并通过反馈互动对公共决策和治理行为产生影响的过程。① 因此,在地方政府参与式治理创新中,主张地方政府主动开放公共政策过程并鼓励公众参与公共事务治理,地方政府同公众间形成一种建立在互信基础上的相互依赖与互动、互惠、互利的网格治理结构。但是,参与式治理的有效运行有赖于地方政府创新与公众有序参与的良性互动,制度化参与渠道的建构和公众参与文化的形成是至关重要又彼此相关的两项因素②,不仅需要制度的不断完善以保障民众的参与权利,还要求民众具有较强的参与意识。随着中国特色社会主义民主制度的完善与发展,公众参与地方政府管理的机会越来越多,这就必然要求民众具备积极的参

---

① 蔡定剑:《民主是一种现代生活》,社会科学文献出版社2010年版。
② 李汉林:《中国社会发展年度报告(2012)》,中国社会科学出版社2012年版。

与意愿。但是，由于多种因素的影响，中国公众的参与意识与参与能力不足以适应参与式治理创新发展的需要。

一方面，是参与主体的不足。第一，公民主体意识不足。对于主体自身而言，须知每个公民都有参与公共空间的责任，这就需要公众具备良好的公民素质和公民道德，不能只把自我看作一个家庭中的人或市场中的人，而是要以一个国家人、社会人、公共人的身份要求自己，避免用私人的喜好干涉公共利益。2016年，人民论坛网调查显示：公众对于与个人利益相关的公共事务的参与意愿最强，而对于以公共利益为导向的公共事务，则参与意识较为欠缺；相较于一半以上的受访公众会选择在公共事务中发声并要求保障知情权并掌握话语权，只有38.7%的受访者表示会对公共事务进行自觉参与。① 近年来席卷各个城市的邻避运动则折射出"市民意识"更多而"公民意识"不足。时至今日，虽然人们的公民意识正在逐渐增强，但普遍存在的公共意识淡薄、公正态度缺失和公益精神不足，却依然是不争的事实。② 第二，公众的参与意愿不足。"当代中国公众社会公平感状况调查"显示：参与机会的增加并不能等同于民众参与意愿的增强，中国民众的参与国家治理的意愿并不高，传统观念的影响依然存在。③ 2015年9月1日，济南市绿行齐鲁环保公益服务中心发布的《打通公众参与环境保护行动的最后一道坎——返乡调查分析报告》指出，尽管人们对环境保护重视的程度不断提高，可公众参与环保行动的意识和程度依然偏低；在2895名受访者中，觉得"环保是政府的事儿"和"缺乏知情权意识"的比例分别是27.3%和

---

① 人民论坛问卷调查中心：《中国公众的政治参与观念调查报告（2016）》，载《国家治理》，2016年7月6日。
② 郎友兴等：《"私民社会"：解释中国式"邻避"运动的新框架》，载《探索与争鸣》，2015年第12期。
③ 麻宝斌、于丽春、杜平：《机会不等于意愿：中国转型时期民众政治参与认知状况分析》，载《理论探讨》，2016年第2期。

31.5%。① 《2016年四川公众环保意识专项调查报告》显示：28.5%的受访者表示近一年来"没有"组织或参与过环境保护活动；各类主要环境保护活动中，"植树护林、领养树"和"清除公共场所垃圾或小广告的公益活动"的受访者参与率排前两位，分别为37.7%和31.6%，其余活动的参与率都在20%以下；城乡受访者参与环保活动的情况基本一致，各类环保活动的参与率均在40%以下。② 更多的公众则寄希望于"搭便车"，想要从别人的参与中分得成果。③

另一方面是公众参与能力不足。第一，当下，虽然物质基础已经发生变化，但是思想观念的转变还有滞后性。一方面，不少人还习惯性地单一依赖政府，参与意识淡薄，缺乏主动参与的责任意识。另一方面，政府对社会的开放程度还不够，一些领域依然是行政性主导，导致社会组织尚不能公平参与，公众自身更是没有能力去实质性地参与到公共决策中。第二，公共治理的有效性对公民个体的参与素质和各方面的参与能力提出了较高的要求。一方面，公民要成为真正的权利和义务（责任）意识相统一的公民；另一方面，公民还应具备沟通能力、民主能力、质疑能力、合作能力等参与公共治理所必需的能力。这些需要公民文化的不断孕育和沉淀积累。当前我国公民无论是权利意识、民主意识、公共道德意识还是法治意识都较弱，公众表达利益诉求、与政府的沟通及民主参与的能力与现代化治理能力尚有很大差距。第三，从已有的公众参与政府决策来看，公众在参与公共政策方面，利益诉求虽有可能表达，但话语权较弱，对政府的影响力有限。这样，就导致人们逐渐丧失参与的积极性，失去对参与政府决策和政府监督管理的信任和信心，公众参与意识随之减弱。第四，公众参与地方政府治理的水平较

---

① 刘德峰：《调研显示公众参与环保行动意识偏低》，载《齐鲁晚报》，2015年9月1日。
② 四川省社情民意调查中心：《2016年四川公众环保意识专项调查报告》，2016年6月6日。
③ 侯春秀：《公众参与政府绩效评估的现实困难与前景展望》，载《云南社会主义学院学报》，2013年第1期。

低。一方面，公众通过各种形式参与经济、社会乃至政治过程的机会越来越多，热情越来越高；另一方面，公众在参与中缺少理性判断能力，往往会被误导，导致非理性现象的发生。专业性知识的缺乏也使得公众参与能力有限，经常有心无力。此外，地方政府参与式治理还缺乏系统的法律规范支持和引导，地方政府对于政务信息的控制和操纵、参与式治理的时间安排、方式选择和人员构成上都存在各种约束和不足，限制了公众的参与能力。

现代政府的公共政策越来越复杂，对参与决策的公众的要求也越来越高，特别是许多政策还涉及专业技术知识。而事实上，相当一部分参与决策的公众可能并不具备政策所需的专业领域的知识，这种对专业技术知识的高要求可能会限制公众参与的广度和深度，也使他们无法从更宏观、更长远的战略高度去考虑问题；另外，任何短期行为似乎都无须论证，而长期的行为则必须经过完整的论证才能说明其发生和存在的理由，公众由于自身知识、技术、能力等方面的限制，很难精确计算出什么样的行为能给他们带来长远利益，从而在政策参与中出现短视化倾向。即便公众具备了深度参与的能力，能够预见到长远利益价值，然而眼前能实现的利益总是最具诱惑力的。更何况长远利益只是一种理想的预期，至于它能否实现，人们并无多大把握，与其将希望寄托在不可预期的将来，还不如先抓住眼前即将到手的实实在在的利益。在这样一种背景下，出于对未来不确定性的恐惧，部分公众选择和接受能给他们尽快带来收益的短期化行为的可能性会大大增加。

## 二、地方政府在参与式治理中具有高度的自主性

在实践中，地方政府不仅是重大行政决策的启动者和决策草案的起草者，而且完全掌控着地方政府治理的方向与内容。虽然相关制度规范明确提出了公众参与、专家论证、政府决策的三位一体模式并将公众参

与明确为地方政府治理的法定程序,但是何谓重大行政决策、如何组织公众参与以及如何回应公众参与诉求完全取决于地方政府的自由裁量。①而按照既有法律制度供给的"应然"性逻辑,在地方政府治理过程中,地方政府可以让公众参与,也可以不让公众参与,因为这在法律法规上不是必须的,地方政府可以相对灵活地权衡取用。简而言之,地方政府在发展参与式治理创新中具有高度自主性。

实际上,1978年以来的市场化和分权化改革,不但重构了纵向政府间关系并重塑了地方政府行为的动力机制,而且为地方政府行为的选择提供了一个充满弹性的自主性空间。② 在上述制度环境下,地方政府缺乏足够激励,为了规避公众日益增长的参与诉求可能导致的风险,必然会寻求自主运作。

### (一) 地方政府可以自主地限制公众参与

一方面,地方政府会尽可能限制公众参与地方治理过程。另一方面,虽然行政自由裁量权的本质及其属性要求地方政府在行使自由裁量权时必须遵循一系列原则,但在实践中,政策执行者被容许的自由裁量程度与有意无意地漠视相关规范性原则之间的界限存在模糊地带③,从而为地方政府限制公众参与提供了可能。具体而言,主要体现在:(1) 公众知情权受限。一些地方政府的信息公开只是"例行公事",表现办事结果、事后、无关痛痒的内容公开多,而办事过程和决策程序少、事前和事中、民众真正需要的信息公开少④;存在着信息公开不全面、不及时、

---

① 杨叶红、刘峰:《重大行政决策中协商民主的困境与突围》,载《中国井冈山干部学院学报》,2010年第1期。
② 何显明:《市场化进程中的地方政府行为逻辑》,人民出版社2008年版。
③ [英] 米切尔·黑尧:《现代国家的政策过程》,赵成根译,中国青年出版社2004年版。
④ 莫于川:《公众参与潮流和参与式行政法制模式——从中国行政法民主化发展趋势的视角分析》,载《国家检察官学院学报》,2011年第4期。

重形式轻内容、笼统、公开但信息难以查找获取等问题。(2) 公众参与空间受到压缩。为了降低公众参与导致的不确定性，地方政府可以将一切可以确定化的不确定性吸纳到系统内部，将一切不可确定化的不确定性拒之门外①，从而压缩公众参与空间，减少社会对行政体系的冲击和挑战。在既有的参与式决策创新实践中，往往是地方政府提出了政策规划草稿或者政府规章草案、预算方案、公用事业价格调整方案后向社会公布，征求意见和建议，而很少在方案、草案制定前就吸纳公众来广泛参与。众所周知，辩论不仅是听证制度的灵魂，也是听证会与座谈会、论证会的关键性差异。但在实践中，这一环节往往被以时间不允许、陈述人缺乏必要的辩论能力等理由而取消。② 在现行的环境保护与污染治理实践中，公众"末端参与"和"事发后参与"环境治理的角色被长期固化，被动参与和形式上参与多、主动参与和实质性参与少，且参与活动往往受到局限，未真正参与到环境政策制定、实施和效果评估方面。③ (3) 公众参与公共决策过程受限。相较于学理和法制的"优待"，公众参与地方政府决策过程的权利在实践中有时被虚置。各地政府虽然认识到公众参与的必要性和重要性，但近年来的邻避冲突依然折射出当前我国行政决策过程中存在公众参与开放性与有效性不足并存的问题。④ 虽然公众参与地方政府治理过程已经逐渐展开，但对一些涉及公众切身利益的重大行政决策事项，还存在未开展重大行政决策风险评估、合法性审查和后评估等问题⑤，基层政府甚至将其简化为诸如"领导小组＋内

---

① 周军：《官僚制控制体系的失灵与变革——通过任务型组织的建构寻求出路》，载《公共管理与政策评论》，2015年第3期。
② 杨雪冬：《制度移植与本土实践——以立法听证为个案的研究》，载《华中师范大学学报》，2005年第6期。
③ 寇江泽：《"十三五"环境短板怎样补？公众须行动》，载《人民日报》，2015年11月7日。
④ 刘小康：《提高公众参与行政决策的有效性》，载《湖北日报》，2016年6月14日。
⑤ 戚建刚：《我国行政决策风险评估制度之反思》，载《法学》，2014年第10期。

部座谈+文字报告"等形式。① (4) 参与难度增加。如在一些行政决策事项中,由于一些行政决定充满着太多技术性和复杂性问题,受到影响的公众必须克服很多困难和花费许多时间才能理解作出决定的过程,最终使公众不得不知难而退。②

### (二) 地方政府可以自主地回应公众参与

**1. 选择性吸纳**

在公众参与意识淡薄且缺乏对地方政府运作产生实质性约束力的情况下,地方政府缺乏发展公众参与的外在压力和内在动力。一方面,在地方政府治理实践中,地方政府可以在环境保护、公共卫生、城市规划和公共事业等方面开放公众参与,但在公共预算等重大议题、制度与法规制定、公共监督方面屏蔽公众参与。③ 另一方面,地方政府可以选择性地回应公众参与诉求。如在网络问政的地方实践中,虽然网民留言对政策议程输出影响在数量上呈现相关性越来越强的趋势,但存在政策参与的"选择性回应"现象,网民提出较多的公共问题并没有得到政府较多的政策输出。④

**2. 差异化吸纳**

在地方政府的自主性运作下,强势群体可能主导公共政策过程而将相对弱势的群体排斥在外,结果导致公共政策过程中相对弱势的"多数"利益诉求不仅难以有效表达而且也难以真正吸纳。因此,在回应社

---

① 刘泽照、王惠佳、黄杰:《基于政策执行的基层政府社会稳定风险评估——一项面向西部Z县的质性研究》,载《东北大学学报(社会科学版)》,2013年第6期。
② [美] 乔治·弗雷德里克森:《公共行政的精神》,张成福等译,中国人民大学出版社2003年版。
③ 孙彩红:《公众参与城市治理难在何处》,载《中国经济导报》,2016年4月15日。
④ 张华、仝志辉、刘俊卿:《"选择性回应":网络条件下的政策参与——基于留言板型网络问政的个案研究》,载《公共行政评论》,2013年第3期。

会诸群体利益诉求中，地方政府更容易倾听私营企业主等强势利益群体的声音；于是，私营企业主等拥有越来越多参与地方政府治理的有效途径，而普通民众则缺乏利益表达的制度化渠道，往往成为诸多公共政策成本的主要承担者；甚至在私营企业主群体内部，地方政府的政策回应同样出现自主性和公正性偏差，对大企业有求必应而中小企业可能被边缘化。①"政府俘获"理论认为，某些特殊利益集团能够通过"俘获"地方政府，使其制定的某种公共政策损害公众利益而使少数特殊利益团体受益。

**3. 形式化吸纳**

近年来，一些地方政府通过参与式治理创新，全面印证了公众参与对于改善地方公共治理效益、提升地方政府治理合法性的积极作用。然而，公众参与地方政府治理也存在着形式化和空虚化的发展短板。听证会作为国家提供给公众一个表达利益诉求的制度平台，本意在于力求最大限度地反映民意。在地方政府治理实践中，政府部门既定的行政决策，很少因为听证会的反对而改弦更张，或者说听证会上很难形成集中的反对意见。在环境影响评估中，由于地方政府或企业选择性发布环保信息、公众缺乏环保专业知识以及被动参与等原因，公众参与环境影响评价未发挥实质性作用，仅仅作为一道程序。

## 第四节 深化地方政府参与式治理创新的思考

综上所述，在地方政府治理实践中很容易形成治理变革的"悖论"现象：一方面，在我国大力扩展有序公众参与和推进公众参与公共政策

---

① 何显明：《市场化进程中的地方政府行为逻辑》，人民出版社2008年版。

过程的背景下，地方政府依然缺乏足够的动力去发展参与式治理；另一方面，地方政府参与式治理的法制基础虽然形成了从中央到地方各层级的规范体系和制度文本，但在实践中或被虚置或被施加诸多限制，公众参与效应低下弱化了公众参与地方政府治理的积极性。显然，在这种悖论下，仅仅诉诸提高公众参与意识、参与能力以及改革地方政府可能无法从根本上走出地方政府参与式治理良性发展的困境，从完善相应的制度环境、改革治理机制和调适治理主体入手，既促进地方政府发展公众参与的意愿，又提升公众参与地方治理的积极性才是必由之路。

## 一、完善相关制度环境

### （一）从行政性赋权走向法律性赋权

参与式治理创新中的地方政府行政赋权使公众始终处于被动和从属状态，地方政府的自主性与行政自由裁量权使其既难以明确保障公众参与的法定义务与责任，又可以对是否吸纳公众参与进行自由裁量。行政赋权不可能使参与式治理从一种策略型运用的治理技术转变成为一种可持续发展的治理制度。近年来，习近平总书记强调，"凡属重大改革都要于法有据""确保在法治轨道上推进改革"①。为此，应该适时进行调适，从既有行政赋权转变成为法律赋权，以时时回应"公众重大关切"，使作为组织路线和指导思想的群众路线有效运转起来。从行政赋权转向法律赋权，主要包括两个方面的内容：一是赋权主体调适。公众参与地方政府治理作为一种公众权利，应该交由地方人大来进行规范。因此，对于那些在实践中被证明行之有效的地方政府参与式治理创新，必须支

---

① 《凡属重大改革都要于法有据》，载《实践（党的教育版）》，2014年第4期。

持地方人大在总结经验的基础上及时通过法律、法规使其制度化，以保障地方改革创新于法有据。二是赋权内容调适。首先，应该使参与式治理权利化。在行政赋权中，公众参与地方政府治理更多被界定为一种行政治理技术；而在法律赋权下，公众参与地方政府治理理所当然成为一项公众基本权利。为此，作为一种法律上有效的、正当的、可强制执行的主张①，公众参与式治理不仅需要制度化成为法定权利和获得法律保障，而且还应该将纯粹法律文本上的"纸上权利"转变成为公众参与治理实践的"行动权利"。而要完成这种转化，不仅需要法律赋权能使公众积极行使权利，而且还需要参与问责，使地方政府能够在治理过程中履行尊重、保护和实现公众参与式治理的义务。② 因此，在法律赋权中，公众参与地方政府治理除了实体性规范外，更重要的是必须要有完善的程序性规范。其次，要完善参与式治理权利的内容。在行政赋权下，地方政府可以通过选择性信息公开、选择参与主体、使参与机制形式化、压缩公众参与空间等来限制公众参与。为此，法律赋权应该使公众参与式治理成为一项内容完整的权利，对于应该吸收公众参与的事项，法律法规应当明确、具体地赋予公众知情权、表达权、参与实施权、监督权等并规范公众参与式治理的机制与程序，以严格的法律责任和司法救济制度作为保障，这样才能使参与式治理落到实处。最后，要明确地方政府保障参与式治理的义务。在行政赋权中，参与式治理虽然让公众进入治理过程，但只是把公众当作意见咨询和信息提供的对象；而在法律赋权中，要使地方政府承担对参与式治理有效运转的尊重、保障和实现义务。为此，法律赋权还应该明确地方政府保障公众参与治理权利实现的基本义务以及相应的义务履行机制。

---

① Samuel Stoljor, *An Analysis of Rights*, New York: St. Martin's Press, 1984, pp. 1-6.
② 邓佑文：《行政参与的权利化：内涵、困境及其突破》，载《政治与法律》，2014年第11期。

## (二) 完善激励机制

"改革开放以来，中央政府一方面通过财政转移支付和相关资源分配来调控地方政府的行为；另一方面通过一整套政府绩效考评制度来约束地方决策者。"① 因此，国家的宏观政策是地方政府治理创新的路线图，反映国家治理体系现代化的总体发展战略是地方政府增量式、渐进式治理创新的主要依据。当前，推进国家治理体系和治理能力现代化的宏观战略，以及一系列关于政府官员绩效考核与激励机制，正在促使地方政府对治理能力现代化、治理主体多元化、治理结构网络化形成"需求认知"，同时，对照国家治理现代化的总体战略要求，强化对地方政府市场监管、社会治理、公共服务和环境保护方面的问题意识，正在促使地方政府形成"压力认知"。在需求认知和压力认识的基础上，推动增强地方政府对治理创新的"责任认知"，从而推动地方政府调整治理方式以提升地方政府政治权力的合法化、治理过程的合理化、治理效果的有效化。因此，完善对地方政府参与式治理创新的激励机制是必需的。

首先，应该继续发挥地方政府参与式治理创新的主动性和创造性。应清醒地认识、辨析和承认地方发生的重要变化。今天的地方，与改革开放之初的地方已经迥然不同，彼此之间的差异更加多样，甚至有些方面的差距在不断拉大。承认这些变化，自觉地在决策中坚持多样性的意识，作出有针对性的回应，会有利于提升决策执行的效果。在许多治理问题上，地方不仅是上级要求的执行者，也是上级的合作者，更是问题的预警者。发挥地方的主动性和创造性，有助于控制问题的扩大、风险的传播，也能为决策制定和改进提供依据。诚如国务院总理李克强所言，中国的改革走的是"试点先行、逐步推广"的路子，"仅有顶层设

---

① 王国红：《地方政府创新的动力和条件》，载《行政论坛》，2010年第6期。

计是不够的，因为中国地域广袤，各地情况千差万别，现阶段的改革又非常复杂，许多情况事先难以预料，需要摸着石头过河，以探索路径、积累经验。对那些必须取得突破但一时还把握不准的重大改革，要鼓励和支持一些具备条件的地方先行先试，或者在改革试验区进行探索"①。

其次，积极构建鼓励地方政府差别化探索参与式治理创新的体制机制。长期以来，我国的决策执行中一定程度上存在着"一收就死，一放就乱"的情况，造成了治理资源的巨大浪费。鼓励差别化探索必须以承认地方多样性为前提，深化中央与地方，以及各层级政府之间的权责划分，在总的框架下确定具体目标时要尊重地方自主性，确定政策效果衡量标准时切忌单一化。从全面深化改革的目标确定以来，习近平总书记就多次提到要把顶层设计与鼓励基层创新结合起来，明确提出"中央通过的改革方案落地生根，必须鼓励和允许不同地方进行差别化探索""要把鼓励基层改革创新、大胆探索作为抓改革落地的重要方法"②。需进一步提高决策制定和执行的科学化水平，在决策过程中多关注地方的需求和具体情况，多吸收地方的经验做法。在执行的过程中给地方适度的变通空间，合理地配套资源，并允许试错、宽容失败。

再次，扩展地方政府参与式治理创新的空间。中央政府要自上而下地从制度和政策层面为地方政府创新提供制度空间，充分重视地方政府创新的自主性所带来的解决问题的能力，从整体上、自上而下地构建制度化分权机制。具体而言，要使地方政府转化为地方公共利益的"合法代理者"，发展和维护地方公共利益，促进地方社会经济的发展。中央政府要建构一个合理化的中央与地方的互动秩序，形成各级政府公共权威层面的制衡机制，用法律和制度来保障中央政府的权威性和各级地方

---

① 李克强：《关于深化经济体制改革的若干问题》，载《求是》，2014年第9期。
② 《习近平主持召开中央全面深化改革领导小组第十七次会议》，http://www.xinhuanet.com//politics/2015-10/13/c_1116812201.htm（新华网，访问时间：2020年8月4日）。

政府的自主性。

最后，应该营造鼓励地方政府参与式治理创新探索的社会舆论。充满活力的社会急切地呼唤着参与式治理创新，社会创新反过来又会促进政府创新。这是40多年改革开放带来的巨大变化。鼓励各级政府探索参与式治理创新，应努力营造鼓励探索、宽容失败的社会氛围，尤其是对领导干部的评价不能过度使用"一票否决"的方法。在舆论引导上，上级部门尤其不能频繁地使用批评问责，而应努力营造国家与社会、上下级之间相互信任的良好局面。

要创造宽松的创新环境，允许"试错"。任何行为的产生和发展都依存于一定的环境和条件。地方治理创新同样如此。当前，亟须给地方治理创新提供一种宽松的环境，让它能给创新实践的推动者提供一种试错的机会。要通过这种试错机制，让人们感觉到创新实践能成功则更好，倘若失败也绝非覆水难收。因此，要改善政治生态环境，让富有责任心、进取心、敢于担当的人大胆地走在改革创新的前沿；要建立有利于促进创新的"避风港"机制，以引导地方政府改变因循守旧观念。此外，还应引导公众树立正确的评价意识，革除"创新成功就是领导能力强、创新失败就是领导能力差"的错误观念，从而给地方创新实践营造宽松的社会氛围。

### （三）推进地方治理过程公开

当前，中国正处于决胜全面建成小康社会的关键阶段，全面深化改革进入攻坚期和深水区，改革发展稳定任务之重前所未有，经济新常态下的我国地方政府治理方式面临着社会结构紧张、社会矛盾高发、价值观多元化等多重挑战。

宏观上来看，地方政府是国家治理现代化的基层践行者，承载着将现代化治理理念落到实处的重要职责。从微观视角来审视，宏观的理念要素必须依托于具体的政策载体才可能真正得以贯彻落实。在实践领域,对既有决策机制的创新是地方政府治理现代化实现的第一要务。地方政府应立足于决策主体、决策过程和决策效果三大决策机制基本要素,紧密依照公共政策制定流程,将现代化治理理念贯穿于决策参与主体遴选、方案制订评议、政策绩效评价、评估意见反馈和信息沟通传递等决策环节中来,从而以决策机制的民主化改革为基石,推动地方政府治理现代化的全面展开。而现行的《中华人民共和国政府信息公开条例》,从政务信息界定,到信息公开的主体、方式、范围,以及与其他法律法规的衔接等方面,有待进一步作出细化、可供操作的制度设计。同时,因对政务信息不公开的追责往往止于党纪政纪层面,威慑效果不彰。没有地方政府的治理过程公开,社会公众不可能有效参与地方政府治理过程,不可能有效地与政府就决策、立法、执法的有关事项展开协商、讨论、辩论,地方政府也就不可能广泛地了解和听取社会公众的意见、建议和主张,更不可能将社会公众的意见、建议、主张反映和体现在决策、立法和执法之中。因此,没有动态的、事前、事中全过程的地方政府治理公开,参与式治理和协商民主根本无法运作,从而也就不可能有参与式治理和协商民主。①

作为最重要的信息资源,政府信息涵盖全社会信息的80%,它既是公众了解政府行为的直接途径,也是公众监督政府行为的重要依据。可以说,政府信息公开是关系到国家治理现代化的一项基础性工作,高效的公共信息加工与公开则是现代政府治理的一个基本功。以政府信息公开条例为核心的传统信息公开制度,主要功能是强化政府行为合法性及方便民众的意识。在新时代,中国的改革与发展进入攻坚期和深水区,地方政府所面对的新情况新问题层出不穷。要实现有效的地方政府治理,必须最大限度集中民智、汇聚民力。政务公开除了做好与公众切实相关的信息披露以外,还必须通过公开促进国家治理体系和治理能力现

---

① 姜明安:《把政务公开贯穿政务运行全过程》,载《北京日报》,2016年5月23日。

代化，充分发掘出政务公开的制度红利。对此，党的十八届三中全会通过的《中共中央关于全面深化改革若干重大问题的决定》强调，"推行地方各级政府及其工作部门权力清单制度，依法公开权力运行流程。完善党务、政务和各领域办事公开制度，推进决策公开、管理公开、服务公开、结果公开。"因此，全面推进政务公开意味着，地方政府治理的全过程应该充分透明，随时通过公开治理的各个环节，获得更多的民主讨论，得到更多的及时监督，从而提升地方政府治理体系和治理能力现代化。为此，中共中央办公厅、国务院办公厅印发的《关于全面推进政务公开工作的意见》指出，要"推进行政决策公开、执行公开、管理公开、服务公开和结果公开"，"通过政务公开让公众更大程度参与政策制定、执行和监督，汇众智定政策抓落实，不断完善政策，改进工作"。地方政府治理过程公开不仅要求公共政策本身透明，更要求政策制定的理由和制定过程必须透明，还要求公共政策的执行过程透明。地方政府治理过程公开旨在保证公共政策制定和执行过程的信息尽可能对称，以减少信息误导，增加决策制定和实施过程的公开、公平和公正，减少社会误解或猜忌可能引起的社会混乱和低效率。实行地方政府治理过程公开，有助于实现地方政府施政过程与公众的良性互动，畅通信息反馈机制，便于地方政府了解公众呼声，及时发现和有效分析地方政府治理中存在的问题，找到解决问题的途径和办法。

对于普通民众关心的热点问题，地方政府治理的公开职责不仅仅是忠实的告知，向民众合理地解释信息形成的缘由也应是切中之义。实际上，在信息日益发达的当今社会，普通民众已经可以非常便捷地接触到各类信息。因此，在政府发布相关信息的过程中，民众绝不是被动的"信息接收者"，即政府说什么，他们就信什么。相反，民众对于政府所提供的每一项信息都持"审视"的目光。换言之，对于政府所提供的信息，民众是有疑问的，他们需要政府提供更多的说明性信息，或者给予适当机会倾听他们的意见。很显然，信息公开制度应当为政府、社会团体和普通民众搭建一个相互交流的平台,使各方有可能充分表达自己的信息需求,从而有利于良性合作关系的建立。

总之,在建设透明政府、阳光政府的过程中,必须加强对重点领域、重点平台政务公开的推进,加大对各级政府和职能部门推进政务公开工作的绩效考核。一是按照《关于全面推进政务公开工作的意见》的要求,正确处理政府信息公开与保密的关系,掌握好信息公开与保密的尺度,重点推进若干领域的政府信息公开,包括涉及政府部门收支的财税、预算、"三公"以及与企业、公众密切相关的项目工程建设、行政许可审批、公共服务、突发公共事件等。二是积极引入"互联网+政务"理念,加强对政府信息公开平台的建设,充分利用信息技术,包括政府网站、微博、微信、论坛等网络和手机终端发布政务信息,通过互联网渠道使得公众更加方便快捷地了解政务信息。三是加强对政府政务公开的考核力度,将政府信息公开纳入各级政府及其职能部门的考核,强化政府信息公开的责任意识和后果意识,明确相关工作人员的权力与责任,健全政府部门特别是领导干部的问责机制。

(四)发展有序的公众组织化参与

改革开放以来,中国社会组织多轨并行的体系已然成型:一是新中国成立以来即建立的群团组织,是连接党和各界群众的桥梁和纽带,具有最完善的组织网络体系和制度化参与渠道;二是改革开放以来成长速度最快的各类行业协会商会,虽然由于路径依赖的原因使其在业务人事上与业务主管单位还有着千丝万缕的联系和依附性,但其自主性与行动能力也在不断增强;三是改革开放以来,从社会空间中自发生长起来的大量NGO[①],社会影响力也在不断扩大。这样一种多样化的社会组织格局,共同构成了促进公众有序参与的制度化渠道。因此,要扩大公众有

---

① 高勇:《积极构建中国特色的公民参与体系》,载《光明日报》,2014年12月20日。

序参与，与其另起炉灶，不如开发体制内既有资源，使既有社会组织体系运转起来。具体而言，包括：

**1. 激活群团组织的利益表达与聚合功能**

众所周知，群团组织作为中国共产党在社会主义革命和建设年代有效改造和整合社会的组织体系，其连接党与群众密切联系的桥梁纽带作用是无可替代的。但是，一方面，改革开放以来，群团组织的机关化、行政化、娱乐化使其政治性、先进性、群众性不同程度被削弱，越来越难以适应中国社会发展的日益多元化；另一方面，群团组织作为国家政治体制的既有组织要素，在相当程度上弱化了其"利益表达与聚合"职能，呈现出"体制嵌入式功能失衡"①。为此，应该激活群团组织的利益表达与聚合功能。

首先，激活群团组织的群众性。群团组织作为党联系群众的桥梁和纽带，只有不断在群众中提升组织覆盖面和组织影响力，才能真正实现自身存在价值。因此，群团组织的改革方向应是密切联系群众，重新回归代表或服务群众的本位职能，使群团组织能熟悉民意、代表民意、吸纳民意、整合民意，真正成为普通民众与政府沟通的桥梁。② 为此，群团组织要"改革机构设置、管理模式、运行机制，使注意力、力量配备和服务资源真正面向基层群众"③，通过重心下移、资源下沉、方式转变、机制创新等措施，加大对基层的关注程度和投入力度，使群团组织有效运转起来。一方面，需要加大对特殊群体、流动人口和底层民众的关注，创新和完善群团基层组织设置方式、管理模式、运行机制及支持

---

① 胡永保、刘世华：《关于人民团体协商民主发展存在的问题及对策》，载《天津行政学院学报》，2016年第5期。

② 布成良：《论人民团体在我国协商民主中的属性和内容》，载《中共天津市委党校学报》，2014年第6期。

③ 新华社：《习近平在中央党的群团工作会议上强调切实保持和增强政治性先进性群众性开创新形势下党的群团工作新局面》，载《人民日报》，2015年7月8日。

体系；另一方面，在工作方式上要突出群众主体性，以群众喜闻乐见的方式开展工作，在工作设计时倾听群众需求，在工作开展时方便群众参与，在工作结束后听取群众反馈。

其次，使群团组织的参与优势有效释放。与其他社会组织相比，群团组织拥有更多制度化的政治参与渠道。首先，群团组织在政协中有单独的界别，这就保证了其会员及会员单位可以利用自身组织渠道在政协中进行有效的参政议政；其次，群团组织能够利用它们与同级政府之间的联席会议制度来促进公众参与，发挥其政策倡导作用；最后，群团组织与同级党委之间存在着制度性紧密联系，可以更加通畅、便捷地反映群众诉求。更重要的是，群团组织还具有最为完善的组织网络。研究显示：截至2012年底，群团组织约有668.3万个基层组织，已形成"纵向到底、横向到边"的系统性组织网络。这些群团会员数量众多，既具有公共权力资源的支撑，又具有密切联系群众的组织化网络。① 因此，应该将群团组织的参与优势发挥出来。具体而言，通过人民政协的参政议政和民主监督群团组织、向各级党委定期的工作汇报、参加各级党委的群团工作联席会议等制度化渠道，群团组织可以非常便捷地将有效整合后的群众利益诉求输送进入公共政策过程，这不仅有利于使党和政府能够更全面了解群众真实诉求和重大关切，而且有助于使党和政府及时通过科学化民主化决策更加真实有效地回应群众诉求。

最后，要充分发挥引导群众实现有序参与的功能。一方面，群团组织作为群众有序参与国家治理的制度化渠道，应该使其"上传下达"的基本功能充分发挥，以回应群众日益增长的参与诉求；另一方面，群团组织要不断拓宽合法权益受损的群众合法化、制度化维权渠道，增强群团组织对群众的吸引力和凝聚力。

### 2. 促进行业协会商会参与市场治理

行业协会商会作为市场化改革年代的组织增量，在政府与市场之间

---

① 韩冰：《群团组织如何参与社会治理》，载《瞭望》，2015年4月20日。

发挥"传送带"、"分流器"和"上挂下联"作用,既有利于促进政府职能转变,又有助于完善行业管理与市场治理。与之相应,党和政府日益重视行业协会商会在促进公众有序参与进程中的重要作用。但是,由于路径依赖,许多行业协会商会是因为行政体制改革而由行政部门改制而来或由政府主办,缺乏必需的自主性、自治性与自律性,从而弱化了其作为市场治理机制和行业利益聚合机制的作用。① 因此,在推进行业协会商会去行政化改革的同时,应该发挥其参与市场治理的功能。

一方面,要拓展行业协会商会的市场治理参与空间。首先,各级党委和政府应充分重视行业协会商会的参与市场治理功能。由于具有专业、信息、人才、机制等市场资源配置优势,行业协会商会能做单个企业做不到、政府没有精力去做的事。在现代化的国家治理中,行业协会商会通过咨询、论证、听证会等多种形式,参与到向政府反映企业诉求、相关产业政策制定、完善行业规划和行业标准制定、强化行业自律和规范行业秩序管理等公共政策过程中来,对完善现代市场体系建设和促进政府职能转变意义重大。其次,各级政府应拓宽行业协会商会的参与市场治理渠道。在发挥既有人大和政协中行业协会商会代表和委员利益表达与民主协商功能的基础上,可以建立健全地方党政领导与行业协会商会负责人沟通协调机制,定期就政府管理与行业协会商会发展等进行双向交流和磋商。

另一方面,要提升行业协会商会参与市场治理的能力。目前,我国行业协会商会的市场治理参与有多种途径,如向各级人大、政协提交提案;向各级党委、政府提出政策建议;参与政策调研和起草;组织听证会、茶话会等向政府传递主张和向社会公开政策建议,间接影响决策。② 不论哪种政策倡导方式都要求行业协会商会能凝聚其会员诉求,将内部

---

① 孙凤仪:《解析"行业协会商会与行政机关脱钩"》,载《国家治理》,2015年7月30日。
② 郁建兴、江华、周俊:《在参与中成长的中国公民社会:基于浙江温州商会的研究》,浙江大学出版社2009年版。

的分散化利益诉求加以有效整合,并切实地传递进入政府决策轨道。因此,在去行政化改革大背景下,行业协会商会需要在明确服务市场化和专业化发展方向的基础上,提高自我管理、自我约束和自我发展能力,培养其政策参与感和社会责任感,使会员能借助行业协会商会的集体行动、公开交往和公开表达渠道更有效参与公共政策过程,真正通过有效整合企业利益诉求并将其传递进入公共政策过程来为企业、行业发展和政府有效治理分忧解难。

**3. 释放 NGO 的社会治理活力**

近年来,越来越多的 NGO 在社会治理中开始发挥不同作用,或者通过承接政府购买服务项目来提供公共物品和公共服务,或者发挥沟通社情民意以参与调解社会矛盾纠纷,或者发挥专业性特长提供专业化服务等。但是,在实践中,NGO 参与社会治理也面临诸多困境:一方面,制度和管理缺陷导致许多 NGO 缺乏相应的国家合法性,内部治理结构非民主化、资源短缺、缺乏专业化人才等问题日益明显,而大量没有登记的运行于"灰色地带"的 NGO 也存在着有效监管的风险;另一方面,许多 NGO 在社会治理中无法有效回应社会诉求,社会合法性也受到质疑。在当代中国,公众国家逐渐选择性地开放了一部分社会领域并允许那些能够为政府"帮忙而不添乱"的 NGO 在此领域开展活动。地方政府在推动群团组织及免登记团体的枢纽性社会组织建设的同时,对公共服务型 NGO 进行项目制组织治理,并力图通过领袖吸纳、组织(结构)吸纳与职能吸纳的方式将草根化、多元化的利益表达型 NGO 融入政治体制。① 但是,在"政府购买服务"的项目制框架下,部分 NGO 无法有效回应社会诉求,部分为底层群体提供服务的 NGO 甚至无法在真正意义上代表民意,社会治理活力无法得以有效释放。

---

① 王向民:《分类治理与体制扩容:当前中国的社会组织治理》,载《华东师范大学学报(哲学社会科学版)》,2014 年第 5 期。

为此，首先，国家应该增进对 NGO 参与社会治理的信任。第一，认可 NGO 组织公众进行有序参与的功能。一方面，NGO 进行的利益诉求整合有助于降低离散化参与带来的无序乃至失控风险；另一方面，NGO 的内生性维持社会秩序功能有助于提升国家合法性和对社会的秩序化整合能力。[①] 第二，吸纳 NGO 的整合性利益诉求。党和政府既应该鼓励 NGO 实现成员结构多元化以汇聚多元化利益诉求，又要为 NGO 公共政策倡导功能的生长提供积极支持，向 NGO 开放政策过程并提供参与的制度化渠道。第三，拓展 NGO 参与社会治理的空间。在增进对 NGO 信任的基础上，国家可以尝试通过项目外包的方式，拓展 NGO 组织参与社会治理的空间。

其次，NGO 要不断提升其专业化社会治理能力。第一，NGO 要加强社会治理能力建设。这就要求 NGO 在提高自身专业水平的基础上，更加重视组织公信力建设，进而真正有能力代表公众或其他利益相关者参与社会治理。第二，提高 NGO 专业化水平。在社会分工日益细化和政府管理日益专业化的时代，专业化的 NGO 才能真正为政府科学决策"拾遗补缺"并提供专业化的社会服务。因此，NGO 需要用专业化知识武装自己，以更理性和科学性的科学论证、更具建设性和可行性的具体方案来影响公共政策并以更专业的公共服务供给来参与社会治理。第三，应促进 NGO 之间的合作。鉴于目前大部分 NGO 规模有限，在参与社会治理时更需要联合宗旨相似的组织相互合作，借助联盟力量，提高对社会治理的影响力。第四，应密切与公众的紧密联系。NGO 作为公众参与社会治理的组织化载体，离开了公众，就成了无源之水、无本之木。因而，NGO 在为公众提供专业化公共服务时更需要密切关注公众诉求，通过既有的密切联系公众的便利途径反映公众的实际困难与真实

---

① 郁建兴、吴宇：《中国民间组织的兴起与国家——社会关系理论的转型》，载《人文杂志》，2003 年第 4 期。

意愿。

最后,在完善NGO支持体系的基础上健全综合监管体系。第一,在完善政府向NGO购买服务的体制机制并依法落实NGO税收优惠政策的基础上,为各类NGO发育、成长提供人力资源保障和支撑平台。第二,依法规范NGO。党和政府要充分发挥NGO治理社会事务的能力,应该依法规范NGO的行为,强调NGO的依法自立、自律和自治。第三,在降低NGO登记门槛的同时,加强对NGO的事中、事后综合监管。包括组织监督、审计监督、捐赠人监督、公众监督、自我监督、信息披露和NGO评估在内的综合监管机制,增强NGO的透明度和社会公信力。

**二、健全治理机制**

改革开放以来,多元化社会逐步形成,公众的利益主体意识觉醒,利益表达需求强烈,如何畅通群众利益表达诉求,实现和平、有序参与地方政府治理,是推进地方政府治理体系和治理能力现代化的关键。

**(一) 拓宽公众参与范围**

首先,为了打通"放、管、服改革"中的"最后一公里路",应当适当拓展公众参与地方政府治理的范围。近年来,权力下放渐成行政体制改革主流趋势。自2002年以来,国务院向全国下发了26份行政审批制度改革文件,取消行政审批事项2733项、合并调整38项、下放管理层级393项、工商登记前置改后置134项,权力下放已经在更广泛的意义上真正落到实处。[①] 党的十八届三中全会也强调,"直接面向基层、量大面广、由地方管理更方便有效的经济社会事项,一律下放地方和基层管理"。因此,地方政府必将承担更多与公众生活密切相关的公共事务,

---

① 王振国:《政府部门行政权力下放路径研究》,载《机构与行政》,2016年第12期。

扩展公众参与地方政府治理范围已成必然之势。国务院办公厅 2016 年 11 月印发的《〈关于全面推进政务公开工作的意见〉实施细则》中强调：围绕政府中心工作，细化公众参与事项的范围，让公众更大程度参与政策制定、执行和监督。国务院部门要重点围绕国民经济和社会发展计划、重大规划，国家和社会管理重要事务、法律议案和行政法规草案等，根据需要通过多种方式扩大公众参与。省级政府要重点围绕国民经济和社会发展规划、年度计划，省级社会管理事务、政府规章和重要政策措施、重大建设项目等重要决策事项，着力做好公众参与工作。市县级政府要重点围绕市场监管、经济社会发展和惠民政策措施的执行落地，着力加强利益相关方和社会公众的参与。

其次，为了避免地方立法权扩大后的"副作用"，也应当适当扩展公众参与地方政府治理的范围。扩大地方立法权限，是十八大以来党中央高度关注的重要工作。十八届三中全会就提出要"逐步增加有地方立法权的较大的市的数量"，十八届四中全会则更进一步指出要"明确地方立法权限和范围，依法赋予设区的市地方立法权"。在上述会议精神指导下，十二届全国人大常委会第三次会议通过了《中华人民共和国立法法》修正案，其中首次对设区的市享有立法权作了较为具体的规定，这无疑是我国立法体制改革的重大突破，对于更好发挥地方立法主体的积极性和能动性，加快地方治理能力和治理体系的现代化、法治化具有重要现实意义。但同时，扩大立法权对许多设区的市来讲从来没有经历过，立法经验较为缺乏，立法机构、立法人员配套不足，其结果可能会使得立法权扩容后的实际效果大打折扣。在此背景下，加强社会公众参与有助于弥补地方立法权扩容中存在的上述缺陷，对于地方立法权扩容的顺利推进具有积极作用。① 具体来说，地方立法机构在立法前要深入

---

① 马英娟：《地方立法主体扩容：现实需求与面临挑战》，载《上海师范大学学报（哲学社会科学版）》，2015 年第 3 期。

倾听民意，在立法过程中要通过座谈会、论证会、听证会等多种形式听取意见，在法规正式出台前公开草案广泛征求社会意见。也就是说，通过民意、民智来弥补地方立法机构经验不足，消除立法中的缺陷。

最后，扩展公众参与范围也是适应网络时代的必然要求。随着新媒体在我国的普及化与社会化发展，公众利用新媒体平台进行的参与地方政府治理的行为越来越活跃。[①] 所谓新媒体，主要指建立在科学技术发展特别是数字技术发展基础上，传播方式、传播特征与传统媒体具有本质差别的各种新兴媒体的总称，其具体形式包括网站、博客、播客、网络论坛、手机短信、手机彩信、手机报纸及各种即时聊天视频工具等。如今，新媒体已构成一个能促进地方政府参与式治理创新的公共领域，而网络表达、网络议政、微博问政也已成为时下公众参与地方政府治理过程的新潮流。一方面，新媒体传播拥有海量信息内容，这种特性可以帮助公众随时了解社会各个领域的事物或现象，并且针对自己感兴趣的部分参与公共讨论，发表意见或态度；另一方面，公众参与已经渗透到地方政府治理的各个领域。新媒体传播方式的即时性与互动性特点，不仅可以帮助公众提高信息获取的时效，随时了解地方政府治理的具体情况，而且使公众不论个体或群体都可以从一定的目标出发，就某项公共政策的制定或实施发表自己的观点与主张，并在公共讨论的基础上达成共识，最终影响地方政府治理。因此，在网络时代，新媒体快速发展使得昔日地方政府在决策权集中、易于控制的封闭系统中进行公共决策已不太可能，地方政府治理不仅不能无视环境要素的变化，而且必须采取相应措施对环境要素变化作出积极反应。

## （二）健全利益代表机制

公众参与又称为"利益相关者参与"，公众参与是群众利益诉求表

---

[①] 刘小巍、刘筱红：《新媒体时代地方政府决策中公民参与的效力与限度》，载《中州学刊》，2014年第1期。

达的重要渠道，它强调的是决策者与受决策影响的利益相关人双向沟通和协商对话，指参与者基于其自身利益可能会受到行政决策影响而参与行政决策过程，防御决策权的滥用。现有的重大行政规定对谁是利益相关者、利益相关者是怎样被代表的、最适合利益相关者参与的形式是什么等问题并不是非常清晰。公众参与并不仅仅是增强决策的民意性质，更重要的是分析决策对相关利益和相关利益人的影响，并听取他们的意见，表达他们的相关利益诉求。在多元社会现实中，公众参与重大行政决策本质是通过真诚理性的讨论，在公众沟通、交流、表达、妥协的基础上，就决策达成共识，其核心要素是协商与共识。只有这样才能作出有理性的、有质量的决策。因此，培育和发展利益共同体的社会组织，是提升公众参与质量的重要内容。

首先，代表性的完成需要肯定"直接利害关系人"的参与资格，适当限制"相关人"的参与资格，以避免其对"直接利害关系人"参与的干扰，形成"喧宾夺主"之势。同时，对无组织的、潜在的"直接利害关系人"，决策者应当通过引导和激励措施，将其吸收到参与程序中来，以避免因忽视这一群体的参与而带来的决策执行风险。

其次，在理想状态下，应当对代表人的特征、年龄、群体归属、职业构成、收入水平、教育层次等进行全面充分考虑，以保证代表结构的完备，并力求信息传输渠道的多元和开放。这一方面应当注重新兴传媒技术、大数据技术的辅助支持。

最后，代表人的产生方式应当是"公开征集—自愿报名—随机抽取"或"公众推举—公众投票—授权委托"等决策者与公众双向互动的程序，而不是行政机关的单项决定。

### （三）完善公众参与的法定程序，健全公众参与的法律保障

公众参与的制度核心在于通过公正的程序设计，以交流、沟通、博弈的方式，达成共识与认同，实现各种利益的平衡与协调。因此，通过

完善程序，搭建一个能够反映公众诉求，进行多方利益博弈、互动的平台，是规范、保障公众有效参与的关键。就听证会而言，应当通过立法对于参加听证会的公众代表的选择程序和方法、听证会主持人产生的程序和方法、辩论的方式、听证记录的效力等问题，予以明确。

### （四）完善参与式治理机制

一是明确公众参与事项范围。明确地方政府治理"以公众参与为原则"。除依法不能或不宜开放的情形外，地方政府治理应全程向相关公众参与开放。对依法不能或不宜开放的情形，可采用负面清单的管理方式，加以详细列举并进行动态调整更新。对近期重点推进的向公众参与开放的重大决策事项，实行目录管理，并公之于众。有针对性地丰富并完善参与方式，保证公众参与的代表性和广泛性。进一步加强地方政府治理过程公开。

二是规范公众参与方式。完善民意汇集机制，激发公众参与的积极性。涉及重大公共利益和公众权益的重要决策，除依法应当保密的外，须通过征求意见、听证座谈、咨询协商、列席会议、媒体吹风等方式扩大公众参与。地方政府要严格落实法律法规规定的听证程序，提高行政执法的透明度和认可度。发挥好人大代表、政协委员、民主党派、人民团体、社会公众、新闻媒体的监督作用，积极运用第三方评估等方式，做好对政策措施执行情况的评估和监督工作。公开征求意见的采纳情况应予公布，相对集中的意见建议不予采纳的，公布时要说明理由。

三是完善公众参与渠道。在继续完善原有公众参与渠道的基础上，积极探索创新公众参与新模式。发挥互联网时代"互联网+公共服务"优势，使其成为汇集民意、利益表达的主要机制。加大包括政府门户网站、微博、微信、客户端等在内的公众查询、留言与咨询互动功能比例，强化民意征集、网上政策意见调查的功能，使其成为公众利益诉求表达的重要渠道。进一步整合包括政府热线、领导信箱、领导接待日等渠道的民意征集功能，有效解决群众的声音进不来的问题，使公众任何的公共服务需求或问题都能在第一时间内通过各种正规的渠道得以反映并解决。积极探索公众参与新模式，不断拓展政府网站的民意征集、网民留言办理等互动功能，积极利用新媒体搭建公众参与新平台，加强政府热线、广播电视问政、领导信箱、政府开放日等平台建设，提高政府公共政策制定、公共管理、公共服务的响应速度，增进公众对政府工作的认同和支持。只有进一步健全与完善形式更加多样化、内容更为丰富、沟通更为便捷的公众参与平台及管理机制，才能真正地确保公众参与的落地生根，提高参与的有效性。

四是完善公众参与反馈制度。参与式治理的宗旨就是使受到影响的利害关系人都能够表达自己的意见，任何公众都可以从自己的立场出发阐明自己的利益诉求，众多的利益诉求放在一起进行交锋和碰撞，最后形成的结果就可能是经过博弈后具有整体平衡性的利益诉求集合。重大行政决策并不能使每种利益诉求都得到充分实现，也不是对现实利益重复表达，而是"必须着眼于维护最广大人民根本利益"，根据公平正义原则，结合变化了的社会条件实现对现实利益再调整。但是，公众参与一方面防止政策单方面决定，另一方面也要求决策者对利益调整作出说明，也就是参与就必须有回应，有反馈。所以，不仅是听证会，所有的公众参与都必须有回应，决策部门说明理由必须全面，回答所有的利益诉求。

## （五）完善公众参与的权利保障

一方面，应构建保障参与主体的合理意见得到吸收和采纳的制度。公众参与不应仅仅是一个过程和形式，而是应该对行政决定产生影响，因而，当公众的意见在参与过程中没有得到采纳时，应当说明理由。在《中华人民共和国城乡规划法》中的相关制度是"在报送审批的材料中附具意见采纳情况及理由"或者"附具征求意见的情况"，该制度虽然对保护公众参与的权利有一定的作用，但尚不够有力。除了要构建说明理由制度之外，在适用听证程序的情况下，还应明确案卷排他原则，决定机关作出决定结论只能以案卷为根据，不能在案卷之外以当事人所未知悉和所未论证的事实为根据。该原则的确立有利于保障公众有效行使陈述意见的权利和反驳不利于己证据的权利，也有利于决定机关排除干扰、独立作出决定。

另一方面，应完善保障公众参与权利的司法制度。"有侵害必有救济"、"有权利必有救济"，这是现代行政法治的基本要求。司法保障对于防止行政机关的权力滥用、维护公众的参与权利以及实体利益都具有十分重要的作用。不仅应明确利益受到行政机关直接侵害的公众参与者的诉讼资格，同时，也应适度放宽对其他参与者提起诉讼的限制，应确立公益诉讼制度并赋予公众一定的参与诉讼的权利，以维护公众参与者的参与权利和保障公共利益不受侵害。

## 三、调适治理主体

### (一) 塑造积极的公民精神，提升参与能力

公民精神是发展参与式治理的基础。公民精神是以全体公民和社会整体的生存和发展为依归的一种价值取向，是现代社会中公民个体与社群应有的自主、公正、宽容、理解、责任、参与、奉献等美好风尚。积极的公民精神实质是建立在公众资格基础上的公众主动参与公共事务管理，分担治理责任的现代意识，其核心是公共精神与公众责任。罗伯特·D.帕特南（Robert D. Putnam）认为："公共精神是一种关心公共事务，并愿意致力于公共生活的改善和公共秩序的建设，以营造适宜人生存与发展条件的政治理念、伦理追求和人生哲学。"[①] 罗伯特·登哈特夫妇

---

① [美] 罗伯特·D. 帕特南：《使民主运转起来》，江西人民出版社2001年版。

(Robert Denhardt、Janet Denhardt)认为:"公共精神的实质就是政治利他主义,认为这种利他能够促使公众关心公共事务并超越私人利益,积极参与到社区治理之中。"[1] 公民精神必须在公众日常生活中的各个方面加以贯彻,从而逐步形成思维、态度和行为方式,可以提供平台鼓励公众参与公共事务的讨论、决策,以实际行动投身公共活动,从而增强公众对共同体社会的认同感,促进社会信任水平的提高和公众相互支持网络的建立。

参与能力培养也是促进参与式治理发展的关键。公众参与公共管理的能力包括获取和了解、评估公共政策的能力,准确表达利益诉求的能力,熟练运用参与方法与技巧的能力等。一方面,可过教育培训、媒体传播等渠道,切实加深公众对政策法规的理解,以实现公众依法参与社会治理各项事务;另一方面,公众可以在参与和自身利益密切相关的基层社区治理和社会组织的活动中练习表达与沟通、主动参与和监督等,从而提升公众素质、提升参与治理的能力。正如佩特曼(Carole Pateman)所言,"如果存在一个参与性的社会,个人就能够更好地锻炼自己的参与能力"[2]。公众参与能力的提升是一个依赖于参与而逐步取得的过程,公众在最初阶段的参与可能并不能直接负责公共决策,而需要在决策前进行数次基本的训练。除了通过学习和教育培养公众的上述参与能力外,更重要的是向公众授权,在保障公众知情权和参与权的基础上,引导公众由分散的个体参与,走向组织化的公众参与网络。

(二)转变地方政府治理理念,积极回应公众参与诉求

**1. 转变理念**

首先,确立治理理念。治理是以民主、合作为基础通过谈判协商而

---

[1] [美]珍妮特·登哈特、罗伯特·登哈特:《新公共服务:服务,而不是掌舵》,丁煌译,中国人民大学出版社2004年版。
[2] [美]卡罗尔·佩特曼:《参与和民主理论》,上海人民出版社2006年版。

达成社会秩序，在治理模式下，只有大多数人接受的治理规则才能得到实施。既有经验研究表明，参与式治理可以提高政府信任度并改善政府治理绩效。① 由"管理"到"治理"的转变，表现出地方政府治理理念和方式的根本改变，更多吸收社会多元主体参与地方政府治理，实现政府合法有效的治理。为此，应该改变既有公众参与中公众"被咨询"和"被知情"的地位，在地方政府治理过程赋权于民，使其真正参与到地方政府治理过程之中。参与式治理理念强调在治理过程中的"赋权"主要体现在利益相关者能够平等地进行对话，表达其诉求，参与者的合理诉求能够得到积极回应。

其次，确立以人民为中心的价值追求。"坚持以人民为中心，就要倾听群众声音、反映群众诉求、接受群众监督，让人民评价党和政府的工作，让人民群众获得更多实实在在的利益，不断提升人民群众获得感和幸福感，进一步赢得人民群众的认可和支持。"② 为此，地方政府应该树立起"权为民所赋、权为民所用"的观念和科学的政绩观，将以人为本、为民服务的思想真正地内化为行为准则，积极回应人民诉求、满足人民需求。在进一步强化公共服务职能的前提下，地方政府应该意识到，提高公共服务的数量和质量不仅是地方政府的主要职责和任务，更应积极为公众价值观和利益诉求的表达提供舞台。通过开放地方政府治理过程让公众有更多的机会和空间参与到公共政策过程中，以充分了解公众真实的需求偏好，并使公众的观点、需求真正成为公共政策制定的核心依据，确保公共利益居于公共服务的主导地位，政府成为公众共同价值观的直接代言人。③

最后，要敬畏民意。尊重民意、广纳民意是政治文明进步和民主

---

① 丁元竹：《如何更新当前的治理模式》，载《红旗文稿》，2013 年第 12 期。
② 习近平：《决胜全面建成小康社会 夺取新时代中国特色社会主义伟大胜利》，人民出版社 2017 年版。
③ 高勇：《参与行为与政府信任的关系模式研究》，载《社会学研究》，2014 年第 5 期。

政治发展的必然要求，是实现地方政府治理现代化的必然要求。只有充分尊重民意，政府才能真正实现善治，权力才能真正拥有公信力。这就要求，权力必须真正放下身段，倾听民意，为民做实事。倾听民意，要让民意在治理过程中得到准确表达。同时，还要在政府内部培养"治理必须尊重民意"的意识，使治理尊重民意成为自觉行动。敬畏民意，就要敬畏公众权利，敬畏法律制度，敬畏公众舆论，敬畏公共责任，敬畏社会评价。敬畏民意，首先就要倾听民意，通畅民意渠道，广开自由言路，虚心听取公众对政府的意见。敬畏民意，更要认真对待民意，要有科学的决策机制，善于将公众的需求转变成政府的政策。①

### 2. 搭建参与式治理平台

多元主体参与地方政府治理过程，需要拥有主动权的地方政府提供平台与基础。只有具备宽松的平台，所有主体才有可能在共同的话语背景下进行商议。换言之，地方政府参与式治理必须将地方政府治理过程嵌入到积极的公众参与文化环境之中。不同治理主体只有在公共领域中交流，才能把治理议题表达出来，并使之形象化；也只有进行交谈和争锋，才能真正弄清楚事情的来龙去脉。哈贝马斯认为，参与者通过矛盾和商谈的辩论，在原则上达到一致，在有争议的政治、法律和道德问题上取得意见统一，也就是用商谈争论的方法来达成统一。② 正是通过公共领域中的不断辩论，最后才能形成一致方案，使得公共问题得以完美解决。近年，我国许多地方政府在推进科学发展、构建和谐社会的实践中，积极鼓励和推进执政党、政府与企业、社会组织、公众个人、学者以及大众传媒等社会主体之间的互动，逐渐搭建起一种多方参与、主要以协商方式解决所面临问题的参与式治理平台。多元主体或者复合主体

---

① 俞可平：《敬畏民意》，载《南方周末》，2011年1月21日。
② [德]尤根·哈贝马斯：《民主的三种规范模式——关于商议政治的概念》，人民出版社2002年版。

本身不能够确保矛盾消解和发展顺畅，但是长期的训练和实践能够促进地方政府职能转变和社会成员对公共事务的积极参与，以及社会各类主体之间的良性互动，并有助于发育社会理性，回归法治逻辑。① 为此，地方政府应该根据社会发展的新形势不断创新参与式治理制度，如完善民意调查制度、信息公开制度、听证会制度、协商谈判制度、公众请愿和公众投票制度等，保障地方政府治理过程民意表达；健全基层民主制度，细化各种听证制度；创立公众参与立法制度、公众批评制度、建议制度和对公职人员评价与陪审制度等。

**3. 完善地方政府的回应机制**

回应机制建设实质上是地方政府由"为民作主"向"让民作主"和政府与公众"共同治理"转变的过程，是还政于民的过程，也正是协商民主所要求的合作、参与、协商的过程。② 为避免参与式治理的形式化，一方面，必须从行为意义上强调参与式治理的程序法定；另一方面，必须从结果意义上强调参与式治理的约束力和对公共政策的影响力。诚如斯塔林（Grover Starling）所言："政府责任是指政府能够积极地对社会民众的需求作出回应，并采取积极的措施，公正、有效率地实现公众的需求和利益。"③ 因此，建立意见登记、说明理由与反馈评价制度，通过完善参与式治理回应机制，对每一项公众意见进行登记，并安排专人负责意见的分类、整理、核实和择选工作，构建舆情收集、分析、回应机制，提高地方政府对公众参与的回应意识和回应力。尤为重要的是，为了保障回应机制的有效运行：第一，要将地方政府回应纳入政府绩效考核体系，对网络发言人、回应热线、职能部门中的工作人员等进行绩效考核，将回应效果作为综合绩效评估的重要标准，避免制度空转；第

---

① 蔡志强：《什邡事件对社会治理成长的启示》，载《学习时报》，2012年7月23日。
② 叶国平：《舆情表达与回应机制视阈下的协商民主建设》，载《理论与现代化》，2014年第5期。
③ ［美］格罗弗·斯塔林：《公共部门管理》，陈宪等译，上海译文出版社2003年版。

二,强化地方政府回应的制度建设,建构多元化回应机制,加强政府官员回应的责任意识,对于回应缺失、回应迟钝、不良回应等情况进行严厉问责。①

---

① 韩志明:《网络时代的政府回应制度》,载《学习时报》,2015年12月28日。

# 第六章 结论与讨论

## 一、基本结论

### (一) 参与式治理正在成为世界性的地方政府创新趋向

20世纪70年代以来，以通信和网络科技为代表的高科技的迅猛发展，全球化进程带来的世界经济秩序的深刻变动，后"匮乏时代"公共需求的日益多元化，使近代以来建构的代议制民主政体及与之相适应的发达国家公共治理模式开始面临前所未有的深刻挑战。传统的威尔逊-韦伯范式公共管理典范备受诟病，一方面，科层制的僵化、繁文缛节、低效和难以接近①，帕金森定律理性选择下公共物品提供的扭曲②，以及其对于现代政治与社会价值的反应失灵③等不断遭遇批判；另一方面，日益增长的公众参与诉求与传统管理范式中管理过程对效率最大化的追求是不相容的，因为"当公众评论直接关注政府的日常琐事和政府对日

---

① Michel Crozier, *The Bureaucratic Phenomenon*, Chicago: University of Chicago Press, 1964.
② William Niskanen, *Bureaucracy and Representative Government*, Chicago: Aldine and Atherton, 1971.
③ George Frederickson, *New public administration*, University, Ala: University of Alabama Press, 1980.

常工作方法的选择时,像是一个乡下人在操作一部难以驾驶的机器"①。"允许公众参与就等于是对行政管理采取了不必要的干预。"② 因此,丹尼尔·贝尔(Daniel Bell)称:"在未来几十年中,'传统的'官僚科层体制的形式将让路给比较能够适应于发展首创精神、增加空余时间、实行共同商议等需要的组织形式。"③ 起源于英美后来席卷全球的新公共管理运动尽管也强调"顾客至上",但公众被界定为顾客或者消费者,公众参与主要是对公共服务作出回应而不是进入公共决策。"这种界定既是授权给公众,同时也可以说贬低了公众的身份……把公众贬低为消费者,似乎降低了公众作为与国家相对的权利和合法地位的拥有者的作用","如果治理退化成十足的经济行为,那么在政治理论中公众就变成了微不足道的人物"。④ 正是在反思既有公共管理典范的基础上,主张政府与社会、公共部门与私营部门协作的治理理论⑤兴起,但治理理论关注的核心依然在于改善公共管理绩效。

20世纪80年代以来,发达国家出现了地方治理创新浪潮。德国、法国、瑞典、加拿大、美国、英国等都对地方政府的管理进行了一系列革新,寻求依靠地方治理应对各种挑战。20世纪90年代以来,以公众参与决策过程为取向的参与式治理成为欧洲国家地方改革的主要实践策略,很多欧洲国家都把参与式治理作为地方治理创新进程的起点。⑥ 地方治理创新倡导公众广泛参与,具有三个方面的重要功能:(1)开启双

---

① 彭和平、竹立家主编:《国外公共行政理论精选》,中共中央党校出版社1997年版。
② [美] 约翰·克莱顿·托马斯:《公共决策中的公民参与:公共管理者的新技能与新策略》,孙柏瑛译,中国人民大学出版社2005年版。
③ [美] 丹尼尔·贝尔:《后工业社会的来临》,高铦等译,新华出版社1997年版。
④ [美] B. 盖伊·彼得斯:《政府未来的治理模式》,吴爱明、夏宏图译,中国人民大学出版社2001年版。
⑤ 俞可平:《治理与善治》,社会科学文献出版社2000年版。
⑥ 周晨虹:《参与式治理与代议制民主之间的张力与平衡——欧洲地方民主改革实践及其借鉴》,载《教学与研究》,2015年第4期。

向社会沟通渠道，征求和获取有关公共政策的信息，以便地方政府明确界定公共政策问题，厘清公共政策目标；(2) 授权于公众，推动地方政府与公众组织分享公共政策制定和执行的权力，使公众能够对关系地区发展的重大决定拥有影响力；(3) 以契约、协议、自愿救助、公益慈善等多种参与方式，直接投入辖区公共服务的生产，承担起辖区一部分公共事务的管理责任。① 因此，"参与式治理"正在成为发达国家地方政府创新的基本趋势。各种"自下而上"的公众参与形式、圆桌会议、公民陪审团等协商治理形式、自治协会参与公共服务供给形式、地方公投、公众行动等制度平台正在使越来越多的公众积极地参与到地方治理过程之中。②

20 世纪 90 年代以来，许多发展中国家如巴西、印度、秘鲁、南非、印度尼西亚等的地方政府纷纷引入参与式治理来改善问责、培养积极公民，为社会公正创造条件，包括采取多样化的参与式治理机制例如参与式规划、参与式监督和参与式评估等。③ 在发展中国家实施参与式治理机制的最主要理由是能改善公共服务供给、赋权于民和深化民主。尤其重要的是，参与式治理被认为能增进地方政府的回应性和问责。因此，参与式治理被认为是为了改善公共服务供给的效率和可持续性，以及使公共服务与受益者之间更加匹配。④ 为了希望认识到这些好处，大量关于参与式治理的法律已经被发展中国家的政府通过，许多社会组织为了

---

① 刘其君：《西方发达国家地方治理的发展及其政治文化背景》，载《湖北社会科学》，2008 年第 10 期。

② Graham Smith, *Democratic Innovations: Designing Institutions for Citizen Participation*, Cambridge: Cambridge University Press, 2009, p. 17.

③ Andersson K. P. and Van Laerhoven F., "From local strongman to facilitator: Institutional incentives for participatory municipal governance in Latin America", *Comparative Political Studies*, 2007, 40 (9): 1085–1111.

④ Ackerman J., "Co-governance for accountability: Beyond 'Exit' and 'Voice'", *World Development*, 2004, 32 (3): 447–463.

增进公共政策过程中参与的创议已经席卷所有的发展中国家。改革者已经在许多发展中国家试验了多种形式的参与式治理，包括在印度和菲律宾的公共听证、玻利维亚和菲律宾的保安委员会、巴西和秘鲁的参与式预算，以及玻利维亚、马里、乌干达和墨西哥围绕公共服务供给决策和参与式规划的论坛。综观发展中国家的地方性实践，参与式治理不仅为公众学习相关公共管理知识创造了机会，而且为普通公众提供了有序进入公共政策过程、获取相关公共事务信息的制度化渠道。参与式治理方式在管理机制和问责机制上将权力下放给公众和社会组织，让公众能够参与到政府治理当中，提升了国家治理有效性的实现。

而在当代中国，随着国家治理体系现代化进程的展开，地方政府治理也日益面临着双重挑战：一方面，改革开放以来经济社会的持续高速发展使公众对美好生活的向往诉求日益增长，公众不仅要求地方政府能够切实扩大公共服务供给的范围和数量，而且要求改善公共服务供给的效率与效益；另一方面，既有地方政府治理模式已经越来越不能有效回应公众诉求。面对部分地方政府既难以有效治理又无法有效回应的局部治理性危机，如何吸纳并回应公众日益增长的公共服务和参与诉求、继续深化地方政府治理改革，就成为一项紧迫的政治议题。诚如习近平总书记所言："评价一个国家政治制度是不是民主的、有效的，主要看国家领导层能否依法有序更替，全体人民能否依法管理国家事务和社会事务、管理经济和文化事业，人民群众能否畅通表达利益要求，社会各方面能否有效参与国家政治生活，国家决策能否实现科学化、民主化，各方面人才能否通过公平竞争进入国家领导和管理体系，执政党能否依照宪法法律规定实现对国家事务的领导，权力运用能否得到有效制约和监督。"[①] 加速推进"以人民为中心"的国家治理现代化进程，通过开放

---

① 习近平：《在庆祝全国人民代表大会成立60周年大会上的讲话》，载《人民日报》，2014年9月6日。

地方政府治理过程以吸纳日益增长的公众参与诉求、发展多层次的和广泛的参与式治理正在成为当代中国政治文明建设的重要内容。

### (二) 参与式治理创新优化了地方政府治理

从近年来当代中国地方政府创新的基本实践来看，参与式治理主要体现在：

**1. 参与式公共决策**

公共决策是公共治理的核心环节，人民主体性和人民主权原则决定了参与式公共决策的必要性。参与式决策，不仅能够提高地方政府公共决策的科学性，而且有助于提高公众对地方政府的信任与支持。因此，越来越多的地方政府试点推进参与式决策创新。从既有地方政府创新实践来看，主要有两种类型。一是开放式决策创新。如在杭州等地推行的"开放式决策"创新中，地方政府在进行重大行政决策时，在充分公开相关决策信息的基础上吸纳公众以听证会、网络互动等形式参与决策全过程，初步实现了地方政府治理过程公开、透明以及政府与公众有机互动。[①] 从既有实践来看，"开放式决策"符合程序正义的基本要求，有助于提升决策质量和政府公信力，促进了服务型政府建设。[②] 二是行政决策咨询制度创新。如广州等地推行的"决策咨询委员会制度"要求由专业人士、利益相关方代表、市民代表、人大代表和政协委员组成的公众咨询监督委员会作为政府重大民生决策征询民意的制度形式，让政府在决策过程中问政于民、问需于民、问计于民，成为尊重并保障公众知情权、参与权、表达权、监督权的重要载体和平台。这种公咨委制度作为衔接政府部门与公众的重要平台，一方面满足了政府了解民意的需求，

---

① 胡业勋、叶睿：《开放式决策的合理性及其实现途径》，载《光明日报》，2013 年 8 月 10 日。

② 胡业勋、叶睿：《开放式决策的合理性及其实现途径》，载《光明日报》，2013 年 8 月 10 日。

另一方面也满足了公众参与的意愿。

### 2. 参与式预算

作为一种民众能够决定部分或全部可支配预算或公共资源最终用处的机制①，参与式预算使公众能够直接参与预算过程，讨论制定公共预算和使用财政资金，合理确定资源分配、社会政策和财政支出的优先次序，并监督公共支出。推行参与式预算的直接动因是为了缓解地方政府与民众利益冲突、减少民生类信访、降低维稳成本。② 近年来，浙江温岭市、江苏无锡市、黑龙江哈尔滨市、上海闵行区、河南焦作市、四川巴中市白庙乡、安徽淮南市、广东佛山市顺德区、云南盐津等地方政府持续推进参与式预算的创新试验。综观各地参与式预算，可区分为三种类型：以焦作市为代表的参与式预算，通过信息公开、部门申报、财政汇审、民意测评、专家论证、社会听证、人大审查以及审计监督等8个环节的串联，打造出公众参与并与地方政府良性互动的环境和机制。③ 而江苏省无锡市的参与式预算创新侧重于事关民众切身利益的公共项目建设，政府将拟实施的公共服务建设项目方案和预算草案向民众公布，由民众代表投票决定项目的取舍和优先发展次序，并全程参与监督预防腐败。在温岭的"参与式预算"创新中，民众以民主恳谈为主要形式参与政府预算编制，人大审查与修改预算草案，使预算资金分配更加公平、合理。④ 从既有创新实践来看，参与式预算使地方政府预算编制公开、透明、公平，强化了预算监督并提高了财政资金使用效率，促进了公共利益最大化，客观上也有助于优化地方治理。

---

① 陈家刚：《参与式预算的兴起与发展》，载《学习时报》，2007年1月29日。
② 陶永亮、林敏、李健：《中国参与式预算改革的动力机制：基于政府治理模式转型的视角》，载《制度经济学研究》，2012年第3期。
③ 赵辉、孙善臣：《焦作打造参与式预算的区域样本》，载《中国财经报》，2011年9月21日。
④ 包建永：《参与式预算：中国预算改革的温岭样本》，载《台州日报》，2012年5月23日。

### 3. 参与式环境治理

改革开放以来，我国在追求经济高速发展的同时，生态环境保护相对被忽视，以致各种环境污染问题接踵而至。面对这些问题的出现，各级政府逐步认识到生态环境对人类生存和发展的重要性，也意识到只凭借政府单一力量去治理生态环境是不够的，吸纳公众共同参与生态环境治理才是必由之路。于是，一些地方政府通过吸纳公众参与创新环境治理模式。自2011年起，浙江省嘉兴市政府创新环境治理，在环境治理过程中搭建平台来发挥公众的参与作用，最终形成了由公众参与权与政府行政权之间互相配合的共治体系，即成立以环保联合会这一社会组织为龙头，市民检查团、专家服务团、生态绿色宣讲团等积极参与的政府引导公众参与的环境治理新格局。具体包括：建立公众与政府的"圆桌会"制度协商和交流以达成共识并形成政策建议；建立"陪审员"制度让普通公众做"环境法官"并参加环境问题听证会，维护环境决策和环境审判的公平性。[1] 嘉兴市环境治理创新的核心在于开放环境决策过程，吸纳公众有效参与环境治理的行政决策过程。如让市民参与环保审批、环境执法、环保监测等实际环境治理工作；开展让公众代表随即点名抽查企业并与环保部门、公众媒体全程进行专项执法行动的"点单式"环保执法，围绕污染整治开展市民和专家代表"点单式"限期摘帽验收行动；向社会公开招募热心环保事业、具备一定环保知识和法律知识的公众担任"环境法官"，对环保行政处罚案件的法律适用、自由裁量、违法事实等方面进行评议等。[2] 其创新不仅有效地激励了公众参与环境治理的积极性，而且能将民众因环境问题而导致的纷争矛盾冲突消弭于萌芽状态。

---

[1] 虞伟：《社会主体之间关系，主从还是平等？——基于环保公众参与嘉兴模式的思考》，载《环境经济》，2015年Z4期。
[2] 朱海伦：《环境治理中有效对话协商机制建设——基于嘉兴公众参与环境共治的经验》，载《环境保护》，2014年第11期。

## 4. 参与式政府绩效评估

公众参与地方政府绩效评价可以为公众与政府互动搭起桥梁，① 或者说，借此有助于提高地方政府部门的管理效率②。为此，参与式地方政府绩效评估的创新得到尝试，即通过网站、电话、信函、入户调查、焦点座谈会、街头采访等多种途径来拓展公众参与评估。自1999年10月广东省珠海市正式启动"万人评议政府"活动后，类似的活动在杭州、南京等地不断被复制。当前，许多地方政府绩效评估注重引入公众评价，公众满意度评价占总体评价的比例逐步提高到30%以上，杭州市甚至达到50%；公众参与绩效评估的人数比例也逐步增加，如广东省鹤山市常住人口46万人，每年约有1.2万名社会各界人士参加镇级政府和市级部门的绩效评价，成为我国参与人口比例最大的县级市。③ 地方政府开展参与式绩效评价创新，最大的亮点在于通过将公众纳入正式绩效评价机制当中而改变了传统的"凝闭式"评价机制。这种"评价—整改—反馈"机制通过构建外部评价而形成"压力机制"来驱动内部整改，有助于推进地方政府治理创新、回应公众诉求并推动地方政府绩效持续改进。④

从各地的经验来看，地方政府参与式治理创新基本上达到了两个目的：一是使公众能够制度化地与地方党委政府进行双向互动，实现了公众对公共事务的有序参与，发挥了公众参与作为政治社会化机制的作用；二是通过公众参与地方政府治理所建构的公众与政府的协同治理机制解决了某些实际问题，甚至是难点问题，提高了地方政府效能和公信

---

① 吴建南、张萌、黄加伟：《公众参与、绩效评价与公众信任——基于某市政府官员的实证分析》，载《武汉大学学报（哲学社会科学版）》，2007年第2期。

② Bennis Wai Yip So, "Civic Engagement in the Performance Evaluation of the Public Sector in China: Building horizontal accountability to enhance vertical accountability", *Public Management Review*, 2014 (3): 341–357.

③ 尹艳红：《地方政府绩效管理新趋势》，载《学习时报》，2013年4月22日。

④ 程晟：《公民导向：地方政府创新的路径——基于杭州的实证分析》，载《领导科学》，2015年第35期。

力，发挥了参与作为治理手段的作用。从既有创新实践来看，参与式治理创新通过地方政府赋权构建了畅通的公众利益诉求表达渠道，初步实现了地方政府与社会的良性互动，从而能够使矛盾纠纷在萌芽和酝酿阶段得到排解，为实现公众有序参与提供了实践可能性。对于地方政府而言，参与式治理虽然可能会降低决策效率，但充分吸纳民意既有助于提高公共政策的民主化和科学化水平，也会消解公共政策执行的阻力；而治理过程中的政民互动，不仅有助于促使地方政府合法、合理、规范地运用和配置权力，防范和克服专业偏执主义，而且还因为其增进了公众对地方政府的理解而提高了地方政府公信力。对于公众而言，参与式治理创新是地方政府对公众重大关切和基本利益诉求的主动回应，赋予了公众对于地方治理的知情权、表达权、参与权和监督权，公众可以通过一定程序与机制来影响地方政府治理过程，有助于培养公众的民主意识与参政能力。最终，参与式治理创新通过增进地方政府与民众在公共事务治理中相互理解与信任从而重塑地方政府与公众关系，促进了地方政府与公众在地方治理中的协作共治。

(三) 地方政府参与式治理创新面临挑战

参与式治理创新虽然主要是地方政府基于改善治理而进行的创新，但其主要内容却是赋权于公众参与地方政府主导的治理过程，其实质是地方政府希望选择一定机制以吸纳伴随着当代中国经济社会成长而日益增长的公众参与诉求，这无疑昭示着现代国家建设中中国公民政治权利的成长。但是，地方政府的反思性学习能力并未如预期的那样增强，地方政府赋权创新并未改变公众参与地方政府治理的权利缺失的基本现状。之所以如此，主要是因为这种参与式治理创新的赋权基本上是一个行政赋权过程。也就是说，公众之所以能参与公共决策、公共预算、地方政府绩效评估等，是由地方政府根据自身发展的特定需要而采取的治理策略。这种行政赋权性质决定了参与式治理创新中的赋权取决于地方政府的策略性选择。因此，由于制度环境、治理机制和治理主体三个层面的制约，地方政府参与式治理创新面临着诸多问题：选择性运用、部分参与式治理创新作用不明显、部分参与式治理创新效力不高、内在条件缺失的风险巨大、既难以持续又难以扩散。

### （四）深化地方政府参与式治理创新

要有效实现地方政府参与式治理创新可持续发展，必须从制度环境、治理机制和治理主体三个层面来厘清相关限制性因素。首先，要完善有利于推进地方政府参与式治理创新的制度环境，这包括健全公众参与国家治理权利的法治化保障、拓展地方政府参与式治理创新的自主空间、夯实地方政府参与式治理创新的激励机制、营造鼓励地方政府参与式治理创新探索的社会舆论等。其次，要完善有利于地方政府参与式创新有效运作的治理机制，这包括推进地方政府治理公开、发展有序的公众组织化参与机制、完善参与式治理运行机制等。最后，要调适相关治理主体。在塑造积极公民、提升公众参与能力和转变地方政府治理理念与治理机制的基础上，促进地方政府与公众的协同治理。

## 二、讨论：认真对待地方政府参与式治理创新

### （一）参与式治理助力推进地方政府治理体系现代化

一方面，参与式治理促进了地方政府治理的有效性和合法性。

在关于国家治理的宏观解释框架中，治理的有效性与治理的合法性都应该拥有自己的位置。[1] 如果不能推进经济发展，降低社会不平等、

---

[1] 蔡禾：《国家治理的有效性与合法性——对周雪光、冯仕政二文的再思考》，载《开放时代》，2012 年第 2 期。

有效打击腐败和罪犯、切实保障自由和法治，民众不可避免地终将失去对制度的信心。因此，国家治理现代化既要夯实国家治理的合法性，又必须提高国家治理的有效性。

诚如习近平总书记所言："评价一个国家政治制度是不是民主的、有效的，主要看国家领导层能否依法有序更替，全体人民能否依法管理国家事务和社会事务、管理经济和文化事业，人民群众能否畅通表达利益要求，社会各方面能否有效参与国家政治生活，国家决策能否实现科学化、民主化，各方面人才能否通过公平竞争进入国家领导和管理体系，执政党能否依照宪法法律规定实现对国家事务的领导，权力运用能否得到有效制约和监督。"① 现代国家治理的一个突出变化是民众从"被统治者"转变为治理主体。从传统的国家统治到现代国家治理，其思维模式从主客体转化到主体间性，即国家治理中各因素是一种交互关系，相互影响，而不是政府是固定治理主体、民众是治理对象。② 所以，现代国家治理需要公众积极参与并发挥治理主体作用。因此，作为"管理者，也是自治者、共治者与自己命运主宰者"③ 的公众如何有效参与国家治理，从而能使公众平等地从国家治理中获益，依然是国家治理现代化中必须正视的议题。

在学理意义上，参与式治理具有利益、协商和功能的三重逻辑。具体而言，按照利益逻辑，参与式治理被视为参与者表达自我或群体利益的竞争性场所。参与式治理使许多边缘性群体有机会表达和实现其利益诉求，从而使政治体制更具有开放性和回应性。从这个角度而言，参与者进入参与式治理场域必须具有清晰的诉求和抱负——使其诉求被听到

---

① 习近平：《在庆祝全国人民代表大会成立 60 周年大会上的讲话》，载《人民日报》，2014 年 9 月 5 日。

② 郭道久：《整体性与协同性：改革开放以来国家治理的重要经验》，载《国家治理》，2018 年第 36 期。

③ [美] 本杰明·巴伯：《强势民主》，彭斌、吴润洲译，吉林人民出版社 2006 年版。

并影响政策与执行。而按照协商逻辑,参与式治理创造了一个一起说理的场域。与基于利益逻辑相比,协商逻辑的参与式治理更看重相互理解与相互接受的构建,而不仅仅是自我利益表达。① 从协商视角来看,参与者的作用主要不是促进自我或本群体的利益,协商也不是交易,协商性的参与者应该能够并愿意认真听取并考虑其他人的立场、诉求和经历。② 而基于功能性逻辑,参与式治理首先被视为为了有效解决问题而动员和协调地方性行动者资源的机制。③ 从这个视角来看,我们将假定个体参与是因为他们相信其知识和能力有助于解决重要的社会问题。与前面两种视角相比,功能性视角是参与者的非政治的和更实际的决策。基于这一理解,参与者必须愿意并能够贡献其有效解决问题的能力。总之,在参与式治理中,公众既不是顾客也不仅仅是投票者,而是政策制定中的伙伴。④

从西欧国家的实践来看,参与式治理缘起于现代国家治理所面临的复杂性:一是政府所面对的公共事务的复杂性,需要政府开辟新的领域,建立新的关系;二是政府需要解决以往自由主义所造成的社会分隔。宗教、种族、文化与性别等社会鸿沟对作为代议制民主合法性基础的共享公众理念提出了挑战。⑤

参与式治理可以被定义为使公众诉求在投票箱之外进入公共政策过

---

① Elster J., "*Introduction*", In J. Elster (ed.), *Deliberative Democracy*, Cambridge, UK: Cambridge University Press, 1998, pp. 1-18.
② Mutz D. C., *Hearing the Other Side: Deliberative Versus Participatory Democracy*, Cambridge, UK: Cambridge University Press, 2006.
③ De Souza Briggs, *Democracy as Problem Solving: Civic Capacity in Communities Across the Globe*, Cambridge, MA: MIT Press, 2008.
④ Celina Su, "Managed Participation: City Agencies and Micropolitics in Participatory Budgeting", *Nonprofit and Voluntary Sector Quarterly*, 2018, 47 (4): 76S-96S.
⑤ Harry Daemen, "Linze Schaap. Puzzles of Local Democracy", Linze Schaap, Harry Daemen (eds.), *Renewal in European Local Democracies: Puzzles, Dilemmas and Options*, Springer VS, 2012, pp. 9-26.

程的扩展,"是将原来由政府官员垄断的政策制定权分散到由公众与政府官员联合控制"①。参与式治理强调通过发展正式的制度结构来将公众诉求整合进入政策过程,在参与式治理过程之外,公众有充分的机会去表达或者施加影响:通过游说、抗议或参与有限机会的公共评论。

在参与式治理中,"尽管在一定程度上相对延缓了政府的决策速度,但在民主基础上增强了政策对社会各方利益的统筹考虑,有效降低了公共政策过程的成本,提高了决策效益"②。因此,参与式治理既强调了以公众理性参与为核心的治理的合法性,又强调了通过政府与公众良性互动进而实现有效协作的可治理性。参与式治理允许公众广泛参与到利益相关的政策过程中,是公众分享权力、责任和资源的过程。③ 通过参与式治理,公众参与到公共政策过程中来,从而影响公共资源的配置,实现公众与政府的合作共治。在发达国家,"参与式治理"正在成为地方政府创新的基本趋势。公共讨论、参与式预算、协商会议、协商投票以及公众陪审团等许多形式正在使越来越多的公众积极地参与到公共政策过程中来。④

在现代国家治理复杂性的条件下,虽然各国各地协商技术的创新此起彼伏,但协商民主仍然难以摆脱协商性不足、成效不显著和制度化水平较低等困境,从而限制了技术创新的效用和影响。⑤ 而在当代中国发展实践中,尽管协商民主正在从典型地区的"星点式实践"进入全国性

---

① Wampler Brian, "Participation, Representation, and Social Justice: Using Participatory Governance to Transform Representative Democracy", *Polity*, 2012, 44 (4): 666–82.
② 褚松燕:《民主恳谈:政府创新的维度与限度》,载《甘肃行政学院学报》,2007年第3期。
③ [英] 弗兰克·布里迪:《恐惧的政治》,方军译,江苏人民出版社2007年版。
④ Santos Boaventura de Sousa (ed.), *Democratizing Democracy: Beyond the Liberal Democratic Canon*, New York: Verso, 2005.
⑤ 黄徐强、韩志明:《协商民主的技术创新及其困境——基于西方经验的反思》,载《国外社会科学》,2018年第9期。

推广阶段，但地方政府缺乏贯彻落实协商民主的充分和有效激励，协商民主难以进行有效的扩散。① 而从当代中国地方政府创新中的参与式决策、参与式预算、参与式环境治理、参与式政府绩效评估实践来看，参与式治理显示了其无与伦比的生命力。

因此，从实践来看，参与式治理凸显出其对公众参与这一实质性命题的关注，在一定程度上适应了公众日益增长的参与公共事务管理的诉求，促进了公众对地方政府治理的接受性，从而增进了地方政府治理的合法性。

另一方面，参与式治理促进了政府与公众的协同治理。

与新公共管理运动将公民当作客户回应不同，协同治理理论将公民看作合作伙伴并开展有效协作，回应是对公民需要和要求的被动且单向的反应而协作则代表一种更为积极且双向互动的参与活动；因此，协同治理蕴含着一种价值观，其中每一个参与者都不是纯粹的仆人或者纯粹的主人，而是公共事务舞台上的共同参与者。② 公众与政府协同治理是国家治理体系现代化的重要标志，表达了政府组织外向、亲民、回应、互动、分享、包容、交往、接纳、融合的基本价值追求，其核心价值体现在信息公开与分享、回应公众诉求、吸纳公众参与、合作治理等方面。这种政府和公众的协同治理，突出表现在政府在公共治理过程中，坚持问情于民、问需于民、问计于民、问绩于民，落实公民的知情权、参与权、选择权、监督权，通过各种制度设计让公众参与政府公共决策和管理监督。

党的十九届四中全会通过的《中共中央关于坚持和完善中国特色社会主义制度、推进国家治理体系和治理能力现代化若干重大问题的决定》

---

① 张敏、韩志明：《基层协商民主的扩散瓶颈分析——基于政策执行结构的视角》，载《探索》，2017 年第 3 期。
② ［以色列］埃瑞·维戈达：《从回应到协作：治理、公民与未来的公共行政》，孙晓莉摘译，载《国家行政学院学报》，2003 年第 5 期。

提出,"必须加强和创新社会治理,完善党委领导、法治保障、科技支撑的社会治理体系,建设人人有责、人人尽责、人人享有的社会治理共同体"。现代国家治理要得到人民的认同和支持,其治理理念应以维护人民根本利益、实现公共福祉最大化为出发点和落脚点;其治理制度应公正合理,制度安排在强调效率的同时,更应注重公平,以能实现共同富裕为最佳和最正义;其治理行动要体现参与性与民主性,注重政策制定和执行过程中通过公共参与形式吸纳民意,倾听民众的呼声。因此,在现代化的国家治理体系中,国家应该将公民意见、公民诉求、公民利益纳入治理过程,在广泛吸纳不同民众的价值诉求和利益表达基础上,经过利益论证、协商博弈、整合协调,构建科学化、民主化、精准化的协同治理格局。

因此,地方政府治理体系现代化的核心要义就是参与治理的主体从单一向多方协同转变。地方政府治理体系现代化意味着治理主体不再是单一的,不是全由地方政府大包大揽,而是社会组织、公民个人等各种主体共同参与,合作推动公共事务治理。诚如弗雷德里克森(H. George Frederickson)所言:"我们生活在一个权力分享的世界里,在这个世界中,政府组织、准政府组织、非营利组织、私人组织共同参与政策的制定和政策的执行。"① 从这个意义上来看,参与式治理作为让公众参与到地方政府治理过程之中的制度化规约,是地方代政府与公众协同治理的必然要求,不仅是一种民主化决策机制的实践性设计,而且有助于实现地方政府治理体系现代化。观察地方政府参与式治理的发展轨迹,发现其鲜明的特点就是在涉及公众切身利益的重大民生事项上民主分量不断加强,在制度创新中越来越注重畅通民众的反馈途径。为了更好地激发公众的"社会需求",提高地方政府治理的公共性和参与性,实现公众

---

① [美]乔治·弗雷德里克森:《公共行政的精神》,张成福等译,中国人民大学出版社2003年版。

"社会需求"与地方政府"政治需求"的精准对接,最好的办法就是引入参与式治理,让多元治理主体彼此参与互动、相互协调配合,地方政府在实施重大事项或公共决策时都应向公众开放,使公众有充分机会有序表达意愿、参与决策、监督评估,并吸纳公众、市场、第三方力量参与到地方政府治理中,从而实现地方政府治理体系现代化。

显然,参与式治理助力于地方政府治理体系的意义在于:一是有助于推进地方政府开放治理过程。开放治理过程是地方政府治理现代化的基础和底线标准,没有治理过程的公开、透明与分享,就不可能有真正意义上的协同治理。这是因为,公民如果无法获得地方政府政策及其执行的信息,就丧失了监督地方政府、参与决策的权利,协同治理也就无从谈起。二是有助于回应公众诉求。地方政府开放治理过程不仅是地方政府分享治理与祛魅的过程,更是地方政府直面环境变化,与环境形成能量交换和互动、回应社会关注、解决社会问题、承担公共责任的过程。三是有助于公众参与地方政府公共政策过程。公共政策过程是多元利益群体复杂的互动博弈过程,地方政府不能也不可能独占政策信息、话语的制高点并且垄断政策资源,地方政府治理现代化为了获得公共政策的正当性基础与合法性来源,发展参与式治理,通过协商对话达成政策共识就成为必然的选择。四是有助于形塑协同治理。地方政府治理体系现代化必然要改变传统政府作为单一中心的治理格局,要求面对复杂社会及其多样性特征,寻求多元主体协同治理的途径,运用多种治理工具建构政府与市场、政府与社会的协同治理关系。

自 1989 年世界银行(World Bank)在《撒哈拉以南的非洲》这一报告中首次使用"治理危机"以来,在联合国等国际组织的大力推动下,治理概念逐渐流行开来。对此,俞可平教授指出:人类政治生活最引人注目的变化之一,便是人类政治过程的重心正在从统治(government)走向治理(governance),从善政(good government)走向善治(good governance),从政府的统治走向没有政府的治理(governance without government），从民族国家的政府统治走向全球治理。① 而经过俞可平教授等的引介，治理话语在20世纪90年代也开始在中文学术界声名鹊起。改革开放40多年来，以经济建设为中心的中国式治理取得了非凡的成功。1978—2017年，中国国内生产总值（GDP）从3679亿元人民币增加至82.71万亿元人民币，年均名义增速高达14.5%，刨除年均4.8%通胀率，年均实际增速仍高达9.3%；人民生活也发生翻天覆地的巨大变化，占世界五分之一的人口从温饱不足迈向全面小康；全国居民人均可支配收入从1978年仅171元跃升至2017年的25974元，扣除价格因素，比1978年实际增长22.8倍，年均增长8.5%。② 在长达40多年里，中国经济快速发展转型之际，也保持了社会长期总体稳定，突破了已故美国著名政治学者亨廷顿关于"现代化意味着不稳定"的魔咒，创造了人类发展史上的奇迹。③ 于是，中国式治理成为转型国家发展中的典范。

但是，改革开放40多年来中国所取得的"奇迹"固然可喜，但要延续中国的"奇迹"，中国式治理面临挑战。局部地方产生了治理危机：一方面，地方政府主导型治理体系不仅存在着公共利益部门化现象、官员的失职渎职现象、行政成本过高而效率低下、政府运作缺乏透明度等，而且由于缺乏多元主体的协同治理导致地方政府陷入"5+2""白加黑"困局等难以承受之重；另一方面，地方政府主导的公共服务决策和供给模式与民众的真实需求脱节，造成公共服务供需失衡和供需错位，以致"群众有获得而无感受"④。因此，化解中国式治理局部危机的根本途径，就是要推进地方政府治理体系现代化，实现参与式治理创新的可持续发展。

---

① 俞可平：《民主与陀螺》，北京大学出版社2006年版。
② 李婕：《中国实现历史性跨越》，载《人民日报》，2018年8月28日。
③ 阎小骏：《中国何以稳定：来自田野的观察与思考》，中国社会科学出版社2017年版。
④ 韩振：《基层干部新困惑：群众为何有获得却无感?》，载《半月谈》，2019年4月10日。

中国特色社会主义进入新时代，社会主要矛盾发生转化，人民对美好生活的需要日益广泛，不仅对物质文化生活提出更高要求，而且在民主、法治、公平、正义、安全、环境等方面的要求日益增长。这使国家治理面临的问题呈现出跨界性、关联性、复杂性强的特征，单靠各级党委和政府的力量难以实现国家治理效能最大化。党的十九届四中全会提出"完善党委领导、政府负责、民主协商、社会协同、公众参与、法治保障、科技支撑的社会治理体系"，体现了党领导下多方参与、共同治理的科学理念。诚如恩格斯在《反杜林论》中所言："许多人协作，许多力量融合为一个总的力量，用马克思的话来说，就造成'新的力量'，这种力量和它的一个个力量的总和有本质的差别。"① 这就需要我们在推进地方政府治理体系现代化过程中深入推进参与式治理，保障公众参与在国家治理中的常态化和法治化。

### （二）参与式治理创新助力推进地方政府治理能力现代化

#### 1. 有助于化解冲突

改革开放以来，中国经济持续高速增长的同时，也累积了一些社会问题。诸如：收入分配差距拉大，经济社会之间、城乡和地区之间发展不平衡，生态环境、安全生产、社会治安、执法司法等领域的问题，消除贫困任务艰巨，人口老龄化加快，资源紧缺等。尽管如此，但中国依然保持了长期持续总体稳定的基本大局。显然，这一"中国奇迹"与已故美国政治学家亨廷顿"现代化孕育稳定，现代化过程同时引发非稳定"理论完全相悖。显然，作为社会经济快速转型的国家，一方面，中国共产党在发展经济时"不断朝着全体人民共同富裕的目标前进""把促进社会公平正义作为核心价值追求"；另一方面，面对社会结构和利益诉求多元，代表最广大人民根本利益的中国共产党建立了行之有效的

---

① [德]恩格斯：《反杜林论》，人民出版社1999年版。

利益冲突化解机制，通过协调各方利益力图找到凝聚社会的"最大公约数"。① 显然，地方政府参与式治理创新在化解社会矛盾冲突中发挥了非常重要的作用。

从地方政府参与式治理创新实践来看，诸多创新都是基于化解社会冲突而创设，也助力于化解社会冲突。如浙江温岭民主恳谈制度1999年创建之初就是为了探索以民主的方式缓解当时日益激化的干群紧张关系，2001年以后民主恳谈的转型，则是力图寻求从源头化解基层社会矛盾的新路径。广州公众监督咨询委员会制度则是在总结同德围整治过程中成功化解多元利益冲突经验的产物。南京市城市治理委员会通过常态化、制度化的公众参与模式，既架起了政府和民众之间沟通的桥梁，又引领了社会主人翁意识的形成，日益缓解了城市管理者与被管理者之间的紧张关系，为建构良性有序的城市治理格局提供了制度支撑。② 而在城市社区多元社会结构、多元利益需求下，社区里出现的各类矛盾纠纷，是社会现象在社区的必然反映。在解决这些矛盾的过程中，作为"社区相关利益方按照程序规则，在自愿互利、合作互动的基础上，对共同关心的社区事务，通过平等协商形成共识、达成一致行动的社区参与式治理模式"显示了其独特的优势。社区参与式治理，通过讨论会、议事会等多种形式把群众想表达的诉求通过有效渠道最大限度地表达出来，通过参会者的争论、热议，把需求表达出来，把心中的怨气和不满发泄出来，把积极的建议汇集起来，这种组织化的表达机制不仅搭建了沟通平台，而且从根本上有利于促进社区的和谐稳定。③ 被专家认为是具有深圳特点的参与式预算"民生微实事"，是公共治理的呈现，在街

---

① 叶书宏：《世界眼中的"中国奇迹"》，http://www.scio.gov.cn/37259/Document/1599205/1599205.htm（国务院新闻办公室网站，访问时间：2020年8月4日）。
② 包咏菲：《公众参与城市治理的南京样本》，载《群众（决策资讯版）》，2019年6月10日。
③ 杨艺文：《"社区参与式治理"的创新意义》，载《北京日报》，2011年8月10日。

道、社区中干部、干群互动更加融洽,从社会治理成效来看,某种程度上也把基层的社会矛盾自己分化解决了。① 近年来,重庆合川区致力于社会治理体系建设,让民事民议、民事民办、民事民管,实现了由"少数人做多数人工作"向"多数人做少数人工作"的转变,参与式治理有效防范、减少了基层矛盾,促进了社会和谐。②

因此,要有效治理群体性事件,需要变革群体性事件治理模式,走向政府与民众良性沟通、倾听民意、维护民权的参与式治理模式。这是因为参与式治理是"在尊重公众权利的基础上,通过官民之间的平等互动来寻找解决问题的办法,在政策效果上,不但可以解决问题,化解矛盾,而且有利于促进官民树立公共精神,提升他们的公共理性和公共责任"③。于是,参与式治理可以为民众提供维护权益的有效机制,从而降低群体性事件的发生频率、规模和暴力性。而在有效化解近年来此起彼伏的邻避冲突中,研究者认为引入参与式治理可以改善邻避设施立项阶段的不透明,能很大程度上减少邻避冲突发生的可能性;在邻避冲突发生的过程中引入参与式治理,使社会各主体能够了解前期政策结果,通过多个渠道进入政策过程之中,与政府部门形成良性互动,通过及时回应在减弱冲突影响的同时,更加全面地了解民意,修改相关邻避设施政策;在修改后的政策出台后,参与式治理有助于帮助有关部门持续了解民众呼声,得到反馈后不断修改完善,在民众充分参与政策过程中完成政策循环。④

## 2. 有助于提升地方政府治理能力

作为国家治理基石的地方政府,是地方经济、社会、文化发展的推

---

① 张小玲:《推进民生微实事 社会参与提升空间很大》,载《南方都市报》,2018年6月28日。
② 刘相琳:《从"反应式管理"到"参与式治理"》,载《合川日报》,2018年7月10日。
③ 昌业云:《浅析我国治理群体性事件的政策范式转换》,载《国家行政学院学报》,2011年第1期。
④ 吴一鸣:《参与式治理应对邻避冲突问题探究》,载《中国行政管理》,2017年第11期。

动者，其治理能力优劣直接影响着地方发展的水平与质量，在促进地方经济社会发展、人民生活水平提高方面具有至关重要的作用。在新时代，面临着经济增速放缓、产业结构调整、生态环境问题、社会矛盾问题等发展挑战，对地方政府治理能力建设又提出了新的要求和挑战。在此情况下，地方政府在辖区内包揽解决所有公共性问题的做法已经难以为继，必须改变传统治理方式和运行方式，并通过沟通、协商等方式动员和协调社会力量来共同应对面临的问题，不断实现地方政府治理现代化。而参与式治理是政府、社会组织和公众共同参与到社会公共决策、公共事务和公共利益的实践中的一种行为体现，从根本上重塑了地方政府治理过程：一方面可以提高地方政府决策和行为的透明度，降低其滥用权力的可能性；另一方面让公众可以广泛参与到地方政府管理中，增加了政府与公众的互动，激励公众对政府工作提出意见和建议，进而让政府行为更加民主、开放。

因此，参与式治理有助于提升地方政府治理能力：

第一，参与式治理促进了多元利益表达。在参与式治理实践中，公众可以将想表达的诉求通过有效渠道最大限度地表达出来，既有助于用有效的制度安排来容纳和规范利益表达以规避"溢出风险"，又有助于地方政府听到社会各方特别是弱势群体的利益呼声、充分考虑到政策相关群体的态度和利益得失。

第二，参与式治理有助于促进公共决策科学化。公共决策过程中充分倾听民声，反映民意，有利于协调兼顾好不同群众的利益诉求，地方经济社会发展会更和谐。参与式治理会使地方政府部门之间、政府部门与公众之间加强沟通协调，可以提高公共决策效率。尽管走向"开放型决策"可能增加了决策的前期成本，但由于决策质量的提高，大大提高决策的效果，减少了因决策失误导致的损失。总之，参与式治理在促进公共决策科学化方面有三大益处：一是增加政府决策的透明度；二是使政府及时、有效地了解公众意见和建议，确保公众对政府重大决策的参与权;三是促进政府与公众之间的相互了解和信任,为政府推进决策的实施创造更有利的环境和条件。

第三,参与式治理有助于推进人民满意的公共服务型政府建设。作为识别公共服务需求和价值选择最为直接的途径,参与式治理能够确保地方政府及时有效地获取和把握公众的公共服务需求导向,自下而上,作出科学、合理的供给安排,提升地方政府公共服务决策的科学性、准确性和有效性,提供"精准服务",避免公共服务供给和公众需求出现错位。

第四,参与式治理有助于政策的有效执行。公共政策只有获得广大政策对象的认同和支持,即在获得合法性的基础上才能够有效地加以实施。[①] 在参与式治理中,决策机关通过各种形式的参与、协商、对话,广泛听取公众意向,通过科学的程序、方法和机制进行决策活动,防止了公权力被滥用,还能通过实现公权力与私权利之间的良性互动,确立决策的权威和公信力,从而增强了决策的可执行性。参与式治理能加深公众对政策意义的理解,增加公众配合政策的自觉性,进而维护政策的稳定性。参与式治理能使公众对政策的合法性确认不疑,使公众对政府的信任感会大大提升,从而以正面的、积极的态度推动政策的实施,降低政策宣传和实施的成本。诚如罗森鲍姆(W. A. Rosenbaum)所言,"公共政策过程中的公众参与能够使官僚机构对公众诉求更负责任、提高解决公共政策冲突的可能性、增强公共决策的合法性、提高政策执行成功的可能性"[②]。

第五,参与式治理能有效促进政府管理创新。其一,参与式治理可"保证公共服务更适合公众的需求,促进一个更开放、更具回应性的公

---

① Jorge M. Valadez, *Deliberative Democracy, Political Legitimacy, and Self-determination in Multicultural Societies*, USA Westview Press, 2001, p. 32.

② Rosenbaum W. A., "The Paradoxes of Public Participation", *Administration & Society*, 1976, 8 (3): 355–383.

共官员体系形成,以及建立对政府和公众自身更加积极和正面的认识与情感"。其二,"不断增强的参与式治理通过发展公众与政府间新的沟通渠道并保证对政府的监督,来增进政府及公共管理者的责任性"①。政策透明性的提高可以减少官僚主义和腐败现象,强化政府责任意识,建立责任政府。总之,发展参与式治理,倡导公共治理中的对话与协商、积极的公众参与意识和公共精神,可以促进政府与公众、政治国家与公众社会在公共治理中的良性互动,由此也将促进民主与善治的实现。② 正如帕特南所说,"公众精神较高、社会资本较发达的地方,人们推崇团结、公众参与和社会整合,他们彼此信任对方办事公正,并遵守法律;而在'没有公众精神的'或'无公众心'的地方,公共事务则被看成是'老板'或'政治家'的事,而不是自己的事。在这种恶性循环中,每个人几乎都感到无能为力,有被剥夺感和不幸福感。"③

在参与式城市治理中,公众参与是推进"深度城市化"的重要基础,没有公众参与,就无法真正建立起有效的协调机制,无法"动态修复"不同部门的管理与建设冲动,导致投资效果差甚至重复性、浪费性投资频发。而多方主体参与、良性互动的现代城市参与式治理模式,能最大程度释放政府公共投资效能,实现优化城市功能、提升环境品质、实现民生改善的投资目标。④ 在南京,在城市治理委员会的框架下,构建起参与式治理的城市治理运行模式及其工作机制,逐渐探索出一条以多元主体共同参与为抓手,以构建"以人为本、依法治理、权责一致、社会共治"城市治理体系为目标,推动传统城市管理模式向现代城市治

---

① Ham C. and Hill M. , *The Process in the Modern Capitalist State*, London: West Sheat, 1984.
② 梁莹、黄健荣:《协商民主中的公共自治》,载《江苏社会科学》,2005 年第 4 期。
③ Robert D. Putnam, The Prosperous Community: Social Capital and Public Life, *The American Prospect*, 1993 (13).
④ 陈荣、李瑶:《城市治理的现代化变革》,载《财经国家周刊》,2019 年 4 月 26 日。

理模式转变的城市治理"南京样本"。① 而在环境治理中，由于单靠自上而下的环保督查，不仅无法覆盖广袤辽阔的国土，而且对花样百出的污染行为的监管捉襟见肘。而参与式环境治理通过吸纳公众参与、实行社会监督，才能让环境监管之眼无处不在，以政府与公众协同治理环境的合力来提升环境治理能力。当参与式预算被引入中国时，其核心思想在于遏制腐败、提高行政效率和增强国家能力。② 马骏教授认为参与式预算旨在建立现代财政制度，促使不同的政府部门协作与整合，提高行政效率，推动预算过程更为透明，提升行政部分能力以及提供满足人民需要的公共物品，即接受公共监督和审查。③ 而在浙江省温岭市泽国镇，当年推行参与式预算的直接动因是为了使政府预算编制公开、透明、公平，强化预算监督，提高财政资金的使用效率。诚如时任镇党委书记蒋招华所言："虽然我放弃了一些最终决策权，但我们获得了更多的权力，因为这种做法增加了项目选择的合法性，还增加了决策过程的透明度，公共政策也因此更容易实施。"④ 而在浙江杭州的参与式绩效评估中，地方政府提供便捷的公众参与渠道，及时有效地回应公众诉求，建立起政府与社会公众的紧密合作关系，实现了政府与社会公众之间的良性互动，不断提高了政府治理能力和治理绩效。⑤

---

① 国锋、罗莎莎：《南京出台首个城市治理地方性法规城市治理委员会吸纳各界人士》，载《法制日报》，2018 年 11 月 14 日。
② H. S. Chan, "State capacity building in China: An introduction", *Public Administration & Development*, Collins, Paul& 2010, 29 (1): 1-8.
③ Ma Jun., "If You Can't Budget, How Can You Govern? A Study of China State Capacity", *Public Administration & Development*, 2010, 29 (1): 9-20.
④ 傅丕毅、杨金志、蔡玉高：《"泽国试验"：政府上项目，公民来拍板》，载《半月谈》，2006 年 6 月 4 日。
⑤ 伍彬：《公众参与是中国特色政府绩效管理的基本路径》，在"新时代的政府绩效管理：国际经验和中国创新"研讨会上的演讲，2018 年 09 月 27 日。

## (三) 地方政府参与式治理助力实现人民当家作主

从外部来看，参与式治理的兴起，一是为了通过扩展参与来深化民主，提高民主的包容性，二是为了促进政府治道变革，提高政府的回应性和治理效率，实现善治。① 而在当代中国，参与式治理的出现是对民主的有效性和治理绩效深度反思的结果。② 与其他民主形式相比，参与式治理尊重公众在公共治理中的主体地位，更强调公众如何通过各种各样的、持续性的参与行动，来影响、管理、控制与他们的生活密切相关的公共事务。因此，参与式治理不仅开辟了一条更具有持续性的利益表达、政策沟通的渠道，即通过公众与地方政府之间经常性的互动交流，来促使地方政府治理更加积极、主动地回应公众的诉求，而且通过建立多元主体之间的协同治理框架来实现有效治理。从杭州市政府参与式治理创新实践来看，一方面，参与式治理促进了多元主体的协同治理，为地方政府职能转变创造了环境与条件；另一方面，参与式治理通过推动传统地方政府治理模式转型缓解了地方政府治理的合法性危机。③ 在当代中国异彩纷呈的基层治理实践中，参与式治理以其巨大的吸纳能力，对于扩大政治参与场域，促进基层民主政治建设都产生了积极效应。④ 在参与式预算中，无锡市在事关群众切身利益的公共项目建设上，"让群众真正参与，由群众当家作主。"地方政府将拟实施的公共服务建设项目方案和预算草案向群众公布，由公众代表投票决定项目的取舍和优

---

① 叶笑云：《从"为民做主"到"让民做主"参与式治理的内在逻辑与实现路径》，载《宁波通讯》，2019 年第 23 期。

② 赵光勇：《参与式治理的实践、影响变量与应用限度》，载《甘肃行政学院学报》，2015 年第 2 期。

③ 赵光勇：《政府改革：制度创新与参与式治理——地方政府治道变革的杭州经验》，浙江大学出版社 2013 年版。

④ 绕义军：《现代性、"参与式"治理与中国基层民主政治建设》，载《南京社会科学》，2017 年第 12 期。

先发展次序，并全程参与监督预防腐败。因此，参与式治理创新使地方政府将决策权交给人民，实现了由"为民作主"到"让民作主"的转变。①

习近平总书记指出："民主不是装饰品，不是用来做摆设的，而是要用来解决人民要解决的问题的。"② 随着经济社会不断发展、利益格局深刻调整，地方政府治理面临一系列新问题，大量社会矛盾需要在基层和地方得到妥善处理和解决。地方政府参与式治理创新为公众有序表达利益诉求提供了制度化平台，是解决问题和矛盾的有效运行机制。改革开放40多年来，地方政府持续通过开展参与式公共决策、参与式预算、参与式环境治理和参与式绩效评估，创新性积极回应物质文化需求得到基本满足后公众日益增长的参与治理诉求，实现了公众利益诉求的充分表达、利益差异的积极协调、利益矛盾的有效化解，广泛凝聚了社会共识、汇聚公众力量，有效化解了社会矛盾和问题。最终，地方政府的参与式治理创新，实现了地方政府、市场、社会组织、公民等各种主体的良性互动，为经济社会发展营造了和谐稳定环境。

坚持人民当家作主这一当代中国特色社会主义民主政治的本质特征，是我国国家制度和国家治理体系的一大显著优势。③ 之所以坚持人民当作主，是因为人民群众是社会进步的直接推动者和社会变革的决定力量。参与式治理就是激发人民智慧、把人民群众伟大创造力转化为国家发展动力、依靠人民创造历史伟业的重要途径。在党的领导下，公众围绕涉及自身利益的实际问题，通过多种制度化渠道广泛参与国家治理过程，促进国家治理科学化、民主化。因此，地方政府参与式治理创新

---

① 孙彬：《无锡：参与式预算改革激活基层民主意识》，新华网，2012年4月2日。
② 习近平：《在庆祝中国人民政治协商会议成立65周年大会上的讲话》，载《人民日报》，2014年9月22日。
③ 王惠君：《坚持人民当家作主是我国国家制度和国家治理体系的显著优势》，载《新西部》，2019年第12期。

保障了公众有序参与国家治理的基本权利，为人民积极性、主动性、创造性的发挥提供了广阔空间和舞台。

习近平总书记指出："始终代表中国最广大人民根本利益，保证人民当家作主，体现人民共同意志，维护人民合法权益，是当代中国国家制度和国家治理体系有效运行、充满活力的关键"。① 地方政府参与式治理创新使各级地方政府能密切联系人民群众，使公众能够广泛持续深入参与到国家治理和社会治理中来，表达利益诉求、积极建言献策，从而更好实现紧紧依靠人民推动国家发展。党的十九届四中全会通过的《中共中央关于坚持和完善中国特色社会主义制度 推进国家治理体系和治理能力现代化若干重大问题的决定》提出"健全为人民执政、靠人民执政各项制度"，"完善党员、干部联系群众制度，创新互联网时代群众工作机制"，"健全联系广泛、服务群众的群团工作体系"，等等。简言之，就是要建立健全使人民当家作主能够有效运转的机制。显然，地方政府参与式治理创新发挥通过发挥人民群众在国家治理和社会治理中的主体地位和作用，就是密切与人民群众的联系、确保人民主体地位、实现人民当家作主的有效运行机制。

在新时代，国家治理现代化必然要求发展更广泛和持续的参与式治理，一方面是凝聚共识推动改革向纵深发展，解决改革中的难题，另一方面也是保证改革的基本方向、体现国家治理的人民性特质。具体而言，体现在：首先，参与式治理使地方政府治理"为了人民"。参与式治理不仅有助于将宪法所规范"确保人民依法通过各种途径和形式管理国家事务，管理经济文化事业，管理社会事务"这一"人民当家作主"的理念具体化、可操作化，而且通过公众有序表达诉求与地方政府运作的良性互动来确保地方政府治理及时回应公众诉求、精准对接民意。诚

---

① 习近平：《坚持和完善中国特色社会主义制度 推进国家治理体系和治理能力现代化》，载《求是》，2020年第1期。

如习近平总书记所言:"把以人民为中心的发展思想体现在经济社会发展各个环节,做到老百姓关心什么、期盼什么,改革就要抓住什么、推进什么,通过改革给人民群众带来更多获得感。"① 参与式治理实现了立党为公、执政为民的本质要求,增进了人民福祉、促进人的全面发展。其次,参与式治理使地方政府治理"依靠人民"。坚持以人民为中心,坚持人民主体地位,发挥人民的创造伟力,充分调动人民的主动性、积极性,就是要促进人民群众有序参与国家治理。显然,参与式治理通过开放公共政策过程、建立健全公众有序参与制度,尊重了人民群众的首创精神,激发了人民管理国家社会事务的积极性主动性。最后,参与式治理使地方政府治理"惠及人民"。习近平总书记强调,"坚持人民主体地位、树立以人民为中心的工作导向,最终都要看人民是否真正得到了实惠,人民生活是否真正得到了改善,人民权益是否真正得到了保障"②。参与式治理有助于使地方政府优化公共资源配置,加大惠民力度,切实保障公民的基本权利、维护社会公平正义,解决好人民最关心最直接最现实的利益问题。

---

① 习近平:《在中央全面深化改革领导小组第二十三次会议上的讲话》(2016年4月18日),载《人民日报》,2016年4月19日。

② 习近平:《坚持和运用好毛泽东思想活的灵魂》,见《习近平谈治国理政(第一卷)》,外文出版社2014年版。

# 参考文献

**专著**

《邓小平文选》第二卷，人民出版社1993年版。

《邓小平文选》第三卷，人民出版社1993年版。

习近平：《习近平谈治国理政》第一卷，外文出版社2014年版。

习近平：《习近平谈治国理政》第二卷，外文出版社2017年版。

[美] 加里布埃尔·A. 阿尔蒙德、西德尼·维巴：《公民文化——五个国家的政治态度和民主制度》，张明澍译，商务印书馆2016年版。

[美] 埃利诺·奥斯特罗姆：《公共事务的治理之道》，毛寿龙译，上海生活·读书·新知三联书店2000年版。

[美] 本杰明·巴伯：《强势民主》，彭斌等译，吉林人民出版社2006年版。

[美] B. 盖伊·彼得斯：《政府未来的治理模式》，吴爱明、夏宏图译，中国人民大学出版社2001年版。

[美] 詹姆斯·博曼、威廉·雷吉：《协商民主：论理性与政治》，陈家刚等译，中央编译出版社2006年版。

[美] 罗伯特·达尔：《论民主》，顾昕、朱舟译，商务印书馆1999年版。

[美] 罗伯特·达尔：《民主理论的前言》，顾昕译，北京生活·读

书·新知三联书店、牛津大学出版社 1999 年版。

［美］珍妮特·登哈特、罗伯特·登哈特：《新公共服务：服务，而不是掌舵》，丁煌译，中国人民大学出版社 2004 年版。

［美］格林斯坦、波尔斯比：《政治学手册精选》，竺乾威等译，商务印书馆 1996 年版。

［美］乔治·弗雷德里克森：《公共行政的精神》，张成福等译，中国人民大学出版社 2003 年版。

［美］罗伯特·古丁、克林格曼：《政治学新手册》，钟开斌等译，北京生活·读书·新知三联书店 2006 年版。

［美］阿米·古特曼、丹尼斯·汤普森：《民主与分歧》，杨立峰等译，东方出版社 2007 年版。

［美］塞缪尔·亨廷顿：《变化社会中的政治秩序》，王冠华等译，北京生活·读书·新知三联书店 1989 年版。

［美］亨廷顿、琼·纳尔逊：《难以抉择：发展中国家的政治参与》，汪晓寿、吴志华、项继权译，华夏出版社 1988 年版。

［美］奥利佛·E.威廉森：《治理机制》，中国社会科学出版社 2001 年版。

［美］科恩：《论民主》，聂崇信、朱秀贤译，商务印书馆 1988 年版。

［美］西摩·马丁·李普塞特：《政治人——政治的社会基础》，聂蓉译，商务印书馆 1993 年版。

［美］查尔斯·林德布罗姆蒂：《政治与市场：世界的政治—经济制度》，王逸舟译，上海生活·读书·新知三联书店 1992 年版。

［美］迈克尔·D.麦金尼斯：《多中心治道与发展》，王文章、毛寿龙等译，上海生活·读书·新知三联书店 2000 年版。

［美］巴林顿·摩尔著，拓夫译：《民主和专制的社会起源》，华夏出版社 1987 年版。

［美］罗伯特·D. 帕特南：《使民主运转起来：现代意大利的公众传统》，王列、赖海榕译，江西人民出版社2001年版。

［美］卡罗尔·佩特曼：《参与和民主理论》，陈尧译，上海人民出版社2012年版。

［美］乔·萨托利：《民主新论》，冯克利、阎克文译，上海人民出版社2008年版。

［美］汤森、沃马克：《中国政治》，顾肃译，江苏人民出版社2005年版。

［美］约翰·克莱顿·托马斯：《公共决策中的公众参与》，孙柏瑛译，中国人民大学出版社2010年版。

［美］马克·E. 沃伦：《民主与信任》，吴辉译，华夏出版社2004年版。

［美］约瑟夫·熊彼特：《资本主义、社会主义与民主》，吴良健译，商务印书馆1999年版。

［英］戴维·赫尔德：《民主的模式》，燕继荣等译，中央编译出版社2004年版。

［英］克里斯托弗·胡德：《国家的艺术：文化、修辞与公共管理》，彭勃、邵春霞译，上海人民出版社2004年版。

［英］安东尼·吉登斯：《社会的构成》，李康等译，上海生活·读书·新知三联书店1998年版。

［英］弗兰克·布里迪：《恐惧的政治》，方军译，南京：江苏人民出版社2007年版。

［英］米切尔·黑尧：《现代国家的政策过程》，赵成根译，中国青年版出版社2004年版。

［德］哈贝马斯：《公共领域的结构转型》，曹卫东等译，学林出版社1999年版。

［德］哈贝马斯：《交往行动理论（第一卷）》，曹卫东译，上海人

民出版社 2004 年版。

［德］哈贝马斯：《在事实与规范之间：关于法律和民主法治国的商谈理论》，童世骏译，北京生活·读书·新知三联书店 2003 年版。

［德］尤根·哈贝马斯：《民主的三种规范模式——关于商议政治的概念》，谢地坤译，人民出版社 2002 年版。

［南非］毛里西奥·登特里维斯：《作为公共协商的民主：新的视角》，于英津等译，中央编译出版社 2006 年版。

［加］A. 布莱顿等：《理解民主——经济的与政治的视角》，毛丹等译，学林出版社 2000 年版。

蔡定剑主编：《公众参与：风险社会的制度建设》，法律出版社 2009 年版。

陈士玉：《当代中国公民政治参与的模式及其分支趋势研究》，吉林人民出版社 2010 年版。

陈奕敏主编：《从民主恳谈到参与式预算》，世界知识出版社 2012 年版。

方世荣等：《"参与式行政"的政府与与公众关系》，北京大学出版社 2013 年版。

韩冬梅：《西方协商式民主理论研究》，中国社会科学出版社 2008 年版。

何包钢：《民主理论：困境和处理》，法律出版社 2008 年版。

何显明：《市场化进程中的地方政府行为逻辑》，人民出版社 2008 年版。

何显明：《治理民主：中国民主成长的可能方式》，中国社会科学出版社 2015 年版。

黄宗智：《实践与理论：中国社会、经济与法律的历史与现实研究》，法律出版社 2016 年版。

李图强：《现代公共行政中的公众参与》，经济管理出版社 2004

年版。

李卫华：《公众参与对行政法的挑战和影响》，上海人民出版社 2014 年版。

李铁映：《论民主》，中国社会科学出版社、人民出版社 2001 年版。

刘福元：《行政参与的度量衡——开放式行政的规则治理》，法律出版社 2012 年版。

孙柏瑛：《当代地方治理——面向二十一世纪的挑战》，中国人民大学出版社 2004 年版。

孙彩红：《公民参与城市政府治理研究》，社会科学文献出版社 2016 年版。

王敬尧：《参与式治理：中国社区建设实证研究》，中国社会科学出版社 2006 年版。

王锡锌：《公众参与和行政过程—— 一个理念和制度分析的框架》，中国民主法制出版社 2007 年版。

王锡锌：《行政过程中公众参与的制度实践》，中国法制出版社 2008 年版。

王锡锌：《公众参与和中国新公共运动的兴起》，中国法制出版社 2008 年版。

伍彬：《综合考评与绩效管理：杭州的实践和探索》，人民出版社 2012 年版。

夏勇：《中国公民权利发展研究——走向权利的时代》，社会科学文献出版社 2007 年版。

杨成虎：《政策过程中的公民参与》，天津人民出版社 2015 年版。

杨雪冬：《风险社会与秩序重建》，社会科学文献出版社 2006 年版。

俞可平：《治理与善治》，社会科学文献出版社 2000 年版。

俞可平：《政府创新的理论与实践》，浙江人民出版社 2005 年版。

俞可平：《敬畏民意》，中央编译出版社 2013 年版。

郁建兴、江华、周俊：《在参与中成长的中国公民社会：基于浙江温州商会的研究》，浙江大学出版社 2009 年版。

赵光勇：《政府改革：制度创新与参与式治理——地方政府治道变革的杭州经验研究》，浙江大学出版社 2013 年版。

周濂：《现代政治的正当性基础》，北京生活·读书·新知三联书店 2008 年版。

Abramson P. R., *Political Attitudes in America: Formation and Change*, San Francisco: W. H. Freeman and Company, 1983.

Ethan J. Leib and Baogang He (eds.), *The Search for Deliberative Democracy in China*, New York: Palgrave MacMillan, 2006.

Stanford Borins, *Innovation and Integrity: How Local Heroes are Transformating American Government*, Washington, D. C.: Georgetown University Press, 1998.

Sue Goss, *Making Local Governance Work: Network, Relationships, and Management of Change*, New York: Palgrave, 2001.

Jean C. Qi, *State and Peasant in China: The Political Economy of Village Government*, Berkeley: University of California Press, 1988.

Stephen. P. Osborne and Kerry Brown, *Managing Change and Innovation in Public Service Organizations*, New York: Routledge, 2005.

Fung and E. O. Wright (eds.), *Deepening democracy: Institution Innovations in Empowered Participatory Governance*, New York: Verso, 2005.

Kenneth G. Lieberthal and David M. Lampton, Bureaucracy, *Politics and Decision—Making in Post-Mao China*, Berkeley: University of California Press, 1992.

Shi Tianjian, *Political Participation in Beijing*, Cambridge: Harvard University Press, 1997.

Samuel Stoljor, *An Analysis of Rights*, New York: St. Martin's Press,

1984.

Shah A. (ed.), *Participatory Budgeting*, Washington, D. C.: World Bank, 2007.

S. Hickey and G. Mohan (eds.), *Participation: from Tyranny to Transformation? Exploring New Approaches to Participation in Development*, London and New York: Zed Books, 2004.

Lisa Thompson (ed.), *Participatory Governance? Citizens and the State in South Africa*, Bellville: University of the Western Cape, 2007.

Sinopoli R. C., *The Foundation of American Citizenship and Civic Virtue*, New York: Oxford University Press, 1992.

Jorge M. Valadez, *Deliberative Democracy, Political Legitimacy, and Self-determination in Multicultural Societies*, Boulder: USA Westview Press, 2001.

Ham C. and Hill M., *The Process in the Modern Capitalist State*, London: West Sheat, 1984.

Kenneth Roberts, *Deepening Democracy? The Modern Left and Social Movements in Chile and Peru*, Stanford: Stanford University Press, 1998.

# 论文

包国宪、孙斐:《演化范式下中国地方政府创新可持续性研究》,载《公共管理学报》,2011年第1期。

包存宽:《公众参与规划环评,源头化解社会矛盾》,载《现代城市研究》,2013年第2期。

蔡立辉:《政府绩效评估的理念与方法分析》,载《中国人民大学学报》,2002年第5期。

曹伟:《政府创新管理的制度建构:基于杭州实践的研究》,载《中国行政管理》,2014年第10期。

陈国权：《地方政府创新研究的热点主题与理论前瞻》，载《浙江大学学报（人文社会科学版）》，2010年第3期。

陈家刚：《协商民主引论》，载《马克思主义与现实》，2004年第3期。

陈家刚、陈奕敏：《地方治理中的参与式预算——关于浙江温岭市新河镇改革的案例研究》，载《公共管理学报》，2007年第3期。

陈朋、李守琴：《参与式预算：使乡镇人人运转起来——浙江温岭新河镇的案例启示》，载《理论视野》，2009年第1期。

陈剩勇等：《参与式治理：社会管理创新的一种可行性路径——基于杭州社区管理与服务创新经验的研究》，载《浙江社会科学》，2013年第2期。

陈剩勇、赵光勇：《参与式治理研究述评》，载《教学与研究》，2009年第8期。

陈雪莲、杨雪冬：《地方政府创新的驱动模式——地方政府干部视角的考察》，载《公共管理学报》，2009年第3期。

陈雪莲：《论从技术化行政到民主化行政——以青岛市"多样化民考官"机制的发展轨迹为个案》，载《理论与改革》，2011年第3期。

褚松燕：《我国公民参与的制度环境分析》，载《上海行政学院学报》，2009年第1期。

邓国胜、李一凌：《公众网上评议政府：有效性及改进策略》，载《统计与决策》，2006年第10期。

邓佑文：《公众参与行政决策：必然、实然与应然》，载《理论探讨》，2011年第2期。

邓佑文：《行政参与的权利化：内涵、困境及其突破》，载《政治与法律》，2014年第11期。

方卫华、绪宗刚：《基层参与式治理的双重困境及其消解》，载《新视野》，2015年第6期。

付诚、王一:《公民参与社区治理的现实困境及对策》,载《社会科学战线》,2014年第11期。

高勇:《参与行为与政府信任的关系模式研究》,载《社会学研究》,2014年第5期。

苟燕楠、韩福国:《参与程序与预算认同:基于"盐津模式"与"温岭模式"的比较分析》,载《公共行政评论》,2014年第5期。

官永彬:《民主与民生:分权体制下公众参与影响公共服务效率的经验研究》,载《经济管理》,2016年第1期。

郭道久:《民意表达与地方政府决策民主化机制创新——对"开放式决策"的一种解析》,载《南开学报(哲学社会科学版)》,2017年第1期。

郭巍青、陈晓运:《风险社会的环境异议——以广州市民反对垃圾焚烧厂建设为例》,载《公共行政评论》,2011年第3期。

郭小聪、代凯:《近十年国内公民参与研究述评》,载《学术研究》,2013年第6期。

顾训宝:《十年来我国公民参与现状研究综述》,载《北京行政学院学报》,2009年第4期。

杭州市委党校课题组:《政务决策民主化的持续创新》,载《中共杭州市委党校学报》,2009年第1期。

何包钢:《近年中国地方政府参与式预算试验评析》,载《贵州社会科学》,2011年第6期。

何显明:《地方政府创新的生成机制与运行机理——基于浙江现象的考察》,载《中国行政管理》,2009年第8期。

何哲:《网络社会的基本特性及其公共治理策略》,载《甘肃行政学院学报》,2014年第3期。

胡宁生、杨志:《中国地方政府社会治理创新的持续性:影响因素与政策优化》,载《江苏社会科学》,2015年第3期。

黄冬娅：《组织化利益表达：理论假设与经验争论》，载《中山大学学报（人文社会科学版）》，2013年第1期。

黄丽娜、盛兰：《互联网使用、社会资本与公民意识——基于CGSS 2013数据的实证研究》，载《新闻界》，2017年第7期。

黄学贤、齐建东：《试论公众参与权的法律保障》，载《甘肃行政学院学报》，2009年第5期。

黄小勇：《公共决策的公众参与困境及其管理策略——以广东番禺区垃圾焚烧发电厂风波为例》，载《国家行政学院学报》，2010年第5期。

侯晓雪：《公民参与公共政策的制度化分析》，载《齐齐哈尔大学学报（哲学社会科学版）》，2010年第1期。

胡宁生、戴祥：《地方政府治理创新自我推进机制：动力、挑战与重塑》，载《中国行政管理》，2016年第2期。

胡业勋：《开放式决策法治化的困境与路径构建》，载《中国行政管理》，2013年第11期。

姜明安：《中国政府信息公开制度发展的趋势》，载《比较法学研究》，2017年第2期。

姜晓萍、范逢春：《地方政府建立行政决策专家咨询制度的探索与创新》，载《中国行政管理》，2004年第2期。

姬亚平：《行政决策程序中的公众参与研究》，载《浙江学刊》，2012年第3期。

蒋俊杰：《我国地方政府转变社会治理方式：挑战、问题与对策》，载《浦东干部管理学院学报》，2014年第2期。

金自宁：《风险决定的理性探求——PX事件的启示》，载《当代法学》，2014年第6期。

金自宁：《跨越专业门槛的风险交流与公众参与——透视深圳西部通道环评事件》，载《中外法学》，2014年第1期。

孔繁斌：《多中心治理诠释——基于承认政治的视角》，载《南京大学学报》，2007 年第 6 期。

郎友兴等：《"私民社会"：解释中国式"邻避"运动的新框架》，载《探索与争鸣》，2015 年第 12 期。

李杰、吴永辉：《我国决策模式剖析》，载《社会科学研究》，2006 年第 6 期。

李敏：《城市化进程中政府公共决策和公民参与的新挑战及对策研究——以启东 7.28 王子造纸厂排污事件为例》，载《现代城市研究》，2013 年第 2 期。

廖秀健、刘白：《重大决策社会稳定风险评估的困境及其规制——以重庆"短命医改"为例》，载《中国行政管理》，2016 年第 1 期。

林应荣：《参与式预算与社会管理创新》，载《人大研究》，2012 年第 1 期。

刘淑妍、朱德米：《当前中国公共决策中公民参与的制度建设与评价研究》，载《中国行政管理》，2015 年第 6 期。

刘伟：《社会嵌入与地方政府创新之可持续性——公共服务创新的比较案例分析》，载《南京社会科学》，2014 年第 1 期。

刘玉芝：《政府在扩大公民有序政治参与中的地位与作用》，载《政治学研究》，2011 年第 4 期。

刘小魏、刘筱红：《新媒体时代地方政府决策中公民参与的效力与限度》，载《中州学刊》，2014 年第 1 期。

刘泽照、王惠佳、黄杰：《基于政策执行的基层政府社会稳定风险评估——一项面向西部 Z 县的质性研究》，载《东北大学学报（社会科学版）》，2013 年第 6 期。

吕艳滨：《政府信息公开制度实施状况》，载《清华法学》，2014 年第 3 期。

卢剑锋：《参与式民主的地方实践及战略意义——浙江温岭"民主

恳谈"十年回顾》，载《政治与法律》，2009 年第 11 期。

麻宝斌、于丽春、杜平：《机会不等于意愿：中国转型时期民众政治参与认知状况分析》，载《理论探讨》，2016 年第 2 期。

莫于川：《公众参与潮流和参与式行政法制模式》，载《国家检察官学院学报》，2011 年第 4 期。

倪星：《地方政府绩效评估指标的设计与筛选》，载《武汉大学学报（哲学社会科学版）》，2007 年第 2 期。

宁骚、孔祥利：《城市拆迁决策过程中公民参与的困境及其突破——对 S 商店拆迁中公民参与的个案研究》，载《湘潭大学学报（哲学社会科学版）》，2007 年第 4 期。

戚建刚：《我国行政决策风险评估制度之反思》，载《法学》，2014 年第 10 期。

渠敬东、周飞舟、应星：《从总体支配到技术治理——基于中国 30 年改革经验的社会学分析》，载《中国社会科学》，2009 年第 6 期。

任勇、许琼华：《基层协商民主中的参与式预算：困境与出路》，载《公共管理与政策评论》，2015 年第 3 期。

尚虎平、李逸舒：《我国地方政府绩效评估中的"救火行政"》，载《行政论坛》，2011 年第 5 期。

桑助来：《公众参与政府绩效评估的模式及展望》，载《中国党政干部论坛》，2013 年第 1 期。

沈霞：《公民参与视阈下依法行政的合意性与主导逻辑》，载《甘肃社会科学》，2015 年第 1 期。

石佑启、陈咏梅：《论开放型决策模式下公众参与制度的完善》，载《江苏社会科学》，2013 年第 1 期。

宋煜萍：《权重结构：公众参与政府绩效评估的核心问题——基于学理与实践的双重演绎逻辑》，载《理论与改革》，2018 年第 2 期。

苏鹏辉、谈火生：《论群体性事件治理中的协商民主取向》，载《国外理论动态》，2015 年第 6 期。

孙彩红：《公民参与城市政府公共政策的实证研究——基于五个城市政府网站数据的分析》，载《行政论坛》，2018 年第 1 期。

汤汇浩：《邻避效应：公益性项目的补偿机制与公民参与》，载《中国行政管理》，2011 年第 7 期。

陶鹏、童星：《邻避型群体性事件及其治理》，载《南京社会科学》，2010 年第 8 期。

陶永亮、林敏、李婕：《中国参与式预算改革的动力机制：基于政府治理模式转型的视角》，载《制度经济学研究》，2012 年第 3 期。

童星、高钏翔：《公共政策的公共性衰减：风险分析及其治理》，载《社会科学》，2009 年第 5 期。

王海峰：《地方公共服务型政府构建中公民参与的困境及对策》，载《行政管理改革》，2012 年第 2 期。

王敬波、李帅：《我国政府信息公开的问题、对策与前瞻》，载《行政法学研究》，2017 年第 2 期。

王娟：《风险治理中公众对专家的信任研究综述》，载《科普研究》，2013 年第 3 期。

王柳：《以绩效管理科学化推进治理现代化——"治理现代化与绩效管理科学化"会议综述》，载《经济社会体制比较》，2015 年第 2 期。

王绍光：《中国公共政策议程设置的模式》，载《中国社会科学》，2006 第 5 期。

汪卫华：《群众动员与动员式治理——理解中国国家治理风格的新视角》，载《上海交通大学学报（哲学社会科学版）》，2014 年第 5 期。

王锡锌：《对"参与式"政府绩效评估制度的评估》，载《行政法学研究》，2007 年第 1 期。

王锡锌：《我国公共决策专家咨询制度的悖论及其克服——以美国〈联邦咨询委员会法〉为借鉴》，载《法商研究》，2007 年第 2 期。

王锡锌：《公众参与：参与式民主的理论想象及制度实践》，载《政治与法律》，2008年第6期。

王锡锌、章永乐：《我国行政决策模式之转型：从管理主义模式到参与式治理》，载《法商研究》，2011年第4期。

王雁红：《公共政策制定中的公民参与——基于杭州开放式政府决策的经验研究》，载《公共管理学报》，2011年第3期。

王雍君：《参与式预算：逻辑基础与前景展望》，载《经济社会体制比较》，2010年第3期。

王自亮、陈卫锋：《参与式预算与基层权力关系的重构——基于浙江省温岭市新河镇的个案研究》，载《地方财政研究》，2014年第4期。

吴建南、庄秋爽：《"自下而上"评价政府绩效探索："公民评议政府"的得失分析》，载《理论与改革》，2004年第5期。

吴建南、张萌、黄加伟：《公众参与、绩效评价与公众信任——基于某市政府官员的实证分析》，载《武汉大学学报（哲学社会科学版）》，2007年第2期。

吴华钦、韩月香：《居民参与式基层社会治理——基于广东广宁县的经验研究》，载《广东社会科学》，2015年第2期。

肖滨：《网络问政如何建构问责——基于对广东河源市网络问政的分析》，载《学术研究》，2012年第12期。

夏晓丽：《当代西方公民参与理论的发展进路与现实困境》，载《行政论坛》，2014年第4期。

肖北庚：《论协商民主在行政决策机制中的引入》，载《时代法学》，2009年第10期。

肖建华：《参与式治理视角下地方政府环境管理创新》，载《中国行政管理》，2012年第5期。

徐珣、陈剩勇：《参与式预算与地方治理：浙江温岭的经验》，载《浙江社会科学》，2009年第11期。

徐文星：《行政法背景下的公众参与：公众参与机制的再评价》，载《上海行政学院学报》，2007年第1期。

许传玺、成协中：《公共听证的理想与现实——以北京市的制度实践为例》，载《政法论坛》，2012年第3期。

许玉镇、王颖：《民生政策形成中利益相关者有序参与问题研究——基于协商民主的视角》，载《政治学研究》，2015年第1期。

杨冠琼、刘雯雯：《公共问题与治理体系：国家治理体系与能力现代化的问题基础》，载《中国行政管理》，2014年第1期。

杨叶红、刘峰：《重大行政决策中协商民主的困境与突围》，载《中国井冈山干部学院学报》，2010年第1期。

杨建华：《经验与启示：中国社会学的百年反思》，载《天津社会科学》，2000年第6期。

杨善华、苏红：《从"代理型政权经营者"到"谋利型政权经营者"——向市场经济转型背景下的基层政权》，载《社会学研究》，2002年第1期。

杨文涛、任中平：《参与式预算的地方实践——公共预算改革中的焦作模式》，载《湖南工业大学学报（社会科学版）》，2010年第5期。

杨雪冬：《制度移植与本土实践——以立法听证为个案的研究》，载《华中师范大学学报》，2005年第6期。

杨雪冬：《近30年中国地方政府的改革与变化：治理的视角》，载《社会科学》，2008年第12期。

闫健：《"父爱式政府创新"：现象、特征与本质——以岚皋县"新农合镇办卫生院住院起付线外全报销制度"为例》，载《公共管理学报》，2014年第3期。

叶国平：《舆情表达与回应机制视阈下的协商民主建设》，载《理论与现代化》，2014年第5期。

于鹏、黑静思：《环境污染型邻避冲突中的公民参与研究》，载《中国行政管理》，2017年第12期。

郁建兴、吴宇：《中国民间组织的兴起与国家—社会关系理论的转型》，载《人文杂志》，2003年第4期。

余敏江：《从反应性政治到能动性政治：地方政府维稳模式的逻辑演进》，载《苏州大学学报》，2014年第4期。

虞伟：《社会主体之间关系，主从还是平等？——基于环保公众参与嘉兴模式的思考》，载《环境经济》，2015年Z4期。

张成福、边晓慧：《重建政府信任》，载《中国行政管理》，2013年第9期。

张海波、童星：《社会管理创新与信访制度改革》，载《天津社会科学》，2012年第3期。

张华、仝志辉、刘俊卿：《"选择性回应"：网络条件下的政策参与——基于留言板型网络问政的个案研究》，载《公共行政评论》，2013年第3期。

张华：《连接纽带抑或依附工具：转型时期中国行业协会研究文献评述》，载《社会》，2015年第3期。

张紧跟：《从抗争性冲突到参与式治理：广州垃圾处理的新趋向》，载《中山大学学报》，2014年第4期。

张紧跟：《参与式治理：地方政府治理体系创新的趋向》，载《中国人民大学学报》，2014年第6期。

张康之：《对"参与式治理"理论的质疑》，载《吉林大学社会科学学报》，2007年第1期。

张学明：《参与式预算——协商民主的生动实践》，载《人大研究》，2013年第3期。

张再生、刘刚：《政务信息规范化是全面推进政务公开的重要基础》，载《中国行政管理》，2016年第3期。

占柏美：《论尚法精神》，载《法制与社会发展》，1999年第3期。

战旭英:《地方政府绩效评估的悖论解析》,载《中国行政管理》,2015年第11期。

赵大海、胡伟:《中国大城市公公共服务公众满意度的测评与政策建议》,载《上海行政学院学报》,2014年第1期。

赵万里、李艳红:《专家体制与公共决策的技术—政治过程》,载《自然辩证法研究》,2009年第11期。

赵秀芳:《从公民话语权看弱势群体利益的维护》,载《理论与现代化》,2010年第5期。

赵早早、杨晖:《构建公开透明的地方政府预算制度研究——以无锡、温岭和焦作参与式预算实践为例》,载《北京行政学院学报》,2014年第4期。

郑中玉、何明升:《"网络社会"的概念辨析》,载《社会学研究》,2004年第1期。

周红云:《公共预算中的公民制度化参与——以浙江温岭市新河模式为例》,载《北京行政学院学报》,2008年第5期。

周黎安:《行政发包制》,载《社会》,2014年第6期。

周晓虹:《社会建设:西方理论与中国经验》,载《学术月刊》,2012年第9期。

周莹、江华、张建民:《行业协会实施自愿性环境治理:温州案例研究》,载《中国行政管理》,2015年第3期。

周义程:《反应性政治的概念与逻辑》,载《苏州大学学报(哲学社会科学版)》,2014年第5期。

周志忍:《政府绩效评估中的公民参与:我国的实践历程与前景》,载《中国行政管理》,2008年第1期。

朱德米:《回顾公民参与研究》,载《同济大学学报(社会科学版)》,2009年第6期。

朱德米:《社会稳定风险评估的社会理论图景》,载《南京社会科学》，2014年第4期。

朱海伦：《环境治理中有效对话协商机制建设——基于嘉兴公众参与环境共治的经验》，载《环境保护》，2014年第11期。

朱谦：《公众环境行政参与的现实困境及其出路》，载《上海交通大学学报（哲学社会科学版）》，2012年第1期。

朱未易：《地方法治建设中公民参与的法理分析与制度进路》，载《南京社会科学》，2010年第10期。

朱旭峰：《中国社会政策变迁中的专家参与模式研究》，载《社会学研究》，2011年第2期。

McGee R., Bazaara N., Gaventa J., Nierras R., Rai M., Rocamora J. et al., "Legal Frameworks for Citizen Participation: Synthesis Report, Learning Initiative on Citizen Participation and Local Governance", *Translation & Literature*, 2003.

Abers R., "From Clientelism to Cooperation: Local Government, Participatory Policy, and Civic Organizing in Porto Alegre, Brazil", *Politics & Society*, 1998, 26 (4): 511 – 537.

Abom B., "Social Capital, NGOs, and Development: A Guatemalan Case Study", *Development in Practice*, 2004, 14 (3): 342 – 353.

Ackerman J., "Co-Governance for Accountability: Beyond 'Exit and Voice'", *World Development*, 2004, 32 (3): 447 – 463.

Almeida Paul D., "Opportunity Organizations and Threat-induced Contention: Protest Waves in Authoritarian Settings", *American Journal of Sociology*, 2003, 109 (2): 345 – 400.

Andersson K. and Frank van Laerhoven, "From Local Strongman to Facilitator: Institutional Incentives for Participatory Municipal Governance in Latin America", *Comparative Political Studies*, 2007, 40 (9): 1085 – 1111.

Antonio Postigo, "Accounting for Outcomes in Participatory Urban Governance through State-Civil-society Synergies", *Urban Studies*, 2010, 48 (9): 1945-1967.

Archon Fung and Wright Olin Eric, Deepening Democracy: Innovations in Empowered Participatory Governance, *Politics and Society*, 2001, 29 (1): 5-41.

Fung A., "Varieties of Participation in Complex Governance", *Public Administration Review*, 2006, 66 (1): 66-75.

Archon Fung, "Putting the Public Back into Governance: The Challenges of Citizen Participation and Its Future", *Public Administration Review*, 2015, 75 (4): 513-522.

Sherry R. Arnstein, "A Ladder of Citizen Participation", *Journal of American Institute of Planners*, 1969, 35 (4): 216-224.

Bebbington A., Lewis D., Batterbury S., Olson E., and Siddiqi S., "Of Texts and Practices: Empowerment and Organizational Cultures in World Bank-funded Rural Development Programs", *Journal of Development Studies*, 2007, 43: 597-621.

Bennis Wai Yip So, "Civic Engagement in the Performance Evaluation of the Public Sector in China: Building Horizontal Accountability to Enhance Vertical Accountability", *Public Management Review*, 2014 (3): 341-357.

Besley T. and Burgess, R., "The Political Economy of Government Responsiveness: Theory and Evidence from India", *Quarterly Journal of Economy*, 2002, 117 (4): 1415-1451.

Bishop P. and Davis, G., "Mapping Public Participation in Policy Choices", *Australian Journal of Public Administration*, 2002, 61 (1): 14-29.

Blair H., "Participation and Accountability at the Periphery: Democratic Local Governance in Six Countries", *World Development*, 2000, 61 (1): 14-29.

Bland G., "Supporting Post-Conflict Democratic Development? External Promotion of Participatory Budgeting in EL Salvador", *World Development*, 2011, 39 (5): 863-873.

Bovaird T., "Beyond Engagement and Participation: User and Community Coproduction of Public Services", *Public Administration Review*, 2007, 67 (5): 846-860.

Thomas J. Bossert and Jorl C. Beauvais, "Decentralization of Health Systems in Ghana, Zambia, Uganda and the Philippines: A Comparative Analysis of Decision Space", *Health Policy and Planning*, 2002, 17 (1): 14-31.

Brautigam D., "The People's Budget? Politics, Participation and Propoor Policy", *Development Policy Review*, 2004, 22 (6): 653-668.

Brigitte Geissel, "Participatory Governance: Hope or Danger for Democracy? A Case Study of Local Agenda", *Local Government Studies*, 2009, 35 (4): 401-414.

Crook R. C., "Decentralization and Poverty Reduction in Africa: the Politics of Local-Central Relations", *Public Administration and Development*, 2003, 23: 77-88.

Dear M., "Understanding and Overcoming the NIMBY Syndrome", *Journal of the American Planning Association*, 1992, 58 (3): 288-300.

Evans P., "Development as Institutional Change: The Pitfalls of Monocropping and the Potentials of Deliberation", *Studies in Comparative International Development*, 2004, 38 (4): 30-52.

Ceren Ergenc, "Political Efficacy through Deliberative Participation in Urban China: A Case Study on Public Hearings", *Journal of Chinese Political Science*, 2014, 19 (2): 191-213.

Stewart Davidson, Stephen Elstub, "Deliberative and Participatory Democracy in the UK", *British Journal of Politics and International Relations*, 2014, 16 (3): 367-385.

Evans K. G., "Into the woods: A cautionary tale for governance", *Administration & Society*, 2010, 42: 859-883.

Fagut J. P., "Governance from Below in Bolivia: A Theory of Local Government with Two Empirical Tests", *Latin American Politics & Society*, 2009, 51 (4): 29-68.

Fontan J. M., P. Hamel, R. Morin, and E. Shragge, "Community Organizations and Local Governance in a Metropolitan Region", *Urban Affairs Review*, 2009, 44 (6): 832-57.

Fox J., "The Difficult Transition from Clientelism to Citizenship: Lessonsfrom Mexico", *World Politics*, 1994, 46 (2): 151-184.

Garcia-Lopez G., and Arizpe N., "Participatory Process in the Soy Conflicts in Paraguay and Argentina", *Ecological Economics*, 2010, 70 (2): 196-206.

Goldfrank B., "The Politics of Deepening Local Democracy: Decentralization, Party Institutionalization, and Participation", *Comparative Politics*, 2007, 39 (2): 147-168.

Gutman Amy and Dennes Thompson, "Deliberative Democracy and Beyond Process", *The Journal of Political Philosophy*, 2002, 10 (2): 153-174.

He B. G., "Civic Engagement Through Participatory Budget in China: Three Different Logics at Work", *Public Administration and Development*, 2011, 31 (2): 122-133.

Baogang He and Mark E. Warren, "Authoritarian Deliberation: The Deliberative Turn in Chinese Political Development", *Perspectives on Politics*,

2011, 9 (2): 269-289.

Heller P., "Moving the State: The Politics of Democratic Decentralization in Kerala, South Afcrica, and Porto Alegre", *Politics & Society*, 2001, 29 (1): 131-163.

Heller Patrick, Harilal K. N., and Chaudhuri Shubham, "Building Local Democracy: Evaluating the Impact of Decentralization in Kerala, India", *World Development*, 2007, 35: 626-648.

Heilmann Sebastian, "From Local Experiments to National Policy: The Origins of China's Distinctive Policy Process", *The China Journal*, 2008 (59): 1-30.

Holzscheiter A., "Discourse as Capability: Non-State Actors' Capital in Global Governance", *Millennium-Journal of International Studies*, 2005, 33 (3): 723-746.

Johanna Speer, "Participatory Governance Reform: A Good Strategy for Increasing Government Responsiveness and Improving Public Service", *World Development*, 2012 (12).

Kelly J. M., and D. Swindell, "Service Quality Variation Across Urban Space: First Steps Toward a Model of Citizen Satisfaction", *Journal of Urban Affairs*, 2002, 24 (3): 271-88.

Krishna A., "Poverty and Democratic Participation Reconsidered: Evidence from the Local Level in India", *Comparative Politics*, 2006, 28 (4): 439-458.

Lavalle A. G., Acharya A., and Houtzager P. P., "Beyond Comparative Anecdotalism: Lessons on Civil Society and Participation from S. o Paulo, Brazil", *World Development*, 2005, 33 (6): 951-64.

Lelieveldt H., K. Dekker, B. Valker, and R. Torenvlied, "Civic Organizations as Political Actors: Mapping and Predicting the Involvement of Civic

Organizations in Neighborhood Problem-Solving and Coproduction", *Urban Affairs Review*, 2009, 45 (1): 3 –24.

LI Jiayuan, "The Paradox of Performance Regimes: Strategic Responses to Target Regimes in Chinese Local Government", *Public Administration*, 2015, 93 (4): 1152 –1167.

Mertha A. , "Fragmented Authoritarianism 2.0: Political Pluralization in the Chinese Policy Process", *The China Quarterly*, 2009, 200: 1 –18.

Meyer M. , and C. Hyde, "Too Much of a "Good" Thing? Insular Neighborhood Associations, Nonreciprocal Civility, and the Promotion of Civic Health", *Nonprofit and Voluntary Sector Quarterly*, 2004, 33 (3): 77 –96.

Michelson M. , "Political Efficacy and Electoral Participation of Chicago Latinos", *Social Science Quarterly*, 2000, 81 (1): 136 –150.

AnK Michels, "Innovations in Democratic Governance: How Does Citizen Participation Contribution to a Better Democracy?", *International Review of Administrative Science*, 2011, 77 (2): 275 –293.

Ank Michels, Citizen Participation in Local Policy Making: Design and Democracy, *International Journal of Public Administration*, 2012, 35 (4): 285 –292.

Mohan G. , and Stoke K. , "Participatory Development and Empowerment: the Dangers of Localism", *Third World Quarterly*, 2000, 21 (2): 247 –268.

William R. Nylen, "Testing the Empowerment Thesis: The Participatory Budget in Belo Horizonte and Betim, Brazil", *Comparative Politics*, 2002, 34: 127 –45.

Robert D. Putnam, "The Prosperous Community: Social Capital and Public Life", *The American Prospect*, 1993 (13).

Prichet L. and Woolcock M. , "Solutions When the Solution is the Problem: Arraying the Disarray in Development", *World Development*, 2004, 32 (2): 191 – 212.

Raymond L., "Localism in Environmental Policy, New Sights from an Old Case", *Policy Sciences*, 2002, 35: 179 – 201.

Seligson Mitchell A., "Trust, Efficacy and Modes of Politicalparticipation: A Study of Costa Rican Peasants", *British Journal of Political Science*, 1980 (1): 75 – 98.

Shaoguang Wang, "Adapting by Learning: The Evolution of China's Rural Health Care Financing", *Modern China*, 2009, 35 (4): 370 – 404.

Sherry R. Arnstein, "A Ladder of Citizen Participation", *Journal of the American Institute of Planners*, 1969, 35 (2): 216 – 224.

Cheryl Simrell King, Kathryn M. Feltey, and Bridget O'Neill Susel, "The Question of Participation: Toward Authentic Public Participation in Public Administration", *Public Administration Review*, 1998, 58 (4): 317 – 326.

Simon C., "Deliberative Democratic Theory", *Annual Review of Political Science*, 2003, 78 (5): 307 – 326.

Souza Celina, "Participatory Budgeting in Brazilian Cities: Limits and Possibilities in Building Democratic Institutions", *Environment and Urbanization*, 2001, 13 (1): 159 – 184.

J. Tirole, "The Internal Organization of Government", *Oxford Economic Papers*, 1994, 46 (1).

Waheduzzaman and Charles H. B. Mphande, "Gaps in Pursuing Participatory Good Governance: Bangladesh Context", *Administration & Society*, 2012, 7: 1 – 33.

Wampler B., "When Does Participatory Democracy Deepen the Quality of Democracy? Lessons from Brazil", *Comparative Politics*, 2008, 41 (1):

61 - 82.

Brian Wampler, "Participation, Representation, and Social Justice: Using Participatory Governance to Transform Representative Democracy", *Polity*, 2012, 44 (4): 666 - 682.

Yan Wu and Wen Wang, "Does Participatory Budgeting Improve the Legitimacy of the Local Government?: A Comparative Case Study of Two Cities in China", *Australian Journal of Public Administration*, 2012, 71 (2): 122 - 135.

Yan X. , and Xin G. , "Participatory Policy Making under Authoritarianism: The Pathways of Local Budgetary Reform in the People's Republic of China", *Policy & Politics*, 2016, 44 (2): 215 - 234.

Yves Sintomer, Carsten Herzberg, and Anja Roecke, "Participatory Budgeting in Europe: Potentials and Challenges", *International Journal of Urban and Regional Research*, 2008, 32 (1).

Zhibin Zhang, Chao Guo, "Advocacy by Chinese Nonprofit Organizations: Towards a Responsive Government?", *Australian Journal of Public Administration*, 2012, 71 (2).

Zimmerman M. A. , "The Relationship Between Political Efficacy and Citizen Participation: Construct Validation Studies", *Journal of Personality Assessment*, 1989, 53 (3): 554 - 566.

# 后　记

本书的出版，记录了我过去近 10 年对地方政府参与式治理创新的一些持续性思考。既有的实践经验和理论研究虽然已经证实了地方政府创新在成就当代中国快速发展中的重要意义，但如何使地方政府创新持续？如何不断增强公众对地方政府创新的获得感？本书就是对这一问题的尝试性学理思考。虽然缺乏应有的理论深度和系统性，但我希望把它整理出来，供学界同仁批评，以期促进相关知识增长并继续深化这一领域的理论研究。

当代中国政治文明建设，既提出了实现国家治理体系和治理能力现代化的实践使命，又提出了理论研究的新命题。毋庸置疑，党的宗旨和原则、初心和使命，以及党领导下建立和日益完善的社会主义民主政治制度为实现人民当家作主奠定了坚实的制度基础。但随着中国经济社会的持续高速发展，公众在基本满足了物质文化需求之后，会不断提出更多的对美好生活的向往。因此，作为直面公众日益增长的参与诉求的地方政府，有必要通过参与式治理创新去回应公众诉求并将诉求逐步纳入制度化治理过程。

本书在回溯地方政府参与式治理创新背景的基础上，梳理了改革开放以来地方政府的参与式公共决策、参与式预算、参与式环境治理和参与式绩效评估等基本创新实践，最后在总结其创新绩效、剖析其发展的限制性因素基础上提出了推进地方政府参与式治理创新持续发展的基本思路。由于地方政府参与式治理创新日新月异，因此本书只是对已经发生的故事的片断性追溯，未必能完全呈现这一精彩故事的全貌，难免挂一漏万，也请阅读者批评指正。

本书所做研究的开展，要感谢教育部 2013 年度"新世纪优秀人才支持计划"、中山大学 2018 年度青年教师重点培育项目"制度、结构与主体视野中的地方政府参与式治理创新研究"以及中山大学研究生课程建设项目（kcjs201822）的支持。本书的最终出版，要感谢中山大学政治与公共事务管理学院的专项经费资助，并将其纳入中央编译出版社的"中山大学政治学丛书"系列。

在既往研究和本书写作中，我一直受益于学术界同仁的相关研究，中山大学中国公共管理研究中心/政治与公共事务管理学院、中山大学新华学院公共治理学院的领导和同事们也一如既往地关心我的工作和生活。中央编译出版社的编辑在本书的编辑出版中的专业素养和敬业精神令人感佩，值此书出版之际，向他们致谢！最后，要将感谢留给与我风雨同舟，一路陪伴的家人，是他们的默默付出，才成就了我相对稳定的生活和工作。